U0560111

梁志刚

著

我的老师

季羡林

My teacher
Ji Xianlin

团结出版社

图书在版编目（ＣＩＰ）数据

我的老师季羡林 / 梁志刚著. -- 北京 ：团结出版
社，2017.1
ISBN 978-7-5126-4672-8

Ⅰ．①我… Ⅱ．①梁… Ⅲ．①传记文学－中国－当代
Ⅳ．①I25

中国版本图书馆 CIP 数据核字 (2016) 第 296889 号

出　　版：团结出版社
　　　　　（北京市东城区东皇城根南街 84 号　邮编：100006）
电　　话：(010) 65228880　65244790　（出版社）
　　　　　(010) 65238766　85113874　65133603（发行部）
　　　　　(010) 65133603（邮购）
网　　址：http://www.tjpress.com
E-mail：zb65244790@vip.163.com
　　　　　fx65133603@163.com（发行部邮购）
经　　销：全国新华书店
印　　装：三河市东方印刷有限公司

开　本：170mm×240mm　　　16 开
印　张：21.75
字　数：360 千字
印　数：4045
版　次：2017 年 1 月　第 1 版
印　次：2017 年 1 月　第 1 次印刷

书　号：978-7-5126-4672-8
定　价：45.00 元

（版权所属，盗版必究）

序

　　梁志刚先生通过网络发来他的大作《我的老师季羡林》让我为其写几句话，我未敢贸然应诺。当我仔细读完书稿之后，我的心受到强烈震动，那种一吐为快的欲望被志刚师弟的妙笔引将出来，那就非写几句不可了。

　　志刚是比我晚几年进入北大东方语言学系的同学，专攻印地语，我属于梵文巴利文专业。我和志刚同属于印度学科，季羡林先生是印度学知名教授，教授梵文、巴利文、印度历史、印度文化，乃至英语。先生是我们名副其实的授业老师，故志刚称先生为"我的老师"。时下，北大原东方语言系——现在的外语学院、全北京大学师生，乃至社会上许多人直接或间接受到先生教诲，称或尊先生为师是情理中事。但有一种怪现象，有些明明与先生毫不相干的人，却挖空心思与先生扯上关系，宣称是先生的"入门弟子"，值得人们警惕。

　　志刚师弟与季先生为师为友，且私交甚笃，对先生的了解比常人要深广，他笔下的季先生自然要生动、鲜活、雄厚。在他的著作中有关先生的学术和思想贡献的内容比相关的其他著作用墨更丰、更浓。他的文笔质朴畅达，结构严谨，史料丰富，引证翔实，为我们提供了一部了解和研究季羡林先生难得的传记体著作。

　　我在这里想补充一点自己的体会。

　　说起季羡林先生，他无疑是现代中国具有很高知名度的学术大师，越到晚年，名气越大，几乎为其所累。从外表看，怎么也看不出他是一个留学德国的大学问家，在国内从不见他西装革履的打扮，一生只穿褪了色的中山装和布鞋，让初次见到他的人，会以为他是一位学校的工友。甚至一位刚入校的新生在校门口见到他，误以为是看门的老大爷，请他帮自己看行李。这位"老大爷"和颜悦色地应诺了。第二天在迎新大会上，这位同学看到"老大爷"竟坐在主席台上，经介绍得知他就是东方语言系的主任，大名鼎鼎的季羡林教授，让人肃然起敬。

凡与他接触过的人都会有"即之也温"的感觉，而对上级绝没有阿谀之气。记得20世纪60年代，蒋南翔当教育部部长时期，请一批教授到教育部开会，蒋部长却姗姗来迟。季羡林先生肃然开口道：你一个人迟到10分钟，在座的每人10分钟，加起来浪费了大家多少时间？蒋部长不得不含笑致歉。散会后，他乘坐的旧伏尔加行于前，蒋部长的车行于后，始终没有超越。

1998年5月4日北京大学100周年校庆，之前，时任国务院副总理的李岚清同志带着几位领导到北大13号公寓拜访季羡林先生。李副总理见面寒暄之后说：中国的知识分子对国家做出了很大贡献。季羡林先生不慌不忙扔出一句："中国知识分子物美价廉。"过后，我到先生家里看望他，说起李副总理来访一事，先生坐在沙发上神采奕奕地复述当时的情景：

"我说了，中国的知识分子物美价廉，经久耐用！"

我问："有后面那句吗？"

"没有，没有。"他开心地笑了。

季老就是这样一位质朴率真、对人宽厚、敢于直言的老人。凡是与其接触过的无不感到他的诚挚、率直和温存。

在学术上，先生越到晚年，成果越丰，对国家的贡献越大。先生逝世后，为他出版的全集就有30卷。梁志刚的《我的老师季羡林》也可以当作季先生全集的导论来读，因为里面涉及先生的不少著作，当然，并不是面面俱到。季羡林先生的专著对中国乃至世界学术产生了重要影响，他别具一格的散文获得了广大读者的赞誉，他崇尚的东方天人合一论为国家建立和谐社会的大政方针所吸纳，他在80年代提出的"三十年河东，三十年河西"以及"21世纪是东方文化的时代"的论断也正在被证实。他以睿智的目光审视中国几十年的文化史，指出几十年来，中国的史类著作都充斥着浓厚的教条和以论代史的弊端，并大声疾呼：中国通史、思想史、文学史等必须重写。

在文艺理论上，先生不赞同思想性第一的观点，提出艺术性第一的主张。他曾在其文章中说："根据我个人的浅见，衡量一部文学作品的标准，艺术性绝对不能忽视，甚至无视，因为艺术性是文学作品的灵魂。如果缺乏艺术性，思想性即使再高，也毫无用处，这样的作品绝不会为读者所接受。有一些文学作品，思想性十分模糊，但艺术性极高，照样会成为名作而流传千古，李义山的许多无题诗就属于这一类。"

先生常以"采菊东篱下，悠然见南山"为例，说明思想性虽然模糊，但由于很高的艺术性，依然成为名句，为后人传唱千古不衰。可惜的是，近几十年来几乎所有的文学史，都忽略了作品艺术性的分析。就连李白和杜甫这样伟大的诗人，文学史的作者对他们之间艺术风格的差异也只是草草说上几句。很少言之有物，遑论其他诗人。

关于思想性和艺术性的问题，几十年来一直是一个敏感问题，"思想性第一"是一个不容置疑的定论，谁表示怀疑，谁就会招惹麻烦。十年浩劫之后，季羡林先声夺人，首先对其质疑，并表示了自己的主张。

季羡林先生可以说是对中国做出了大贡献的学者。温家宝同志称赞季羡林先生是中国的大智慧，是"人中麟凤"。正如"感动中国2006年度人物"礼赞中评委们所说：

"季羡林创建了东方语文系，开拓了中国东方学学术园地，是享誉海内外的东方学大师。季老不仅学贯中西，融汇古今，而且在道德品格上同样融合了中外知识分子的优秀传统。中国传统士大夫的仁爱和恕道，强烈的忧患意识和责任感，坚毅的气节和情操；西方人文主义知识分子的自由独立精神，尊重个性和人格平等观念，开放创新的意识，这些优秀传统都凝聚、融汇在季老身上。所以，他能够做大学问，成大事业，有大贡献，他是中国现代知识分子的一面旗帜和榜样。"

这一赞誉也传达了广大民众的心声。然而，随着公众的赞扬声，也会随之泛起几声不和谐的音调。我认为有不同的声音是正常的。常言道"人无完人，金无足赤"。季羡林先生也不例外。听听不同声音对于我们这些弟子，乃至广大读者来说是有益处的。但有的议论却罔顾事实，有的则带有强烈的政治偏见，对先生极尽矮化、丑化之能事。这不仅给先生以伤害，也给广大读者以伤害。

季羡林先生学贯中西，融汇古今，精通印度吠陀梵语、古典梵语、混合梵语、巴利文、吐火罗语（A、B）、德语、英语，能读法语、斯拉夫语、日语等，其汉语也有深厚功底。他在读清华时就是小有名气的文学青年，被誉为清华四剑客之一，颇受恩师陈寅恪的影响，立志于中印文化关系的研究。后赴德于哥廷根师从瓦尔德施米特和西克教授学习梵文、吐火罗语。当时在德国有不少中国留学生，有的是真去念书的，有的纨绔子弟是去混招牌的。季先生很看不起后者，故在与导师 Waldschmidt 教授讨论他的博士论文时说："论文题目决不能同中国有任何牵连。我在国内时就十分瞧不起那一些在国外靠中国老祖宗老子、庄子等的威名写出论文，回国后又靠西方诸大师的威名两头吓唬人的所谓学者。"于是导师给了他一个论题：Die Konjugation des finiten Verbums in Den Gathas des Mahavastu（《〈大事〉中伽陀部分限定动词的变化》），这是根难啃的骨头，他啃下来了，获得优等，并在德国的一个国家级刊物发表。印度经典里一个词尾 matha 居然在西方希腊语中也存在，这一发现引起学术界不小的轰动。回国后，根据国内的条件，除教书外，其研究课题所涉主要有中印文化关系史、中西文化关系史、比较语言学、比较文学，之外还有翻译和文学创作等，并获得了丰硕成果。

　　梁志刚先生的《我的老师季羡林》一书，从先生的为人到他的学术成就尽囊其中，现在我倒想将这本书推荐给诸位先生以及广大读者，翻一翻对诸位先生和读者会有所裨益的。

　　是为序。

张保胜

目录

缘起：我永远的先生

缘起：我永远的先生

　　从小学到大学毕业，教过我的老师有数十位。他们传授知识，教我做人，使我终身受益，我从内心感谢他们。在这些老师里面，对我影响最深的就是季羡林先生。

　　1962年，我在河北一个县城上高中，读到一篇散文，题目是《春满燕园》。文章风格清新俊逸，文中的北大校园湖光塔影、姹紫嫣红、书声琅琅、春光常驻，我被深深吸引了，心底萌生了对燕园的憧憬，同时牢牢记住了作者的名字——季羡林。

　　两年后，我如愿以偿考进北大。在东语系迎新会上，第一次见到系主任季羡林教授。他和我想象的模样大不相同：瘦高身材，50出头年纪，慈眉善目，并不风流倜傥；穿着既非西装革履，也非潇洒的长衫，而是一身半旧的蓝咔叽布中山装；讲话声音不高，语速不快，没有什么惊人之语，只是说，一个大学生需要12个农民来养活，而我们的同龄人100人才有一个能上大学，说明我们的机会难得，担子很重。要求我们热爱所学专业，刻苦学习，学成报国。总之，没有一点我所想象的名教授"派头"，心里不禁感到一丝失望。

　　当时季先生给梵文班高年级同学教课，与低年级同学接触不多。但有两件事令我印象很深，时隔几十年，依然历历在目：第一件事是开学不久，系学生会通知，没有脸盆的同学，可以领一个。那时候刚经历了三年困难时期不久，有些来自贫困家庭的同学，是打赤脚走进校园的，买不起两元一个的白搪瓷

北京大学教授、著名东方学家、梵文学家、中国东方文学奠基人季羡林先生。

脸盆，只好用五毛钱一个的瓦盆洗脸。季先生知道了，自掏腰包买了几十个脸盆送到学生会。我虽然没有去领脸盆，但心里暖暖的。第二件事是有一年国庆节，我第一次参加国庆游行，见到毛主席，兴奋得不得了。晚上回来听同宿舍同学说，他们看了电视转播，而且是在季先生家里！我着实吃惊不小。要知道，那时候电视机可是个稀罕物儿。记得未名湖岛亭的教工俱乐部有一台，学生是不让看的，我就有过混进去看电视被轰出来的经历。季先生叫一群大孩子到自己家里看电视，实在出乎我的意料。据此我认定季先生是好人，好领导，能在这样的老师门下求学是我的福分。

　　正当我一门心思求学的时候，"文化大革命"的狂潮来了。我想"紧跟"，却总也跟不上。弄得晕头转向，北都找不着了。学校逐渐形成了相互对立的两派。季先生虽然"靠边站"了，但没有被打倒，自然就成了两派都争取的对象。他不顾个人安危，仗义执言，反对倒行逆施，因此惹祸上身。季先生被抓进牛棚，受尽折磨和凌辱。我们同情他，去找乔冠华、去找范文澜，他们都说季先生是好人，是国宝，应该保护。可是在那个年代，有谁能够保护先生呢？

经过一年多炼狱般的折磨，九死一生的季先生终于"半解放"了。1969年秋天，先生和我们这些待分配的同学一起被下放到京郊延庆县新华营，接受贫下中农"再教育"。我们一起顶着星星出早操，一起蹲在场院里啃窝头喝稀粥，白天一起挖防空洞，往麦子地里挑粪。在零下十几度的旷野里，年近六旬的季先生顶着凛冽的北风，穿一件单薄的旧棉袄，腰里系根草绳，脸冻得铁青，胡子茬和眉毛上结满白霜。夜里，他和几个男生挤在一个土炕上，炕上的跳蚤不分谁是先生，谁是学生，夜夜骚扰，谁都无法安卧。就在这样的冬天，我听见先生低声吟诵雪莱的诗句：

既然冬天到了，
春天还会远吗？

"九·一三"事件之后，"文化大革命"虽然尚未结束，但已经是强弩之末了。我毕业以后回母校进修，季先生还戴着几顶"帽子"，给我们开了两门课：英语和印度概况。先生 10 岁开始学习英文，水平极高，印度学又是他的主要专长，可是先生备课却一丝不苟。英语是一种世界性语言，不同国家和地域的人们对同一个单词有不同的读音，甚至含义也有差异。为了把这些细微的差别讲清楚，他请教了当时能找到的所有外教。在讲翻译技巧时，他在黑板上画了两个部分重合的圆圈，说：汉语和外语单词的含义并非一一对应，仅重合部分可以相通，所以要从上下文的意思注意词义辨析，同学们一目了然，戏称他画的圆圈为"季羡林大饼"。印度有几千年的文明史，印度学内容浩如烟海，当时没有教材，季先生利用有限的时间，提纲挈领，把印度主要历史时期、历史人物和历史事件以及民族、宗教、社会现状讲得一清二楚，表现出马克思主义史学家的非凡功力。季先生讲课形象生动，旁征博引，妙语连珠，听季先生讲课是一种享受，同学们每周都盼着听他的课。

漫长、黑暗的 10 年终于过去了，党的十一届三中全会前夕，季先生用诗一样的语言写了又一篇散文《春归燕园》。改革开放如同和煦的春风吹遍中国大地，季先生也开始了他人生的第二个春天。此时远在边防部队的我不断在报刊上读到先生的散文新作，感到既亲切又兴奋。1979 年夏天，先生应新疆大学之邀西行考察讲学，同行的还有任继愈、黄心川两位先生。他们在疆的日程安排特别满，季先生就让工作人员通知我去新疆大学一晤。这一晤就

我的老师 季羡林

是一整天。几年没见，我发现先生仿佛年轻了 10 岁，思维敏捷，精神矍铄，步履稳健，不知疲倦地工作着。先生没有整块时间和我谈话，就让我陪在身边，参加座谈、考察，利用活动间隙，询问我的工作、学习和生活情况。在新疆大学图书馆鉴定善本古籍的时候，还不忘向那里的负责人介绍："这是我的学生，在军区做调研工作，如果他需要查阅资料，请提供方便。"舐犊之情，溢于言表。

先生第二次到新疆是 1985 年，主持敦煌吐鲁番学国际学术讨论会。在这次会议上，他高屋建瓴地阐述了人类四大文化体系，进而概括为东西文化两大体系，赢得国内外学者的普遍赞誉。连日的紧张会务，先生累病了。大会休会时间，他没有去天池游览，留在昆仑宾馆接见在新疆工作的学生。那次我给先生送了点葡萄干，第二年我回北京探亲，见到许多老师和老同学，都说吃到了我送的葡萄干。

每次从边疆回京，我都到北大六院或外文楼看望先生。学校的工作、系里的工作、研究所的工作、全国人大常委会的工作，还有形形色色的社会工作、接待络绎不绝的来访者，加上他庞大的科研计划，先生忙极了。还是老办法，待在先生办公室里，不影响先生会客、接受采访、批阅文件，一待就是半天，先生有时间就和我聊几句。中午了，先生对我说："你回家去吃饭吧，老祖（季老的婶母——笔者）烧好了菜等着你呢，我这里还有事，不陪你了。"

1985 年，组织决定让我从部队转业，我写信报告了先生。先生回信说，关于工作安排，要多做几种准备，不知道哪块云彩会下雨。后来有人告诉我，先生为了我能够返校，或者能够归队，四处奔走，从学校找到市里人事部门，碰了不少钉子。我听了诚惶诚恐，小子何德何能，蒙先生如此厚爱！由于种种原因，我没能够归队，辜负了先生对我的希望。能从遥远的边疆回来，可以经常见到敬爱的先生，我已经心满意足了。有一年春节给先生拜年，遇到几位颇有成就的同窗好友，不禁自惭形秽，感到愧对恩师。季先生安慰我说："好钢使在刀刃上。事务性工作总得有人做，都当专家，专家岂不要饿死了？"我不敢以好钢自喻，但先生的话让我茅塞顿开。我安下心来，认真打杂，干过党务，搞过后勤，甘当绿叶。我认为，不管是否在先生旗下做事，只要认真学习和践行先生的为人处世之道，仰不愧于天，俯不愧于地，就算没有辱没师门。

先生之风，高山仰止，景行行止。我的爱人和孩子也非常爱戴和仰慕先生。

他们跟我去先生家中拜访，先生笑脸相迎，拿出点心、水果热情招待，告别时亲自送出大门。有段时间我爱人身体不好，先生总挂记着。每有新作出版，先生在赐赠时也总是先写她的名字。先生知道我爱人爱吃石榴，还特意把山东老家捎来的石榴留给她吃。小孩子不懂事，上中学的时候，忽然想起什么问题，想向季爷爷请教，也不管是中午还是晚上，跑去就敲季爷爷的门，先生不但不嫌烦，还夸他们"肯动脑筋，有出息"。先生对我们的下一代都慈爱有加，寄予厚望。一位学长去了江西五七干校，孩子在京无人照顾，先生就把孩子叫到自己家，与他自己的孙子一起养。这个孩子结婚时，老先生亲自主婚，还带来一幅墨宝作为贺礼，上写着："相爱相亲，相敬如宾，百年好合，幸福无垠。"

季老认为，国家民族不论大小，都有自己的文化，都为人类文明做出了贡献。他高度重视民族文化遗产的抢救和保护，不仅为古籍整理付出了大量心血，还和费孝通先生一起，发起抢救家书活动，在学界和社会反响强烈。他关心和支持档案事业，认为保管好档案，维护历史的真实面目利在当代、惠及子孙，是功德无量的事业。当他得知国家档案局启动中国档案文献遗产工程时，表示坚决支持，欣然受聘担任全国咨询委员会名誉主任委员，还为我们编写的《中国档案文献遗产名录》题写了书名。

先生待我恩重如山，我总想为先生做点什么。2005年，蒙先生首肯，我和老同学胡光利教授将先生的回忆文章收集起来，整理成一套文集，定名《此情犹思：季羡林回忆文集》。编辑书稿，为我又一次提供了亲聆先生教诲的机会。我们写的"编者前言"原稿中有"大师""国宝级学者""北大唯一的终身教授"等字眼，我们认为是实话实说，可是先生看了不高兴，他说："我正在写文章，'辞国宝''辞大师'，真正的大师是王国维、陈寅恪、吴宓，我算什么？一个杂牌军而已，不过生得晚些，活得时间长些罢了。是学者、是教授不假，但不要提'唯一的'，文科是唯一的，还有理科呢？现在是唯一的，还有将来呢？我写的那些东西，除了学术上有一些有一定分量，小品、散文不过是小儿科，哪里称得上什么'家'？外人这么说，是因为他们不了解，你们是我的学生，应该是知道的。这不是谦虚，是实事求是。"遵照先生的意见，我们改了一稿，先生看了说："还是有吹捧之嫌，再改。"改了三遍才通过。有人建议，把领导同志和先生的合影收入书中，这类照片不少，收进书里可能是个卖点。可是先生坚决反对。他说一张都不许收，决不可借领导同志抬高自己的身价。先生不主张开新书发布会，出版社坚持要开，先生请助手转达了三条意见："领导同志公务繁忙，不要请他们到会；不要摆放我和领导同志的合影，不能借领导的光宣传自己的书；也不要放我的录像片，放几张照片可以，我季羡林有什么了不起？就是一个普通的作者，不要招摇。"他还说："应当靠书的内容、书的质量赢得读者，而不是靠宣传。人家说好，是鼓励我们，人家挑毛病，是鞭策，都要感谢。"熟悉季先生的人都知道，这是他的一贯思想，一贯风格。这次为先生编书，受益良多，不仅学习了先生的为文，更重要的是学习了先生的为人。

季先生一生治学严谨，偏爱考据，晚年转而兼顾义理。他关于人类文化交流、东西方文化以及国学方面的议论，经过深思熟虑，如同黄钟大吕，振聋发聩。2008 年，先生授权我编辑了《季羡林谈义理》一书，出版后很快被纳入《人民·联盟文库》。季先生说："（这本小册子）可能有点用途。（对哲学）我们是外行，外行有外行的优势。许多问题内行熟视无睹，外行可以

2007 年 7 月，本书作者到中国人民解放军总医院（北京 301 医院）看望季羡林先生时留影。

一眼就看出来，而且敢讲。"

季老晚年经常考虑关乎国家和人类命运的大问题，思维敏捷而深邃。他提出"和谐是中华优秀传统文化的精髓"，精辟阐述了和谐的三个层次，并写诗赞曰："人和政通，海晏河清，灵犀一点，上下相通。"表达了十几亿中国人民内心的企盼。他的意见被高层采纳，写进了中共十六届六中全会文件。

先生数十年如一日，"为天地立心，为生民立命，为往圣继绝学，为万世开太平"，是我国老一代知识分子的杰出代表。他既是学界泰斗，又是世人楷模。党和国家领导同志赞誉他是"人中麟凤"，可是先生本人却说，自己是一个平凡的人，没有什么英雄业绩。麟凤也好，平凡人也罢，先生就是一个集非凡与平凡于一身的人。能够在先生门下求学，是我今生一大幸事。在我这个老学生心中，先生是我永远的先生。

尊师重教是中华民族的优良传统。先生虽然已经离开了我们，但他永远活在我们心里。先生数年的耳提面命，近半个世纪的言传身教，我终身受益。这是一笔巨大的精神财富，当与广大读者朋友分享。我愿从先生跌宕起伏、颇具传奇色彩的一生中，撷取若干真实的小故事，告诉亲爱的读者朋友，我老师的老师是如何教育培养我的老师，我的老师又是如何给我们当老师的。

以此纪念我敬爱的先生。

第一章
齐鲁少年

第一章 齐鲁少年

喜子，喜子

公元 1911 年，清宣统三年，旧历辛亥年。这是非同寻常一年。满清王朝日薄西山，10 月 10 日爆发了武昌起义，湖南、陕西、江西等省纷纷响应。次年元旦，孙中山在南京就任中华民国临时大总统。2 月 12 日，末代皇帝溥仪退位，宣告了在中国大地上延续了两千多年的封建帝制成为历史。不过，同南方的风起云涌相比，在北方农村人们对时局了解甚少，农民们仍然怀着敬畏称皇帝为"朝廷"，仍然日出而作，日落而息，一切似乎都没有什么变化，只是感觉日子越来越不好过了。1911 年的夏季特别长。在闰六月初八，即阳历 8 月 2 日这一天，鲁西平原上一个叫官庄的村子里，一户季姓农民家中，诞生了一个男婴。孩子的父亲叫季嗣廉，母亲娘家姓赵，被称为季赵氏。这个男孩是季氏家族久已盼望的，因家族喜得贵子，所以给男孩取乳名叫喜子。至于季羡林这个学名，那是 6 年以后他的叔叔给起的。说到季羡林的生日，后来为什么变成了 8 月 6 日呢？据《季羡林传》的作者蔡德贵分析，可能是在 1935 年首次办理出国护照时，用英文填写的"出生日期"一栏用的是阴历，而且是日在前，月在后，后来写在前面代表"八日"的"8"字被当成 8 月，后面代表"（闰）六月"的"6"字被当成了 6 日。因为当过宣统皇帝几个月的"臣民"，季羡林自我调侃是清朝"遗少"或者"遗小"。

那时官庄属清平县管辖，1956年清平县撤销，其辖区划归临清县（今临清市）和高唐县。京杭大运河从北向南穿过临清市境，往南不远就是有名的水泊梁山。不知什么原因，季嗣廉的性格里颇有几分梁山好汉的"侠气"。他为人豪爽，虽然贫穷，但喜欢仗义疏财——当然只是在他有财可疏的时候。

季家并非名门望族，甚至算不上书香门第，却也是耕读传家。祖上住在王里长屯，后来搬到官庄。季嗣廉的父亲名叫季秀吉，号老荅，有三个儿子，季嗣廉是老大，老二叫季嗣诚，因为家里穷，老三生下还没来得及起名，就送给一户刁姓人家收养。季秀吉的大哥季汝吉曾经考中举人，当过一个县的教谕。季嗣廉兄弟幼年跟着他们的伯父读过书，认识字。季嗣廉在堂兄弟中排行第七，季嗣诚排行第九，喜子叫他九叔，那个送了人的小弟弟排行第十一，喜子叫他十一叔。季汝吉死后，家道中落，遭遇灾荒，无法维持生计，11个堂兄弟有6人去闯关东，一去便杳无音信。季汝吉家的两个儿子家境较好，父母死后，季嗣廉兄弟投奔伯父门下，过着寄人篱下的日子。家里人多，是非也多。兄弟二人饥一顿饱一顿，有时候饿得实在难受，就到村边枣树林里拣落地的烂枣子充饥。

季嗣廉兄弟十几岁的时候，也想效法几位堂兄弟外出谋生。省会济南离官庄不算太远，兄弟二人步行两三天走到济南。他们两手空空，举目无亲，只能靠出卖劳动力糊口。他们当过警察，扛过大件，拉过洋车，做过苦力，经历了无数艰难困苦，弟弟终于在黄河河务局找到工作。兄弟二人商议，弟弟留在济南，挣些钱补贴家用，哥哥回官庄去，侍弄父母留下的一点少得可怜的土地。后来季嗣诚因为失业，只身去了东北，在几乎山穷水尽的时候，用身上最后一块钱买了十分之一湖北赈灾彩票，侥幸中了大奖，得了4000块银圆。以此为契机，兄弟二人时来运转，他们买了60亩有水井的土地，又在村口南边盖起一座挺气派的三合院：北房五间，东西厢房各三间。说起盖房子，还有个小插曲：当时砖窑停工，一时买不到砖瓦，季嗣廉就放出话来："谁肯拆房子卖砖给我，我出双倍的价钱。"就这样，季家的房子成了名副其实的高价房。

当时季嗣廉不过20来岁，不仅不懂经营，连怎么过日子都不明白。他并不吃喝嫖赌，也没有不良嗜好，只是十分仰慕仗义疏财的英雄豪杰。他有钱了，亲友乡邻谁家有困难，他有求必应。有时候去赶集，他一高兴，请满满一席棚同村赶集的人喝酒吃肉。这样匪夷所思的事情，他做了不止一次。得到豪爽仗义的好名声，季嗣廉好不得意。待到囊中羞涩、捉襟见肘的时候，已经欲罢不能了。钱来得快，去得也快。不久，债主纷纷找上门来，钱用完了，就卖地，地卖光了，卖房子。房子是花大价钱盖起来的，要卖却没有人要。只好拆掉卖木料、卖砖瓦。买时值金值玉，卖时粪土不如。没几年，三合院就只剩下三间西屋了，还欠了一屁股债，到死都没有还清。季嗣廉又变回了一个贫农。

喜子外婆家也是贫农。母亲持家勤俭、善良贤惠、孝敬长辈、和睦邻里，具备那个时代妇女的一切美德。小喜子不爱哭闹，母亲带着他可以做点活儿。后来母亲又生了两个女儿香妹和淑林，生活愈加艰难了。母亲不识字，一辈子连县城都不曾去过，她走过的最长的路不过是从娘家到婆家的几里路。那时候妇女缠足，走路艰难，一般是不出远门的。

喜子生在这样的家庭，这样的环境里，论说他长大了八成会是一个不识字或者识字不多的贫农，足不出乡里，面朝黄土背朝天地终年劳作。可是事实却偏偏不是这样。他一生所走的路，他小时候根本不曾想到，他的父母长辈也不曾想到。他后来竟成了蜚声中外、学贯中西的学问大家，足迹遍及30多个国家。原因何在呢？且听笔者慢慢道来。

红的和白的

诺贝尔文学奖得主莫言的名著《红高粱家族》里讲到早年间在山东乡下普遍种植高粱。高粱是上好的酿酒原料，然而作为粮食，口感粗涩，实在算不上什么好吃的。可是在五谷中它长得最高，耐瘠薄，抗旱耐涝，即使夏秋发了洪水，一般也不会陷于灭顶之灾，总能有些收成。加之高粱是一种便宜的粮食，于是就成了北方穷人家的当家口粮。喜子小的时候，家里饭桌上天天是"红的"，不是高粱面饼子就是高粱面糊糊，里头时常掺杂着野菜。下饭的经常是一碟自家腌制的萝卜咸菜，咸中带着苦味——因为没钱买盐，是把地里的盐碱土扫起来泡水熬过再腌咸菜，里面含有硝，所以味道发苦——从来没有香油、酱油什么的。至于白面，那东西太珍贵了，只有过大年的时候才能吃上一两顿。这种好吃的对小孩子诱惑力实在太大，喜子总是想方设法找一点"白的"吃。

我的老师 季羡林

喜子的大爷爷举人季汝吉家住在村里的老宅。举人的妻子就是喜子的"大奶奶"。"大奶奶"是一位宽厚慈祥的老人，她的两个儿子家境殷实，每天蒸几个白面馒头孝敬老太太。老太太的亲孙子不幸夭折，她就把满腔慈爱转移到喜子这个可爱的本家孙子身上。老太太身高体胖，饭量大，据说有一次家里煮了一锅肉，老太太吩咐："煮好了没有？给我盛一碗，拿俩馒头，我尝尝！"她每天省出半个馒头，藏在肥大的袄袖里。小喜子三四岁的时候，早晨一睁开眼睛，溜下土炕就往大奶奶家里跑。见到老太太，甜甜地喊声"大奶奶"，老太太立刻眉开眼笑地招呼道："乖孙子，快来！你看这是什么？"随即像变戏法似的从袄袖里掏出半个雪白的馒头来。小喜子捧在手上，眼睛里充满了感激。数十年后，他回忆童年往事，说这是他最高的享受，最快乐的时刻。

喜子五六岁的时候，就能靠自己劳动挣一点"白的"吃了。麦收时节，他跟着邻居宁家大婶和大姑，胳膊挎个小竹篮到收割过的麦田里拣拾遗落的麦穗。每天能拣半篮或者一篮。母亲把麦穗搓成麦粒儿，一个麦秋下来，总有十斤八斤。母亲把这些麦子磨成面粉，烙成饼，自己一口也舍不得吃，都留着给儿子解馋，而且一顿只许他吃一小块。有一次，喜子吃完一块，伸手又拿了一块，母亲不让，他就拿着饼子跑了出去，母亲则在后边追他。正值夏天，喜子光着身子，跳进屋后的苇子坑里，站在水中，嬉皮笑脸地看着母亲，慢慢享受着他的"战利品"。母亲站在岸边看着，也笑。可惜每年只有一次麦收，吃白面饼的机会实在太少了。当然，秋收的时候，小喜子也跟大人出去拣谷穗和豆子，可这些东西无法和"白的"相提并论。

喜子在老家从来没有吃过肉。肉汤是喝过的，那是在姥姥家。姥爷姥姥疼爱外孙，每次来了总要给他弄点好吃的。姥姥家隔壁是一家屠户，杀牛卖酱肉。姥姥家穷，买不起肉，只能花几个制钱买一小罐肉汤。冬天，金黄色的牛肉汤凝成冻儿，油亮亮的、软软的，吃进嘴里香极了。这便是喜子吃过的最好的东西。一小罐牛肉汤从王里长屯提到官庄，每天喝几小口，能喝好几天。有一次，牛肉汤里有一块牛肚，喜子用一把锈迹斑斑的小刀把牛肚切成几小块，慢慢品尝，其滋味简直可以和龙肝凤髓相媲美！有一年中秋节，母亲得到半块月饼，全给了喜子。喜子十分惊奇：人间竟有如此美味！喜子要妈妈尝尝，可妈妈却舍不得咬一口。小喜子暗下决心：等自己长大了，一定要让母亲吃上"白的"。

除了拣麦穗、谷穗，喜子还干些简单的农活。高粱抽穗灌浆的时候，需要打掉一些叶子，以保证通风和透光。高粱叶子可以喂牛。喜子家没有牛，可是二大爷家有。喜子把高粱叶扎成捆，背到二大爷家，自然受到二大爷和二大妈的夸奖，还有犒赏——"别走啦，就在这儿吃饭吧"。能蹭一顿好饭，正中喜子下怀。二大妈家的饭食比自家强多了。通常是"黄的"——黄灿灿、香喷喷的玉米饼子，还有菜。在没有高粱叶子的时候，就打一捆青草，给二大爷家送去。照样"赖"在那里蹭饭吃。偶尔运气好，还可以吃到黍子面的年糕，虽然颜色也是黄的，因为难得吃到，比白面馒头还金贵呢。

喜子家院子里有三棵树，一棵花椒树，两棵杏树。夏天，树上杏子黄了，又大又圆，味道却是酸的。很少有人喜欢酸杏子，可是有个例外。这个人就是马景恭。马景恭是一位小知识分子，常来季家摘杏子，和小喜子混得很熟。父母让儿子管他叫"马先生"。没有正式拜师，更没有学堂，连纸笔课本都没有，可是马景恭却成了小喜子的第一位老师。马景恭教他认字写字，不教《三字经》《百家姓》之类，而是在院子里、土地上，拿根芦柴棍，随心所欲写几个字，供学生辨认和临摹。喜子对识字很有兴趣，脑子聪明，虽然不能说过目不忘，但学得很快。没过多久，他就学会了不少常用汉字。马景恭常说，这孩子是个读书的材料，如果能有好的老师教他，将来可不得了。可是家里穷得吃饭都成问题，哪有条件送他上学读书呢？

恰恰在这时候，九叔从济南回来了。季嗣诚惊奇地发现，哥哥嫂嫂家里没有一本书，甚至连一片字纸都没有，可是侄儿小小年纪，居然能读会写不少的字！这孩子天分不错，待在这里就被埋没了，实在可惜。而季家将来传宗接代、光宗耀祖的希望都寄托在这孩子的身上，现在自己有责任也有能力帮助哥哥嫂嫂把侄儿培养成才，好光大门楣。他提议带侄儿去济南读书。季嗣廉完全同意弟弟的意见，兄弟二人就把事情定下来了。这个决定出乎喜子母亲的预料，她觉得孩子还小，每天晚上要在妈妈怀里才睡得着觉，很是不舍。可是家里大事小事，向来都是当家的说了算，她是无权参与意见的。至于小喜子，就更没有人管他愿意还是不愿意了。就这样，一个6岁的孩子，来到了人生的第一个十字路口。他就要离开父母，离开家乡，进省城念书去了。

济南南关

　　1917年春节刚过，喜子就辞别了母亲和形影不离的小伙伴杨狗、哑巴小，跟着父亲出远门了。在毛驴背上颠簸了两天，听着驴子单调的铃声，看着似乎没有尽头的崎岖黄土路，一路向东。天边的山影从无到有，越走越近，当南山清晰可见的时候，他们便到了济南。父子二人来到南关佛山街柴火市对面一个有石头台阶的古旧大门前。进了院门，看见一株很大的枸杞树，凌乱的枝条上已经绽出了米粒大的小芽。这里就是九叔季嗣诚的家。

　　九叔和婶母没有儿子，只有一个女儿惠林，小名秋妹，比喜子小10天。喜子在九叔家，不算过继，而是兼祧，就是俗话说的"一子担两门"。

　　喜子在九叔家天天可以吃到"白的"，生活比在官庄强多了。可是一个小孩子离开母亲，来到一个陌生的环境，终究不是一件快乐的事。叔、婶不

1973年季羡林回济南时与婶母（前排右二）等人在大明湖畔合影留念。

是亲生父母，童心的发展在无形中受到了阻碍。不能够想象一个小孩子能躺在一个不是母亲的女人怀中打滚撒娇。他想娘，经常在夜里偷偷地哭，性格也悄悄发生变化，由外向逐渐变得内向了。季羡林晚年概括自己的性格，用了16个字："小心翼翼、战战兢兢、如临深渊、如履薄冰"，这固然是数十年的经历使然，但与他童年的境遇不无关系。

季嗣诚在河务局当职员，在当地治黄技术人员中小有名气。在侄儿眼里，"叔父是一个非常有天才的人。他并没有受过什么正规教育，在颠沛流离中，完全靠自学，获得了知识和本领。他能作诗，能填词，能写字，能刻图章。中国古书也读了不少。按照他的出身，他无论如何也不应该对宋明理学发生兴趣，然而他竟然发生了兴趣，而且还极为浓烈，非同一般"。

季嗣诚是一位严厉的家长，脾气大，对侄儿管教很严，脸上难得看到笑容。吃饭的时候，女眷不许上桌子。如果侄儿在一个盘子里连揲三次菜，他的筷子就会被打落在地上。叔叔的严格管教，对季羡林的影响很深。

私塾启蒙

喜子到济南是来上学的。民国初期，新式的学校和老式的私塾并存。喜子初到城里，是一个野性十足的乡下顽童。离叔父家不远的曹家巷有一家私塾，塾师是婶母娘家大哥的老岳丈，先生管教很严。叔父认为，严师可以出高徒，决定把侄儿送去那里读书。

要上学了，总得起个学名吧。喜子小时候，起过一个学名叫宝山，可是从来没有人叫过他这个名字。季嗣诚不喜欢宝山这个名字，认为太土气，他想给侄儿起个文雅一点的名字。根据季氏的家谱，侄儿这一辈可用的字有"宝"和"林"两个字。"宝"不好。"林"，林什么呢？喜好读古书和古诗的季嗣诚想到了北宋那位诗人林逋。这位隐居在杭州西湖孤山种梅养鹤的名士太高雅了。"疏影横斜水清浅，暗香浮动月黄昏。"多美的诗句！真让人羡慕极了。对了，就叫"羡林"或者"慕林"好了。到底是"羡林"好还是"慕林"好呢？他也拿不准，就去和塾师商量，塾师认为"羡林"较好。于是，喜子就有了学名"季羡林"，字"希逋"。数十年后，季先生和我们这帮学生闲聊，说起这件事，他说："幸亏没叫慕林，上海话阿木林是傻瓜呀。"从此，喜子，不，季羡林每天早晨到私塾上学，对着孔子牌位行礼之后，就开始读《三字经》《百家姓》《千字文》之类启蒙读物。

塾师是一位不苟言笑的老先生。白胡子撅着，脸整天阴沉着，令人望而生畏，可季羡林却不害怕。读书识字背课文，根本难不住他，就跟玩儿似的。

也许因为季羡林脸上有些星星点点，遭到同学嘲笑；也许因为有些城里孩子欺生，故意找碴儿，那时候季羡林时常和同学发生冲突。他打起架来，双眼紧闭，双拳乱挥。拳头之外，毛笔、砚台也充当"武器"，弄得满手、满脸、甚至衣服鞋袜上经常墨迹斑斑。回家后婶母劈头就问："又跟同学打架啦？"季羡林觉得奇怪，她怎么知道的？就问秋妹。秋妹说："你自己去照照镜子！"他在镜子跟前一照，脸上左一块右一块，全是墨迹。

婶母让季羡林和秋妹写仿——练大字。他俩照着柳公权、颜真卿的字帖，一笔一画地临摹。起初还比较认真，可是，写着写着就不耐烦了。一瞅大人不在，就玩了起来：拿着毛笔，他给秋妹在脸上画副眼镜，秋妹给他画两撇胡子，嘻嘻哈哈，胡闹一气。

私塾念了没多久，叔父大约认为读私塾没有前途，又把他送进新式的小学校。

读闲书

1918 年，7 岁的季羡林进入山东省立第一师范附属小学，地点在南城门内升官街西头。所谓"升官街"，是因为这条街上棺材铺林立。人们忌讳这个"棺"字，改用谐音图个吉利。

附小校长由一师校长王士栋兼任。王士栋，字祝晨，绰号"王大牛"，是山东教育界的名人。民国初年，他同鞠思敏等同为山东教育界的元老。在一个七八岁的小学生眼中，校长宛如在九天之上，可望而不可即，可是命运弄人，过了 16 年，在 1934 年，季羡林大学毕业后回到山东省立济南高中教书，王士栋也在该校教历史，他们成了同事。

王士栋是个新派人物，五四运动之后，文言文的国文教材很快就换成了白话文教材。课文中就有那篇著名的童话《阿拉伯的骆驼》。大意是说，一个商人带一头骆驼在沙漠里过夜，刮起了沙尘暴。骆驼请求把头伸进帐篷里，主人同意了，后来，骆驼逐渐把整个身子挤进帐篷里，主人反而被挤出去了。不料课本被季嗣诚看到了，这位守旧的家长大为不满，说："骆驼怎么能说话? 荒唐! 转学! "于是季羡林就转学了。

尽管季羡林在一师附小学习时间不长，但这里的新式教育和向学风气给他留下的印象是深刻的。2004 年 9 月初，早已更名为济南师范附小的校长张萍等来京看望他们的老校友季羡林。季羡林欣然为该校题词："济师附小是我的第一个母校。她像第一只报春的燕子，在当时济南的教育界产生了极大的影响，在山东教育史上功不可没。"

1920 年，叔父把季羡林转到新育小学。那年季羡林 9 岁。新育小学坐落在南圩子门里朝山街，离家不算远。一位年长两岁的亲戚同来报名。面试时老师写了一个"骡"字，季羡林认识，定为高小一年级。那个亲戚不认识，便定为初小三年级，一个字让季羡林少读了一年初小。季羡林就读的新育小学，就是现在的山东省实验小学。20 世纪，该校毕业生中出过三位名人：王烬美、季羡林、巩俐。王烬美是无产阶级革命家，中共一大代表；巩俐是家喻户晓的电影明星。

学校大门朝东，进门是个外院，有几排平房，住着从曹州府来的 3 个李姓同学，他们都是大地主家的少爷，在家乡读过多年私塾，年龄比较大，国文水平也高，上学还带着厨子和听差。二门是木架子搭成的柴门，门上有 4 个大字："循规蹈矩"。季羡林当时不理解是什么意思，只觉得这 4 个字笔画繁多，很好玩。院内有一个废弃了的花园，有太湖石堆成的假山，半山腰有亭子。假山前后，树木蓊郁，有圆池和花坛。虽已破败，依然美丽。

班主任姓李，40 多岁，为人非常诚恳忠厚，说话总是和颜悦色，从不训斥学生。当时小学教员都是教多门课程，国文、算术、历史、地理等课程都一个人包了。李老师还教英文，教学生认识英文字母，他有妙法，如草书的字母 F，他说像一只细腰的大马蜂。初春，大圆池旁的春草刚刚长齐，天下着小雨，李老师带全班学生到大圆池附近种菜，种的是扁豆、芸豆、辣椒和茄子。校园里碧草如茵，嫩柳鹅黄，新绿仿佛充塞了天地间。学生们蹦蹦跳跳，快乐得像一群小鸟。

季羡林年龄小贪玩，对所有的正课都采取对付的办法。上课时，经常有小动作，不专心听老师讲课，脑袋常常走神儿，斜眼看教室窗外四时景色的变化，春天繁花似锦，夏天绿柳成荫，秋天风卷落叶，冬天白雪皑皑。但是他很聪明，虽然不是顶尖的学生，但总是上中等。当时写作文都用文言，最困难的是不知道怎样起头。老师出的作文题写在黑板上，他在作文簿上抄上题目，冥思苦想，半天才能憋出一篇文章。

并非所有的老师都像李老师那样和蔼可亲，一位教珠算的孙姓教员，是个迫害狂。他对学生从来没有笑脸。对初学的小孩子制定了极残酷不合理的规定：打错一个数，打一板子。在算盘上差一行，就差十个数，结果就是十板子。上一堂课下来，每个学生几乎都得挨板子。如果错到几十个到一百个数，那板子不知打多久才能打完。有时老师打累了，才"板下开恩"。小学生被逼到穷途末路，起来造了一次反。有几个大一些的男孩子带头提出行动方略：在上课前把教师的讲桌倒翻过来，让它四脚朝天。学生都离开教室，躲到假山附近的树丛中。季羡林也随着那几个大孩子，离开了教室，躲在乱树丛中。但是，过了半个多小时，他们回到教室里，却傻了眼：大约有三分之一的学生安然坐在那里，听老师讲课，讲桌也早已翻了过来。原来的统一战线，已经彻底崩溃。学生分成了良民与罪犯。造反的当然都属于后者。这位孙先生满面怒容，威风凛凛，坐在那里，竹板戒尺握在手中，正等候这批自投罗网的小罪犯。他看个子大小，就知道谁是主犯，谁是从犯。他先把主犯叫过去，他们自动伸出手。只听到重而响的"啪！啪！"的板子声，没有人敢喘大气。那几个男孩子也真有"种"，痛得龇牙咧嘴，却不哼一声。轮到季羡林了，他也照样伸出手，啪啪10下，算是从轻发落。手立即红肿起来，热辣辣的痛，一直痛了好几天。这次"造反"宣告失败。

小学生季羡林有一个爱好：酷爱看"闲书"。所谓"闲书"，就是课外书，主要是旧小说。那时候，叔父管得严，"闲书"是绝对禁止看的。季羡林和他的堂妹惠林只好偷偷地看。《三国演义》《水浒传》《红楼梦》，还有《西厢记》，他统统拿来看。他最感兴趣的是《彭公案》《施公案》之类公案小说和《七侠五义》《小五义》之类武侠小说。他们识字有限，看书经常遇到"拦路虎"，念错别字是家常便饭。比如，把"飞檐走壁"，念成"飞dǎn走壁"。他们互相开玩笑说："你是用笤帚扫，还是用扫帚扫？"不过这类小说内容浅显，即使有些字不认识，意思还是能看明白的。看"闲书"可以使人上瘾，他们看闲书的瘾头极大。那时候，家里没有电灯，晚上把煤油灯吹灭后，在被窝里，用手电筒照着看，一看大半宿。季羡林还把书带到学校去，有空就看上一段。校门外空地上，正在施工盖房子。很多红砖摞在那里，中间有空隙，坐在里面，外面谁也看不见。他就搬几块砖下来，坐在上面，下课之后，且不回家，掏出闲书，大看特看。看得入了迷，书中侠客们蹿房越脊，刀光剑影，仿佛就在眼前晃动。等到脑筋清醒了一点，回家已经过了吃饭的时间，常常挨数落。季羡林看了数量极多的"闲书"，受到"侠客"影响，他照书上讲的拿一把木尺当"宝剑"，和小伙伴们玩侠客游戏。他还一度练习铁砂掌，找来豆子，用手指往里戳，戳得皮破流血，疼痛难忍，只好作罢。他还练过隔山打牛，在屋顶吊一纸球，朝它挥舞拳头，胳膊挥得酸痛，纸球却纹丝不动，又以失败告终。但总的看来，他看"闲书"还是利多弊少。通过这些课外书，他知道了许多课堂上学不到的东西，养成了良好的阅读习惯，增强了驾驭语言文字的能力。

一年秋天，学校组织学生游开元寺。开元寺位于南郊历下区，是济南名胜之一，寺上面的大佛头尤其著名，是把一面巨大的山崖雕琢成了一个佛头，据说佛头的一个耳朵眼里能够摆一桌酒席，其规模虽然无法同四川的乐山大佛相比，但是在全国也颇有一点名气。从山坡往上爬，不到半个小时就到了佛头下。从大佛头再往上爬，山路崎岖，山石亮滑，爬起来就吃力了。山顶上，有一座用石块垒起来的塔状建筑，从济南城里望去，好像一个橛子，所以这座山就得名橛子山。在济南南部群山中，橛子山鹤立鸡群，登上山顶，望千佛山顶如在肘下。可惜这里一棵树都没有，只有遍山蓑草。从橛子山山顶，经过大佛头下来，地势渐低，树木渐多，走到一个山坳里，就是开元寺。这里松柏参天，柳槐成行，一片浓绿，间以红墙，可见几处佛殿，佛像庄严。院子里有一座亭子，名静虚亭。最难得的是一泓泉水，在东面石壁的一个不深的圆洞中。水是从上面石缝里淌下来的，积之既久，遂成清池，名曰秋棠池，水池东岸长着一片青苔，栽着几株秋海棠。泉水甘甜清冽，用此水煮开泡茶，味道极佳。寺里的僧人和络绎不绝的游人，都从泉中取水喝。季羡林喜欢这个地方，曾来玩过多次。这一次随全校来游，兴致仍然甚高。回校后，学校举行作文比赛，题目是《游开元寺记》，把优秀的文章张贴在教室西头走廊的墙壁上。季羡林的作文也赫然在列。

新育小学每学期考试一次，3年共有6次，季羡林的名次徘徊在甲等三四名和乙等前几名之间。甲等第一名被一个叫李玉和的同学包了。季羡林从来没有争第一名的念头，他对名次不感兴趣。他的最大兴趣还是看"闲书"和玩。

夜读英文

季羡林学英文是从新育小学开始的。

英文，这种完全不同于母语汉字的东西引起了季羡林极大的好奇心。他原以为，方块字是天经地义的，可这像蚯蚓爬出的痕迹的英文，也能发音，居然还有意思，简直不可思议。越是神秘的东西，越有吸引力。恰恰有位懂英文的老师，要利用课余时间教英文，当然要收一些学费。季羡林告诉了叔父，叔父坚决支持。这样，季羡林就和十几个同学一道晚上学起英文来了，这一学就是 8 年。

季羡林在小学学了一些英文单词和简单的语法。有一个问题总在困扰着这个初学英文的少年："有 (to have)"和"是 (to be)"分明不会动，怎么会是动词呢？他问老师，老师也答不出。

不管怎样，在考初中的时候，没有想到正谊中学还考英文，题目是翻译一段话："我新得了一本书，已经读了几页，不过有些字我不认识。"季羡林因为有英文基础，没有费多大劲就交卷了。他被录取了，不是一年级，而是一年半级，即从一年级下学期开始读，占了半年便宜。

上中学的时候，季羡林继续他的课余英文学习。地点是在济南城内按察司街南口附近的尚实英文学社。这是一个私人办的学社，创建人叫冯鹏展，是一个英文水平相当高的中学教师，办学社算是他的副业。授课是在晚上，每个月学费 3 块大洋。学社除了冯老师还有两位老师，一位姓钮，一位姓陈。他们教书很卖力气，学生有七八十人。季羡林在这里学习很有收获，打下了扎实的英文基础。他在中学时期，英文成绩年年全班第一，没有一个同学能同他相比。

那时候，季羡林上学很辛苦，简直是马不停蹄。每天早晨从家穿过济南城到大明湖去上学，晚上 5 点走回南关吃晚饭，饭后立刻进城去尚实英文学社上课，晚上 9 点下课回家。天天如此。但他并不觉得辛苦或有什么压力。1926 年，15 岁的季羡林上高中的时候，已经能够阅读和翻译英国作家小说原著了。他每年节衣缩食省出几块钱向日本丸善书店邮购原版的英国文学作品。书到了，欢天喜地步行 20 余里去商埠邮政总局取书，虽然不过薄薄一本，却给他带来极大的愉悦和幸福感。从此，季羡林和外文书结下了不解之缘。除了继续学习英文，他又选修了一门外语：德文。尽管那位老师的德语发音带有浓重的胶东口音，教材也陈腐不堪，学到的东西有限，但他毕竟开始接触德语，他后来考入清华大学西洋文学系专修德语，和再后来赴德国留学，应该说同这不无关系。

大明湖畔

1923 年暑期，季羡林考进正谊中学。那时候在济南，正谊中学算不上好学校，绰号"破正谊"，同"烂育英"齐名，只能算是个二三流的学校。

学校坐落在济南大明湖南岸阁公祠（阁敬铭的纪念祠堂）内，景色优美，特别是北半部靠近原阁公祠的那一部分。绿杨撑天，碧水流地。一条清溪从西向东流，尾部有假山一座，小溪穿山而过。登上阁公祠大楼，可以看到很远的地方，向北望，大明湖碧波潋滟，水光接天。夏天芦苇丛生，荷香十里，绿叶万顷。

正谊中学是私立学校，校长鞠思敏是民国初年山东教育界的领袖人物之一。季羡林到正谊中学上学的时候，他已经 60 来岁了。他身材魁梧，走路缓慢，威仪俨然，季羡林每次见到他，就油然生出敬仰之情。

鞠校长每天必到学校来办公。在军阀统治之下，时局动荡，民不聊生。要维持一所有几十名教员上千学生的私立中学，谈何容易。鞠先生身上的担子重得简直无法想象。然而，他仍然极端关心青年学生的成长，特别是在道德教育方面，他倾注了全部的心血，想把学生培养成有文化有道德的人。每星期一上午 8 时至 9 时，全校学生都集合在操场上。他站在台阶上对全校学生讲话，内容无非是怎样做人，怎样爱国，怎样讲公德、守纪律，怎样严于律己、宽以待人，怎样孝顺父母、尊敬师长，怎样与同学和睦相处，总之，不外是一些老生常谈的道德教条，而且当时没有扩音设备，他的嗓门并不洪亮，站的地方也不高。但是，他讲的那一些普普通通做人的道理，都是金玉良言，经年累月，能使学生们受到潜移默化的影响。

1926 年季羡林考入山东大学附设高中。鞠思敏应聘担任该校的教员，教伦理学，课本是蔡元培的《中国伦理学史》。鞠先生衣着朴素依然，威仪俨然如故，讲课慢条斯理，但是句句真诚感人。他这样一个人本身就是伦理的化身。当 1947 年季羡林再次回到济南，去母校拜访的时候，鞠先生早已不在人世。但是，人们并没有忘记他。他在日寇占领期间，不畏日寇的威胁利诱，宁死不出任伪职，穷到每天只能用盐水泡煎饼果腹，终至贫病而死。他正气凛然，为后世子孙楷模。鞠先生的言教身教，影响了季羡林一生。

刚上初中的时候，季羡林同在小学时一样，还是贪玩。考试成绩，好了考到甲等三四名，坏了就是乙等前几名，在班上算是高才生。他在班里年龄最小，主要兴趣在大楼后的大明湖岸边。夏天，湖边长满芦苇。芦苇丛中到处是蛤蟆和虾。这两种动物都是水族中的笨家伙。季羡林从家里拿一根针，把针尖砸弯，拴上一条细绳，顺手拔一根苇子，做成钓竿。蛤蟆端坐在荷叶上，只需捉一只苍蝇，穿在针尖上，把钓竿伸向它抖上两抖，蛤蟆就一跃而起，却被针尖钩住，捉上岸来。季羡林并不伤害它，仍把它放回水中。最笨的是虾，对付它们，不费吹灰之力，只需顺手拔一支苇子，往水里一伸，虾便用长夹夹住苇秆，死不放松，于是被拖出水来。季羡林仍然把它们放回水中。上午上完课，匆匆在小吃摊子上买点东西吃了，就来到大明湖边，玩到下午上课。

初中教语文的徐金台老师，是正谊中学的资深教员，很受师生的尊敬。徐老师古文很棒，他在课外办了一个古文补习班。愿意学习的学生，只需交上几块大洋，就能够随班上课了。叔父听说了很高兴，立即让季羡林报了名。上课时间是下午放学以后，地点是阁公祠大楼的一间教室里，教材是《左传》《史记》一类的古籍。叔父对他学习古文非常重视，亲自选编、抄录了一本厚厚的《课侄选文》，亲自给季羡林讲解。选的都是程朱理学文章，唐宋八大家的一篇也没有选。季羡林不喜欢这类文章，只好硬着头皮听叔叔讲。好在叔父讲过几次之后就置诸脑后。这种"开小灶"式的古文学习，让季羡林受益匪浅，也为他后来在高中研读古文打下了基础。

随着年龄增长，季羡林的玩心渐渐收敛，学习兴趣逐渐增强。1926 年春，季羡林初中毕业，接着在正谊中学上了半年高中。上高中的时候，有两位老师给他留下深刻印象：一位是教国文的杜老师，绰号"杜大肚子"，另一位是教英文的郑又桥老师。

杜老师是饱学之士，熟读经书，精通古文，一手小楷写得俊秀遒劲，听说前清时还有过功名。可惜他生不逢时，命途多舛，毕生浮沉于小学教员与中学教员之间。杜老师出了一个描绘风景抒发感情的作文题目。季羡林突发奇想，写了一篇带有骈体文味道的作文。那时候作文都是文言文，季羡林第一次尝试写骈体文，当然期待老师的评判。发作文簿的时候，看到杜老师在上面写满了密密麻麻的字，等于重新写了一篇文章。批语是："要做花样文章，非多记古典不可。"短短一句话，正中要害。季羡林读过不少古文，骈体文却只读过几篇。仅凭着自己脑子记的那几个古典和有限几篇骈体文就想写"花样文章"，怎能办得到呢？看了杜老师批改的作文，他心中又是高兴，又是惭愧。杜老师已年届花甲，竟不嫌麻烦这样修改自己的文章，批语一语中的，他怎能不高兴呢？惭愧的是自己根底太浅，学养不够。从此他学习更加刻苦，当年熟读的一些古文名篇，到老年还能流利背诵，许多典故，写文章时，信手拈来，自然贴切，恰到好处。

另外一位难以忘怀的是教英文的郑又桥老师。郑老师是南方人，英文非常好，是专教高年级的。当时高中一年级是正谊中学的最高年级。英文课本是现成的：《天方夜谭》《泰西五十轶事》，语法是《纳氏文法》(Nesfield Grammar)。郑老师教书的特点，突出地表现在改作文上。季羡林清楚地记得，他的英语作文，郑老师一字不改，而是根据原意另外写一篇。这种做法是相当高明的。语言是思维的工具，学生作文，使用的思维工具当然是母语，就是汉语，根据汉语思维写成英文，难免受汉语的制约，结果就是中国式的英文。这种中国式的英文，即所谓 Chinglish，一直到今天仍是英语初学者的通病。季羡林虽然在尚时英文学社补习英文，英文成绩在全校名列前茅，这类毛病也是难免的。郑老师的改写是地道的英文，这是多年学养修炼成的，并不是每个人都能做到的。季羡林拿自己的作文和郑先生的改作细心对比，悟到了许多东西，简直可以说是一把开门的钥匙。季羡林就是从郑又桥老师那里，得到了这把金钥匙。他离开正谊中学20多年，1947年暑假，留学回国当了北京大学教授的季羡林回到济南到母校探望，郑老师已垂垂老矣。师生多年没有见面，喜悦之情难以言表。季羡林化用杜甫的诗句表达自己的心情："人生不相见，动如参与商。今夕复何夕，共此明湖光。"郑老师为季羡林这个高足感到自豪，在课堂上，他拿着季羡林的名片，激动地向同学们介绍他们的这位学长，勉励他们像季羡林一样刻苦学习，早日成才。是啊，哪一个优秀的学生，不是老师的骄傲呢？

顺便说一句，张春桥也是正谊中学毕业的，不过比季羡林晚几届，可能是因为行当不同，这两位校友素无往来。

白鹤庄

1926 年秋，季羡林考入山东大学附设高中，在这里读了两年书。

山大高中坐落在济南北园白鹤庄。季羡林十五六岁的青春年华，就同白鹤庄紧密连在一起。泉城济南的地势南高北低，七十二名泉的水流出地面以后，一股脑儿都向北流。连泰山北麓的泉水也通过黑虎泉、龙洞等处，注入护城河，最终流向北园，一部分注入小清河，流向大海。因此，北园成了水乡泽国，到处荷塘密布，碧波潋滟。风乍起，吹皱一塘清水。无风时则如明镜一般，可以看到 20 里外千佛山的倒影。塘边绿柳成行。在夏天，杨柳绿叶葳蕤，铺天盖地，如烟如雾，把天地之间染成绿色。此地风光旖旎，赏心悦目。

白鹤庄在绿杨深处，是一个荷塘环绕的小村庄。虽然不见白鹤飞来，可确实是一个读书的绝好地方。高中设在村中的一处大宅院，大到住二三百学生一点不显拥挤。当时学校共有 6 个班，三年级 1 个班，二年级 1 个班，一年级 4 个班，季羡林在一班。两年间他一直担任班长。

高中是公立学校，教师待遇较好，师资队伍可谓极一时之选。

讲授历史和地理的祁蕴璞先生，在山东中学教育界是名人。他是一中的教员，在历史和地理的教学中，他是状元，无人能出其右。祁老师不是一个口才很好的人，说话有点口吃。他的讲义每年都根据世界形势的变化和考古发掘的最新发现以及学术界的最新学说加以补充修改。所以他教给学生的知识都是最新的。这种做法，不但在中学绝无仅有，即使在大学也十分少见。原因是祁老师精通日文。自从明治维新以后，日本最积极、最热情、最及时地吸收欧美的新知识。而祁先生订有多种日文杂志，还随时购买日本新书。有时候他把新书拿到课堂上给学生看。他怕手上沾的粉笔末儿弄脏了新书，战战兢兢地用袖子托着。从这种细微的动作可以看出他对书籍的爱护。

祁老师关心国家大事、世界大事。世界形势随时变动，没有法子在正课中讲授。于是他在课外举办世界形势讲座，学生可以自由去听。先生讲演，只有提纲，讲演时指定两个文笔比较好的学生做记录，然后整理成文，交先生修改后，再油印成讲义，发给全体学生。季羡林是被指定的两名记录者之一。当时没有什么报纸，祁老师的讲演让学生了解了外面的世界，开阔了视野，增加了知识，对他们的学习有极大的帮助。

国文教员王昆玉老师是山东莱阳人,他父亲是当地有名的文士,也写古文。所以王先生家学渊源,从小受过良好的教育,特别是古文写作方面更为突出。他为文遵桐城派义法,结构谨严,惜墨如金,逻辑性很强。王老师有自己的文集,都是自己手抄的,从来没有出版过,几十年的写作,只有薄薄一本。王老师后来被山东大学聘为讲师。

王老师上课,课本就使用现成的《古文观止》。不是每篇都讲,而是挑选出若干篇加以讲解。文中的典故在必讲之列,而重点是讲文章义法。《古文观止》里的文章是按年代顺序排列的。不知道什么原因,王老师选讲的第一篇文章是比较晚的明代袁宏道的《徐文长传》。讲完后出了一个作文题目《读徐文长传书后》。季羡林从小学起作文都用文言,到了高中仍然未变。他驾轻就熟地写了一篇《书后》,不料竟获得了王老师的青睐,定为全班压卷之作,评语是"亦简劲,亦畅达"。季羡林当然高兴。老师的夸奖,引起了他的学习兴趣。找来韩愈、柳宗元、欧阳修和三苏的文集,认真读了起来。全班国文最好的同学叫韩云鹄。可惜他别的课成绩不好,属于偏科。王老师有一个习惯,每次把学生的作文簿批改完后,总在课堂上占用一些时间,亲手发给每一个同学。排列是有讲究的,把差的排在最上面,把最好的放在最后。作文后面都有批语,但有时候他还会当面说上几句。季羡林和韩云鹄的作文总是排在最后一二名,两年来没有例外。

那时候高中学生全部住校。季羡林喜欢自然风光,在春秋佳日,吃过早饭以后上课之前,经常一个人到校舍南面和西面的小溪旁散步,看小溪中碧水潺潺,绿藻漂动,顾而乐之。到了秋天,夜课以后,他总是走出校门在小溪边流连一会儿。只见月朗星稀,柳影在地,草色离离,荷香四溢。他最喜欢看捕蟹。附近的农民每晚来这里,用苇箔插在溪中,水能通过苇箔流动,但是鱼蟹则是过不去的。农民点一盏马灯,放在岸边。螃蟹只要看见一点亮光,就从芦苇丛中爬出来,奋力爬,爬到灯边,农民一伸手就把它捉住,放在水桶里。间或也有大鱼游来,被苇箔挡住,游不过去,又不知回头,只在箔前跳动。这时候农民就举起带网的长竿,鱼大,劲也大,往往奋起抵抗,要费一番工夫才能把它捉住。这是他最爱看的一幕。王昆玉老师出了一个作文题目:《夜课后闲步校前溪观捕蟹记》。季羡林喜欢写抒情或写景的散文。王老师这个作文题目正中下怀,他的"生活"足够,写起来酣畅淋漓,这篇作文又一次成为全班压卷之作。

教英文的刘老师个子矮矮的，也是一中的教员。刘老师北大英文系毕业，英文非常好，季羡林对刘老师非常敬重，由于有尚实英文学社的底子，季羡林在班上是绝对的英文状元。刘老师有一个特点，每当学生在课堂上提出问题，他自己先不答复，而是指定学生答复。指定的顺序是按照英文水平的高低。每个同学的水平他心里都有一本账。他指定比问问题者略高的人来答复。如果答复不了，他再依次向上指定学生答复。往往最后是指定季羡林，这算是到了头。一般问题季羡林都能够答复，如果没有解释对，最后刘老师自己解答。还有一位教英文的尤桐先生，1928 年日寇占领济南，高中停办，教师和学生都风流云散，尤先生还留在学校。有一天季羡林同表兄孙襄城到白鹤庄看望尤老师，昔日喧腾热闹的大院子里静悄悄的，只有尤老师和一个工友，显得非常凄凉，他们陪尤老师谈了很久。

在北园读高中的时候，季羡林已经不满足于课堂上教授的那一点英文，他开始购买和阅读原版英文小说，并尝试翻译。买书是通过日本东京的丸善书店，两年共买过两三次书，其中有一次买的是英国作家吉卜林（Kipling）的短篇小说集。他每次接到丸善书店的回信，就像过年般欢喜。季羡林一生爱书如命，在北大的教授中，他是绝对的藏书状元。他的数万册藏书，就是这样一本一本积攒起来的。

那时候主政的军阀当局大力提倡读经，高中开设经学课。教经学的是一位清朝遗老，大概是个老秀才。他在课堂上讲话，张口就是"你们民国……，我们大清国……"于是得了"大清国"这个诨名。真实姓名反而被人忘记了。他经书的确读得很多，他上课从来不带课本，四书、五经，本文加注疏，都能背诵如流。据说还能倒背。《诗经》《书经》《易经》《礼记》他都讲过一点，完全按照注疏讲。谁是谁非，这些十几岁的孩子根本弄不明白。

还有一位教诸子的老师姓王，北大毕业，戴一副深度近视眼镜。王老师书读得很多，有学问。他曾写了篇长文《孔子的仁学》，把《论语》中讲到"仁"的地方全部收集起来，加以综合分析，然后得出结论。此文写成讲义，印发给学生。季羡林的叔父读了以后，大加赞赏。但是此文未见发表。王老师不谙文坛登龙术，不会吹拍，所以没有能获得什么名声，只能浮沉于中学教师之中。

负责学校日常管理的是一位刘姓监学。他经常住在学校，好像什么事情都管。因为秃顶，学生们赠以诨名"刘秃蛋"。此人奸诈伪善，学生没有一个喜欢他的，他却自我感觉良好。各班的班长都由他指定。季羡林因为学习成绩好，始终被指定为班长。刘监学想拉拢季羡林给他作为眼线，打小报告。季羡林看穿了他的心思，没有上他的圈套。

学生吃饭有食堂，当时叫作"饭团"。学校根本不管，由学生自己同承包商打交道。学生每月选出一名伙食委员管理食堂。这是费力不讨好的差事，谁也不愿意干。被选上了，只好干上一个月。但是，行行出状元。二年级有一个名叫徐春藻的同学，对此既有兴趣，也有才干。他每夜起来巡视厨房，看看有没有厨子偷肉偷粮。有一次还真让他抓到了。承包人把肉藏在酱油桶里，准备偷运出去，被他抓住，罚了款，从此伙食质量大有提高，经常能吃到肉和黄花鱼。徐春藻受到同学拥护，连选连任，乐此不疲。

北园高中对季羡林一生影响颇大，不仅仅是培养了购书、读书的兴趣，还有更重要的关键性的影响，是改变了他的学习态度，他由一个贪玩的孩子，变成了一名品学兼优的学生。

季羡林经常说，自己幼无大志，小学毕业后，连报考著名的一中的勇气都没有。在上小学和初中的时候，并不喜欢念书，只是贪玩。考试时虽然成绩不错，名次相当靠前，可他从来没有要当第一名的野心，对那玩意儿一点儿兴趣都没有。但是，人的想法是能改变的，有时甚至会发生180度的大改变。季羡林在北园高中就经历了这样的改变。这改变，是由一件非常偶然的事引起的。

状元公的奖赏

北园高中是附设在山东大学之下的。当时山大校长是省教育厅厅长王寿彭。当年的王寿彭在山东是位赫赫有名的人物。王寿彭（1875—1929），字眉轩，号次篯，山东潍坊人，光绪二十九年（1903年），王寿彭参加会试，文章写得漂亮，据说殿试时恰逢慈禧老佛爷七十大寿，因为他的名字中包含"王者寿比彭祖"的含义，慈禧以为吉兆，于是点了状元。王寿彭是有名的书法家，他的字浓厚潇洒，俊美雅秀，颇有二王之风，很受藏家追捧。

北洋军阀当政时期，山东督军是军阀张宗昌，绿林出身，绰号"狗肉将军"，他不知道自己有多少兵，不知道自己有多少钱，不知道自己有多少姨太太，以"三不知"闻名全国。他虽一字不识，也想附庸风雅，提倡尊孔读经，他起用前清状元王寿彭当教育厅厅长。有一次在山东大学校本部举行祭孔大典，状元公当然必须陪同。督军和校长一律长袍马褂，威仪俨然。附中学生这些十五六岁的大孩子也奉命参加，学生们感兴趣的不是对孔圣人三跪九叩，而是院子里的金线泉。他们围在泉旁，看一条金线从泉底袅袅向上漂动，觉得十分可爱，久久不想离去。

就在一年级第一学期结束考试以后，状元公忽然要表彰学生了。高中表彰的标准是：每一班的甲等第一名，平均分数达到或超过 95 分者。奖品是状元公亲笔书写的一个扇面和一副对联。王寿彭的书法极有名，他的墨宝颇具收藏价值，是很不容易得到的。高中共有 6 个班，当然就有 6 个甲等第一名；但另外 5 位同学的平均分数都没有达到 95 分。只有季羡林的平均分数是 97 分，超过了标准，因此，他就成了全校唯一获得状元墨宝的学生，这当然是极高的荣誉。

扇面抄录的是厉鹗的一首七言诗，全文是：

> 净几单床月上初，
> 主人对客似僧庐。
> 春来预作看花约，
> 贫去宜求种树书；
> 隔巷旧游成结托，
> 十年豪气早消除；
> 依然不坠风流处，
> 五亩园开手剪蔬。

录《樊榭山房诗》，丁卯夏五

落款是"羡林老弟正王寿彭"。

那一副对联是：

> 才华舒展临风锦，
> 意气昂藏出岫云。

题头是"羡林老弟雅嘱",落款是王寿彭署名。可见这位状元对季羡林这位15岁的小"老弟"评价之高,希望之殷切。

王寿彭这一份珍贵的奖品对季羡林产生了戏剧性的影响。从此,季羡林的学习态度,乃至对自我价值的追求,发生了根本变化。他想,这样的荣誉过去从未得到过,它确实来之不易。现在既然于无意中得之,就不能让它再丢掉,如果下一学期考不到甲等第一,自己这一张脸往哪里搁呀!就是这种荣誉感,促使他在学习上改弦更张,开始认真埋头读书了,成了勤奋用功的好学生。高中3年,他每学期都考第一,拿到6次甲等第一,成了"六连冠"。

王状元表彰学生可能是出于偶然。他不会想到,一个被他称为"老弟"的孩子,竟由于这个偶然事件而变成刻苦用功的学生。不过,从季羡林的例子不难看出,重建了山东大学的王寿彭尽管守旧,尽管尊孔,可他终究是一位有作为的教育家。

五三惨案

1928年5月,季羡林的求学生活被日本侵略军的炮声打断了。此时,蒋汪合流以后的国民党仍然打着孙中山的旗号北伐。4月初,北伐军逼近济南,奉系军阀败退。日本人担心会失去在山东的特权,4月30日,日军福田彦助部借口保护侨民,开进济南。5月1日,国民党军队进入济南,蒋介石住在城内旧督军署。3日上午9时许,日军进攻驻在商埠经一路、纬二路的中国军队。双方激战至下午4时左右,暂时休战开始谈判。日军派参谋佐佐木会见蒋介石,对蒋进行威胁,要蒋下令停火,并于3日入夜之前完全撤出商埠。傍晚,蒋介石下令军队撤出商埠。由于时间仓促,有的部队没有接到命令。下午六七点钟,日军乘中国军队撤退之机发动全面进攻,很快占领了各主要据点。日军占领商埠以后,挨门挨户搜查捕杀没有来得及撤走的中国军人和民众,开枪打死中国军民多人。蒋介石于5月5日离开济南,留下李延年团和邓殷藩团守城。日军于7日攻击济南城。守城部队奋战4天3夜,10日晚奉蒋介石密令撤离。日军占领济南后,大肆烧杀抢掠,无恶不作,这就是骇人听闻的"五三惨案"。国民政府方面派出外交部山东特派员蔡公时等17名外交人员前去交涉,竟被侵略军割耳剁鼻,残忍地杀害。济南城遭到严重破坏,成了恐怖的地狱。爱国学生成了日军迫害的重点对象,学校被迫停办,北园高中的师生星散,季羡林失学了。他蜷伏在家中，心里郁闷极了。

季羡林尝到了当亡国奴的滋味。1993年他写了一篇回忆文章《我的心是一面镜子》，在讲述这一段经历时，他写道：

> 日寇占领了济南，国民党军队撤走。学校都不能开学，我过了一年临时亡国奴生活。

> 此时日军当然是全济南至高无上的惟一的统治者。同一切非正义的统治者一样，他们色厉内荏，十分害怕中国的老百姓，简直怕到风声鹤唳、草木皆兵的程度。天天如临大敌，常常搞一些突然袭击，到居民家里去搜查。我们一听到日军到附近某地来搜查了，家里就像开了锅。有人主张关上大门，有人坚决反对。前者说：不关门，日本兵会说："你怎么这样大胆呀！竟敢双门大开！"于是捅上一刀。后者则说：关门，日本兵会说："你们一定有见不得人的勾当，不然的话，皇军驾到，你们应该开门恭迎嘛！"于是捅上一刀。结果是，一会儿开门，一会儿又关上，如坐针毡，又如热锅上的蚂蚁。此情此景，非亲身经历者，是决不能理解的。

> 我还有一段个人经历。我无学可上，又深知日本人最恨中国学生，在山东焚烧日货的"罪魁祸首"就是学生。我于是剃光了脑袋，伪装是商店的小徒弟。有一天，走在东门大街上，迎面来了一群日军，检查过往行人。我知道，此时万不能逃跑，一定要镇定，否则刀枪无情。我貌似坦然地走上前去。一个日军搜我的全身，发现我腰里扎的是一条皮带。他如获至宝，发出狞笑，说道："你的，狡猾的大大地。你不是学徒，你是学生。学徒的，是不扎皮带的！"我当头挨了一棒，幸亏还没有昏过去，我向他解释：现在小徒弟们也发了财，有的能扎皮带了。他坚决不信。正在争论的时候，另外一个日军走了过来，大概是比那一个高一级，听了那个日军的话，似乎有点不耐烦，一摆手："让他走吧！"我于是死里逃生，从阴阳界上又转了回来。

这是多么恐怖、多么屈辱的日子！侵略者在一个17岁的青年心里种下了仇恨的种子，同时激发了他的爱国义愤。他内心的屈辱和愤怒只能靠一支笔来宣泄。不久，他的一篇短文写成了，标题是《文明人的公理》。这篇文章控诉日本侵略者占领济南期间，横行霸道，抢劫中国老百姓财物的强盗行径，表现了季羡林对日本侵略者无比的憎恶。文章发表在天津《益世报》上。

中国人民没有忘记侵略者欠下的这笔血债。2006年5月2日，蔡公时烈士铜像回归安置暨济南惨案纪念堂奠基仪式在趵突泉隆重举行，季羡林担任了这项活动的顾问。

写作发端

1929年日军撤走，国民党山东省政府从泰安迁回济南。旧日的山东大学附设高中改为省立高中，校址迁至城西杆石桥一个清代衙门旧址。这是当时全省唯一的高中，北园高中的学生都到这所学校继续学习。校长换了人，教师队伍也变化很大。季羡林来校后发现，教高中国文的四位老师，是清一色上海来的青年作家：胡也频、董秋芳、夏莱蒂和董每戡。前两位是季羡林的业师，对他的影响很大。

那时候，国文课本已经从文言文改为白话文，经学课取消，作文也改为白话文，学生们感到很新鲜。更新鲜的是胡也频老师讲课，他不但不讲《古文观止》，连新文学作品也不大讲。别看胡也频老师年纪轻轻，个子不高，眉清目秀，一副文弱书生的样子，他不愧为革命作家，意气风发，大义凛然，视敌人如无物，勇敢无畏。每次上课，他都在黑板上大书"什么是现代文艺"几个大字，然后就侃侃而谈，滔滔不绝地讲起无产阶级革命来，学生们听得都入了迷。什么"现代文学""普罗文学"一下子变成了他们的兴奋点。他们买来当时流行的马克思主义文艺理论书籍，生吞活剥地读起来，"革命"热情空前高涨。胡先生不仅在课堂上大讲革命文学，而且在课下组织成立"现代文艺研究会"，公开在学生宿舍的走廊上张贴海报，摆上桌子，发放表格，招收会员。还准备办一个刊物。季羡林是积极追随者，他帮助胡老师招兵买马，还为这个刊物的创刊号写了一篇稿子，题目是《现代文艺的使命》，通篇鼓吹革命，虽然稚嫩，但革命热情高涨。

那一年，胡也频夫人丁玲女士来济南探亲，中学生大多数是追星族，上海滩大名鼎鼎的革命女作家来了，仿佛从南方飞来一只金凤凰，他们怎么能不兴奋呢？丁玲时髦的服饰、高跟鞋成了他们关注的焦点。看着胡老师和丁玲手拉手走在坑坑洼洼的马路上，同学们感到新鲜又羡慕。季羡林认为丁玲把胡老师当成了她的手杖，对这位女作家第一印象不佳。这与后来他上大学时写文章批评丁玲的作品《夜宴》，似乎不无关系。

可是好景不长，胡也频遭到国民党当局通缉，他得到校长通风报信，连夜逃回上海。不久，胡也频在上海被捕，1931年2月7日，他同柔石、冯铿、殷夫、白莽等同志一道被国民党当局秘密杀害于龙华警备司令部，时年仅28岁。鲁迅先生写了一篇杂文《为了忘却的记念》，纪念自己的战友，愤怒声讨国民党反动派的暴行。胡也频，这个像夏夜的流星一样一闪而逝的青年作家，在中国现代革命文学史上留下了永恒的光芒，也给季羡林留下了终生不忘的印象。

接替胡也频老师教课的是董秋芳。董秋芳，笔名冬芬，毕业于北大英文系，也是一位小有名气的左翼作家。当时有一本颇流行的苏联小说《争自由的波浪》就是他翻译的，鲁迅先生作的序，不少同学都读过。对这位先生他们可谓神交已久。

董先生在课堂上不讲什么"现代文学"，也不宣传革命，而是老老实实地讲课，小心翼翼地为学生批改作文。他操着浓重的绍兴口音给学生讲解鲁迅先生翻译的日本作家厨川白村的《苦闷的象征》《出了象牙之塔》。他出的作文题很特别，在黑板上大书"随便写来"，意思很明白，想写什么，就写什么，想怎么写，就怎么写。季羡林过去写文言文，但是，他从小好看闲书，先是看志怪、公案小说，后来看了大量五四以来的新文学作品，鲁迅、胡适、茅盾、周作人、郭沫若、巴金、老舍、郁达夫等人的作品几乎都读遍了。从《庄子》《史记》，到唐宋八大家，明代的公安派、清代的桐城派，再到现代作家，好文章读得多了，在潜移默化中，形成了一些自己的看法。他认为，写好文章，一要感情真挚、充沛；二要词句简练、优美、生动；三要布局紧凑，浑然一体，三者缺一不可。这些想法形成于不知不觉之间，他自己也没有清醒地意识到。

有一次写作文，在董先生"随便写来"的启发下，季羡林写了一篇记述自己回故乡为父亲送葬的作文。作文簿发下来的时候，看到董先生的批语，他大吃一惊。在每页的空白处，董老师写了不少批注。有的地方批道"一处节奏""又一处节奏"。自己完全没有意识到的东西，董先生却注意到了，而且一语道破。"知我者，董先生也！"受到董老师的鼓励，季羡林怎么能不高兴呢。在另一篇作文后面，董老师批道："季羡林的作文，同理科一班的王联榜一样，大概可以说是全班之冠，也是全校之冠吧。"季羡林本来就爱好作文，受到老师如此褒奖，他的写作积极性被充分调动起来了，他开始创作散文，《文明人的公理》和《观剧》《医学士》陆续在天津《益世报》上发表，翻译外国作家和诗人的几篇作品，刊登在济南《国民新闻》上，创作和译作连连见诸报端，同学们送他一个绰号："大家"。虽然后来他从事的学术研究与文学创作风马牛不相及，但对散文创作他情有独钟，终生乐此不疲，成为一位散文名家。每忆及此，季羡林就满怀深情地说，这"全出于董老师之赐，我毕生难忘"。2000年12月，董秋芳的女儿董菊仙将父亲的译作整理出版，季羡林为文集作序，他写道：

> 1928年是我在无意识中飞跃的一年。从《古文观止》《书经》和《诗经》飞跃到鲁迅和普罗文学。在新文学岸边迎接我的正是董秋芳先生，我自己也不知道，是由于什么原因，我的白话作文竟受到秋芳先生的激赏，说我是"全班甚至全校之冠"。我是一个平凡的人，受到赞赏，这本是不虞之誉，我却感到喜悦和兴奋。这样就埋下了我终身写作的种子。除了在德国十年写得很少，十年浩劫根本没写之外，我一直写作未辍。我认为，作家是一个高贵的称呼，是"人类灵魂的工程师"，区区如不佞者焉能当此称号！我一直不敢以作家自居。然而，写作毕竟成为我生活不可或缺的一部分，每有真实感触，则必写为文章，不仅是自己怡悦，也持赠别人。所有这一切，都必须归功于董先生，我称他为"恩师"，不正是恰如其分吗？

第二章

清华学子

第二章 清华学子

进京赶考

1930 年夏天，季羡林高中毕业。当时他已经奉叔父婶母之命，娶了彭德华为妻。如果能谋到一只饭碗，可以养家糊口，对全家来说都是好事。当时

1930 年，季羡林毕业于山东济南高级中学，时年 19 岁。

季羡林的夫人彭德华。

我的老师 季羡林

在半殖民地半封建的旧社会，只有三个地方有"铁饭碗"：一个是邮政局、一个是铁路局、一个是盐务稽核所。这三个部门都把持在洋人手里，若在他们那里谋到一个差事，只要不得罪"洋大人"，一辈子不会为吃饭犯愁。恰巧济南邮政局招考邮务生，叔父命季羡林去应考。如果考中了，不出娄子，勤勤恳恳干上一二十年，混上个邮务佐，也许可以风平浪静过一生。可是主考的洋鬼子偏偏看不上季羡林，他求职失败。

求职不成，只好继续求学。季羡林怀揣借来的30块大洋，和大约80名山东高中毕业生一起"进京赶考"了。"赶考"，是参加科举考试；那时候科举考试已经废除，"高考"这个词尚未出现，人们沿用旧习，仍称参加高校招生考试为"赶考"。至于"进京"，当时的北平已非首都，人们也是沿用旧习，称为北京。这是季羡林第一次坐火车出门。不巧那年春天爆发了蒋冯阎大战，黄河泺口铁路桥被韩复榘炸毁，火车不能通行，人尚可步行通过。考生们只好拎着行李到黄河北岸乘火车。那时候山东省内有山东大学、齐鲁大学，可一般高中毕业生都喜欢"进京赶考"。北平作为历史文化名城，是个高校云集的地方。那时的大学虽然没有现在多，但有官办的，有私立的，还有教会办的，五花八门，总有十几所，此外，还有若干专科学校。顶尖的大学当然只有清华和北大。在高中获得"六连冠"的季羡林此时雄心勃勃，他自信有能力和那些王谢人家、书香门第的子弟一争高下，非考个名牌大学不可。当时高考形式不同于现在，招生考试由各学校自行命题，考试时间也不统一。有的二三流大学一个暑期竟招考三四次，一为捞报名费，二为挣学费。那时来京考生一般都报考七八所学校，而且几乎没有不报北大和清华的，即使没有多大希望，也想侥幸一试，下边再报一个或几个保底的学校。当年考生有七八千人，清华招生两百来人，北大招生不到清华一半，竞争之激烈可想而知。季羡林第一次来到北平，第一次看见有轨电车和红墙黄瓦的宫阙。他住在西城大木仓胡同一家小公寓里，没有心思欣赏古都风光，认真温课备考。累了，就在西单附近溜达一圈儿，或者站在院子里，对着一株老枸杞树出神。他似乎胸有成竹，不同于其他"举子"的"撒大网"，只报考北大和清华两所学校，别的学校不考。

考试的情形，两校大不相同。清华因为远在郊区，借用城内的北河沿北大三院当考场。至于考题，季羡林曾在一篇题为《清新俊逸清华园》的文章中说，清华当年的作文题目是《梦游清华园》。可是，这个记忆是错误的。

根据作家卞毓方考据，当年清华的考题，党义（相当于政治）是"孙先生民生史观与马克思唯物史观差异何在？"国文题二选一：一、将来拟入何系，入该系之志愿如何？二、新旧文学书中，任择一书加以批评。这些考题中规中矩、平平常常，没有什么特别之处，难怪季羡林印象不深，加之年深日久，答题的情况季羡林已记不清楚了，反正是得心应手，成绩不错，榜上有名。北大的考题因为非同凡响，所以季羡林印象极深。几十年后，他回忆说："北大的考题则给我留下了难忘的印象。先说国文题就非常奇特：'何谓科学方法，试分析详论之。'这哪里像是一般的国文试题呢？英文更加奇特，除了一般的作文和语法方面的试题以外，还另加一段汉译英，据说年年如此。那一年的汉文是：'别来春半，触目愁肠断，砌下落梅如雪乱，拂了一身还满。'这也是一个很难啃的核桃。最后，出乎所有考生的意料，在公布的考试科目以外，又奉赠了一盘小菜，搞了一次突然袭击，加试英文听写。我们在山东济南高中时，从来没有搞过这玩意儿。这当头一棒，把我们都打蒙了。我因为英文基础比较牢固，应付过去了。可怜我那些同考的举子，恐怕没有几个人听懂的。结果山东来的举子中，只有三人榜上有名。我侥幸是其中之一。"就这样，季羡林被两所顶尖的大学同时录取了。与他同来的同学王联榜考入北大数学系，宫兴廉考入北大英文系。

当年考生同时考中两所名牌大学的，虽然是凤毛麟角，但每届都有一两个。高季羡林两届的乔冠华，考上了清华和武大，王竹溪考取了清华和中大，和季羡林同届的钱钟韩考取了清华和交大。但是别人报两所学校，毕竟有主有次，唯钱钟韩是个例外，堂兄钱钟书上了清华，他偏要上交大。而季羡林则遇上了鱼和熊掌的选择难题。论师资和办学条件以及生源和名气，北大清华难分伯仲，两校各有优势，都是高中毕业生高考的首选志愿，至今依然如是。若干年后，早已从清华毕业，而在北大教了大半辈子书的季羡林分别用4个字概括这两所大学的风格：北大是"凝重深厚"，清华是"清新俊逸"。这是后话。当年季羡林斟酌再三，考虑到清华的前身是创办于1911年的"留美预备学堂"，上清华将来出国留学的机会较多，当时"留学热"正在盛行，季羡林也想有机会出国留学，镀一镀金，将来抢一只好的饭碗。所以他选择在清华就读，开始了4年的清华园学子生活。季羡林同时考中北大和清华，在他的故乡清平县，是一个人们闻所未闻的大喜事，他为家乡争了光，县政府决定资助这个全县唯一的家境贫寒的学子上清华大学，每年大洋50元。

我的老师 季羡林

当时清华规定新生报考时不必填报志愿，入学以后再选专业，读上一阵，觉得不合适还可以转系。选学什么专业呢？一时成了令他犹豫不决的问题。季羡林高中学文科，高考数学成绩不佳，只有 4 分。他一度想入数学系，以弥补自己的理科知识缺陷。一打听，人家说，你如果学数学，必须学 8 年，得把中学那一段补起来。后来经过反复思忖，他决定上西洋文学系（后来更名为外国文学系）。之所以做出这样的决定，一是因为这是当时大学里响当当的一个系，在文科各系中，教授最多，经费也最多；二是这个系同他的留学梦想密切相关，该系授课主要使用英语，教授绝大多数是外教。也许是因为在高中选学过一学期德语，他在西洋文学系选择了德国文学专业。

西洋文学

季羡林最初学习的专业是西洋文学。清华大学西洋文学系 1930 年入学的新生，一个班共 18 人，江苏籍最多，有 5 人，山东和四川籍新生各有 3 人。该班分三个专修方向：英文、法文和德文。季羡林的专修方向是德文，起初和他一起学德文的，有本班的，也有外系的，人数颇不少，以后逐年减员。到三年级选德文的只剩两人，四年级选德文的就只剩季羡林一个人了。

季羡林认为，4 年的大学课程，可以用两句话来概括：专业课乏善可陈，选修课异彩纷呈。到底是怎么回事呢？

当年季羡林的课程除了德文、英文、法文之外，还有国文、欧洲文学史、欧洲古典文学、中世纪文学、文艺复兴文学、现代文学、近代戏曲、文艺批评、莎士比亚、英国浪漫诗人、近代长篇小说、文艺概论、文艺心理学、西洋通史等，他还选学了俄文和希腊文。常言道，盛名之下，其实难副。清华西洋文学系也不例外。据季羡林观察，大多数外国教授的水平，在本国，他（她）们恐怕连教中学都成问题。

1997 年，当年的教授们都已作古，季羡林在他的学术自传《学海泛槎》一书中，专门写了"学术研究的发轫阶段"一节，实事求是地介绍了当年清华大学西洋文学系的各位教授。

系主任王文显教授的英文极好，能用英文写剧本，讲课全用英语，学生没有听他说过中国话。他是莎士比亚研究的专家，用英文写出莎士比亚研究的讲义，上课就照本宣科读讲义，下课铃一响，合上讲义走人，一句废话没有。讲义也是多年一贯制，基本不做改动。

美国人温德教授是个单身汉，教欧洲文艺复兴文学和三年级法文课。在世界上所有宗教中，他最喜欢伊斯兰教。穿的、用的都追求名牌、追求高档，却经常上当，冤大头没有少当。又喜欢喝酒，经常醉醺醺的。

翟孟生教授也是美国人。原来是清华留美预备学堂的理化教员，学堂改大学后，他留下教西洋文学史。他有研究欧洲文学史的专著，《A Survey of European Literature》，读了可对欧洲文学形成一个完整的概念，可他毕竟是半路出家，功力不足，可能没有细读过一些文学名著，所以他的书里时有张冠李戴的地方。

毕莲教授也是美国人，教授中世纪英语。她一无著作二无讲义，拿手好戏是背诵英国大诗人 Chaucerd 的《The Canterury Tales》的开头几段，背得滚瓜烂熟，把新生一下子就唬住了。以后呢，就拿不出什么货色了。学生说，这位老师还不如程咬金，程咬金有三板斧，她只有一板斧。

英国人吴可读教授教中世纪文学，也是既无著作也没讲义。上课随口讲，学生随手记。他还讲授当代长篇小说，讲过当时刚刚出版不久的《尤利西斯》和《追忆似水年华》。学生听得迷迷糊糊，老师是否读懂了，只有天知道。

德国人石坦安教授，教三年级德语，教课非常认真，颇得学生喜爱。季羡林在四年级时修过石坦安的德国抒情诗课，撰写毕业论文也曾征求他的意见。

艾克教授，字锷峰，也是德国人，是季羡林的业师，教授 4 年级德语。艾克在德国取得博士学位，主修的好像是艺术史。艾克很有学问，教课却不大认真。奇怪的是，他讲课喜欢用英语而非他的母语德语。有一次，学生要求他用德语讲课，他的德语讲得飞快，学生听不懂。他讲完之后，问道："Verstehen Sie etwas daven？"（你们听懂了吗？）同学们瞠目结舌，只好回答："No!"从此，再没有人敢要求他用德语讲课了。季羡林晚年在医院讲过一段往事：当年在清华读书，一次德文课前，他在黑板上用粉笔写了几个汉字，当时写着玩儿的，带有鬼画符的味道，忘了擦，艾克老师来上课，发现了那几个字，当下愣住，站在那儿傻呆呆地看，似乎十分欣赏。下课后，艾克问这字是谁写的，季羡林从实招认，艾克一笑，说："我不认识汉字，但我是美学家，我看汉字像看一幅画，只看结构、线条，不管含义，你这字，写得真漂亮！"艾克的夫人是曾国藩的后人，名叫曾永荷。他家很阔气，租了辅仁大学附近一家王府，住在银安殿上。雇了中国听差和厨子。他专门研究中国的古塔和明清家具，还收藏了不少中国古画。他有用英文写的专著《宝塔》，图文并茂。还有研究中国明代家具的专著，也是大部头。艾克在国外汉学界也很有名气。他精通希腊文和拉丁文，对荷尔德林的诗情有独钟。在他的指导下，季羡林的毕业论文就是用英文写的《荷尔德林的早期诗作》。

华蓝德小姐，德国人，教初级法语。她是个脾气怪异的"老姑娘"，动不动就开口骂人，即使学生回答问题完全正确，也难免她的一顿臭骂，把大多数学生都骂跑了，只剩下季羡林等五六个不怕骂的。这几个同学决定集体反抗。有一次在课堂上她又找碴儿骂人，几个学生一起站起来顶撞她。她完全没有料到，没辙了，从此有所收敛，天下太平。

清华外文系的中国籍教师还有吴宓（雨僧）教授和叶崇智教授。吴宓是美国人文主义大师白璧德的弟子，对中国的旧体诗造诣很深。他教授两门课：英国浪漫诗人和中西诗之比较。吴宓解释过本系普通功课教学为什么都用英语："清华昔为留美预备专校，特重英语语文，教员督察勤严，学生讲谈写作恒用英语语文，亦成习惯……且以经办留美学生事多年，对欧美学术界教育界素常接洽，声气较通。"

叶崇智（字公超）教授教一年级英语，课本用英国女作家 Jane Austen 的《傲慢与偏见》。他教课的方法十分奇特：他让同学按座次轮流朗读课文。第一个同学念了一段，他喊声"停！"于是停下来。这时他问："有什么问题吗？"如果没人提问，他便让这位同学邻座的另一个同学接着读。如果有人提问，他便大吼一声："查字典去！"全班愕然，以后便再无人提问。叶崇智办了一个文学刊物《学文》，季羡林写了一篇散文《年》，叶崇智十分欣赏，把他发表在《学文》杂志上。季羡林自然喜出望外。他又写了一篇《我是怎样写起文章来的？》送给叶崇智，谁知碰了一个大大的钉子。他把季羡林叫去，把稿子扔给他，铁青着脸，大声说："我一个字都没看！"大概他认为一个无名小辈不配写这样的文章。叶崇智后来去了台湾，当过"外交部部长"。

季羡林认为，清华西洋文学系决非一无是处，否则，怎么可能出钱钟书、万家宝（曹禺）这样的大家呢。这两位系友都高季羡林一届，一个成了著名学者，另一个成为著名剧作家。客观地说，当时的教师中不乏高手，教学情况如此，可能有课程安排上的原因，教授专长难以发挥。总之在清华学习4年，季羡林的英语程度大有长进，主课德语成绩虽然优秀，但是听和说都有欠缺。

以德语为工具进一步学习印度和西域的古代文字，那是他后来留学德国时候的事了。所以总的来说，季羡林对清华的几门必修课没有一门是满意的，认为从这些课程中的收获不大，主课可谓乏善可陈。

幸遇恩师

然而，清华大学毕竟是名师云集的高等学府。季羡林又不是来混文凭的，"失之东隅，得之桑榆"，季羡林的选修课和旁听课收获颇丰，其中有两门课对他影响最大，让他终身受益。

一门是旁听陈寅恪教授的"佛经翻译文学"，虽然因为和别的课程时间冲突而没有听全，但对日后他终生从事的梵文教学与研究产生了不可估量的影响。陈寅恪（1890—1969），江西修水人，晚清湖南巡抚陈宝箴之孙，爱国诗人陈三立（散原老人）之子。早年游学日本和欧美，精通多种语言，兼治历史和佛学，学贯中西，据说陈先生讲课，听课的教授比学生还多，故被称为"教授的教授"。陈先生原是清华大学国学研究院的四大导师之一，季羡林上清华的这一年国学研究院已停办，陈先生在历史系任教。恰巧那时陈先生开设"佛经翻译文学"课，能有机会旁听陈先生的课季羡林当然喜出望外。陈先生讲课没有讲义，用的参考书是《六祖坛经》。季羡林进城到王府井北边的大佛寺买了一本。陈先生上课时，任何废话都不说，先在黑板上抄写资料，把黑板抄得满满的。然后对所抄的资料逐条分析讲解，对一般人所不注意的地方提出崭新的见解，有如石破天惊，让人茅塞顿开。他的分析细如毫发，如剥蕉叶，愈剥愈细愈深，而且恰如其分，不武断，不夸大，不歪曲，不断章取义，令人信服得五体投地。季羡林觉得，听陈先生讲课，如夏季饮冰，简直是最高、最纯的享受。季羡林不仅爱听陈先生讲课，而且如饥似渴地阅读陈先生的文章，还曾站在王国维纪念碑前仔细研读陈先生写的碑文。有时看到陈先生身着长衫，腋下夹一个布书包，步履稳重，目不斜视，去什么地方上课，同学们都投以尊敬的目光。就这样，陈寅恪在季羡林心里深深播下了梵文研究的种子，后来在有了合适的土壤和气候的时候，这颗种子就破土而出了。

另一门选修课是朱光潜先生的"文艺心理学"，即美学。朱光潜（1897—

1986），字孟实，安徽桐城人，当代著名美学家，他也是一位在季羡林心里播撒种子的人。朱光潜毕业于香港大学，1925年赴欧洲留学，先后在英国爱丁堡大学、法国巴黎大学、斯塔拉斯堡大学获得硕士和博士学位，回国后担任北大教授，在清华兼课。季羡林选修了朱先生的文艺心理学课，听了一个学年，感到受益匪浅。朱先生的专著《文艺心理学》当时还没有出版，讲课同样没有讲义，他认真地讲，学生认真地记笔记。朱光潜教授不是一个口才很好的人，他讲一口乡音浓重的蓝青官话，而且上课时眼睛不直接看学生，老是望着天花板的某个地方。但他不说一句废话，能慢条斯理，娓娓道来，把抽象玄虚的美学原理，讲得让学生入耳入心。他深通西方哲学和西方流行的美学流派，又深谙中国的旧诗词，在课堂上旁征博引，讲得头头是道，毫无牵强附会之感。季羡林觉得朱光潜教授这样的老师确实是凤毛麟角，他的讲课不同凡响，与那些欧美来的洋教授讲课相比，好得不可比拟，听朱先生讲课成了一种乐趣。比较文学的种子从此深深播进他的心里，日后成为他终生从事的研究领域之一。

季羡林在他的《学海泛槎》一书中写道：

> 陈、朱二师的这两门课，使我终身受用不尽。虽然我当时还没有敢梦想当什么学者，然而这两门课的内容和精神却已在潜移默化中融入了我的内心深处。如果说我的所谓"学术研究"真的有一个待"发"的"韧"的话，那个"韧"就隐藏在这两门课里面。

当年，季羡林在清华还旁听甚至偷听了不少外系的课。朱自清、俞平伯、冰心、郑振铎等教授的课他都听过。听名家讲课，长知识，开眼界，获益实在不少。"是真名士自风流。"例如俞平伯，他是国学大师俞樾的后人，有名的诗人、红学家。他讲唐诗宋词，引来众多旁听者。他选出若干诗词，在课堂上摇头晃脑朗诵之，有时闭着眼睛，一副陶醉其中的模样。朗诵毕，蓦地睁开眼睛，大声赞曰"好！好！好！就是好！"学生正在等待他解释好在哪里，他却开始朗诵第二首诗词了。旁听也有不走运的时候，有一次，冰心先生发现来听课的学生太多，连走廊里都站满了人，知道其中有诈，就拉下脸来，下了"逐客令"："凡不修本课的同学，统统出去！"季羡林和一帮"蹭"课的学生只好灰溜溜走人。

藤影荷声之馆

所谓藤影荷声之馆，是外文系教授吴宓在清华园的寓所。这里是季羡林大学读书期间常来的地方。

吴宓（1894—1978），字雨僧，陕西泾阳人。学者、诗人、教育家。早年毕业于清华学校，赴美国哈佛大学留学。他1921年回国任教于东南大学。1922年至1933年与梅光迪、胡先骕合编《学衡》杂志，任主编。杂志发表他的文章都用文言文，对新文化运动和白话文运动进行批评，同时介绍西方古典文学。1924年到沈阳东北大学任教。不久，吴宓入清华大学筹办和主持国学研究院。后任教于清华大学外文系，在比较文学研究和外国语文教学方面进行了开拓性工作。著有《吴宓诗集》《文学与人生》《吴宓自编年谱》等。

季羡林在清华大学求学期间，吴宓是他的授课老师之一，讲授英国浪漫诗人和东西诗之比较等课程。季羡林说自己是吴宓的受业弟子。

季羡林对吴宓的总体印象是："雨僧先生是一个奇特的人，身上也有不少的矛盾。"说他奇特，是不同于其他教授，古貌古心、言行一致、偏好旧体诗和文言文；说他矛盾，是他自身的两重性：反对白话文，却推崇《红楼梦》；貌似古板，却有恋爱的绯闻传得沸沸扬扬；能同青年学生交往，却又凛然、俨然，令人敬畏，是一位特立独行的畸零无侣之人。在一般青年学生看来，吴宓是一个守旧、古板，难以亲近的老先生。

吴宓工旧体诗，他的诗造诣很深。英文也好，讲课用英文，时有警句出现。他有时把自己的作品印发给学生，描写他单相思苦闷心情的《空轩》十二首也在其中。那些编辑《清华周刊》的学生，把它译成白话诗，发表出来，给他开了一个无伤大雅的玩笑，他一笑置之。比较文学是专门研究两种或两种以上民族文学形态、要素的对比，进而探索它们相互关系的学科。19世纪末20世纪初诞生于法国，后形成法国学派和美国学派两大流派。吴宓开设"东西诗之比较"课，实际上为中国比较文学学科的建立，起了奠基的作用。

吴宓为人坦诚率真，绝不嫉贤妒能。1919年，他在哈佛读书时与陈寅恪相识，对陈的才学佩服至极，从此二人成为挚友。吴宓担任清华国学研究院主任期间，陈为该院四大导师之一。

吴宓提携奖掖后学，他虽为严师，却不摆教授"架子"，他多次邀请季羡林等文学青年到他的"藤影荷声之馆"做客，还请他们到专为教员在工字厅开设的西餐厅吃饭。这在当时师生关系普遍存在鸿沟的情况下，确属难能可贵。季羡林协助吴宓编辑天津《大公报·文学副刊》，经常撰写一些文艺动态之类的小文章，供该副刊使用，因而能从老师手里领几元稿费，这对一个穷学生不无小补。季羡林受到比较文学理论的启发，写过一篇论文，把陶渊明同一位英国浪漫诗人加以比较，这种比较在今天看来似乎有些幼稚，但终究是季羡林搞比较文学研究迈出的第一步。

季羡林对吴宓的看法，前后有较大变化。1990年为《第一届吴宓学术讨论会论文选集》写序，他提出"我们都应该对雨僧先生重新认识，肃清愚蠢，张皇智慧"，"对雨僧先生我们还要继续研究，深入研究，大大的发扬他那颗热爱祖国，热爱人民，热爱祖国文化的拳拳赤子之心，永远纪念他，永远学习他。"所谓"重新认识"，主要是针对吴宓作为学衡派代表人物，曾长期被认为是顽固派、保守派。而这种评价是错误的。季羡林说："五四运动，其功决不可泯。但是主张有些过激，不够全面，也是事实，而且是不可避免的。有人主张，矫枉必须过正，不过正不足以矫枉。这个道理也可以应用到五四运动上。特别是用今天的眼光来看，五四运动在基本上正确的情况下，偏颇之处也是不少的，甚至是相当严重的。主张打倒孔家店，对中国旧文化不分青红皂白一律扬弃，当时得到青年们的拥护。这与以后的'文化大革命'确有相通之处，其错误是显而易见的。雨僧先生当时挺身而出，反对这种偏颇，有什么不对？他热爱祖国，热爱祖国文化，但并不拒绝吸收外国文化的精华。只因为他从不会见风使舵，因而被不明真相者或所见不广者视为顽固，视为逆历史潮流而动，这真是天大的冤枉。"从季羡林对吴宓认识的变化不难看出，对一个人功过是非的评价，需要接受历史的检验。

南下请愿

1931年，日本关东军发动九一八事变，蒋介石下令不抵抗。短短4个月，日军即占领了中国东北全境。日本的大规模侵略行动强烈震撼了中国社会。各界爱国人士看到大片国土沦丧，政府屈辱退让，无不痛心疾首。一个群众性的抗日救亡运动迅速兴起。青年学生勇敢地走在爱国运动的前列。清华学子义愤填膺，召开全体同学大会，决定到南京请愿，要求政府出兵抗日。当时清华的学生会会长是政治系三年级学生尚传道，参加会议的同学有600人，会后真正去南京的不足百人。季羡林积极参加请愿活动，因为日军曾经占领济南，他当过一年亡国奴，痛苦屈辱的经历驱使他不惜冒死一搏。清华、燕京等院校学生共同组成南下请愿团。当时火车站在前门，请愿学生登上一列火车，左等右等，车硬是不开。派人交涉，站长说："我没有得到指令，这样不明不白的，我怎么负得起责任？"大家于是下车，卧轨，把脑袋搁在铁轨上，切断交通线。学生们舍生忘死，万一火车开动，立刻人头落地。经过斗争，站长答应开车。路上，大家讨论何时开始绝食，那时候火车开得很慢，如果上车就绝食，到了南京，人都要饿死了，还请什么愿？于是决议：到浦口再实行。请愿的学生分左派和右派，左派拥护共产党，右派拥护国民党，一路围绕见了蒋介石谁代表清华发言的问题争执不休，两派都想争发言权。尚传道当时是右派的头儿，左派的头儿是唐锡朝，即后来当了联合国副秘书长的唐明照。季羡林的政治态度不明朗，属于中间派，光听，不说话。在浦口乘轮渡过江，开始绝食，徒步走到总统府，那里人山人海，全是学生，上海来的居多。北平学生到达，受到热烈欢迎。蒋介石派清华老学长钱昌照出面斡旋，劝大家先吃饭，否则蒋委员长不见。大家不干，钱昌照就让跟他走，到中央军校，说蒋介石在那儿接见。清华学生一走，遭到其他学校同学的哄骂。到了目的地，来了很多说客，都是清华老校友，劝他们先吃饭，大家硬挺着不肯吃，坚持到夜里12点，蒋介石终于出来了。他说，你们从北方来，没看到沿途络绎不绝的军车吗？那都是我派的，到北方去抗日。蒋介石花言巧语说了一通，末了答应抗日。尚传道抢先表态拥护蒋介石讲话。蒋介石走后，大家开始吃饭。然后，上火车返回北平。季羡林和同学们后来发现，他们被蒋介石欺骗了。而且，他们发现，清华学生表现不如北大，北大学生是被军警两人架着一个，强行押上返程火车的，他觉得这次行动清华真丢人，从此变得心灰意冷。尚传道毕业后留校，后来进入政界，当过国民党的长春市市长，长春解放时被解放军俘虏。这是后话。

　　第二年，到了纪念九一八事变一周年的时候，季羡林对国民党政府的信心已经降到了冰点，对徒有形式的纪念活动毫无兴趣。他在日记中写道：

　　　　今天是九一八的周年纪念。回想这一年来所经的变化，真有不胜今昔之感。我这一年来感情的起伏也真不轻。但是到了现在，国际形势日趋险恶，人类睁着眼往末路上走，我对国家的观念也淡到零点。早晨在礼堂举行纪念典礼。这种形式主义的纪念，我也真不高兴去参加。

尽管如此，季羡林仍然时刻关心国家民族的命运。1933年，日本侵略者的魔爪继续伸向华北，承德、古北口相继沦陷，国民党军队撤至密云、通州一线。季羡林心如刀割，他无心上课，痛恨自己不能上战场杀敌报国。请看他1933年3月日记的摘录：

> 3月13日
> 杨（丙辰）先生说，古北口丢了——我不信。
> 看晚报——真丢了。
> 心里有许多感想，而且感情也颇激动。但是是喜呢？是悲呢？写不出来，也说不出来，反正"有"就完了。但是我在自己内心的深处发现了一个大大的"自私"。

> 3月14日
> 我最近发现个人的感情太容易激动了——我看孙殿英（以前我顶恨的）战报，宋哲元的战报，我想哭。报上只要说一句动感情的话，我想哭。

> 3月15日
> 连日报上警告蒋王八蛋不要为李鸿章第二，今天晚报又有妥协消息，无怪罗文干连日奔走。
> 我兴奋极了，我恨一切人，我恨自己。你有热血吗？为什么不上前线去杀日本人？

结识胡乔木

胡乔木，原名胡鼎新，1912年生，江苏盐城人，1930年考入清华，读历史系。他和季羡林虽不在一个系，但当年清华的新生不足200人，他们很快就相识了。胡乔木当时还不是共产党员，但他已经积极参加共产党领导的革命活动了。他创办了一个工友子弟夜校，约季羡林去教课。季羡林答应了，每周到那一座门外嵌着"清华学堂"的高大的楼房内去为工友子弟讲课，即使在胡乔木离开清华以后都没有停止。九一八事变后，季羡林和同学们卧轨拦车，去南京请愿，呼吁抗战。季羡林出身贫苦，为人正直，憎恶国民党反动统治，有一颗炽热的爱国心。用他自己的话来说，表现是中间偏左的。这些胡乔木都看在眼里。于是他就成了这位青年革命家动员的对象。有一天夜里，胡乔木摸黑坐在季羡林床头，劝他参加革命活动。无奈季羡林虽然痛恶国民党，但主要精力在求学，又考虑到自己有家室之累，怕担风险。所以，尽管胡乔木苦口婆心，反复劝说，季羡林愣是不点头。最后，胡乔木只好叹了一口气，悻悻地离开。

早晨，在盥洗室中同学们的脸盆里常常出现革命传单，是手抄油印的。大家心里都明白这是从哪里来的，但是没有一个人向学校当局告发。然而胡乔木的活动还是引起了当局的注意，他在清华只读了一年书，就被迫离开了。新中国成立前后，时任中共中央宣传部副部长的胡乔木主动联系季羡林，两位老同学恢复交往。季羡林是个"敬官而远之"的人，对胡乔木也不例外。他从来不主动与胡乔木联系。胡乔木曾邀他同游敦煌，他谢绝了。胡乔木送他一些土特产，他只是回赠几本自己写的书。1986 年冬天，胡乔木作为中央分管意识形态方面的负责人，曾为学潮问题约季羡林长谈过一次，本书后面有介绍。

1992 年 9 月 28 日胡乔木因病去世。1993 年 11 月 28 日凌晨，一向早起的季羡林在万籁俱寂中看到窗外皑皑的白雪，想起了自己的老朋友胡乔木，想起 1986 年冬天的那次推心置腹的谈话，往事一件件涌上心头。他铺开稿纸提起笔来写文章纪念自己的老朋友。他写道：

> 我同乔木相交六十年。在他生前，对他我有意回避，绝少主动同他接近。这是我的生性使然，无法改变。他逝世后这一年多以来，不知道为什么，我倒常常想到他。我像老牛反刍一样，回味我们六十年交往的过程，顿生知己之感。这是我前从来没有感到过的。现在我越来越觉得，乔木是了解我的。有知己之感是件好事，然而它却加浓了我的怀念和悲哀。这就难说是好是坏了。

胡乔木是一位职业革命家、政治家，他由"士"而"仕"，接近权力的核心。毛泽东认为他是"思想改造得最好"的知识分子典型，邓小平说"乔木是我们党内的第一笔杆"，而胡乔木对自己的评价是："我这个人说实在的，只会为政治服务，我一辈子就是为政治服务。"尽管胡乔木已去世20余年，但对于他的评价，仍是盖棺而难以论定，争论依然不断。政治这玩意儿，季羡林搞不懂。季羡林对胡乔木的评论，我们不妨姑妄听之。他说："平心而论，乔木虽然表面上很严肃，不苟言笑，他实则是一个正直的人，一个正派的人，一个感情异常丰富的人，一个脱离了低级趣味的人。"这样的评价，胡乔木泉下有知，不知以为然否？

"四剑客"

季羡林上高中的时候，在胡也频、董秋芳等老师的鼓励下开始文学创作。在天津《益世报》上发表的几篇散文，文笔流畅，紧贴现实，虽显稚嫩，但清新可爱。几乎与此同时，季羡林开始发表译作，主要发表在山东《国民新闻》和《华北日报副刊》上。作品有印度大文豪泰戈尔的《小诗》，俄国著名作家屠格涅夫的《老妇》《世界底末日——梦——》《玫瑰是多么美丽，多么新鲜啊……》《老人》，还有美国戏剧家 D.Marquis 的《守财奴自传序》，美国当代作家 L.P.Smith 的《蔷薇》等。

季羡林爱好写作，关注文坛，他在清华同学中颇有一些志同道合者，交往最多的就是"四剑客"。"四剑客"其实是爱好文学的四位愤青：李长之、季羡林、吴组缃和林庚。他们都是吴宓编辑《大公报·文艺副刊》的得力助手。郑振铎与巴金、靳以主编《文学季刊》，他们也是编委或特约撰稿人。

李长之（1910—1978），山东利津人，季羡林的小学同学。他1929年上北大预科，1931年考入清华，起初读生物学，后改学哲学。他酷爱文学，长于文学评论，上学时出过诗集，写过《〈红楼梦〉批判》《王国维文艺批评著作批判》《鲁迅批判》等，在后一本书中，他说："鲁迅在情感上是病态的，在人格上是全然无缺的。"这话很有见地，颇有剑客味道。请读者诸君注意，在20世纪30年代早期，李长之使用"批判"一词，是从日文借用的，其意思无非是"评论"。这个词在中文中的含义后来发生了较大变化。而这恰恰成了李长之的"罪状"

之一，这是后话。季羡林与李长之过往甚密，受他的影响和鼓励，立志要成为一个作家。李长之对德国文学很感兴趣，他建议组织德国文学研究会，请杨丙辰教授作指导，这显然是受了季羡林的影响。季羡林写作中遇到问题，喜欢找李长之商量，有新作品脱稿，也往往找李长之先看，征求他的意见。季羡林写文章主张惨淡经营，追求完美，有时候陷于不知如何是好。李长之鼓励他说，不要管那么多，想好题目，捉笔就写，让灵感推着走，逢山爬山，遇水涉水，随弯转向，顺风扯篷，见好就收。按照李长之的建议，季羡林一挥而就，写了散文《枸杞树》，李长之看了以为好，直接寄给沈从文。沈从文很快就编发了这篇文章，还来信邀季羡林见面。季羡林受到极大鼓励，很快《黄昏》《回忆》《寂寞》《老妇人》等散文相继问世。

季羡林也并非事事都听李长之的。文稿《年》，季羡林自认为写得好，不料被《现代》杂志退稿，他颇有些不平，拿给李长之看，想让李长之说几句公道话。谁知李长之也不看好这篇文章，而对季羡林认为不理想的《兔子》大加赞扬。季羡林这次没听他的，就去找自己的英文老师叶公超。叶公超很欣赏这篇作品，还指点他"文章要坚持朴实，写扩大的意识"。经叶先生推荐，《年》发表在《学文》杂志上。这篇文章结尾写道："当我们还没有到达以前，脚下又正在踏着一块界石的时候，我们命定只能向前看，或向后看。向后看，灰蒙蒙，不新奇了。向前看，灰蒙蒙，更不新奇了。然而，我们可以做梦。再要问，我们要做什么样的梦呢？谁知道——一切交给命运去安排吧。"这被当时的左派刊物抓住了把柄，遭到批判，说是"发出了没落的教授阶级垂死的哀鸣"。其实季羡林只是一个穷学生，连伙食费都是靠家乡的县政府资助的，说他是教授可真是抬举他了。

吴组缃（1908—1994），安徽泾县人，1928年考入清华，先学经济，后改学中文，1933年毕业后留在清华研究院，曾担任冯玉祥的国文教师兼秘书。吴组缃擅长小说创作，在清华读书时，创作了小说《一千八百担》《樊家铺》《天下太平》《某日》等，反映当时中国农村的动荡现实和复杂矛盾，有较高的艺术成就。由于有共同的爱好，他和季羡林有不少共同语言。他看了季羡林发表在《文学季刊》上的《兔子》，大加赞赏，认为写得好极了。受到老大哥的赞许，季羡林很感激。他们一起旁听冰心、郑振铎先生讲课，季羡林还曾造访吴组缃在西柳村的临时住所。吴组缃家境殷实，夫人和女儿来京伴读，吴组缃搬出宿舍，一家人租房住在学校附近的西柳村。

我的老师季羡林

林庚（1910—2006），原籍福建，当代诗人。1928年入清华大学物理系，后转入中文系。林庚酷爱写诗，一日早晨从梦中醒来，看见风吹帐子动，灵感来了，写了两句诗："破晓时天边的水声，深林中老虎的眼睛"。他得意极了，当天就拿给几个"剑客"朋友欣赏。林庚1933年出版了一本诗集《夜》，请俞平伯作序，闻一多题签。林庚说，这就是他的毕业论文。他毕业留校当了朱自清教授的助教。

"四剑客"经常在彼此的宿舍聚会，更多的时候是相聚在风景如画的荷塘边或者幽静的工字厅。那块有名的"水木清华"匾额就悬挂在工字厅后墙。如同毛泽东《沁园春·长沙》词所说："恰同学少年，风华正茂，书生意气，挥斥方遒。"一帮不知天高地厚的小伙子，指点文坛，臧否人物，高谈阔论，他们侃大山，吹牛皮，"语不惊人死不休"，连胡适、鲁迅、茅盾这样的大师级人物也要评论一番，意见一致的时候似乎不多，有时争得面红耳赤，却不伤和气，通常是谁也说不服谁。

"四剑客"后来在文坛上都颇有成就。季羡林离开清华近20年，1952年院系调整，吴组缃和林庚从清华来到北大，和季羡林在燕园又聚首了。3位中年人经历了多少家事、校事、国事、天下事，早已消磨了当年那股少年豪气，但清华园开始的友谊一直珍藏在他们心里。李长之在1935年9月曾在天津《益世报》发表诗作，为季羡林赴德留学送行。新中国成立后，李长之任北京师范大学教授，1957年被错划为"右派"，"四人帮"垮台后平了反，他到燕园看望过3位老朋友。李长之于1978年12月去世。1994年，吴组缃教授病故。2006年10月，林庚教授也走了。他们无愧当年的"剑客"称号，都是当代中国文坛有一定影响的人物。

作家梦

像许多文学青年一样，大学时代的季羡林一度想当作家。他先后结识了不少文坛名宿，并与其中几位大家数十年保持着亦师亦友的关系。

郑振铎（1898—1958），笔名西谛，福建长乐人，当时担任燕京大学中国文学系教授，在清华兼课。季羡林喜欢旁听他的课。郑先生戴一副高度近视眼镜，课堂上挤满了听课的学生。他学识渊博，掌握大量的资料，口才又好，讲起课来，口若悬河、滔滔不绝。那时候社会上论资排辈风气严重，教授一般都有"教授架子",学生同教授交往,简直难以置信。可是同郑先生一接触,季羡林就发现他和别的教授截然不同。在郑先生身上,看不到一点架子,他一点没有论资排辈的恶习。他以完全平等的态度对待学生,说话非常坦率,有什么想法就直说,既不装腔作势,也不以势吓人。他从来不教训别人,总是亲切和蔼的。总之,看到郑先生,季羡林和同学们想到一个有名的人物:《水浒传》中的及时雨宋公明。那时候郑振铎除在燕大、清华讲课之外,还兼着城里几所大学的课,他或坐人力车、或乘校车、或骑毛驴,夹一个鼓鼓囊囊的大包,风尘仆仆来往于各大学之间,急匆匆走路的样子好像一只大骆驼。季羡林既景仰郑振铎学识渊博,又敬爱他为人亲切平易,所以很愿意同他接触。只要有机会,总是去旁听他的课,有时候还约上几位好友到郑先生家中拜访。

郑先生家住燕园东门里的平房,外边有走廊,室内铺着地板,屋子里排满了珍贵的红木书架,整齐摆着珍贵的古代典籍,其中明清小说、戏剧的收藏在全国颇有名气。郑先生爱书如命,他认识许多书商,买书从不讲价钱,只要有好书,他就留下。什么时候有钱,什么时候付款。实在没钱就用别的书籍交换。他自己也印了一些珍贵图书,如《插图本中国文学史》《玄览堂丛书》等。有时候他也用这些书还书债。

那时候郑振铎同巴金、靳以一起主编大型文学刊物《文学季刊》,季羡林等文学青年应邀担任编委或特别撰稿人,看到自己的名字和那些文化名人的名字一起出现在杂志封面上的时候,他们确实有受宠若惊之感,心里怎么能不既感激又兴奋呢。他们都认为,郑振铎先生对青年的爱护,除了鲁迅先生外,恐怕难以找出第二人。

季羡林大学毕业之后回济南教书。郑振铎去上海主编《文学》,他们通过信。季羡林寄了一篇散文给郑先生,郑先生立即予以刊登。郑先生还准备为季羡林出一本散文集。后来季羡林赴欧洲留学,文集没有出成。1946年季羡林回国后途经上海,与臧克家和王辛笛去郑振铎家中拜访,郑先生请几个青年吃饭。郑先生的老母亲亲自下厨房为他们做福建菜。当时郑先生主编《民主》周刊,抨击独裁统治,被国民党反动派视为眼中钉,据说上了黑名单。当季羡林关切地询问此事时,郑先生面孔一下子涨红了,怒发冲冠,声震屋瓦,流露出极大的义愤与轻蔑,完全不同于他平时慈眉善目、和蔼平易的形象,表现出疾恶如仇、怒目金刚的另一面。季羡林告诉郑先生自己应北京大学之邀,去教授梵文,郑先生十分高兴。1948年,郑振铎在他主编的《文艺复兴·中国文学专号》的《题词》中写道："关于梵文学与中国文学的血脉相通之处，新近的研究呈现了空前的辉煌……在这个'专号'里，我们邀约了王中民先生、季羡林先生、傅斯年先生、戈宝权先生和其他几位先生们写这个'专题'。我们相信，这个工作一定会给国内许多做研究工作者们以相当的感奋的。"

新中国成立以后，郑振铎担任文化部副部长、国家文物局局长，季羡林与他的这位忘年交时相过从。他们一道参加新中国第一个大型文化代表团赴印度和缅甸访问。1958年郑振铎在出访途中死于空难。季羡林对郑振铎的评价是"长江大河，汪洋浩瀚；泰山华岳，庄严敦厚"。

老舍（1899—1966），原名舒庆春，字舍予，北京人，满族。季羡林上高中时，就喜欢读老舍的作品，《老张的哲学》《赵子曰》《二马》，他都读过。后来老舍每有新作发表，季羡林都要先睹为快。季羡林觉得，老舍和别的作家不一样，他的语言生动幽默，是地道的北京话，偶尔夹杂一点山东俗语。他和老舍先生相识，是李长之介绍的。季羡林在清华上学的时候，老舍正在济南齐鲁大学教书。有一年暑假，回到济南的李长之告诉季羡林，家里要请老舍先生吃饭，要季羡林作陪。季羡林喜出望外。当然，不知老舍是否有"教授架子"，心里还是有几分忐忑。见面后发现，老舍一点架子都没有，季羡林同他一见如故。老舍谈吐自然，和蔼可亲。他那一口地道的京片子，铿锵有致，听他说话，就像听音乐一样，是一种享受。

20世纪50年代初，召开了一次汉语规范化会议，这是新中国语言学界第一次盛会，老舍、叶圣陶、吕叔湘、黎锦熙、季羡林、侯宝林、马增芬等都到会了。会议气氛十分亲切融洽。那时候还不时兴公款吃喝，老舍先生自掏腰包请大家在西四砂锅居吃蒜泥白肉。其实这是典型的满族饭食。老舍和饭馆的经理、大厨、伙计都是朋友，服务热情周到，饭菜味道极佳，给代表们留下了深刻印象。

老舍的道德文章，光如日月，自不待言。在季羡林的记忆里，有一件小事，很能反映老舍对朋友体贴入微的关怀。在季羡林还没有搬到城外，住在翠花胡同的时候，有一天去东安市场北门的一家理发馆理发，发现老舍也在那里，躺在椅子上，下巴上白糊糊一团肥皂沫，正让理发师刮脸。此时此地不方便交谈，他们简单打了招呼，就没有再说什么。过了一会儿，季羡林躺在理发椅子上从镜子里看见老舍同他告别，目送他的背影走出门去。当季羡林理完发要付钱的时候，理发师说，老舍先生已经替他付过了。细微之处见精神，一件小事，足见老舍先生的人格。可惜，在那个黄钟毁弃，瓦釜雷鸣的"史无前例"的日子里，人民艺术家老舍不堪凌辱，永远地去了。

沈从文（1902—1988），原名岳焕，湖南凤凰人，是学生时代的季羡林最喜欢和欣赏的另一位作家。这位出身湘西，靠自学成才的苗族作家，把神秘的湘西介绍给广大读者，他的作品深受读者喜爱。季羡林认为，在所有并世的作家中，文章有独立风格的人并不多见，除了鲁迅，就是沈从文。他的作品只要读上几行，立刻就能辨认出来，决不会错。季羡林和沈从文相识，是通过一件不大不小的事情。丁玲的《夜宴》出版以后，季羡林写了一篇书评，发表在《文学季刊》创刊号上。后来他听说，早在1928年就曾与丁玲共事的沈从文有些意见，季羡林立刻给沈从文写了封信，同时请郑振铎在《文学季刊》创刊号再版时，撤掉那一篇书评。这应该说是一个不大愉快的开端。可谁知这样一来，一位大作家和一个青年学生竟成了朋友。沈从文和张兆和女士结婚，在前门外大栅栏撷英番菜馆设盛大婚宴，胡适博士证婚，出席者名流云集，群贤毕至，季羡林居然也收到请柬。

1946年秋，季羡林到北大任教，沈从文也从云南来到北大，他们成了同事。季羡林住翠花胡同，沈从文住在中老胡同，相距不远，他们的交往多了起来。沈从文请季羡林吃过一顿十分别致的云南气锅鸡。锅是沈从文从昆明带回来的，看上去像宜兴紫砂，上面刻有花卉书法，古色古香，古朴高雅，简直可以当作案头清供。就在这一次吃饭的时候，有一道菜用麻绳捆得紧紧的，需要用小刀或剪刀切断麻绳方可解开。只见沈从文硬是用牙齿咬断了麻绳。这个举动有点蛮劲，有点粗劲，有点野劲，有点土劲，却反映了沈从文的本色和可爱，温良和纯朴。

不久便迎来了北平解放。可是未曾料到，厄运降临到沈从文的头上。他被莫名其妙地打成"桃红色小生"，受到攻击，从文坛销声匿迹了。从此，文坛少了一位才华横溢的巨匠，文博界却多了一位博物学家。不知道这是文坛之幸，还是不幸；也不知道这对沈从文是幸还是不幸。季羡林有时偶尔在某个会议上，或公共汽车上同沈从文相遇，他们都感到十分亲切。一谈起中国古代科技、艺术，他就喜形于色，眉飞色舞，娓娓而谈，如数家珍，天真得像个大孩子。岁月的风风雨雨，似乎没有在他的身上留下什么伤痕。这更增加了季羡林对他的敬意。

同样因为《文学季刊》，季羡林结识了巴金先生，季羡林认为巴金是"照亮中国文坛的一盏明灯"，尊他为自己的老师。巴金给季羡林的印象是言语不多，没有架子，老实巴交。

季羡林是幸运的，他和这些当代文坛巨匠相识，而且成了数十年的好友。这些文学大师的道德文章，对季羡林的为人为文都有难以估量的影响。

终生之悔

1933年秋季开学不久，季羡林忽然接到从济南打来的电报，只有四个字："母病速归"。他仿佛挨了当头一棒，脑筋迷糊了半天。急忙买好车票，登上开往济南的火车。

季羡林6岁离开母亲。到济南的第一夜，他生平第一次不在母亲怀抱里睡觉，孤零零躺在一张小床上，无论如何也睡不着，他哭了半宿。"这是怎么一回事呀，为什么把我弄到这里来了呢？"母亲当时的心情，他还不会猜想。后来追忆起来，她一定会是柔肠寸断，痛哭绝不止半夜的。

在济南的14年中，季羡林回过3次老家。第一次是在上小学的时候，回家为大奶奶奔丧。第二次是上初中时回家看望生重病的父亲。不久，父亲死了。他第三次回家，是埋葬父亲。此后，季羡林由初中升入高中，从济南到北平上大学，8年过去了，他由一个孩子长成一个青年人，知识增加了，对人生了解得也多了不少。对母亲当然仍是不断想念的。但在暗中饮泣的次数少了，想的是一些切实的问题。他梦想着，自己大学就要毕业了，自立以后，第一件事就是把母亲接出来。她才40多岁，今后享福的日子还长着呢。可是季羡林的美梦被"母病速归"的电报打得支离破碎。他坐在火车上，心惊肉跳，忐忑难安。

回到济南季羡林才知道，母亲不是病了，而是死了。这消息如五雷轰顶，他躺在床上哭了一天，陷入了深深的悔恨和自责。他无法原谅自己8年没有回家看望母亲，甚至想自杀，追随母亲于地下。在极度痛苦中，他为母亲写了一副挽联：

一别竟八载，多少次倚闾怅望，眼泪和血流，迢迢玉宇，高处寒否？
为母子一场，只留得面影迷离，入梦浑难辨，茫茫苍天，此恨曷极！

挽联道出了他锥心刺骨的永久的悔恨和歉疚。

季羡林赶回官庄，母亲已经入殓，只隔一层薄薄的棺材板，却不能再见母亲一面。季羡林此时如万箭钻心，痛苦难忍，想一头撞死在棺材上，被人死力拽住，昏迷了半天，才醒过来。抬头看屋中的情况，真是家徒四壁，除了几只破椅子和一只破箱子以外，什么都没有。在这样的环境中，母亲的日子是怎样过的，不是一清二楚吗？他不禁悲从中来，痛哭不止。

夜里，季羡林独自一人为母亲守灵。这时候，邻居宁朝秀大叔突然来了。他要季羡林立刻到自己家来一趟，还说："你娘叫你呢。"到底是怎么回事？他懵懵懂懂走到宁家，看见宁大婶坐在炕上，两眼直勾勾地望着他，说："喜子啊，娘好想你呀！"听那声音、口气，好像是母亲在说话！原来是宁大婶"撞客"了。这种"鬼魂附体"的事情，季羡林平时无论如何不会相信。可是此时此刻，不由他不相信。他是多么希望能有机会再和母亲说上哪怕是一句话啊。8年了，娘想儿想得苦啊！后来宁大婶清醒的时候对他说，母亲生前说过："早知道他一去不回，当初无论如何不放他走。"

离开了母亲，没有能为母亲尽孝，铸成了季羡林终生的悔恨。1994年，83岁的季羡林应《光明日报》记者韩小蕙之约写了一篇散文《赋得永久的悔》。他写道：

> 古人说："树欲静而风不止，子欲孝而亲不待。"这话正应到了我身上。我不忍想象母亲临终前思念爱子的情况；一想到，我就会心肝俱裂，眼泪盈眶。当我从北平赶回济南，又从济南赶回清平奔丧的时候，看到了母亲的棺材，看到那简陋的房子，我真想一头撞死在棺材上，随母亲于地下。我真后悔，我千不该万不该离开了母亲。世界上无论什么名誉，什么地位，什么幸福，什么尊荣，都比不上待在母亲身边，即使她一个字也不识，即使整天吃"红的"。这就是我的永久的悔。

这篇文章发表以后引起了巨大反响，获得了中国文学的最高奖鲁迅文学奖的荣誉奖。许多报刊纷纷转载，有的地方还收入了中学教材。季羡林收到了大量读者来信。他在《获奖感言》中说："我现在几乎每天都收到一些素昧平生的朋友的来信，其中老、中、青年都有，而以青年居多。我写文章向来不说谎话、大话、套话。我向读者真挚坦率地交了心，读者也以同样的东西回报了我。这是我近年来最大的快乐。"

第三章
泉城教书

第三章 泉城教书

国文老师

1934 年季羡林大学毕业后，在他的母校济南高中教了一年国文。

那时候，社会上流行一句话："毕业就是失业"。因为东北沦陷，时局动荡，民生凋敝，毕业生找个饭碗十分不易。即使名牌大学如清华的毕业生也不例外。随着毕业日期越来越近，季羡林承受的压力也越来越大。此时女儿婉如已经出世，家庭濒临破产，上有老下有小，一家五口，都盼着他挣钱养家。季羡林一无靠山，二不会溜须拍马，一个人孤军奋战，前途十分渺茫。毕业前一年，他就开始四处寻找，但是毫无结果。苦读 4 年，找不到工作，连自己都无法养活，有何脸面回家？他几乎陷入绝境，一筹莫展，食不甘味、寝不安席。

就在他走投无路的时候，机会来了。毕业于北大历史系的梁竹航来找季羡林，问他愿不愿意回济南母校教高中国文。因为一位教国文的老师被学生轰走了，校长宋还吾想到了季羡林。季羡林上高中的时候，作文全校第一，在报刊上发表过好几篇文章，学校尽人皆知。上大学这 4 年，他的散文屡屡见诸大报和大型文学刊物，他早已声名鹊起。在一般人看来，会写文章，肯定会教国文。所以宋校长想让季羡林补缺。饭碗有着落了！季羡林心里一阵狂喜。可是继而一想，自己学的是外文，如果教英文还差不多，教国文实在不对路，而且会写文章的人未必会教书，高中学生可不是好教的。他一无本钱，

1930 年，季羡林考入清华大学，入西洋文学系学习。图为 1934 年季羡林毕业时留影。

欢送季君布通毕业纪念

1934 年 5 月，同学们欢送季羡林（前排中）时的合影。

1934 年，季羡林在清华大学毕业后，到中学时的母校——济南高中任教时留影。

二无信心，不敢贸然接这块烫手的山芋。梁竹航见他犹豫不决，就让他考虑考虑。季羡林思来想去，没有别的路可走，只好把心一横：你敢请我，我就敢教！于是这一年秋季开学时，季羡林回到济南去教书了。

校长宋还吾为人豪爽，喜欢交朋友，绰号"宋江"。他是山东省教育厅厅长何思源的好友，曾在曲阜、青岛、济南等地多所中学当过校长，在山东省教育界颇有些名气。季羡林应聘来任教，他十分高兴，特意在济南铁路宾馆设宴为季羡林接风。

季羡林离开济南高中 4 年了，这里发生了巨大变化。行政领导已经全盘更换，教职员中的老面孔也很少，没有想到的是，他小学时期的校长王士栋也在这里执教，昔日师生今天成了同事，季羡林对王先生执弟子礼甚恭。在同事中，季羡林很快结交了一些新朋友，有训育主任张叙清、教英文的顾寿昌、张友松、教物理的周老师、教国文的冉性伯、童经立等，他们在小饭馆相互请客，一道骑自行车去济南以南群山中郊游，一直跑到泰山脚下。那年中秋，季羡林约了两个朋友，一起乘火车到泰安登泰山。他们走过斗母宫、快活三里、中天门，攀上十八盘，经南天门登上绝顶。当领略到"一览众山小"的意境时，他们切身感受到了泰山的伟岸。

1934年夏，季羡林（右）与高中同学徐家存先生合影。

　　高中3个年级共有12个班，每个年级4个班。原有的3位国文老师，每人教1个年级3个班，他们差不多都是中文系毕业生，教课驾轻就熟。而季羡林就不同了，留给他教的3个班，一个年级1个班，共3个班。人家备一次课可以讲三次，季羡林备一次课只能讲一次，工作量之大可想而知。他虽然没有教国文的经验，但是学国文的经验是丰富的。正谊中学的杜老师、王昆玉，高中时代的董秋芳、胡也频，还有大学时代的刘文典都可以作为他的借鉴。好在当时教育当局和学校领导对国文教学都没有什么具体要求，教员成了"独裁者"，老师想怎么教就怎么教。季羡林知道，他的前任王老师是被学生轰走的，足见这些学生是难对付的。他战战兢兢、如履薄冰。他认为要和学生搞好关系，首先是把书教好。季羡林自选教材，选了一些中国古典文学作品，还有点儿外国文学作品。他在课堂上着重讲解课文中的典故和难懂的语句，为了弄明白一些典故的来源，《辞源》和《辞海》等工具书快被他翻烂了，查阅速度达到了出神入化的程度。有一次，他讲错了一个典故，第二天在课堂上马上加以纠正。他对学生决不敷衍，讲解课文、批改作业，都实事求是，决不滥用夸奖。除了教课之外，他还喜欢和同学闲聊，天南地北侃大山，或者在一起打乒乓球，一打就是半天。他比学生年龄大不了多少，有些学生年龄比他还要大，有一个学生比他大整整5岁。季羡林不会摆老师的谱儿，没有架子，同学们都把他看作老师兼伙伴。

尽管如此，高中学生确实不是好对付的。他们会想出各种各样古怪刁钻的问题"难为"老师。当老师的如何应对呢？说"不知道"，肯定被人讥笑；没有办法，只好顾左右而言他；有时被逼急了，难免乱说一通。这样虽然暂时保全了"面子"，而季羡林内心却痛苦极了，回到寝室，坐立难安，感到十分无助，想躲到一个什么地方去哭一场。

因为季羡林在文坛小有名气，一回到济南，山东《民国日报》主编就找上门来，约他编辑文学副刊。季羡林愉快地答应了，副刊取名《留夷》，取自《楚辞》上一个香花的名字，据有学者考证，就是芍药。他把自己学生的优秀作文发表在副刊上，每千字稿费大洋1元，对穷学生不无小补。季羡林也精心撰写了一篇游记《游灵岩》，发表在上面。有个叫牟善初的男生，作文成绩全班第一，他写的文章不但通畅流利，而且有自己的风格，这对一个十六七岁的孩子来说是难能可贵的。季羡林想，如果他能考上名牌大学，将来有望成为一个出色的作家。谁知过了差不多半个世纪，牟善初来看望自己的老师，他已经是一位出色的军医了，担任解放军总医院副院长。90多岁的季羡林在解放军总医院住院的时候，牟善初和他的同事们为老先生提供了一流的治疗和服务。2003年8月6日，牟善初分享到季羡林的生日蛋糕，回忆起当年在济南高中上国文课的情景，他说："当年季老用'这个太婆不是人，却是天上一个神；生来儿子会做贼，偷来蟠桃献母亲'的祝寿词，启发学生写作文要起伏、跌宕。"季羡林教书育人大半生，弟子遍天下，牟善初这样的例子不胜枚举。

当年在山东省主政的是韩复榘，此人重视教育，所以山东省教师的工资是全国最高的。季羡林当教员月薪大洋160元，高出大学助教一倍。一家老小的吃饭问题解决了。他真的成了家里的顶梁柱，每月能给家里交几十块钱，婶母的脸上有了笑容。可惜好景不长，季羡林工作没多久，他的婶母马巧卿就病故了。

到了星期天，季羡林会回佛山街的家。这是一处坐西朝东的四合院，正房是西屋。虽然房子是土墙草顶，但基础却是条石砌的。两株海棠高过屋脊，

我的老师 季羡林

春天开得繁花似锦；北屋窗下一棵石榴，油亮亮碧绿的叶子和红亮亮的石榴花，让人赏心悦目。女儿婉如已在蹒跚学步，可爱极了。南屋还住着一家田姓木匠，他家有两个女儿，大的叫小凤，小的叫小华。小华和婉如差不多大，路走不稳，话也说不全。她该叫季羡林"大爷"，可她不会，就会叫"爷"。小家伙和季羡林有缘分，一看见他，就喊着"爷、爷"跑过来，张着两只小胳膊要他抱。季羡林在家里应该是很快乐的。

可是家里的环境和季羡林格格不入，不能作为他的避风港湾。叔父讲老礼儿，他无论是看书，还是打麻将，季羡林必须在旁边站着伺候，老人不发话，他不能回房间休息。堂妹惠林已经出嫁，婆家是弥姓大户人家。最难堪的是婶母常令他去西关弥家走动，季羡林认为有巴结之嫌，又不得不去。彭德华是媳妇，只会带孩子做家务，不能也不会为丈夫分忧。季羡林不愿待在家里，他在学校单身教员居住的开满木槿花的小院找了一间宿舍，住在学校，一星期才回家一次。

小小窍门

季羡林虽然在清华教过工友子弟学校，毕竟没有登过高中讲台，第一次上课之前，心里头难免打鼓。另外3位国文老师，都是季羡林几年前的老师。向人家请教吧，难以开口。

老师也不是一点儿不关心自己的老学生。在第一次上课之前，他的老师冉性伯提醒说："先把学生花名册认真看一遍，人名里难免有些十分生僻的字。如果有的话，就赶紧查《康熙字典》。你要是第一堂课就叫不出学生的名字，在学生里就毫无威信，甚至可能丢掉饭碗。假如临时发现不认识的字，就不要点这个名字，点完再问一声：还有没有点到的吗？这个学生一定会举手站起来。然后你问：你叫什么名字？他一回答，你就认识了这个字。"如此等等。这可真是宝贵的经验之谈，是在任何书本上都不可能找到的"秘籍"啊！季羡林由衷地感激冉老师，他急忙翻阅学生花名册。不出冉老师所料，这三个班里果然有几个学生的名字，连《词源》上都查不到。若是没有冉老师教给的这个窍门，笑话就闹大了，书也就别想教下去了。

这个"窍门"虽是雕虫小技，在季羡林几十年的教书生涯中，不过是浪花一朵，然而确实不失为一个窍门。后来季羡林写回忆录公开了这个"秘籍"，目的是效法自己的老师，为初为人师者支一小招。

饭碗堪忧

季羡林不善交际，宋还吾甚为失望。一来二去，季羡林很快被边缘化了。宋校长对季羡林的评价是："羡林很安静。"这"安静"二字意味深长，季羡林明显感觉到自己的饭碗难保。

在如此境况中，季羡林经历了一件事——一位名叫刘一山的同事，在学期即将结束的时候，居然没有拿到聘书。那时候的教师是一年一聘，没有拿到聘书，就意味着失业。这位刘老师为了保全面子，就主动请辞了。通过这件事，季羡林愈加认定此地不可久留。可是，下一步该到哪里去呢？

决定出国

恰恰在这时候，机会又一次眷顾季羡林。清华大学文学院院长冯友兰教授与德国方面洽谈，促成了清华大学与德国的大学建立交换留学生制度。双方交换研究生，路费、置装费由学生本人承担，食宿费相互由对方负担。德国留学生在华每月30元，中国留学生在德每月120马克。这种待遇虽然比公费留学生差远了，但对季羡林来说确实是天赐良机。季羡林得到消息，立刻向母校报名。他在清华主修德语，四年成绩全优，完全符合条件。1935年快放暑假的时候，季羡林收到了清华大学的通知：他已经被录取为赴德国的交换研究生，可以去德国学习两年。多少年的留学梦想就要变成现实了，他怎么能不兴奋呢？提心吊胆一年的高中国文教员生涯结束了，他就要收拾行囊，远赴欧洲了。

季羡林来到了人生又一个关键的十字路口。出国留学是他多年的梦想，在清华毕业前夕，他曾在日记中写道："最近我一心想去德国，现在当然不可能。我想做几年事，积几千块钱，非去一次，住三年四年不成。我今自誓，倘今生不能到德国去，死不瞑目。"现在机会终于来了。可是真的要走，困难是确确实实摆在面前的：家里经济来源濒临断绝，叔父年老，而且失业，两个小孩，女儿两岁，儿子才出生不久。季羡林一走，就等于抽去了顶梁柱，怎么办呢？季羡林犹豫了。出乎他的意料，叔父和全家对他出国留学坚决支持。他们说："不就是两年吗？我们咬咬牙，勒一勒裤腰带，两年就过去了。只要饿不死，以后日子就好过了。"他们指望季羡林能出人头地，为祖宗门楣增光，不惜做出牺牲。那时候封建科举思想在社会上还很有市场。小学毕业相当秀才，高中毕业就是中了举人，大学毕业等于中了进士，出国留洋无异于当了翰林。当个洋翰林何等风光？岂能轻言放弃？

意见统一了，季羡林开始紧张的出国筹备。最困难的是筹措路费和置装费。他教了一年高中，多少有些积蓄，但是还差得远。因为出国以后，那点津贴只够吃饭和付房租，没有余钱添置衣物，在国内置办四季服装，得花不少钱。一去万里迢迢，火车票而外，还有路途花销，也需要钱，他求亲告友，东挪西借，总算凑足了路费，又勉强做了几身衣服，准备工作便告完成。

济南高中的同事们得知季羡林要出国，都对他刮目相看，羡慕之情溢于言表。学校飞出了一只金凤凰，宋校长也觉得脸上有光，他殷勤热情，亲自带他去找教育厅厅长何思源，想争取一点资助，无奈空手而归。宋校长热情不减，又是勉励，又是设宴饯行，相邀回国后继续合作。

到了"割慈忍爱，离邦去里"的时候了。8 月 1 日季羡林辞别一家老小，去北平办理出国手续。面对一家老的老，小的小，季羡林眼含泪水，不敢看自己的亲人。心一横，上车走了。

季羡林在前门车站下了火车，把行李寄存在沙滩附近朋友处，回到清华大学住进工字厅招待所。此时学校已经放假，偌大一个清华园，静悄悄的。同室住的是一位清华老毕业生，在一家保险公司当总经理。他得知季羡林准备出国，就劝他出去后学习保险专业，这是一只金饭碗，回国后工作不成问题，收入绝对一流。无奈季羡林对经商、发财不感兴趣，辜负了这位学长一片好心。季羡林拜访了几位老师：朱光潜和蒋廷黻，他们在同德国方面谈判出力最多，给了季羡林出国深造的机会。老师叮嘱季羡林，德国是法西斯国家，在那里一定要谨言慎行，免得招致灾祸。季羡林还拜见了崇拜和敬仰已久的闻一多先生。季羡林何曾料到，当他 11 年后从欧洲回来，这位著名学者和诗人已经被国民党特务暗杀了。

当时北平没有外国领事馆，办理签证必须到天津去。季羡林和乔冠华一起坐火车去天津到德国和俄国使馆办理签证。手续办得很顺利。回到北平，几位好友在北海公园为他饯行，李长之、林庚、王锦弟、张露薇都来了。北海蓝天碧水，荷叶田田，荷花映日，几个年轻人在湖上泛舟，议论时政，高谈阔论，玩了一整天。季羡林嘱咐几位好友办好杂志，多出好书。李长之他们希望季羡林在德国进一步钻研德国古典文学，他们还相邀在 1949 年歌德 200 周年诞辰的时候，成立歌德学会，翻译出版《歌德全集》。

那时候去欧洲，没有民航飞机，坐轮船路途远而麻烦，最便当的是乘火车，通过苏联西伯利亚大铁路。1935 年 8 月的最后一天，季羡林和乔冠华、王竹溪、谢家泽、敦福堂、梁祖荫等清华赴欧研究生结伴在前门车站登车，开始了万里征程。

第四章
负笈欧洲

第四章 负笈欧洲

初到柏林

坐了半个月火车，季羡林一行经过山海关、哈尔滨、满洲里、西伯利亚、乌拉尔山、莫斯科、华沙，于 1935 年 9 月 14 日上午 8 时到达柏林。清华老同学赵九章等到车站迎接，帮他们办理各种手续。走在柏林大街上，置身于高楼大厦之间，中国学生的心情相当复杂，有几分兴奋、几分新奇、几分忐忑不安。

初到异域，吃住都入乡随俗不大容易。先说吃饭，中国人习惯一日三餐，德国人每天只吃一顿热餐，是在中午。晚饭则只吃面包、香肠、干奶酪之类，佐以热咖啡或茶。季羡林也在肉食店买了几根香肠，准备回家吃晚饭。谁知一咬，发现里面的肉是生的。他以为受了人家捉弄，十分气愤，去找店家理论，方知当地人就是吃生肉的，只有新鲜的肉才可以生吃。没有办法，只能怪自己没有见识，少见多怪了。相比之下，住就方便多了。在法西斯眼里，中国人和犹太人一样，都是劣等民族。可是一般老百姓不这样认为。所以中国人找房子并不困难。清华老同学汪殿华在夏洛滕堡区魏玛大街为季羡林找了一间房子，房东是犹太人，叫罗斯瑙。德国人出租房子，不只是出租空房间，家具、被褥都包括在内，房客如同住旅馆。房间的服务工作，什么铺床叠被、打扫卫生、地板打蜡，全是女主人的事。房客的皮鞋，睡觉时脱在门口，第二天起床，鞋已被女主人擦得锃亮了。德国人之勤劳、爱清洁，闻名天下。

来德国求学，首要的当然是要过"语言关"。季羡林在清华学了四年德语，成绩全优，阅读和写作问题不大，可是听和说都有欠缺。要在德国留学，首先需要补习口语，提高听说能力。远东协会的林德和哈罗尔博士热心帮忙，带季羡林到柏林大学外国语学院，校长让季羡林读了几句德语，认为比较满意，把他编在德语高级班。教师名叫赫姆，他讲课发音之清楚、讲解之透彻堪称神妙。季羡林听得明明白白，听和说水平提高相当快。

季羡林和乔冠华一道乘城内火车去大学上课，两个人几乎形影不离。他俩虽然在清华就认识，但季羡林学外语，乔冠华学哲学，又不在同年级，所以交往不多。现在一起来到德国，一起上课、访友、一起去中国餐馆吃饭，一起游览婉湖和动物园，一起逛旧书铺淘书，季羡林发现，乔冠华也喜欢书，爱好中国古典文学，两人有不少共同语言，很谈得来。他们有时候聊到深夜，季羡林索性睡在乔冠华那里。用现在流行的词，季羡林和乔冠华都是"学霸"级人物，又有共同的兴趣爱好。

季羡林与乔冠华同别的中国留学生不来往，因为同他们格格不入。柏林是一个国际大都会，中国留学生云集。当时出国留学被称为"镀金"，在德国镀的是 24K 金，在中国社会上名声卓越，是抢手货，于是有条件的中国青年趋之若鹜。达官巨贾纷纷把子女送到德国。蒋介石、宋子文、孔祥熙、冯玉祥、戴传贤、居正等国民党大官都有子女或亲属在德国，而且几乎全在柏林。这些纨绔子弟仗着后台硬、有钱，无心学业，狂妄自大，唯我独尊，他们既不必认真读书，又不必学习德语，只要会几句简单的日常用语就够了。他们每天无非吃喝玩乐，白天趾高气扬，提着照相机四处游逛，夜里跳舞打麻将甚至嫖娼，在饭馆里

季羡林在德国留学期间与乔冠华合影。

猜拳饮酒，高声喧哗，旁若无人。就这样醉生梦死混上几年，回国后就能当上科长、司长。还有的留学生在柏林混得日子久了，对柏林的大街小巷、五行八作了如指掌，自称"土地爷"，还免费替中国留学生跟当地人打官司。留学生中的丑事怪事不绝于耳。季羡林和乔冠华这样的草根子弟同这些纨绔子弟格格不入就毫不奇怪了。到了国外，季羡林见识了留学生的真面目。他甚至想写一本《新留西外史》，为这些丢尽中国人脸面的家伙立此存照，素材倒是俯拾皆是，可惜他没有时间。季羡林不喜欢柏林，他讨厌这里成群结队的中国留学生，也不喜欢柏林那灰蒙蒙的棕色天空，更不习惯那里人们见面打招呼的方式——举起一只胳膊，大喊："嗨，希特勒！"他不愿意留在柏林。

　　一个多月的时间很快过去了，季羡林和乔冠华完成了德语口语补习。乔冠华去了图宾根，继续学他的哲学。季羡林到哪里去呢？德国学术交换处的魏娜起初想把他派到东普鲁士的哥尼斯堡大学，伟大的德国古典哲学家康德就是这个学校的教授。可是季羡林对哲学没有什么兴趣。几经磋商，决定派

1936年冬，季羡林（右一）与在德国的同学合影。

他到哥廷根大学去。恰好在哥廷根大学读书的学长乐森珝来到柏林，听他详细介绍了哥廷根大学的情况，季羡林心里有了底。季羡林的老师吴宓有两句诗："世事纷纭果造因，错疑微似便成真。"这话确实是见道之言。如果季羡林当年去了哥尼斯堡，他会走上一条完全不同的人生之路，什么梵文、巴利文、吐火罗文统统谈不到。如果是这样，后来的季羡林会是个什么样子？恐怕只有天知道。

但历史没有"如果"。10月31日季羡林到了哥廷根，一住就是10年。哥廷根成了除北京和济南以外季羡林居住时间最长的地方，成了他的第二故乡。

哥廷根

哥廷根大学创建于中世纪，是欧洲古老的大学之一。它共有五个学院：哲学院、理学院、法学院、神学院和医学院，还有众多研究所。学校没有统一的建筑物，学院和研究所分布在全城的各个角落。大学出过众多名家，数学家高斯、大卫·希尔伯特、化学家温道斯、文学家格林兄弟，都曾在该校执教。该校毕业生中，有诺贝尔奖得主数十位。

季羡林到哥廷根后，乐森珝帮他租了住房，房东是老夫妇俩，他们有个儿子在外地上大学。男主人姓欧普尔，是市政府的工程师，老实木讷，寡言少语，女主人有些小市民习气，但她善良慈祥，待季羡林如同慈母一样。老太太话多，恰好可以充当房客的德语口语老师。季羡林与两位老人朝夕相处，成了这个家庭的一员，10年没有搬过一次家。

到了哥廷根，究竟学习什么专业呢？季羡林不愿意像有些留学生那样走捷径，在国外学中国文学；也不想继续攻读德国文学，他认为德语只是他进一步求学的工具。到底学什么呢？在到达哥廷根的第二天，他在日记里写道：

> 我梦想，在哥廷根，在这比较长一点的安定的生活里，我能读一点书，读点古代有过光荣而这光荣永远不会消灭的文字。现在又终于到了哥廷根了。我不知道我能不能捉住这梦。其实又有谁能知道呢？

这想法有点朦胧，不太具体。他自己也不清楚要学哪种古文字。在柏林时，汪殿华曾建议他学希腊语和拉丁语。到了哥廷根，他和新结识的朋友章用讨论这个问题，章用劝他只读希腊文，放弃拉丁文。因为两年时间太短，来不及学两门古代语言。季羡林认为有道理。第一学期选课，他就以希腊语为主，还选了一些杂七杂八的课程。顺便说一句，德国的大学要上什么课，完全由学生自己决定，可以改，也可以换；能不能毕业，拿到学位，则是教授说了算。季羡林学希腊语，一开始就不顺利，课堂上老师讲课声音太低，听不明白他在说什么。第一堂课下来几乎一无所获，季羡林十分郁闷。学习不顺利，季羡林的情绪也时高时低，信心始终不坚定。他自学了一段拉丁文，又想学古埃及文，犹豫不决。在清华读书的时候。他旁听陈寅恪的佛经翻译课，动过想学梵文的念头，苦于没有人教。来到哥廷根他认识了学冶金学的留学生龙丕炎，龙丕炎学过两学期梵文，后来放弃了。他给了季羡林一本施腾茨勒的梵文语法书。

12 月 3 日，季羡林把自己根据初到柏林时修表的经历写成的散文《表的喜剧》文稿寄给在上海编辑《文学时代》的储安平，并写了一封信，说明自己在哥廷根的情况：

> 哥廷根是个有趣的地方，虽然小，然而有它的妙处……
>
> 在这样的环境下，生活当然比柏林要好。但在这样的环境下，我才第一次尝到从来没有尝过的寂寞。这里中国学生很少，也都不常见面。每天出出进进只有我自己。除了到大学上课以外，我便一个人待在屋里，让幻想四下里飞。我读的是德国文学，同时也选了希腊文同拉丁文，因为我对古典文学早就有兴趣，每天同死去了几千年的文字拼命，也能把时间打发去一部分，在寂寞中得点安慰。我真想故国，想故国里的一切，但自己既然挣扎着要出来，现在居然出来了，命定了要受寂寞的折磨，还有什么话可说呢？
>
> 离开了中国以后，确乎看到了许多东西，得到了许多感触，时时要想写点东西出来。最初因为生活不安定，没能写得成，近来生活安定了，但又有许多书要读，而且满脑袋里填满拉丁文单字，搅得乱七八糟，仍然写不出东西来。上星期日对着稿纸坐了一天，但脑袋里一会儿想到故国，一会儿想到头一天听到的堂课，一会儿又想到应该写封信，任着幻想飞来飞

去，一天也没写出一行来。你既然要我写点东西，当然得写。想来想去，只好在百无聊赖中仓促地写成了一篇不成东西的东西寄去应命。倘若不能用的话，丢到字纸篓里好了，这玩意儿也不值得保存。里面写的虽是不关重要的一件小事，但也可以看出初到外国时的傻相，同刘姥姥进大观园可以先后媲美了。

12月中旬季羡林看到学校贴出的通告，下学期瓦尔德施密特教授开梵文课。瓦尔德施密特是刚从柏林大学调来的，接替原来教梵文已经退休的西克教授。最吸引季羡林眼球的是，瓦尔德施密特师从名门——柏林大学梵文研究所的海因里希·吕德斯教授。吕德斯是一位赫赫有名的大家，在梵文研究的许多方面都做出了杰出的贡献，堪称古代梵文碑铭研究的泰斗，每逢印度发现了新的碑铭，就连本国的梵文学者都不能解读时，最后只好说："去请吕德斯吧！"俗话说"名师出高徒"，季羡林知道，瓦尔德施密特是陈寅恪的大学同学，能有机会跟他学习，季羡林自然喜出望外，他下定决心，抓住机会学梵文。他思来想去，认为中国文化受印度文化影响太大了，需要对中印文化关系做一番彻底研究，或能有所发现。梵文太重要了，回国以后再想学，就没有机会了。他不再犹豫，决定在1936年春季开始学习梵文。

学习梵文

季羡林毕生要走的路终于找到了。这个选择无疑是正确的。因为在哥廷根大学学习梵文，有得天独厚的条件。哥大有悠久的研究梵文的传统，许多大师级梵文学者曾在此执教。在东方研究所高斯－韦伯楼上，临街的一面墙挂着德国梵文学家的照片，有三四十人之多，可见德国梵学之盛。大学图书馆的梵文藏书在德国首屈一指。这样的条件在当时德国是独一无二的。

1936年4月2日季羡林第一次上梵文课，年轻的瓦尔德施密特教授发现，课堂上只有季羡林一个学生。学生虽少，老师讲课却一丝不苟。这样一对一的教学持续了两个学期，从第三学期开始，增加了两名德国学生，一个是历史系学生，另一个是乡村教师。他们有一定的梵文基础，所以从第二学年插班。尽管有一定基础，因为梵文语法十分复杂烦琐，那位历史系的老兄经常被老师问得张口结舌，眼睛发直，始终没有跳过龙门。季羡林学习也非一帆风顺，但他横下一条心：一定要迎难而上，非跳过龙门不可。

根据季羡林当年"学习簿"的记载，在瓦尔德施密特 1936—1939 年授课的 7 个学期中，他除了选修多达 20 种与专业有关的课程外，主要攻读包括印度古代语言在内的印度学专业课程：

1936 年夏学期：

初级梵文文法

1936—1937 年冬学期：

梵文简单课文

译德为梵的翻译练习

1937 年夏学期：

马鸣菩萨的佛所行赞

巴利文

1937—1938 年冬学期：

印度学讨论班：梨俱吠陀

1938 年夏学期：

艺术诗（Kunsfgediehf）（迦梨陀莎）

印度学讨论班：Brhadaranyaka-Upanisad

1938—1939 年冬学期：

巴利文：长阿含经

印度学讨论班：东土耳其斯坦（指中国新疆——笔者）的梵文佛典

1939 年夏学期：

梵文 Chandogyopanisad

印度学讨论班：Lalifavistara（普耀经）

为了这些功课，季羡林要进行大量的课前准备，下一番常人无法想象的苦功夫。他必须学会运用施腾茨勒的《梵文基础读本》、雅克布·瓦克尔纳格尔的《古印度语语法》、弗朗茨·基尔霍恩的《梵文文法》、海德曼·奥尔登堡的《佛陀》以及吕德斯的《印度语文学》等工具书。其中，施腾茨勒的《梵文基础读本》已有百余年历史，德文版重印了 17 次，并被译成其他多种文字。1960 年季羡林在北大开设梵文课即采用这本书，用汉文译出，编成讲义，后经他的学生段晴和钱文忠补充，在国内公开出版。

至于巴利文，也是一种印度古代文字。起源于北印度的中古印度－雅利安语，与古印度－雅利安吠陀语和梵语诸方言关系密切。约公元前3世纪，佛教口传至锡兰，公元前1世纪用巴利文记录下来，成为标准的佛教国际语言，与上座部佛典《三藏》一起传入缅甸、泰国、柬埔寨、老挝和越南。巴利文作为文学语言在印度14世纪停止使用，但在其他地区延续使用至18世纪。所以，要想进行佛教梵文研究，必须熟练掌握和运用古典梵文和巴利文。因此，季羡林攻读的专业课程，除巴利文、佛教梵文典籍如《普耀经》外，还有公元前1500年以前的《梨俱吠陀》、公元4世纪前后的古典梵文艺术诗、公元7世纪的梵文文法体系，等等，这些属于高年级的课程都是先由瓦尔德施密特选出原著，季羡林课下准备，上课就翻译，其难度可想而知。总之，季羡林涉猎之广，钻研之深，为他日后从事梵文古典文学作品的翻译以及佛教经典和佛教梵文的研究奠定了坚实的基础。

季羡林对瓦尔德施密特的教学方法很感兴趣，回国后他给学生讲课也介绍过这个方法。这究竟是一种什么样的教学方法呢？德国19世纪著名东方语言学家埃瓦尔德曾说："教语言如教游泳，把学生带到了游泳池旁，把他往水里一推，不是学会游泳，就是淹死，后者的可能性微乎其微。"这便是典型的德国式教学方法，是由瓦尔德施密特在季羡林身上成功实验过的。

第一堂课老师先教字母发音，虽然梵文字母并不像英文字母那样简单，但季羡林却感觉良好，并没有感觉多大压力；第二堂课，却给了他当头一棒，老师对梵文的"拦路虎"即非常复杂的连声规律根本不加讲解，词形变化——名词有24种，形容词有72种，动词甚至有成百上千种变化——也一律不加讲解，只带他做《梵文基础读本》例句练习，这就等于把他推下了水。由于字母刚刚学过，语法概念也一点儿没有，他只能结结巴巴地读，莫名其妙地译，直弄得满头冒汗，心中发火。于是，下课后他就拼命预习，一个只有五六个字的例句，查连声、查语法，需要一两个小时；一周两小时的课程，需要准备一两天。这样一来，他的主观能动性

季羡林进入德国哥廷根大学后，主修印度学，先后掌握了梵文、巴利文、佛教混合梵文、吐火罗文等古代语言。

被大大地调动起来了，不久就适应了"在游泳中学会游泳"。从 1936 年 4 月 2 日到 6 月 30 日不过三个月时间，他已经学完了全部梵文语法，做了几百个例句练习。这时，瓦尔德施密特满意地笑了，问道："你是否决定以印度学为主系呢？""是的。"季羡林毫不犹豫地回答。

第二学期，瓦尔德施密特便讲授新疆出土的印度早期佛典残卷，使用的仍然是德国式的教学方法，主要是季羡林课前充分准备，上课先由他译出，再由瓦尔德施密特纠正。实际上，这种训练对季羡林日后从事研究工作极为有益，使他掌握了整理、阐释那些断简残卷的真本事。

瓦尔德施密特传承的这套教学方法，看起来匪夷所思，似乎给人留下不负责任的错觉。实际上他对学生要求甚严，学生对梵文语法中那些古里古怪的规律都必须认真掌握，绝不允许有半点儿马虎和粗心大意，连一个字母和符号也不能弄错。季羡林对瓦尔德施密特的教学方法是认可的。可是，由于担心中国学生不能适应这种方法，他回国后并没有把这套教学方法搬到自己的课堂上。这是后话。

尽管原定只有短短两年时间，尽管已经耽误了一些时间，季羡林仍然全力拼搏决心拿到博士学位。根据学校的规定，考博士必须读三个系：一个主系，两个副系。季羡林的主系当然是印度学，副系他坚决不选汉学，认为那是投机取巧。他选了一个英国语言学，又选了一个阿拉伯语，学了一年以后，又改学斯拉夫语——俄语外加塞尔维亚－克罗地亚语。季羡林夜以继日和时间赛跑。日本帝国主义已经把侵略魔爪伸向华北和华东，德国法西斯的战争机器也开始隆隆发动，一场大战迫在眉睫，他能跑得赢吗？

哈隆教授

季羡林晚年，经常提起的几位外国恩师——除了瓦尔德施密特和西克教授以外，还有一位，那就是古斯塔夫·哈隆教授。这位哈隆教授并非季羡林的业师，却是季羡林人生中的一位贵人。2003 年 6 月 30 日，他特意写了一篇文章《追忆哈隆教授》，感谢哈隆的知遇之恩。

所谓"知遇之恩"，不但指受到赏识和重用的恩惠，而且还有急人之所难的情分。此话怎讲？原来，1937 年夏天季羡林原定的两年学习期限已满，国内刚好爆发了七七事变，不久他的家乡济南即被日军占领，而希特勒又下令关闭国门，这就让季羡林有家难归，被困在哥廷根。奖学金没有了，吃饭都成了问题。正在这前进无路，后退无门之时，哈隆主动介绍他到哥廷根大学汉学研究所担任汉文讲师。这样，虽然他每月120马克的留学生奖学金拿不到了，但却能拿到每月150马克的汉文讲师工资，这要比那些后来因第二次世界大战爆发导致邮路阻塞、不能按时收到国内汇款的富家子弟强多了。这150马克薪水，解了季羡林的生存之困。

哈隆虽然是汉学研究所所长，但一直不受校方重视，当时只是个副教授。他的祖籍在毗邻德国的捷克西北边疆苏台德区，感情上与其说是德国人，不如说是捷克人。他对德国法西斯非常反感，1938年德国侵占捷克，他愤然辞去工作离开德国，到英国去了。

汉学研究所的图书馆中文藏书大约有几万册，线装书最多，也有不少日文书籍，其中有一套《大正新修大藏经》，是季羡林做博士论文和进行博士后研究离不开的参考书，这书没有别人借阅，可供他一人使用。因为哈隆在国际汉学界广有名声，加之这里所藏汉文书籍闻名遐迩，一些欧洲汉学家纷至沓来。英国汉学家阿瑟·丰利，德国汉学家奥托·冯·梅兴－黑尔芬等人都来过这里。季羡林与他们交谈切磋，开了眼界，长了知识；这些人也乐得与这位中国青年学者交流，还请季羡林帮忙查资料，搞翻译……就这样，双方可谓"互利共赢"。

就这样，季羡林与哈隆结成了忘年交——哈隆比季羡林年长20多岁，虽然不会讲汉语，但能读汉文书籍。他的汉学基础雄厚，对中国古代文献，如《老子》《庄子》等研究造诣很高。顺便说一句，当时德国人对充满神秘色彩的老子颇感兴趣，而对偏于伦理说教的孔子乏人问津。哈隆对甲骨文也有研究，讲起来头头是道，颇有一些精辟的见解。他对古代西域史地钻研很深，其名著《月氏考》蜚声国际士林。这些正是季羡林尊重他的重要原因。为了丰富研究所的藏书，季羡林替哈隆写过许多信，寄给北平琉璃厂和隆福寺的旧书店，订购中国古籍，就这样，中国古籍源源不绝地越过千山万水，来这里安家。季羡林还特意从国内订购了虎皮宣纸和笔、墨，为每一部线装书写好书签，贴到上面，让读者一目了然。书架上那些蓝封套都贴上黄色小条，黄蓝相间，就像飞满了无数的彩蝶，不太明亮的大书库顿时充满盎然生气。

当汉文讲师，对季羡林来说不过小菜一碟，因为他既有一年的高中国文教学实践，又有在哥廷根两年的德文训练。当他的开课通知贴在大学教务处的通知栏上，供全校上万名学生选择时，果然有许多人前来报名，但没过多久，听课的人几乎都走光了。在当时，汉文绝不像今天这样受重视，德国人可能是认为学它用途不大。但这对季羡林并无任何影响，他倒可以利用课时不多的机会，跟随西克教授学习吐火罗文和完成博士论文。这种情况一直持续到他离开德国。总之，从1937年到1945年的8年间，包括哈隆离开哥大之后，季羡林一直在汉学研究所工作，既有每月150马克的讲师工资满足生存的基本需求，又有足够的时间从事他的死文字研究，最终为他的学业画上了一个圆满的句号。

哈隆与季羡林在汉学研究所仅仅共事一年，但两人交情之深宛如几十年的老朋友。1938年哈隆受聘担任伦敦大学汉文讲座教授，当他把这一消息告诉季羡林时，季羡林感到由衷的高兴，为他终于摆脱不得志不遂愿的窘境而万分庆幸。临走时，哈隆本想把季羡林一块儿带走，但这不可能，因为这样做便等于季羡林攻读博士的努力前功尽弃。哈隆到了英国后，又劝说季羡林去英国，但因"二战"正酣，亦无可能。"二战"结束后，哈隆又为季羡林在剑桥大学谋一职位，令季羡林怦然心动。因为他预感到回国后无研究印度古代语言的条件，颇生"长才难展"之忧，而如果到剑桥，拿一个终身教授，搞一个名利双收，唾手可得。最终，季羡林的理智战胜了感情，毅然决定回国，对哈隆教授的盛情，只好由心动变成心领了。

战时生活

正当季羡林为取得博士学位而奋力拼搏的时候，第二次世界大战爆发了。德国是第二次世界大战的策源地，1939年9月1日，德国军队进攻波兰，占领华沙，揭开了第二次世界大战的序幕。1940年6月，德军迂回马其诺防线，突破魏刚防线，攻占巴黎。1941年6月22日，德军对苏联发动突然进攻，战火燃遍了整个欧洲。平静的留学生活被打破了。战争带给季羡林的影响是显而易见的：导师瓦尔德施密特被征调从军，但是有人接替，真正困扰季羡林的一是大海波涛般的思乡之情，二是终日饥肠辘辘的煎熬，三是不时响起的空袭警报声和炸弹爆炸的声音。

季羡林在德国留学期间，家中寄给他的全家福。自左至右分别是：季羡林的堂妹季惠林、叔父季嗣诚、女儿婉如、儿子季承、婶母陈绍泽、夫人彭德华。

　　来德国的头两年，季羡林与亲人保持着经常的书信联系，互相寄过照片。虽然没有飞鸿传书般的浪漫，只有报一声平安的质朴，但双方确实得到了宽慰和释怀。"二战"爆发后，他与亲人中断书信联系竟达七八年之久。季羡林在《留德十年》中，将杜甫的诗句略作改动，作为一个章节的标题——"烽火连八岁，家书抵亿金"，足见在他心目中"家书"分量之重。战争后期，眼见哥廷根遭受轰炸满目疮痍，时时勾起季羡林心中的思乡之痛。此刻祖国和亲人同样遭受战争之苦，多年未见家书，与他们相隔万水千山，季羡林对祖国抗日战争的情况几乎一无所知，偶尔从德国方面得到一点儿消息，也大都是谎言，因为日本是德国的盟国。他日日夜夜在想，祖国是什么样子呢？家里又怎样呢？德华带着两个孩子，日子是怎么过的？叔父年事已高，家里的经济来源何在？他还特别想念一双儿女，"可怜小儿女，未解忆长安"。1941年5月29日，他在去研究所上班的路上，看到一树繁花似锦的海棠，立即想起济南自家院子里那两棵海棠花。晚上，他在灯下蘸着浓浓的思乡之情，写下一篇散文《海棠花》：

六年前的秋天，当海棠树的叶子渐渐地转成淡黄的时候，我离开故乡，来到了德国。一转眼，在这个小城里，就住了这么久。我们天天在过日子，却往往不知道日子是怎样过的……到了德国，更是如此。我本来是下定了决心用苦行者的精神到德国来念书的，所以每天除了钻书本以外，很少想到别的事情。可是现实的情况又不允许我这样做。而且祖国又时来入梦，使我这万里外的游子心情不能平静。就这样，在幻想和现实之间，在祖国和异域之间，我的思想在挣扎着。不知怎么一来，一下子就过了六年……乡思并不是很舒服的事情。但是在这垂尽的五月天，当自己心里填满了忧愁的时候，有这么一团十分浓烈的乡思压在心头，令人感到痛苦。同时我却又有点爱惜这一点乡思，欣赏这一点乡思。它使我想到：我是一个有故乡和祖国的人。故乡和祖国虽然远在天边，但是现在他们却近在眼前。我离开他们的时间愈远，他们却离我愈近。我的祖国正在苦难中，我是多么想看到他呀！

"二战"爆发之前，法西斯头子就曾扬言：要大炮，不要黄油。大概从1937年开始，逐渐实行配给制，首先限量的就是黄油，然后是肉类，最后连面包、土豆也限量供应。到了1939年"二战"爆发，德国人的腰带一紧再紧。季羡林的房东欧普尔先生原来是个大胖子，几年下来，瘦得只剩一把骨头，终于没能熬到战争结束。

季羡林本人当时的境况如何呢？黄油之类的东西并不是中国人的主食，无所谓。但轮到面包和土豆也限量供应时，他的情况也变得十分糟糕。黄油干脆绝迹，代之以人造油，这玩意要是放在汤里，还能看见几滴油珠儿，要是用来煎东西，在锅里嗞嗞几声，就无影无踪，让你哭笑不得。他和同学到饭馆吃饭，经过再三考虑，才舍得花掉一两肉票，如果能在汤里见到几滴油珠儿，就感到心满意足了。

对季羡林来说，最重要的是一日三餐当作主食的面包，但这恰恰让他感到无奈，不仅少得根本填不饱肚子，而且质量也十分可疑。因为不知里面掺了什么东西，有人说是鱼粉，刚吃还行，可是放上一天即有腥臭味儿，吃了之后肚子胀鼓鼓的，还不停地放屁。

在那饥饿难挨的日子里，季羡林落下了不知饱的病根儿。越是肚子填不满，越是饭量猛增。有一次，他同一位德国女士骑着自行车下乡，帮助农民摘苹果。

收工时农民送给他们一些苹果和土豆。他们大喜过望。回到家里，把五六斤土豆全煮了，狼吞虎咽地塞进肚里，可是最后仍然没有吃饱的感觉。

"二战"刚开始时，盟国的飞机曾飞抵柏林上空，投掷炸弹，但技术水平很低，只能炸毁高楼的上面一二层，地下室仍然固若金汤，人们躲在里面不必担忧。可是日子一长，盟军飞机轰炸的次数越来越多，炸弹穿透力越来越强，由楼顶穿透到地下室，然后爆炸，地下室已无安全可言。大批民众被炸死或活埋在地下室里。

哥廷根是个小城，最初盟国飞机尚未光临，但后来也蒙受垂青，如同其他大城市一样频遭轰炸。季羡林与几个中国留学生就干脆不在家里恭候防空警报了。吃完早点，他们就拿着装满书籍和资料的书包，到山上的树林中去躲避空袭。有趣的是，刘先志和滕菀君夫妇带来了一只乌龟，是他们从柏林买来的。原来，战争期间，德国粮食奇缺，当局从被占领的国家运来一批乌龟，供人食用。德国人对乌龟大都望而生畏，不敢吃，于是当局又大肆宣传乌龟营养之高，胜于仙丹醍醐。刘氏夫妇见这只乌龟煞是可爱，没舍得吃养了起来，于是它就陪着大伙儿天天上山。在《留德十年》中，季羡林描述道：

> 我们仰卧在绿草上，看空中英国飞机编队通过哥廷根上空，一躺往往就是几个小时。在我们身旁绿草丛中，这一只乌龟瞪着小眼睛，迈着缓慢的步子，仿佛想同天空中飞驰的大东西，赛一个你输我赢一般。我们此时顾而乐之，仿佛现在不是乱世，而是乐园净土，天空中带着死亡威胁的飞机的嗡嗡声，霎时间变成了阆苑仙宫的音乐，我们忘掉了周围的一切，有点忘乎所以了。

博士论文

瓦尔德施密特给季羡林上了两年多的梵文课，认为他"孺子可教"。1938年冬季开学时，他同季羡林商量博士论文的事儿，问他有何想法。季羡林直率地说，论文题目绝不同中国有任何牵连，不做"两头嗦"的文章，瓦尔德施密特听了笑起来，并给他出了个题目。对此，季羡林回忆说：

我的老师 Prof. Dr. Waldschmidt 给我出的博士论文题目是《〈大事〉（Mahavastu）颂中限定动词的变化》。《大事》是用所谓佛教梵语（Buddhist Sanskrit）或混合梵语（Hybrit Sanskrit）写成的。在研究佛教的学者中，这种梵语是一门不冷不热的学科。有一些人在研究，但人数不多，英雄大有用武之地。我的老师之所以给我出这样一个题，其用意大概也就在这里。他问我同意不同意这个题目。我是一个初学者，门还没有进，更谈不上登堂入室，除了答应之外，也确实没有别的选择余地。我同意之后，接着来的是长达三年的看书、搜集资料和进行写作的时期，这是一段只争朝夕的艰苦奋斗的时期。

　　季羡林之所以同意老师出的论文题目，是因为他对研究佛教梵文产生了极大的兴趣，他隐隐约约地感觉到，它是打开印度佛教史大门的一把钥匙。瓦尔德施密特也并非把这一题目强加于他，而是考虑到佛教梵文还需要深入研究和开拓创新，需要有人在这片莽林中继续探索前进，因此，征求他的意见后拟出这样一个题目。

　　《大事》是产生于公元 2 世纪小乘向大乘过渡时期的佛典，据说是一部律的前言，用混合梵语夹杂许多俗语写成。笔者不通梵文，无力对季羡林的这篇论文做评论，但可以引用季老的入室弟子段晴教授的很有见地的话："这篇论文探讨的问题是 Mahavastu（《大事》）所反映出的语言现象，透过对其中伽陀部分动词变化的分析，可以观察这部佛典的起源，从而推断出原始佛典所使用的语言，这对印度佛教史的研究有重要的意义。实际上，这篇论文是一部基于混合梵语佛典的语法分析书。凡是读混合梵语佛典的人，必须参考先生的文章。应该说，世界的学者虽然早已对古典梵语的研究达到淋漓尽致的程度，但对混合梵语以及印度俗语的研究仍然十分欠缺。任何科学的成果都经得起时间的考验。1997 年初，我曾在印度普纳大学参加一个国际研讨会，会上一位法国学者大声疾呼，要加强对佛教梵语的研究，会下，这位先生特别找到我，希望得到季羡林先生早期发表的论文，因为国际上的学者没有忘记，季羡林先生曾是研究佛教梵语的专家。"

　　千里之行，始于足下。季羡林要想完成这篇具有深远意义的论文，必须从零开始。从确定论文题目那天起，他就在既要上课又要讲课的情况下，利用一切可以利用的时间，啃那皇皇三巨册的佛典《大事》。既然要研究《大事》，那就应该自己有一套《大事》。这部书是 19 世纪出版的，在德国市场上早已绝迹。怎么办呢？季羡林抱着试试看的心情，给巴黎的书店写信邮购。没有想到，不久便收到了书，他大喜过望。他的时间安排非常紧凑。早晨在家中吃过早点就去梵文研究室上课，或到汉学研究所讲课。中午在外面饭馆里吃午饭，再回到研究所看书和查阅资料，从来没有午睡过，直到下午 6 点回家吃晚饭。天天如此，单调刻板，但他全身心投入，乐此不疲。《大事》这部佛典很不容易读，他要查几部梵文、巴利文字典，还要经常翻阅 R.Pischel 那部著名的《俗语语法》。他边读边把所有的动词形式写成卡片，按字母顺序排列起来，遇到困难问题，不是去请教老师，而是自己解决。《大事》中法国学者塞那校订的注释也可以参考，一时解决不了就放一放，等到类似的现象多了，集拢起来加以比较，有的问题自然就能解决。他用两年时间读完《大事》，还读了其他一些参考书。书读完了，卡片也做完了，他便开始分类编排，逐章逐段写文章；论文主体写完，又加上一篇附录《论词尾 -matha》和一个详细的动词字根表。至此，这篇论文就基本完成了。

笔者无力对这篇论文反映出的学术研究方法做任何评论，仍然引用段晴教授的话："先生的论文没有长篇大论的背景介绍，没有点缀修饰的辞藻，更没有引人入胜的故事情节。论文经过寥寥数语摆出争论的关键，以及论文希望解决的问题，然后直接进入其独特的研究领域。在整个论述过程中，作者不放过任何一个考察对象。这种经过剖析原始材料而寻出规律的论文风格近乎于自然科学的学术文章。先生自己认为他早期的学术研究方法是考证式的。无征不信，这是德国治学精神的影响，结论必须建立在确凿可靠的证据之上。这种实事求是、朴实无华，形成了季羡林先生早期论文的鲜明的特点。季先生写道：'我已经习惯于德国学者（有少数倒外）的那种坚实、周到、细致、彻底的，几乎是滴水不漏的治学方法。'而这特点其实贯穿他的整个学术生涯。"

"二战"爆发后不久，瓦尔德施密特被迫应征从军，已经退休的西克教授接替他的教学任务。季羡林一面听课，一面继续论文写作，终于在 1940 年秋把论文基本写好，送给回家休假的瓦尔德施密特审阅，没想到出现了一个小小的插曲。

季羡林本为论文写了一篇"导论"，想用"导论"来显示自己的才华，在洋洋万言的"导论"中，他将搜集来的有关混合梵语的资料以及佛典由俗语逐渐梵文化的各家说法罗列在一起。论文交给老师没过几天，瓦尔德施密特就把他叫去，仍然像平日一样，面带笑容地把论文还给他。季羡林接过去一看，只见大部分都无改动，只在"导论"部分前面画了一个前括号，后面画了一个后括号，意思是这部分的内容必须全部删掉。瓦尔德施密特见季羡林发愣，解释说："你讨论这个问题，费劲儿很大，引书很多，但都是别人的意见，根本没有你的创见。你重复别人的意见又不完整准确。如果别人对你的文章进行挑剔和攻击，从任何地方都能下手，你是防不胜防，根本无还手之力。因此，我建议把'导论'通通删掉。"这席话宛如当头"棒喝"，让季羡林哑口无言，他心潮翻滚，难以平静。过了好一阵子，才清醒过来，由衷地感激教授，重新写了一篇文字极短、论述精当的"导论"。

10月9日，季羡林把定稿的论文交给文学院院长戴希格雷贝尔教授，由他来安排论文答辩。德国大学是教授说了算，学生经过几年努力写出论文，教授认为可以了，就举行论文答辩，但是通过却很难。一般先在系里或研究所内答辩，然后送到欧洲其他大学审读，经过几道关口，认为质量及格才能通过。大学的校长、院长和部长也不全是教授，他们无权干涉教授的决定。

1940年12月23日是季羡林论文答辩的时间。瓦尔德施密特刚好回家休假，但是英文教授勒德尔却因病住院，学校决定先口试梵文、斯拉夫语言学和进行论文答辩，以后再补英文口试。

答辩之前，季羡林心中一直忐忑不安。他想，还不知道教授们提出什么样的稀奇古怪的问题呢。他听别人说过，19世纪末德国医学泰斗微耳和口试学生时，将一盘猪肝摆在桌子上，问道："这是什么？"学生瞠目结舌，半天说不出话来，他哪里想到教授会拿猪肝来考学生呢？结果口试落第。微耳和说："一个医学工作者一定要实事求是，眼前看到什么，就说是什么，连这点儿本领和勇气都没有，怎么能当医生呢？"又有一次，微耳和指着自己的衣服问："这是什么颜色？"学生回答说："先生！您的衣服曾经是褐色的。"微耳和大笑，立刻说："你及格了！"原来，他平时不大注意穿着，一身衣服穿了十几年，已由褐色变成黑色。前事不忘，后事之师，季羡林暗自提醒自己，假如教授们也提出类似的问题，那就照实回答，科学最讲究实事求是嘛！

下面抄录几段季羡林当时的日记，看看他口试时的心态：

一九四〇年十二月二十三日
早晨五点就醒来。心里只是想到口试，再也睡不着。七点起来，吃过早点，又胡乱看了一阵书，心里极慌。

九点半到大学办公处去。走在路上，像待决的囚徒。十点多开始口试。Prot.Waldschmidt（瓦尔德施密特教授）先问，只有 Prof.Deichgraber（戴希格雷贝尔教授）坐在旁边。Prof.Braun（布劳恩教授）随后才去。主科进行得异常顺利。但当 Prof.Braun 开始问的时候，他让我预备的全没问到。我心里大慌。他的问题极简单，简直都是常识。但我还不能思维，颇呈慌张之相。

十二点下来，心里极难过。此时，及格不及格倒不成问题了。

一九四〇年十二月二十四日

心绪极乱。自己的论文不但 Prof.Sieg、Waldschmidt 认为极好，就连 Prof.Krause 也认为难得，满以为可以作一个很好的考试，但昨天俄文口试实在不佳。我所知道的他全不问，问的全非我所预备的。到现在想起来，心里还极难过。

七点前（下午七点前——笔者）到 Prof.Waldschmidt 家去，他请我过节（羡林按：指圣诞节）。飘着雪花，但不冷。走在路上，心里只是想到昨天考试的结果，我一定要问他一问。一进门，他就向我恭喜，说我的论文是 Sehr gut（优），印度学（Indologie）sehr gut，斯拉夫语言也是 sehr gut。这实在出我预料，心里对 Prof.Braun（布劳恩教授）发生了无穷的感激。

他的儿子先拉提琴，随后吃饭。吃完把耶诞树上的蜡烛都点上，喝酒，吃点心，胡乱谈一气。十点半回家，心里仍然想到考试的事情。

1941 年 2 月 19 日，季羡林补英文口试，瓦尔德施密特也参加了，又得了一个 sehr gut。就这样，他以四个"优"通过了博士考试，获得了博士学位，终于可以告慰亲爱的祖国，告慰九泉之下的母亲了！

季羡林为什么特别感激主持考试的布劳恩教授呢？是因为他让论文得以顺利通过吗？非也。原因是，季羡林的博士论文当时引起了轰动。这篇论文是他毕生从事印度古代语言学研究的发轫之作，起点之高令人叹服，具有极其重要的学术价值。其中附录部分《论词尾﹣matha》的"﹣matha"是动词第一人称复数的语尾，不见于其他佛典。有的学者如《大事》的注释者——法

1941年，季羡林获得博士学位。在德国期间，季羡林发表论文多篇，受到学术界高度评价。

国学者塞那对此也百思不得其解，并试图解释为"–ma tha"，但季羡林却证明它是一个完整的语尾。主持论文口试答辩的布劳恩教授，是一位蜚声世界的比较语言学大家，掌握几十种古今语言，虽然双目失明，但有惊人的记忆力，上课前只需别人给他念一遍讲稿，就能几乎一字不差地讲上两个小时。就是这样一位天才人物，对季羡林论文中的"附录"给予极高的评价，认为这是一个了不起的发现，因为同样或类似的语尾在古希腊文中也可见到，他断言，这种偶合对研究印欧语系比较语言学具有突破性意义。由此可见，这篇论文在堪称世界印欧语系比较语言学研究中心——哥廷根大学引起轰动，自在情理之中。布劳恩确实是真伯乐，这便是季羡林对布劳恩教授由衷感激的原因所在。

季羡林的博士论文，因为战争原因当时未公开发表，呈缴的是打印本。论文正式出版则是在40多年后。1982年4月中国社会科学出版社出版的他的《印度古代语言论集》一书，收录了这篇论文。

吐火罗语

吐火罗语，又叫焉耆－龟兹语，属于印欧语系的一个支派，公元七八世纪曾流行于新疆吐鲁番和焉耆库车一带。文字使用婆罗米字母斜体。20世纪初在新疆发现了吐火罗文文献。为季羡林教课的西克教授曾用20余年的精力，与西克灵、舒尔策教授一起，对德国考古学家在中国新疆发掘出的吐火罗文残卷进行研究，终于译读成功。这种语言分两种方言，一曰吐火罗文A，或称焉耆语，一曰吐火罗文B，或称龟兹语。吐火罗文残卷的发现以及成功译读，对于印欧语系比较语言学、新疆古代民族史、世界民族迁徙史、佛教在中亚的传播史以及佛教入中国史的研究，提供了新的重要材料。

有一天，西克对季羡林说："我要把自己的看家本领，就是吐火罗语通通传授给你！"听老爷子的口气，这事就这么定了，毫无商量的余地。学呢，还是不学？季羡林陷入了矛盾之中。

此时季羡林因为第二次世界大战爆发，他同当地百姓一样陷进饥饿的地狱，"失掉了饱的感觉，大概有八年之久"。这且不说，那么多必须学的课程和语种，已使他这部机器超负荷运转，还有他怀揣的那颗赤诚的中国心："我是中国人，到了外国，我就代表中国。我学习砸了锅，丢个人的脸是小事，丢国家的脸却是大事。"这些使季羡林不想再碰吐火罗语。可是，季羡林又转念一想："能够到哥廷根来跟这一位世界级权威学习吐火罗语，是世界上许多学者的共同愿望。多少人因为得不到这样的机会而自怨自艾。我现在是近水楼台，是为许多人所艳羡的。不学才是傻瓜呢！"经过一番思想斗争，他接受了老师的安排。

1940年6月，西克开设的吐火罗文特别班开学了。说它是"特别班"，一是这门课是不见大学课程表的新课，二是只有两个异域青年学子——季羡林与千里寻师的比利时学者沃尔特·古勿勒。

西克的教学把季羡林带进了一个奇妙的王国。

首先，西克上演的这出拿手好戏所用"道具"有三：一是《吐火罗文残卷》原文影印本，二是西克、西克灵教授于1921年出版的《吐火罗文残卷》拉丁字母转写本（影印、转写同在一书中），三是西克、西克灵和舒尔策教授于1931年出版的《吐火罗文文法》。上课伊始，西克既不教残卷上的婆罗米字母，也不讲吐火罗文文法，全由学生自己摸索，他只给学生讲原文。这种方法自然令人懵然、茫然，如堕雾中。须知，这正是德国特有的行之有效的学习语言的方法——"推人下水法"，季羡林此前跟随瓦尔德施米特教授学习梵文时已经领教过。但问题远非这么简单。季羡林亲眼见到，这些残卷"每一张的一头都有被焚烧的痕迹。焚烧的面积有大有小，但是没有一张是完整的。我后来发现，甚至没有一行是完整的。读这样真正'残'的残卷，其困难概可想见"，"从一开始，主要就是由老师讲。我们即使想备课，也无从备起。当然，我们学生也绝不轻松，我们要翻文法，学习婆罗米字母。这一部文法绝不是为初学者准备的，简直像是一片原始森林，我们一走进去，立即迷失方向，不辨天日。老师讲过课文以后，我们要跟踪查找文法和词汇表。由于原卷残破，中间空白的地方颇多。老师根据上下文或诗歌的韵律加以补充"。当时，季羡林并未很快找到"北"，尚需下一番功夫。

通过一段时间"填鸭式"的教学，季羡林认识到必须尽快由被动变为主动。

于是，他同古勿勒在课前充分预习、认真准备，根据老师要讲的课文阅读文法，检查索引，翻译生词；上课时，学生先将课文用德文译出，再由老师纠正，虽然老师除对学生的译文纠正外，还要用更多的时间将课文的空白补上，才能译出完整的意思，但是毕竟发挥了学生的主观能动性。季羡林"学习的兴趣日益浓烈"，每周两次上课，他"不但不以为苦，有时候甚至有望穿秋水之感了"。

季羡林在跟西克啃这块硬骨头的时候，他突然发现所读的第一篇吐火罗文残卷——《佛说福力太子因缘经》，恰好在中国《大藏经》中有多种平行的异本，其中有一部竟连名字都一模一样。而且，除了汉译佛经异本外，他还发现在藏文、于阗文、梵文中，也有吐火罗文《佛说福力太子因缘经》的异本。季羡林的这一发现，正中西克的下怀。

原来，在译读吐火罗文残卷时，西克也曾通过与其内容相近且又能读懂的其他文字的异本，解决了一些难题。但是，他不通汉文，对诸多汉译佛经异本只能望洋兴叹。师傅有事弟子服其劳，令西克大喜过望，连忙请季羡林将发现的汉译佛经诸异本择其要者译成德文。

季羡林将与吐火罗文残卷《佛说福力太子因缘经》最为接近的几种汉译佛经异本收集起来，译成德文，其中有《佛说福力太子因缘经》《生经·佛说国王五人经》《大智度论》《大方便佛报恩经》《长阿含经》《根本说一切有部毗奈耶药经》以及混合梵文佛典《大事》，并参考相关的汉文、梵文、巴利文佛典详细地进行注释。实际上，这就等于对残损严重的吐火罗文《佛说福力太子因缘经》重新进行检校和勘正，通过对照汉译佛经异本，许多原来没有读懂之处迎刃而解。比如《吐火罗文残卷》第一页反面第一行的 lyom，原来不知何意，同汉文一对，知道它的确切含义是"泥"；第一页反面第三行 arsal，原来不知何意，同汉文一对，知道它的确切含义是"堑"。有些西克当初没有解决的问题，经季羡林这么一试，一下子豁然开朗了。

这样一来，季羡林就完成了在德国发表的第一篇学术论文，也是他的开山成名之作——《吐火罗文的〈佛说福力太子因缘经〉诸异本》。经西克推荐，1943 年发表在国际东文学界颇有影响的《德国东方学会会刊》上（第 97 卷第 2 册），在国际学术史上留下了关于吐火罗文研究的浓重一笔。

季羡林究竟跟西克学了多长时间吐火罗文，就连他自己也记不清了。但他难以忘怀的是：

我的老师 *季羡林*

在那六出蔽空的冬日，每逢下课，黄昏降临，天阴沉沉的，大街上由于实行灯火管制，更处在一团黑暗中。此时，只见一个年轻人搀扶着一位老人，一步一步地向前走去，季羡林要把老师送回家才放心。有时下课很晚，夜阑人静，积雪深深，天地间就好像只有他们师徒二人……多么感人的一幕！多么纯真的友情！

在那饥饿难耐的日子，季羡林首先想到老师的衰迈之身。他从自己可怜的食品配给中挤出一点儿奶油，又弄来一点儿面粉、鸡蛋和白糖，到点心铺里做了一个蛋糕。当他捧着这盒蛋糕来到老师家里时，老师双手颤抖着，竟然忘记说"谢谢"，赶紧喊来师母，一起把它接过去。季羡林在战火纷飞之时，为老师做了这件事儿，心中感到十分欣慰。

季羡林归国后，尚与西克保持通信联系。1951年，西克在耄耋之年谢世。季羡林与西克的忘年之交是那样的情深义重，他经常回忆起哥廷根的日子——春光明媚的时节，师徒俩踏着婆娑的树影，漫步在林中小径上；艳阳普照的时候，师徒俩沐浴在平静的河水中；霜叶红于二月花的季节，师徒俩在橡树下促膝交谈；寒气袭人的日子，师徒俩借着迷蒙的灯光，翻阅吐火罗文残卷……是呀，季羡林原本是下定决心不辜负恩师的期望的，但怎奈归国后资料短缺和受其他条件的限制，长时期没能从事吐火罗文的研究工作，直到40余年后的一次机缘巧合，季羡林终于得以重操旧业，并取得了骄人的成果，告慰了恩师的在天之灵。

耄耋之年的季羡林，以惊人的魄力，用中英文写成一部大部头著作——《吐火罗语〈弥勒会见记〉译释》。他利用40年前从西克那里学到的本领，通过平行异本进行译读，确定残卷的某些字义和语法形式，探索汉译字词与吐火罗语的关系，解决了诸多前人未能解决的问题。1998年，此书由设在柏林和纽约的跨国出版公司Moufon de Gruyfer出版。这表明，季羡林在吐火罗语研究领域无可争辩地成为一位举世公认的大师。

滞留德国

1941年，季羡林拿到了博士学位，实现了多年的夙愿，他恨不得立刻回到阔别多年的祖国。可是 1942 年德国政府承认了南京汉奸汪伪政府，国民党政府的公使馆被迫撤到瑞士。季羡林决定离开德国，先到瑞士去，从那里再设法回国。他的初中同班同学张天麟那时住在柏林，季羡林想去找他看看有没有办法可想。决心既下，就到师友家去辞行。他的老师西克听说以后，立刻声音颤抖地说，他本来准备为他找一个固定的位置，以便在德国继续住下去，万没想到他要走。他还替季羡林向大学校长申请津贴，好让他出外休养一下。季羡林深受感动，他抑制不住自己的情绪，真想哭上一场。最难过的是他的女房东。儿子结了婚住在另外一个城市里，男房东病重的时候，季羡林帮忙送医院抢救，男房东故去，季羡林陪女主人守灵。季羡林成了她身边唯一的亲人。她一听到季羡林要走，立刻放声痛哭。季羡林同这位风雨同舟相处多年的老人诀别，也不禁热泪盈眶。

季羡林到了柏林以后才知道，到瑞士去并不容易。即便到了那里，也难以立即回国。无奈之下，季羡林只能留在德国了。季羡林在柏林拜访了大教育心理学家施普兰格尔，又到普鲁士科学院去访问西克灵教授。季羡林读西克灵的书已经有些年头了，只是从未晤面。西克灵看上去非常淳朴老实，木讷寡言，在战火纷飞中仍然伏案苦读，是一个典型的德国学者。季羡林在柏林住了几天，1942 年 10 月 30 日仍然回到哥廷根。他一回来，女房东喜出望外，他也仿佛有游子回家的感觉。回国既已无望，他只好随遇而安。

季羡林又回到了 7 年来刻板、单调的生活轨道。每天在家里吃过早点，就到高斯－韦伯楼梵文研究所去，在那里一直工作到中午。午饭照例在饭馆吃。吃完仍然回研究所。他现在已经不再是学生，而是专任教员了，不需要再到处跑着上课，只是有时到汉学研究所去给德国学生上课。他的主要精力用在读书和写作上。他沿着博士论文所开辟的道路前进，继续钻研佛教混合梵语。除了肚子饿和间或有的空袭外，生活极有规律，极为平静。研究所对面就是大学图书馆，季羡林所需要的大量的有的甚至极为稀奇古怪的参考书，这里几乎都有，是一个理想的学习和写作环境。因此，季羡林的写作成果极为可观。在获得博士学位后的 5 年内，季羡林写了几篇相当长的论文，发表在《德国东方学会杂志》和《哥廷根科学院院刊》上，每一篇都有新的创见。直到今天，已经过了半个多世纪，还不断有人引用。那个时期也是季羡林学术研究的黄金时期。

笔者简要介绍一下这几篇论文的情况，以便读者能有大概的了解。

第一篇论文题是《中世纪印度语言中词尾 –am 变为 –o 和 –u 的现象》，由西克教授推荐，1944 年发表于《哥廷根科学院院刊（哲学历史学类）》第 6 号上。这篇论文在印度古代语言学界，尤其是佛教梵文研究领域产生了很大影响，引起了一些国际著名学者的高度重视。

季羡林说，他研究佛教梵文即混合梵文，是将研究语言变化规律与印度佛教史结合起来，从中探索一些重要佛教经典和佛教派别产生、流传的过程和特点。这篇论文便体现了季羡林的这一研究宗旨和目的。

季羡林从用佛教梵文写成的佛典中，发现了许多语尾 –am 变成了 –o 和 –u 的现象，这一发现很重要，可以通过搜集有关资料，进行进一步的研究。他又发现，在印度阿育王石碑铭文、较晚的佉卢文铭文、Dutreuil de Rhins 写本残卷、中国西域出土的佉卢文文书（包括于阗俗语和尼雅俗语）、混合方言佛典写本、Apabhramsa 语、于阗塞种语、窣利语和吐火罗语中，都有 –am 变为 –o 和 –u 的现象，这种现象延续时间长，流传地区广，很有研究价值。

季羡林采用他的太老师吕德斯首创的研究方法，即利用印度阿育王石碑铭文来确定佛教梵文中所含俗语也就是方言的流传地区。在印度古代史上，阿育王（公元前 272—公元前 232 年在位）统治时版图空前辽阔，他所颁布的敕令并不是用梵文，而是用古代半摩揭陀语刻在石碑上的。这种语言是印度东部方言，也是原始佛典使用的语言，流通的范围有限。为了使各地臣民都能读懂阿育王的敕令，当时已把它译成了各地方言。因此，如今梵文学者只要对阿育王在其统辖区域所立石碑的敕令铭文的不同方言进行比较研究，即能看出它们的语法变化规律。

季羡林按照这种方法搞清了语尾 –am 变成 –o 和 –u 的地域分布情况，认定其中 –am 变成 –o 的现象是印度古代西北部的一种方言，它的使用范围甚至延伸到与之接壤的中国新疆等地，这从西域的考古发掘以及部分佛典如《妙法莲华经》也可以得到证明。季羡林得出的结论是：某些佛典正是由东部的古代半摩揭陀语向西北部的方言转化的，继而趋向梵文化，从中可以判断出佛教经典和佛教派别产生、流传的过程和特点。

季羡林的第二篇论文题为《应用不定过去时的使用以断定佛典的产生时间和地区》，由瓦尔德施密特教授推荐，发表于 1949 年《哥廷根科学院院刊》上。这是季羡林继博士论文后发表的一篇最长的论文，瓦尔德施密特教授认为这样的文章难能可贵，亲自为其定题，并负责编校和出版。而季羡林则是倾注大量的心血，秉承瓦尔德施密特、吕德斯等著名梵文学者那种坚实、周到、细致、彻底的治学方法和精神才完成了这篇论文。

季羡林在阅读许多混合梵文佛典时发现，不定过去时这个平时并非习见的语法形式，在同一部佛典早晚不同的文本中，出现了某些改动的现象，为此他又做了大量的笔记和卡片。可以说，季羡林这时又发现了具有研究价值的新材料和新问题。于是，他经过综合比较，认为大有研究价值。他以海德曼·奥尔登堡关于《大事》的论文中明确提出混合梵文佛典有早、晚两种文本为依据，将《大事》等较晚文本与《大品》《长尼伽耶》等较早文本相比较，由此得出结论：不定过去时这一语法现象在较早文本中出现较多，在较晚文本中出现较少，或者根本没有出现。为何出现这种情况呢？季羡林认为，同一部佛典本来只有一种文本，后来为顺应"梵文化"的趋势，文字便有了改变，其中不定过去时有的被保留下来，有的则被替换掉，因此从早晚不同的两种文本中可以判断佛典产生的时间。接着，季羡林在赞同吕德斯、瓦尔德施密特等人提出的存在一种"原始佛典"理论的基础上，认为这种"原始佛典"是释迦牟尼去世后，由其子弟整理的，记述佛祖在悟道成佛后讲的十二因缘、四圣谛一类的内容，最初是用东部方言即"古代半摩揭陀语"纂成的，由此得出结论：在一些有东部方言特点的较早的混合梵文佛典中，不定过去时的语法形式多，反之，不定过去时的语法形式少，甚至逐渐被其他语法形式所代替，从而说明不定过去时这个词法形式最初流行于东部方言纂成的接近"原始佛典"的一些混合梵文佛典中。

季羡林的这篇论文对判定许多佛典的语言特点和产生的时间、地区，提出了非常重要的意见。时过不久，这篇论文连同上一篇论文便在国际梵文学界引起了激烈的争论。季羡林回国后在研究条件极其困难的条件下，尤其经历了"文革"的生死劫难，在三四十年漫长的岁月中，仍然断断续续发表了一系列进一步阐述自己学术观点的重要文章，使之更趋完善，受到国际学术界的高度重视。

第三篇论文题为《PatiAsiyati》，发表于1947年辅仁大学的《华商学志》上。这篇论文虽然较短，但是依然是一篇极其重要的论文，季羡林的学生钱文忠教授评论说："巴利文 Asiyati 这个词的来源，是一个长久以来聚讼纷纭的问题，此前的学者由于将目光仅限于巴利文本身，一直没有能够解决问题。季羡林第一次突破这种画地为牢的研究方法，将目光不仅延伸到混合梵文，甚至还利用了不少汉译佛典的材料，从而做出了可以肯定是正确的答案。这篇文章解决的何止是一个字的来源问题，而它在方法论上做出了贡献，展示了新的技术手段、研究思路。可惜的是，至少是从语文学角度研究巴利文的人，至今很少意识到这一点。"

季羡林滞留哥廷根期间，遇到了一个重大的问题——由于德国法西斯承认了汪伪政府，这就影响到中国留学生的居留问题：护照到了期，到哪里去请求延长呢？这个护照算是哪一个国家的使馆签发的呢？这是一个事关重大又亟待解决的问题。季羡林同张维等几个还留在哥廷根的中国留学生，严肃地商议了一下。他们都是爱国青年，无论如何不能跟汉奸政府有什么瓜葛，就决定到警察局去宣布自己为无国籍者。这在国际法上是可以允许的。所谓"无国籍者"就是对任何国家都没有任何义务，但同时也不受任何国家的保护。这样做当然是有风险的，如果遇到什么困难或者危险，他们不可能指望任何人的保护。然而事已至此，只好走这一步了。从此他们就变成了像天空中的飞鸟一样的人，看上去非常自由自在，然而任何人都能伤害它。

在轰炸和饥饿的交相压迫下，季羡林的日子过得还算平静。他每天机械地走过那些已经走了7年的街道，他熟悉哥廷根城的每一座房子，每一棵树。即使闭上眼睛，也不会走错了路。但是，一到礼拜天，就到了难过的日子。他仍然习惯于一大清早就到席勒草坪去。席勒草坪风光如故，仍然是绿树四合，芳草含翠。但是，此时季羡林却是形单影只，当年那几个每周必碰头的中国朋友，都已是天各一方，难寻踪影了。虽然也有一些志趣相投的德国朋友，但他不想也无法融入德国社会。季羡林生活在凄清与孤独中。

后来，季羡林在回顾这段历史时写道：

我在哥廷根十年，正值二战，是我一生精神上最痛苦然而在学术上收获却是最丰富的十年。国家为外寇侵入，家人数年无消息，上有飞机轰炸，下无食品果腹。然而读书却无任何干扰。教授和学生多被征从军。偌大的两个研究所：印度学研究所和汉学研究所，都归我一人掌管。插架数万册珍贵图书，任我翻阅。在汉学研究所深深的院落里，高大阴沉的书库中，在梵学研究所古老的研究室中，阒无一人。天上飞机的嗡嗡声与我腹中的饥肠辘辘声相应和。闭目则浮想联翩，神驰万里，看到我的国，看到我的家。张目则梵典在前，有许多疑难问题，需要我来发覆。

我此时恍如遗世独立，苦欤？乐欤？我自己也答不上来了。

德国法西斯终于垮台了。1945 年 4 月 8 日美国军队开进哥廷根，小城解放了。此时，季羡林等中国留学生已经当了三四年没有国籍的流浪汉了，美国兵进城不久，他们也由流浪汉变成"盟国"一分子，成了"座上客"。他与张维找到一个美国校官，亮出中国留学生的身份，立刻受到特殊的优待。那个美军校官大笔一挥，在一张纸上写下 DP 二个字母，即"Displaced Person"的简写，说他们是因战争或政治迫害被迫离开本国来避难的人。这当然不符合事实，但其用意何在，他们也不便去问。那个校官叫他们拿着这张字条去见一个法国士兵的头儿。见了之后，那个头儿告诉他们，以后每天都可以到那儿领一份牛肉。这一下可乐坏了季羡林和张维，他们在德国已三年不知肉味儿了，意外地从天上"掉下来"牛肉，岂不大喜过望！季羡林拿着领到的牛肉回到家中交给房东太太，患难中的"母子俩"终于过上了有吃有喝的日子。

异国情缘

季羡林在他的回忆录《留德十年》中，讲述过他与德国姑娘伊姆加德的一段没有结果的异国恋情。使这两个异国青年走到一起的是人之本性，而将他们分开的则是季羡林对家庭的责任感和旧道德。季承在《我和父亲季羡林》一书中说：

> 这恐怕是父亲的第一次真正的恋爱，也可以说是初恋。可结果如何呢？伊姆加德一边替父亲打字，一边劝父亲留下来。父亲怎么不想留下来与她共组家庭，共度幸福生活呢？当时，父亲还有可能就聘去英国教书，可以把伊姆加德带去在那里定居。可是经过慎重的考虑，父亲还是决定把这扇已经打开的爱情之门关起来……

其实，季羡林与伊姆加德之间，发生的仅仅是擦肩而过的凄美之恋，他们从来没有花前月下、海誓山盟，只是将那份真情悄悄地藏在心底。就连他们的相识也没有什么戏剧性，而是与清华老同学田德望有些关系，时间大约在 1938 年。田德望在意大利佛罗伦萨大学获得文学博士学位后，来到哥廷根大学进修。田德望的房东迈耶先生是一个老实巴交、不苟言笑的人，他有两个如花似玉的女儿，大女儿伊姆加德修长的身材秀美多姿，白皙的肌肤细腻柔嫩，金黄色的头发轻盈如云，碧蓝的眼睛晶莹似水。而季羡林呢？虽然他那身"土气"不可能完全散去，但他毕竟受过西方文化的熏陶，接触的是洋人学者；他来德国也已3年，风华正茂，倜傥洒脱，满腹经纶。季羡林听说老同学田德望来了——在清华读书时他俩就很要好，田德望出国时，季羡林还亲自为他送行——便鬼使神差地去看他。谁知，一条爱情的红线便将季羡林与伊姆加德牵了起来。

年轻时的伊姆加德。摄于 1938 年。

那年月，季羡林一方面饱受思乡之苦，一方面又被繁重的学业压得透不过气来，如果能够得到一点儿消闲的话，那就是和田德望等几位中国同学在一起度过的欢乐时光。不久，田德望离开哥廷根，季羡林仍能从伊姆加德那里获得些许关怀和温存。时间一久，季羡林每来到伊姆加德家，就感到这里仿佛是避风的港湾，难得的清静和温馨。迈耶先生憨厚朴实，总是默默地坐在那里听他谈话，脸上挂着慈祥的笑容。迈耶太太性格开朗，热情大方，总是对他嘘寒问暖，体贴入微，就像母亲一样。那对千金小姐呢，当然喜欢这个既说得一口流利的德语，又具有东方人魅力的异域青年，那高挑的个头儿，英俊的脸庞，斯文的举止，优雅的谈吐，令她们觉得这便是自己心目中的"帅哥儿"。

说来算是缘分，1940 年秋，季羡林把用心血写成的论文拿来请伊姆加德打字，这更为他们之间的频频接触提供了宝贵的机缘。他必须天天晚上到她家来。在她的卧室里，他就紧挨着她坐着。每当她把那些必须穿靴戴帽、点画分明的字母弄错的时候，他就手把手地教她改过来。这篇论文篇幅很长，季羡林在上面改了又改，因此伊姆加德打字并非那么容易，但她却乐在其中。直到夜深了，万籁俱寂，伊姆加德才稍微挪动一下身子，停下手中的活儿，柔声地说："你该回去了。"季羡林摸黑走在路上，那颗激动的心久久难以平静……偶尔，季羡林也会使出男人的性子来，指手画脚地挑毛病，这时，伊姆加德总是微微一笑，小声嘀咕几句，便又干起活儿来。就这样，整整一个秋天过去了，伊姆加德交到季羡林手中的，不仅仅是工工整整、清清楚楚的论文打字稿，还有那颗炽烈纯真的少女心，或者说，季羡林不仅收获了一张博士学位证书，还收获了一份沉甸甸的异国恋情。

事情不止于此。从这时起，一直到1945年10月季羡林离开哥廷根，整整5年，季羡林进入博士后研究阶段，陆续写了几篇重要的论文，也都需要伊姆加德打字。每次她都高高兴兴地把活儿接过去，认认真真地完成。季羡林很懂得感情，他深知伊姆加德绝非简直地帮他打字，而是真心地爱他，只是没有明确地表达出来而已。

5年中，迈耶夫妇也视季羡林如家人，每逢喜事临门，总是请他来一起庆贺，热闹一番。伊姆加德每年过生日，季羡林都是座上客，迈耶夫人还特意安排他俩坐在一起。此时他俨然成了一位"骑士"，与心爱的人共度那甜蜜的时光。伊姆加德参加社交活动，迈耶夫人也总是让季羡林陪着，就像寻到了一位护花使者，生怕女儿受到半点儿伤害。在那"二战"正酣，飞机轰炸，饥肠辘辘的日子里，他们一起蹲过防空洞，吃过鱼腥味儿的劣质面包；在第二次世界大战结束的日子里，他们都松了一口气，一起高高兴兴地欣赏贝多芬的交响曲。

1945年9月，季羡林做回国的准备。他就要离开迈耶一家，离开心爱的伊姆加德，心里是一种什么滋味呢？他是有家室的人，那些万里之外同样饱受离别之苦的亲人正在向他招手呢！当季羡林把决定回国的消息告诉伊姆加德的时候，出乎意料，她并没有感到多么惊奇，只是平静地劝他不要离开德国。伊姆加德越是这样沉稳，季羡林越是不安。9月24日他在日记中写道：

> 吃过晚饭，7点半到Meyer（迈耶）家去，同Irmgatd（伊姆加德）打字。她劝我不要离开德国。她今天晚上特别活泼可爱，我真有点舍不得离开她。但又有什么办法？像我这样一个人不配爱她这样一个美丽的女孩子。

10月2日，在离开哥廷根的前4天，季羡林又来到伊姆加德家，与她告别。伊姆加德没有说过多的话，只是依依不舍，嘱咐他回国后多加保重。季羡林在这天的日记中写道：

回到家来，吃过午饭，校阅稿子。3点到 Meyer（迈耶）家，把稿子打完。Irmgatd（伊姆加德）只是依依不舍，令我不知怎样好。

关于这段恋情，季羡林之子季承这样说："他克制了自己的感情，理智地处理了'留下来'还是'回家（国）去'的难题。虽然'祖国''家庭'使他战胜了'留下来'的念头，但是可以想见做这个决定是多么不容易呀！'祖国'是个伟大的概念，当时在祖国执政的是国民党。父亲对国民党不感兴趣；对自己的那个家也感到索然无味。回去，就好像跳进了两个笼子。可是，最终他还是选择了这两个笼子。父亲的这一决定当然可以说是'仁'的胜利，而且是'至仁至义'。可是这个'仁'却成了我们这一家继续上演悲剧的种子。他的这种选择，也给伊姆加德制造了终生的悲剧——据说她因此而终生未嫁……而伊姆加德为了爱情就注定要孤独一生吗？"

季羡林虽然选择了离开，但从未忘记伊姆加德。1979年，他率团访问西德，曾到老地方寻访，但没能找到她。2001年他90岁生日的时候，意外地收到了一份来自万里之外的珍贵礼物——伊姆加德的贺卡和她80岁时的照片。伊姆加德在来信中遗憾地告诉季羡林，她因年事已高，已不能漂洋过海来看望他了！

游子归来

战争结束了，季羡林归心似箭，恨不得立刻插翅飞回祖国。离开祖国、离开亲人整整10年了。当年来到德国，如果有人告诉他，要在这里滞留5年，他肯定是不答应的。现在10年过去了。欧战已经结束，万里之外的祖国也在庆祝抗战胜利，他急不可耐，想方设法要马上回国。可是，且慢，他还有许多手续要办。

哥廷根城市很小，中国留学生从来就不多，人最少的时候，只有季羡林一个。随着轰炸的加剧，别处的留学生陆续来到哥城躲避轰炸。战争结束的时候，这里的中国留学生也不足10人。季羡林同张维、陆士嘉夫妇和刘先志、滕菀君夫妇最合得来，他们决定结伴回国。

当时要从德国回国，只有一条路可走，就是通过瑞士，因为那里有国民党政府的公使馆。可是怎么能到瑞士去呢？他们四处打听，据说汉诺威有瑞士的办事处。于是季羡林和张维乘公共汽车赶到百余公里外的地区首府汉诺威。这是一座历史名城，已经被炸成了一片废墟。到处是残垣断壁，马路上布满大大小小的弹坑。他们好不容易找到了瑞士办事处，可是由于没有瑞士方面的正式邀请和批文，办事处不给签证，他们白跑了一趟。

拿不到签证也要走。他们下决心离开第二故乡哥廷根，因为真正的故乡在向他们招手呢，再难再苦也要走。德国的交通完全被破坏了，要离开必须自己找车。到哪里去找车呢？他们又想到"盟军"。当时的市政管理已经交给英军。军政府的英军上尉答应帮忙。派了一辆吉普车，司机是法国人，还有一名美军少校陪着，这位美国军官也想去瑞士逛逛。1945 年 10 月 6 日，6 个中国人——张维一家三口、刘先志夫妇和季羡林，一个法国人，一个美国人，同车离开哥廷根。几个留学生都是"无钱阶级"，好在有"盟军"同行，吃住都有人招呼。季羡林在德国 10 年苦读，积累了不少书籍，装了几人箱。这样多的书无法随身携带，季羡林发了愁。好在有位德国朋友汉学家傅吾康答应日后帮他托运回国，他才放心上路了。

第二天到了德瑞边境，因为没有入境签证，交涉未果，又在德国边境城市勒纳赫住了一晚。第三天再到边境，和中国使馆通电话，找到在那里工作的中学同学张天麟，交涉终于有了结果，瑞士方面批准入境。几个中国人当然兴高采烈。只是法国司机和美国军官不能入境。他们只好依依惜别。

季羡林他们进入瑞士，仿佛是从地狱升入天堂。他们坐在火车上，欣赏着车窗外的旖旎风光，远山如黛，山巅积雪如银，倒映在湖水中，好一幅天然画卷！到使馆领到救济金，打听到一些国内的情况。同时他也从张天麟处知道了一些国民党外交官员的内幕。相当一部分官员不学无术，却有权术，他们贪污自肥，欺软怕硬，和他们打交道，非来硬的不可。一路上他们和这些外交官打交道，就老实不客气，果然屡试不爽。使馆把他们安顿在离伯尔尼不远的弗里堡的一所天主教公寓里临时住下，一住就是几个月。季羡林在这里结识了几位德国和奥地利学者，这些人都是反对法西斯，战时来瑞士避难的。其中有德国人科恩教授，他和季羡林一见如故，他们在一起翻译《论语》和《中庸》，一起讨论比较历史学和比较文化学问题。还有奥地利神甫施米特、科伯斯，他们是人类学家，维也纳学派的领导人。他们虽是神甫，却没有"上帝气"，研究其他宗教，态度很客观。还有瑞士银行家兼学者萨拉赞，他对印度学很有兴趣，有一个相当规模的印度学图书馆，愿意为其他学者提供借阅。季羡林是个惜时如金的人，有这些新朋友切磋学问，几个月的暂住就好过得多了。他为朋友翻译中国典籍，还得到一笔酬劳，买了一块欧米茄金表。1946 年 2 月 2 日，季羡林一行离开瑞士乘火车到法国马赛，经与驻马赛总领事馆交涉，终于定下了回国的日期和轮船的舱位。

1946 年 2 月 8 日是季羡林离开欧洲的日子。晚上，他们登上了客轮 Nea Hellas 号。这是一艘英国船，同船的绝大多数乘客是法国兵，航行目的地是西贡，即现在的胡志明市。不用说，这数千法国军人是去越南镇压当地老百姓的。船上穿便衣的很少很少，其中就有这几位中国人。船经地中海、红海，进入印度洋。由于战争刚刚结束不久，这条航道上到处是水雷，一旦碰上，难免船毁人亡，已经有好几条船被炸沉了，一般商船都不敢冒险，所以航道上船舶稀少。他们到甲板上看看海景，吹吹海风，晚上看一看法国士兵同英国水手的拳击比赛，消磨时间。他们运气不错，没有碰上水雷，但小小的麻烦还是有的，英国人规矩多，在船上的餐厅用晚餐必须穿燕尾服。这些穷学生哪里有燕尾服？他们又去找船长交涉，结果是，穿西装、皮鞋，系领带也可以。一开始，天还不太热，大家穿得整整齐齐，规规矩矩坐在那里，一顿饭都要吃得汗流浃背，进入红海以后，天气奇热，进餐厅就成了畏途，只好改在客舱用餐。

经过近一个月的航行，3 月 7 日，船在西贡，如今的胡志明市码头靠了岸。季羡林一行同当地领事馆交涉回国事宜，又逗留了两个月。西贡有许多华侨华人，也有华文学校和华文报纸、华文书店和华人医院。在离市中心不远的堤岸，居民几乎全是华人。几位留学生的到来受到当地华人特别是文化界的欢迎。学校和社团请他们去演讲，报纸向他们约稿，报道他们的活动，天天都有人请他们吃饭，他们生活在同胞的亲情、友情之中。季羡林就是在西贡第一次听到的《义勇军进行曲》的雄壮旋律。季羡林后来回忆说："它振奋了我这个远方归来的游子的心。让我感到鼓舞，感到兴奋，感到骄傲，觉得从此可以挺起腰板来做人了。"祖国已经近在咫尺，季羡林心里感到异常的、前所未有的温暖。

他们于 4 月 19 日离开西贡，上了一条开往香港的轮船——"中华"号，名字响亮，却小得可怜，小到不足 Nea Hellas 号的十分之一。船一出海，第二天就遇上了大风浪，狂风怒吼，巨浪滔天，小船一会儿被推上浪尖，转瞬跌下谷底。季羡林眩晕得无法站立，更不能吃饭喝水，他躺在甲板上，死命抓住船舷，呕吐不止，连胆汁都吐出来了，仿佛在地狱里走了一遭。经过 48

小时的颠簸、煎熬，季羡林等人终于挺过去了，两天多水米未进的季羡林喝了一碗粥，灵魂又回到了他的躯壳里。4 月 25 日，船在香港靠岸，他们住进一家既嘈杂又拥挤的小客栈。他们同国民党政府的外交特派员交涉去上海的船票，斗智斗勇，几经斗争，船票终于到手。

5 月 13 日，他们上了开往上海的轮船。小船上挤满了人，连甲板上也坐满了旅客。回国的最后一段航程开始了，就要回到祖国怀抱了，季羡林很激动。在欧洲的时候，天天饿着肚子，飞机日日轰炸，死神随时都会降临，战火阻隔，多年没有家乡、亲人一点消息，他无时无刻不在想念祖国，思念亲人。他曾无数次想象着，一旦回到祖国，一定跪下来亲吻她的土地，让眼泪流个痛快。可是，祖国近在眼前了，他又矛盾起来。祖国的山河依旧，自然是可亲可爱的。可是他已经听说抗战胜利之后，国民党接收大员，变成了"劫收"大员，还有中员和小员的贪污腐败，巧取豪夺，弄得民不聊生，民怨沸腾，这样的人，难道值得去亲去爱吗？祖国，我的苦难深重的祖国啊！

5 月 19 日，季羡林怀着复杂的心情，踏上了祖国的土地。这一天，他在日记里写道：

> 上海，这真是中国的地方了。自己去国十一年，以前自己还想象再见祖国时的心情。现在真正地见了，但觉得异常陌生，一点温热的感觉都没有。难道是自己变了么？还是祖国变了呢？

他叹息道："十年一觉欧洲梦，赢得万斛离别情！"季羡林这个海外游子，终于回来了。

第五章
执教北大

第五章 执教北大

南京小住

季羡林离家去国 11 年,思乡之情与日俱增。他急不可待,想回到他的家乡济南。不料 6 月下旬,国民党军队发动了对解放区全面进攻,津浦铁路中断,他依然是有家难回。他只得把身上唯一值钱的瑞士金表卖了,留下一点路费,把钱捎回家去,接济一家老小。

大上海十里洋场,灯红酒绿,歌舞升平,季羡林却连一块立锥之地都没有,只好在住在东宝兴路138号的老朋友臧克家处落脚。臧克家在《侨声报》当编辑,他的"家"也只是一小间宿舍。不久,臧克家夫人郑曼来了,季羡林无处栖身,只好去南京。

南京有他的老同学、好朋友李长之。李长之是当年清华"四剑客"之一,1936 年毕业后,先留校任教,后到重庆"中央大学",1945 年到北碚编译馆任编审,1946 年回到南京国立编译馆负责图书馆的工作。季羡林住不起旅馆,就住在李长之办公室里,晚上把几张办公桌一拼,就是他的床,早晨起来赶紧走人。白天人家要办公,季羡林无处可待,只能在外边溜达。编译馆在南京台城风景区,季羡林去的最多的地方就是台城了。什么鸡鸣寺、胭脂井,他去了无数次。再走远一点,出城便是玄武湖,那里波光潋滟,风光秀丽,但季羡林没有心思游山玩水。

素有"火炉"之称的南京，夏日中午酷热难当，季羡林坐在台城古柳下乘凉，不禁想起了唐人韦庄的那首诗：

江雨霏霏江草齐，
六朝如梦鸟空啼。
无情最是台城柳，
依旧烟笼十里堤。

此时此刻，他当然不赞成韦庄的观点，因为能给无处可去的他带来些许清凉的唯有这些台城的古柳了，可见它们是有情有义的。

季羡林从李长之处听说，梁实秋先生回南京来了，而且也在编译馆工作，他喜出望外。季羡林在清华读书的时候，读过不少梁实秋的文章，很欣赏他的文采，对他怀着敬仰之情。经李长之介绍，季羡林结识了梁实秋。梁先生没有任何繁文缛节，其人品、谈吐令季羡林倾倒，他们就成了朋友。梁先生在一家大饭店请季羡林吃饭，梁夫人带着三个孩子文茜、文蔷、文骐参加，大家坐在一起，谈话无拘无束，其乐融融，季羡林如坐春风之中。梁先生后来去了台湾，到了耄耋之年，仍命留在大陆的两个女儿看望季羡林，老先生不忘旧谊，令人感动。季羡林认为，梁实秋是一位爱国作家，他的学术文章功在人民，海峡两岸有目共睹。只是当年他同鲁迅先生有过争论，鲁迅的那篇《丧家的资本家的乏走狗》被选入中学课本，许多人就仅仅凭这一点来评价梁实秋，这是不公道的。

季羡林在南京最重要的活动是拜访恩师陈寅恪先生。离开清华大学12年了，季羡林经常想念陈寅恪先生。在离开德国之前，他听说陈先生到英国治疗眼疾，立刻给陈先生写了一封信，报告自己的学习和学术研究情况。不久收到陈先生的回信，信中说，他准备向北京大学校长胡适、代校长傅斯年和文学院院长汤用彤推荐季羡林到北大任教。季羡林喜出望外，立刻回信表示同意和感谢。季羡林听说陈寅恪也在南京，连忙前去拜访。陈寅恪住在时任交通部长的妹夫俞大维家中。师生叙谈别后十几年的情况，十分高兴。季羡林向老师汇报了自己在哥廷根大学的情况，陈先生要季羡林持在德国发表的论文到鸡鸣寺下中央研究院历史语言研究所去见傅斯年。傅斯年是历史语言研究所所长，此时北大校长胡适尚未回国，傅斯年暂时代理北大校长。季羡林去史语所拜会傅斯年。傅斯年也是山东鲁西人，五四运动时的学生领袖之一。虽然在国民党政府的下属单位"做官"，但他不仅不加入国民党，还直言不讳，敢于揭国民党的疮疤，公开揭露孔祥熙家族的丑事，绰号"大炮"。抗战期间，西南联大的建立，也是采纳了他的建议，季羡林很敬重他。傅斯年代理北大校长，主持从西南联大返回北平的重建工作。他大刀阔斧地解聘了一批曾与日本人合作、丧失民族气节的教授，北大处于吐故纳新之际，迫切需要有真才实学又能够独当一面的人才。陈寅恪是名满天下的学术大师，有他的举荐，傅斯年当然欢迎。但是他告诉季羡林，按照北大的规定，从国外学成回来的，不论取得了多高的学位，最高只能聘为副教授。季羡林并不在意。能进最高学府执教，他已经十分满意了，哪里还能讨价还价呢？季羡林回国后的工作问题就这样定下来了。

工作虽然有了着落，可是学校放假，要秋季才开学，季羡林还不能去报到，也就没有人给他发工资，他还是没有钱住店，仍要借住在李长之办公室里，还要睡在人家的办公桌上。这时候，他是多么希望自己能有一张哪怕最简陋的书桌啊。他是个闲不住的人，不甘心虚度光阴。尽管他害了一场疟疾，身体虚弱。在这样居无定所的情况下，他还是利用晚上和星期天办公桌闲置的时候，写了几篇短文，如《老子在欧洲》，还完成了在德国已经开头的纪念亡友的文章《忆章用》。另有两篇学术文章，分别是《一个故事的演变》和《梵文〈五卷书〉——一部征服了世界的寓言童话集》，两篇文章都属于比较文学的范畴，文章的构思在舟船倥偬中已经形成了。还有《胭脂井小品序》《东方语文学的重要性》，分别发表在《北平时报》、天津《大公报》《文学杂志》、南京《中央日报》上，他还应好友储安平之邀，成为上海《观察》周刊的撰稿人。季羡林在《观察》周刊上发表了7篇文章，如《论翻译》《西化问题的侧面观》《邻人》《论现行的留学政策》《论聘请外国教授》《忠告民社党和青年党》《把学术还给人民大众》等。

夏去秋来，北大就要开学了，季羡林必须北上任职。半个秋季过去了，津浦铁路仍然不通。季羡林不能再等，他决定走海路，先从上海坐船到秦皇岛，再转乘火车从山海关去北平。

住进红楼

1946 年 9 月底，季羡林回到秋风萧瑟、黄叶飘飞的北平。学校派阴法鲁先生到车站迎接，把季羡林接到沙滩的北京大学红楼，安置在三楼的一个房间住下。

来到熟悉而又陌生的北大，季羡林百感交集，思绪万千。16 年前，他在这里参加高考，北大和清华均录取了这位齐鲁学子。季羡林舍北大而选清华，只是为了毕业后能够留洋镀金，以便抢到一只饭碗。在清华 4 年，他听了不少北大名教授，如杨丙辰、朱光潜的课，结交了很多北大的文学青年，如何其芳、卞之琳、李广田、萧乾、陈梦家等人，因此对北大有一种熟识亲切的感情。如今，他回来了，10 多年过去了，北大对他又变得很陌生，必须一切从头开始。

同时，季羡林必须面对另一种严酷的现实，就是当时的时局。季羡林后来回忆说：

> 此时的时局却是异常恶劣的，以蒋介石为首的国民党，剥掉自己的一切画皮，贪污成性，贿赂公行，大搞"五子登科"，接收大员满天飞，"法币"天天贬值，搞了一套银元券、金元券之类的花样，毫无用途。人们生活在水深火热之中，大学教授也不例外，手中领到的工资，一个小时以后就能贬值。大家纷纷换银元，换美元，用时再换法币，每当手中攥上几个大头时，心里便暖乎乎的，仿佛得到了安全感。

那时大学教授的日子并不好过，季羡林是有家室之累的人，他必须承担养活全家的重担。他的儿子季承回忆说："像我们这样的家庭，都要靠糊火柴盒接济家庭的开销，这说明那时人们的生活水平多么低下。正统思想非常严重的叔祖父也无法顾及自己的脸面，容忍他的家庭干这种低下营生，这足以说明我们家庭经济上的窘迫。那个时候，我们多么盼望父亲能够回来……全家在庆幸抗战胜利之余，又陷入了沉重的疑惑和期盼之中。很明显，如果没有父亲，即便是抗战胜利了，我们家今后的日子也是很难维持下去的。"如果只从眼前的利害得失来考虑，也许有人会提出这样的看法：季羡林与其选择到北大教书，还不如在官场上谋个一官半职，有权有势，名利双收。确实，在季羡林面前，这种机会并非没有，可惜他的志趣不在于此。当他在南京时，国民党政府教育部部长朱家骅曾接见过他，并责令中央图书馆馆长蒋复聪设宴款待，转达要将他留在南京的意向。但是，季羡林不为所动，他声言已被北大校长胡适先生聘任。还有，1947 年暑假季羡林回乡探亲，时任国民党第二绥靖区司令官兼山东省政府主席王耀武宴请他，欢迎他回山东工作，也被他谢绝了。季羡林选择胡适而非朱家骅、王耀武，是因为他对国民党从无好感，要让他当国民党的官，无论大小，都非其所愿。

季羡林回来了，虽然时局纷扰牵动着他的心，他的注意力仍然在学术上，他最想做的是这样三件事：

其一，他想尽快地使梵文、巴利文乃至吐火罗文在中国大地上生根、开花、结果；其二，佛教梵文的研究是他的专长，他想在这方面有所建树，让世界都能听到中国的声音；其三，他想尽最大努力，尽快建立起中国东方语文学科的教学和研究基地。

胡适和汤用彤

季羡林住进沙红楼第二天，便向校长胡适和文学院院长汤用彤报到。从此，他们成为同事。

1946 年 7 月，胡适从美国回国就任北京大学校长。他的学生傅斯年代理校长期间致信蒋介石，说："适之先生经师人师，士林所宗，在国内既负盛名，在英美则声誉之隆尤为前所未有。今如以为北京大学校长，不特校内仰感俯顺舆情之美，则全国教育界，亦必以清时佳话而欢欣。"在胡适就职欢迎会上，著名学者冯友兰发言说："胡先生出任北大校长，是一件应乎天而顺乎人的事，就全国范围来讲，再没有比胡先生更合适的人选了。"胡适本人在致辞中则说："我在抗日战争期间，对于国家的贡献，实甚微末，虽然做了几年的驻美大使，但是没有替国家借过一文钱，买过一支枪，甚感惭愧。"这是一句实话，难怪蒋介石及其幕僚对胡适担任驻美大使期间的作为不满，否则不会派宋子文去做特使，将他架空。胡适可能明白自己不是当官的料，而办学是他的强项，此次上任履新，他雄心勃勃，在归国途中即致函南京政府，提出要再造北大，

我的老师季羡林

用"10年的时间让北大学术独立发展"。

以前季羡林与胡适并无多少交集，他上大学时听过胡适演讲，却没有留下什么印象。此时成为胡适校长的部下，他们共事不过两三年，但季羡林却把胡适视为自己一生六位恩师之一，其他几位分别是陈寅恪、汤用彤、瓦尔德施密特、西克和哈隆。关于他与胡适的关系，本书后面还有介绍。

再说时任北大文学院院长的汤用彤（1893—1964），字锡予，是季羡林清华校友，但属于师长之辈，是他"高山仰止"的大师级人物。季羡林来红楼前与他并不相识，却读过他的书。他想象汤先生是一位仙风道骨的老人，五绺白须飘拂胸前……可如今一见面，大大出乎意料——身体略胖，身着灰布长衫，脚踏圆口布鞋，一副老农老圃的形象。

汤用彤1917年清华学校毕业后赴美国留学，先在汉姆林大学学哲学，后入哈佛大学研究院师从"新人文主义"大师、比较文学系主任白璧德，攻读梵文、巴利文和印度学，与陈寅恪、吴宓并称"哈佛三杰"。他1922年获哲学硕士学位后回国，先后在中央大学和南开大学哲学系任教授、系主任。1931年夏，北大校长蒋梦麟特聘他为北大哲学系教授。抗战期间，他任西南联大哲学系主任，后又任文学院院长。1946年春夏之交从昆明返回北平，仍然担任文学院院长。

季羡林来到图书馆后面的北楼，走进汤用彤的办公室，立刻被他那蔼然仁者的风采吸引住了。第一次见面，按北大的规定，汤用彤向季羡林交代关于"职称"的问题。季羡林后来回忆说："我可绝没有想到，过了一个来星期，至多不过十天，锡予先生忽然告诉我，我已经被聘为北京大学正教授兼新成立的东方语言文学系主任。""我这个当一周副教授的纪录，大概可以进入吉尼斯世界纪录了吧！"

季羡林久仰汤用彤的学问，近水楼台，正好可以满足他拜师求教的夙愿。汤用彤是中国现代学术史上少数几位能融会中西、贯通华梵、熔铸古今的国学大师之一，尤其对印度哲学、中国佛教和魏晋玄学的研究造诣颇高，著作等身，而且为人平和宽厚，有海纳百川之度。抗战期间，他在西南联大的生活虽然极其艰苦，并遭受失去长子和爱女的巨大打击，却以继承和弘扬中华民族文化为己任，教学和科研从未间断过，出版了《汉魏两晋南北朝佛教史》《印度哲学史略》等重要著作，同样，在那种环境下，他既对学生教诲不倦，慈祥可亲，又以身示范，关心国事，对贪官污吏、发国难财者深恶痛绝，他的人格在学界有口皆碑。1947年汤用彤开设《魏晋玄学》课。对季羡林来说，这真是天赐良机！魏晋时期玄学成为占统治地位的思想形态，为佛教在中国的发展创造了良好的条件。正如汤先生所说，当时"佛教哲学已被引而与中国玄学相关合""魏晋玄学以老庄为宗"，因为"般若谈空，与二篇虚无之旨并行而亦视为得本探源之学"。而季羡林对宗教的研究不局限于佛教方面，对魏晋玄学乃至老庄之学也有探究的渴望。于是，征得汤用彤先生同意，一节不漏地听了一年的课。他后来在《回忆汤用彤先生》一文中写道：

> 我自认是一个上不得台盘的人，有没有架子，我自己不得而知。但是，在锡予先生跟前，宛如小丘之仰望泰岳，架子何从端起！而且听先生讲课，正是我求之不得的。在当时，一位教授听另一位教授讲课，简直是骇人听闻的事。这些事情我都不想，毅然征得了锡予先生的同意，成了他班上的最忠诚的学生之一，一整年没有缺过一次课，而且每堂课都工整地做听课的笔记，巨细不遗。这一大本笔记，我至今尚保存着。

至于胡适与汤用彤的关系，也很有意思。他们二人学术观点相左却"和而不同"。《胡适日记》中有这样一段生动的记述：1937年1月17日，胡适为汤用彤校读《汉魏两晋南北朝佛教史》稿本，次日与汤用彤交谈。本来，汤用彤的学风与胡适"大胆假设，小心求证"的治学方法迥然不同，但他在交谈中却不以争论优劣长短的口气相逼，只说自己胆子小，"只能作小心求证，不能作大胆假设"。胡适对此虽然敏感，但却由衷地承认这是汤先生的"谦辞"，而且肯定汤先生的治学态度"最可效法"。汤用彤在文化观点上强调要从民族文化中吸取精华，融汇西方文化，不赞成胡适的"全盘西化论"，但他仍以协商的口气阐述自己的文化观，说他"颇有一个私见，就是不愿意说什么好东西都是从外国来的"，胡适深知汤用彤研究印度哲学和佛教成就斐然，乃以调侃的口气说："我也有一个私见，就是不愿意说什么坏东西都是从印度来的。"于是二人哈哈大笑。足见季羡林的两位上司，虽然学术观点各不相同，却能够相互包容。总而言之，季羡林来到胡适、汤用彤旗下做事，确实胜任愉快。

翠花胡同

季羡林刚到北大时住在红楼的三层，偌大一座楼房只住着四五个人，一到晚上，便显得人迹寥寥，鬼影憧憧。自从 1937 年 7 月 29 日北平沦陷，红楼便落入日寇之手，成了他们宪兵队的驻地，地下室则变成刽子手刑讯杀人的地方。据说，由于冤魂多多，深更半夜常常听到里面传出一阵阵鬼哭。季羡林是个无神论者，让他烦恼的并不是那种鬼哭的恫吓，而是真正的魔鬼，即国民党特务以及由他们纠集来的充当打手的天桥地痞流氓，经常来寻衅滋事。原来，此时解放战争已经开始，北平的国民党当局在做垂死挣扎，把号称北平解放区之一的北大民主广场（另一个在清华园）作为镇压民主力量的目标，并把民主广场后面的红楼视作共产党的秘密据点。随着从昆明复员的师生陆续返校，住进红楼里的人越来越多，季羡林与他们一起每天都提高警惕，注意动静，用桌椅堵住楼门口，防备特务闯入。

住进红楼的人多了，环境变得嘈杂不堪。季羡林晚上入睡困难，不得不另寻清净地方，不久便搬到翠花胡同。翠花胡同与红楼隔着一条马路，是北大文科研究所的住地，名字虽然好听，却是阴森可怖的地方。如果说红楼地下室的鬼叫声来自抗战时期，那么这里的鬼叫声则来自数百年前的明代。原来，翠花胡同就是令人毛骨悚然的"东厂"后门，明朝大奸佞魏忠贤的特务机关就设在这里，刽子手们杀人如麻，所以这座"凶宅"闹鬼的传说不绝于耳，季羡林虽不在乎这些传说，但他确实感觉孤寂。季羡林一生到过许多地方，每每留下文字记载，下面就来看看他对翠花胡同的描述吧！他在散文《马缨花》中写道：

> 曾经有很长一段时间，我孤零零一个人住在一个很深的大院子里。从外面走进去，越来越静，自己的脚步声越听越清楚，仿佛从闹市走向深山。等到脚步声成为空谷足音的时候，我住的地方就到了。
>
> 院子不小，都是方砖铺地，三面有走廊。天井里遮满了树枝，走到下面，浓荫匝地，清凉蔽体。从房子的气势来看，从梁柱的粗细来看，依稀还可以看出当年的富贵气象。
>
> 这富贵气象是有来源的。在几百年前，这里曾经是明朝的东厂。不

知道有多少忧国忧民的志士曾在这里被囚禁过，也不知道有多少人在这里受过苦刑，甚至丧掉性命。据说当年的水牢现在还有迹可寻哩。

等到我住进去的时候，富贵气象早已成为陈迹，但是阴森凄苦的气氛是原封未动。再加上走廊上陈列的那一些汉代的石棺石椁，古代的刻着篆字和隶字的石碑，我一走回这个院子里，就仿佛进入了古墓。这样的环境，这样的气氛，把我的记忆提到几千年去，有时候我简直就像是生活在历史里，自己俨然成为古人了。

这样的气氛同我当时的心情是相适应的，我一向又不相信有什么鬼神，所以我住在这里，也还处之泰然。但是也有不泰然的时候。往往在半夜里，我突然听到推门的声音，声音很大，很强烈，我不得不起来看一看。那时候经常停电，我只能在黑暗中摸索着爬起来，摸索着找门，摸索着走出去。院子里一片浓黑，什么东西也看不见。连树影子也仿佛同黑暗黏在一起，一点都分辨不出来。我只听到大香椿树上有一阵窸窸窣窣的声音，然后咪噢的一声，有两只小电灯似的眼睛从树枝深处对着我闪闪发光。

这样一个地方，对我那些经常来往的朋友们来说，是不会引起什么好感的。有几位在白天还有兴致来找我谈谈，他们很怕在黄昏时分走进这个院子。万一有事，不得不来，也一定在大门口向工友再三打听，我是否真在家里，然后才有勇气跋涉过那长长的胡同，走过深深的院子，来到我的屋里。有一次，我出门去了，看门的工友没有看见。一位朋友走到我住的那个院子里，在黄昏的微光中，只见一地树影，满院石棺，我那小窗上却没有灯光。他的腿立刻抖了起来，费了好大力量，才拖着它们走了出去。第二天我们见面时，谈到这点经历，两人相对大笑。

我是不是也有孤寂之感呢？应该说是有的。当时正是"万家墨面没蒿莱"的时代，北京城一片黑暗。白天在学校里的时候，同青年同学在一起，从他们那蓬蓬勃勃的斗争意志和生命活力里，还可以吸取一些力量和欢乐，精神十分振奋。但是，一到晚上，当我孤零零一个人走回这个家的时候，我仿佛遗世而独立。没有人声，没有电灯，没有一点活气。在煤油灯的微光中，我只看到自己那高得、大得、黑得惊人的身影在四面的墙壁上晃动，仿佛是有个巨灵来到我的屋内。寂寞像毒蛇似的偷偷地袭来，折磨着我，使我无所逃于天地之间。

季羡林在翠花胡同住到 1952 年秋季，在孤独寂寞中，他爱上了院子里的马缨花，把它当成了自己的知心朋友。那年夏天，儿子季承来北京参加高考，就住在父亲的宿舍里。他回忆说：

> 翠花胡同那一所大宅院，当时是北大文科研究所的所址，但在历史上它却是明朝特务机关东厂的所在地，正门在南面。深宅大院，几层几进，不知道有多少院落。那时，大门是开在翠花胡同路南一侧，其实是大院的后门，而父亲则住在从南面数第二个院落里，也就是从北面看是倒数第二个院落的西屋里。白天大院里有人工作，到了晚上，灯光微暗，阴森恐怖，只有一个人在临街的门房里值班，绝少有人敢深入大院。父亲就住在这样的环境里，我感到非常惊讶。姐姐当时也来了北京一趟，在那里住了几天。我目睹了父亲的孤独生活。父亲带我和姐姐吃过东来顺的涮肉和馅饼，喝过北京的豆汁，也在沙滩北大红楼外面的街边地摊上吃过豆腐脑和烙饼。除豆汁外，沙滩附近一家小饭馆做的猪油葱花饼、小米绿豆粥，给我留下了很深的印象。我记得，在父亲的住处，还有美国铁筒装的白砂糖，那恐怕是他在德国时的'战利品'，我很惊讶，他竟能保存到那个时候。有时，我就把砂糖夹在馒头里当饭吃。"

创办东语系

1946 年 5 月，西南联合大学宣布解散。北大、清华和南开，都返回原校址办学。复原回北平的北大，决定开办东方语言文学系。在酝酿成立东语系的过程中，有一个鲜为人知的小插曲。2008 年，季羡林在口述历史时对蔡德贵说过这样一段话：

> 你知道有个吴晓铃吧？搞印度文学史的。吴晓铃、罗常培，他们当时酝酿要成立一个北大东语系，而且内定吴晓铃为系主任，吴晓铃是罗常培的学生（吴晓铃，1914—1995，古代戏曲和小说研究专家，曾在北大师从胡适、罗常培，1942 年去印度国际大学中国学院任教和从事研究——笔者）。所以，我在世界上还不知道吴晓铃这个人的时候，结果

就有了一个仇敌了。因为我做了东语系主任，占了他的位置了。我怎么知道呢？所以我说，没有见面，就成了仇人。

1946年，季羡林任北京大学教授，主持创办东方语言文学系，并任系主任长达40年。

东语系主任的位置最后还是归于季羡林名下，这是结果。至于胡适、傅斯年和汤用彤的决策经过，现在已无从考证了。成立东方语言文学系，这本是季羡林走进红楼的理想之一。把系主任的担子交与他，他感到分量不轻。其实北大早有成立东方语言文学系的打算，只是因缺少诸多小语种师资而未果。抗战胜利后，情况变得略微好一些，招来了几位精通东方语言和文学的学者，季羡林筚路蓝缕，惨淡经营，搭起一个系的框架。这是当时北大最小的一个系，只有三个教研组：第一组的语种是国内少数民族语：蒙文、藏文、满文；第二组的语种是南亚和西域古文字：梵文、巴利文、龟兹文（吐火罗文A）、焉耆文（吐火罗文B）；第三组的语种是西亚的阿拉伯文。教师除季羡林外，还有王森、马坚、金克木、马学良、金鹏、韩镜清、于道泉。最初学生的人数比教师还少，只有梵文班三人，后来又招收了一个阿拉伯文班，马松亭大阿訇推荐了十几名学生来学习阿拉伯语。要是开全系大会，季羡林那间十几平方米的办公室完全装得下。所以季羡林说"基本上没有开展工作"，"我'政务'清闲，天天同一位系秘书（王森——笔者）在办公室里对面枯坐，既感到极不舒服，又感到百无聊赖"。他又说："我们这种语言哪，也招不了多少学生。梵文、巴利文，哪有什么人学啊！费力不讨好。那时候，就出力不讨好。即使到现在，学梵文、巴利文的有多少呢？没有几个。真正成才的不多，大概不到十个人。"季羡林当年招的3名学梵文、巴利文的学生，后来都到香港去了，也都改了行。但是，当初并未料到，过了不到3年时间，这个北大最小的系，迅速发展壮大起来，几十年间为国家培养了大批外语人才。季羡林任系主任35年，硕果累累。据1996年统计，共为国家培养了5000余名德才兼备的人才，他们在语言文学教学、翻译和研究领域，在社会主义建设的其他战线，均做出了重要贡献，仅担任过驻外大使的就有12人，出使25个国家，占我国驻外使节总人数的七分之一。这是后话。

有一天，辅仁大学文学院院长兼国文系主任余嘉锡教授到翠花胡同来找季羡林，邀请他到辅仁大学兼课，讲授语言学。季羡林欣然应允。他在辅仁兼课每月报酬大洋 3 元。虽然菲薄，但在那个物价飞涨的日子里，能多挣几块大洋，心里就踏实些了。

季羡林搞的是"印度学"，又身为东语系主任，北大与印度之间文化学术交流的事情，便顺理成章地落在他头上，这里有两件事值得一提。

其一，1947 年 8 月 15 日印度宣布独立，尼赫鲁任总理，派泰戈尔国际大学教授、著名汉学家师觉月来中国讲学。师觉月便成为北大印度学讲座第一位客座教授。胡适校长极为重视，用英语致欢迎词，回顾历史上中印两国的来往和友谊，称赞师觉月的学术成就。季羡林主持了这次讲座，

师觉月（1895—1956）是印度现代佛学家、中印文化史学家。他所著的《印度和中国：文化关系一千年》（四卷），利用印度和中国的大量原始资料，阐述自公元前 2 世纪以来两国交往的历史，论证佛教传入中国的时间和路线、佛教在中国的发展、中印僧人在文化交流中的贡献，指出汉译佛经对佛教史和印度文明史研究的重要意义，分析印度宗教、哲学、艺术、医学、天文学、数学对中国文化的影响以及中国文化对印度文化的影响，等等。总之，师觉月的学术成果为印度学者研究中印文化交流拓宽了道路。

师觉月在中国待了一年多时间，1948 年 11 月 25 日返回印度，在此期间，他与随后派来的印度研究生一起对汉文翻译印度词汇有误之处作了修正，还用英文发表《中国古籍中的印度古名考》论文。季羡林受胡适委托，负责师觉月和印度研究生的研究工作。他对师觉月的学术研究给予充分肯定，同时对他的梵汉对音研究提出了中肯的意见。

其二，1948 年 6 月北大举办印度泰戈尔画展，胡适委派季羡林负责筹办。泰戈尔（1861—1941）的名字在中国并不陌生，20 世纪初的 20 年里，泰戈尔的作品便被陆续介绍到中国来，老一辈作家郑振铎、冰心等人都翻译过他的诗歌，郭沫若、徐志摩、张闻天、王统照等人也深受他的诗歌的影响。泰戈尔 1924 年 4 月来中国访问，到过济南，在省议会发表讲演。那时季羡林才 13 岁，却有幸目睹了泰翁的风采。

在筹备画展期间，季羡林首先想到徐悲鸿，亲自登门拜访，借来他的名作《泰戈尔画像》，并邀请徐悲鸿、廖静文夫妇前来指导。协同前来的还有画家吴作人，从此开始了他们长达半个世纪的友谊。泰戈尔画展于 6 月 15 日

开幕，办得很成功。当日，季羡林与胡适同各界名流学者欢聚一堂，并在子民堂前合影留念。

那段时间，胡适的秘书不懂外文，北大的外事工作基本上委托季羡林处理。比如 1947 年，他兼任留学生事务委员会秘书，负责处理留学生的日常事务；1948 年 9 月底，他还代表胡适去机场迎接印度驻华大使。

谢绝剑桥

东方语言文学系的创建虽然充满艰辛，但终究迈出了第一步。季羡林在德国学习的佛教梵文和吐火罗文是不是能派上用场呢？当时国内对佛教梵文和吐火罗文的研究还是空白。与季羡林同辈的学者，真正学过佛教梵文和巴利文的寥若晨星。季羡林视学术为生命，他在德国学习梵文、巴利文、吐火罗文可谓历尽千辛万苦，可是当时国内研究佛教梵文的条件却让他不寒而栗。季羡林所以能够在德国写出几篇有分量的论文，与那里图书资料丰富密切相关。他在哥廷根大学图书馆和梵文研究所图书室查阅了上千种专著和杂志，写起论文来才下笔如有神助，底气十足。

相比之下，北大乃至北平图书馆的情况令人失望，季羡林面临尴尬的局面：他所搞的那套玩意儿，即所谓的印度学，如果缺少书刊资料，任凭再有本事，也比登天还难。科学研究毕竟不同于文学创作，光有灵感和想象力无济于事。他的学术研究陷入无米之炊的困境。

平心而论，北大给季羡林提供的工作条件是优裕的。除东语系主任外，他还是北大教授会成员，兼任文科研究所导师、北平图书馆评议会成员。虽然身兼数职，他仍然有空读书，因为当时教学任务不多，又极少开会。为了让季羡林集中精力搞科研，汤用彤院长不但批准他搬到寂静的翠花胡同文科研究所宿舍去住，而且与北大图书馆馆长毛子水共同特批，专门在北大图书馆为他设立一间研究室，并指派汤先生的研究生马理小姐做助手。马理是老北大名教授马玉藻之女，北大校花马珏的妹妹。

可是，季羡林发现，我国虽以典籍之富甲天下，北大也被冠以藏书甲大学的美名，但是，于他真正有用的书却凤毛麟角。北平图书馆的情况又是怎样呢？有一天，馆长袁同礼把季羡林请来，让他将馆内的梵文藏书清点一下。

结果他发现，这里的情况虽然比北大图书馆稍好一些，但除了并不完整的巴利文藏经和寥寥几本梵文书籍外，其他重要的梵文书籍也一概没有，比起哥廷根大学的藏书简直是九牛一毛。季羡林暗自感叹：偌大的一个图书馆，还不如自己的梵文书多呢！至于当时的燕京大学图书馆，所藏包括印度的东方典籍稍多一些，但也远非与欧美和日本可比。待到季羡林发现这块"新大陆"时，已是 1952 年院系调整以后的事了。总之，红楼 6 年，他的学术研究一直处于巧妇难为无米之炊的窘境。

在这种情况下，季羡林自然想起了哈隆教授，剑桥大学的聘约还等着他的答复呢。季羡林想："赶快回去把家庭问题处理一下，然后返回欧洲，从事我的学术研究吧！"

1947 年暑假，季羡林回到阔别 12 年的济南家中。看到家里的真实情况比他想象的还要困难得多。他认为，自己必须担负起为人子、为人夫、为人父的责任。他忍痛给哈隆写了封信，谢绝了去欧洲的邀请。哈隆回信表示理解和惋惜。

这是痛苦然而无奈的选择。

季羡林之所以动了重返欧洲的念头，无非是国内没有研究印度古代及中世佛典梵文的条件，这使他在思想上产生了剧烈的波动。用他自己的话说，就好像"虎落平川，龙困浅滩，纵有一身武艺，却无用武之地"。但是，坏事可以变成好事，季羡林是从不使脑筋投闲置散的人，他反复琢磨，绝不能让自己的学术生命就此结束，一定要另寻出路。

季羡林是这样想的，也是这样做的。季羡林的文集《比较文学与民间文学》，前几篇文章都是回国初写成的。这就是他在搞不成佛教梵文的情况下，不得已进行的业务上的转型。有人说，季羡林是个"杂家"，他自己也诙谐地说，是"大大的杂家"。的确，季羡林一生学术研究的范围很广泛，他逝世后新华社发表的消息称，他是"国际著名东方学家、印度学家、梵语语言学家、文学翻译家、教育家"，他"在语言学、文化学、历史学、佛教学、印度学和比较文学等诸多领域建树卓著"，又有谁知道这么多的"家"头衔是被"逼"出来的呢。

《浮屠与佛》及其他

季羡林学术研究的方向是印度学，特别是印度古代和中世纪佛典梵文，但由于国内资料匮乏。他只好采取迂回的办法，暂且将佛典梵文研究搁置起来，转向对中印文化关系史和比较文学史的研究。这样既不脱离本行，多少与印度学沾边儿，又能充分利用国内的资料。从1946年至1949年，他写出了一批学术文章。

1946年大部分时间是在旅途中度过的，发表了两篇学术文章：

第一篇《一个故事的演变》，发表在1946年12月25日《北平时报》。季羡林读小学时，语文课本中有这样一个故事：一个乞丐讨到一罐子残羹剩饭，他就对着这罐子幻想起来——怎样卖掉这些残羹剩饭，怎样买成鸡，鸡又怎样下蛋，鸡蛋又怎样孵成鸡，鸡又换成马牛羊，终于成了大富翁，娶了太太，生了孩子。他越想越高兴，不禁手舞足蹈，不料猛一抬脚，把罐子踢了个粉碎……于是，这个美妙的梦想化为泡影。这个故事竟然与他在哥廷根读到的故事发生了碰撞。他在哥廷根大学汉学研究所图书室阅读了上百册中国笔记丛刊，发现其中的《梅磵诗话》和《雪涛小说》也有这个故事。同时，他在阅读印度古典梵文名著《嘉言集》和《五卷书》时，又发现了同样的故事。于是，他考证了这个故事流传演变的过程，得出结论：中国的故事是舶来品，其老家在印度。不止如此，阿拉伯的《天方夜谭》、法国的拉封丹寓言、德国的格林童话都有这样的故事，也是从印度传过去的。季羡林的这篇文章既有比较文学史研究的价值，又对文化交流做了积极评价。

第二篇《梵文〈五卷书〉——一部征服了世界的寓言童话集》，发表在《文学杂志》1946年12月27日第2卷第1期上。季羡林根据德国"比较文学史"的创立者Th.Benfey关于印度《五卷书》的一篇长文，介绍了《五卷书》流布世界的情况。19世纪Th.Benfey将《五卷书》译成德文，并穷毕生之力追踪此书传播发展的轨迹，从而建立了一门新学科——比较文学史。后来，季羡林将《五卷书》译成汉语并进行了深入细致的研究，1959年人民文学出版社出版了《五卷书》中译本。

1947年季羡林的学术文章有五篇，分别发表于当年与第二年：

第一篇是《一个流传欧亚的笑话》，发表于1947年5月15日山东《大华日报》的《学文周刊》上。这篇文章从在德国留学时听到的一个笑话写起：一个白人与一个黑人同住在旅馆的一个房间。夜里，正当白人酣睡时，黑人把白人的脸涂黑，然后偷了他的东西，溜之大吉。白人醒来发现那个黑人和自己的东西不见了，到处寻找，突然在镜子里看见自己的脸黑黑的，一下子怔住了，自问道："黑人原来在这里，可我到哪儿去了呢？"这笑话看似很离奇，但季羡林发现中国明代刘元卿的《应谐录》中也有类似的故事：一个里尹在押解罪僧的途中，被罪僧灌醉，剃光了头发，罪僧逃脱。里尹醒来，摸着自己的光头说："僧故在此，我今何去耶？"故事的末尾说："夫人具形宇宙，同罔然不识真我者，岂独里尹乎？"季羡林感到立意高远，引发了他对这个笑话起源问题的思考和探究。

第二篇是《木师与画师的故事》，发表于 1947 年 5 月 30 日天津《大公报》的《文史周刊》第 30 期。也是比较文学史研究的文章，提供了中国和印度民间故事互相流传的例证。

第三篇是《从比较文学的观点上看寓言和童话》，分别发表于《山东新报》1947 年 10 月 17 日的《问学周刊》第 1 期和北平《经世日报》1947 年 12 月 3 日的《读书周刊》第 68 期上。在这篇文章中，季羡林通过纵横数万里、上下数千年的中国、印度、希腊故事的流传和演变，探讨寓言和童话的起源问题。他列举了中国家喻户晓的"曹冲称象"的故事，见诸正史《三国志·魏志》中，而相同内容的故事也出现在汉译《大藏经》的《杂宝藏经》中；他又列举了希腊《伊索寓言》中"狼与鹤"的故事，相同内容的故事也出现在印度巴利文《佛本生经》的《慧鸟本生》中。季羡林认为，世界上的寓言和童话最初产生于一个国家、一个地域，西方学者说这个国家和地域不能超出印度和希腊，Theodor Benfey 即说"世界上一切童话故事的老家是印度，一切寓言故事的老家是希腊"。季羡林则认为不应将童话和寓言分开，它们的老家都是印度，"因为印度的民族性极善幻想，有较其他民族丰富得多、深邃得多的幻想力"。

第四篇是《柳宗元〈黔之驴〉取材来源考》，发表于上海《文艺复兴》1948 年 9 月《中国文学专号》（上）。唐代柳宗元的"黔之驴"的故事尽人皆知，对于这篇寓言故事，许多读者只是读其文而不知它的来源。季羡林提出了自己的看法：它的来源与印度有关。他在读了许多印度的梵文典籍后发现，其中也有这种"黔驴技穷"的故事。比如《五卷书》第 4 卷第 7 个故事说，一个洗衣匠以虎皮蒙驴，令其到田中偷吃麦苗，后驴大叫起来，显露出真相而被打死，在《嘉言集》《故事海》和《佛本生经》中也有类似的故事。他还发现，在希腊《伊索寓言》和法国拉封丹的《寓言诗》里，也有《披着狮子皮的驴》的寓言故事。季羡林认为驴蒙了虎皮或狮皮的故事，虽然流传世界上许多地方，但"它原来一定是产生在一个地方"，比较起来，还是印度的故事更为原始，更为古老。

第五篇《浮屠与佛》，是季羡林在这个时期的代表作，发表于中央研究院《历史语言研究所集刊》1948 年第 20 本上。季羡林偶然翻阅《胡适论学近著》，其中有一篇文章谈到汉译佛经中"浮屠"与"佛"谁先谁后的问题，并就此与陈垣展开辩论，双方都动了感情，谁也说服不了谁。季羡林心想，何不站出来发表一管之见呢？他的这一想法是有底气的，因为他刚刚从吐火罗文研究的那片莽林中走过来，而眼前探讨的这个问题，如果从吐火罗文入手，或许会便捷得多。于是，他写作了一篇学术文章《浮屠与佛》。

季羡林利用所掌握的印度古代梵文、俗语和西域吐火罗文的本领，经过一番周密的考证，认为释迦牟尼的名号——梵文 Buddha，在汉文佛经中被译为佛陀、浮屠、佛，等等，按一般的说法，均把"佛"当作"佛陀"的省略，比如《宗轮论述记》说："'佛陀'梵音，此云觉者，随旧略语，但称曰'佛'。"但是这种说法有问题，值得商榷。因为，"佛"这个词是随着佛教传来的，中国和尚刚译经时，应该保留原来的音调，不会按照自己的习惯，将两个音节的"佛陀"缩写成一个音节的"佛"，所以"佛"不是"佛陀"的省略。季羡林发现，梵文 Buddha 在龟兹文（吐火罗 B）中为 pūd 或 pud，在焉耆文（吐火罗 A）中为 pat，这才是汉文佛经中将释迦牟尼的名号译为"佛"的来历，即"佛"的译名是从吐火罗文的 pūd（或 pud）、püt 译过来的。再看东汉、三国时的佛教文献，其中"佛"的出现早于"佛陀"，即在"佛"字出现之前不见有"佛陀"这个词儿。季羡林由此确信，"佛"不是"佛陀"的省略，而"佛陀"是"佛"的延伸。

季羡林指出，东汉永平年间，汉明帝遣使赴西域求法，于大月氏国写佛经 42 章，然后带回来的佛经即《四十二章经》有两个译本，第一个译本译自印度古代俗语，其中"佛"被译成"浮屠"；第二个译本为三国孙权时来华的大月氏国高僧支谦所译，译自中亚某种语言，第一个译本中的"浮屠"在此被译成"佛"。

据此，季羡林认为，"浮屠"这个名称，从印度古代俗语译出后就为一般人所采用，当时中国史家的记载也多用"浮屠"；其后西域高僧到中国来译经，才把"佛"这个名词带进来，当时还只限于译自吐火罗文的佛经中；后来逐渐传播开来，为一般和尚或接近佛教的学者所采用；最终由于它本身具有优越的条件，才将"浮屠"取而代之。

对于季羡林这种十分冷僻的语言学的考证，人们也许要问：这玩意儿究竟有何意义呢？季羡林像他的老师陈寅恪一样，绝不为考证而考证，他研究梵文、吐火罗文的最终目的，在于解决中印佛教史和文化交流史的有关问题。他将吐火罗文引进讨论，便为以往只用传统的常规手段进行研究，创新了思路，开辟了新路径。尽管资料有限，没能最后圆满解决问题，但他锲而不舍，"抓住一个问题不放"，终于在42年后，即1989年又写了一篇《再论"浮屠"与"佛"》，解决了中印佛教史和文化交流史上的一个重要问题，即印度佛教传入中国的时间和路径问题。

值得提及的是，在写作这篇文章时，身为正教授的季羡林，为了弥补音韵学知识的不足，竟去听副教授周祖谟的课，并在这篇文章结尾写道："承周燕孙（周祖谟字燕孙——笔者）先生帮助我解决了'佛'的古音问题，我在这里谨向周先生致谢。"文章写好后，他专程去清华念给陈寅恪先生听，陈寅恪介绍给《中央研究院史语所集刊》发表。该刊1928年由傅斯年创办和管理，几十年来一直是国内外最权威的人文社会科学刊物。当时在武汉大学任教的吴宓看到这本刊物，于1948年8月28日在日记里写道："晚读唐长孺携借之中央研究院《历史语言研究所集刊》（上册）完，三十七年七月出版。首为陈寅恪《元微之悼亡诗与艳诗笺证》。中有季羡林《浮屠与佛》，谓浮屠乃印度梵文 Buddha 之对音，汉时即入中国，且通用。其后佛之单音自中亚西亚诸国 [吐火罗文 B（较古）龟兹文 pud, 吐火罗文 A（较近）焉耆文 pat] 译语传来，遂替代前名，实则此二字渊源不同，佛非佛陀之简者也。云云。"

1948年季羡林的学术文章有五篇：

其一，《〈儒林外史〉取材的来源》，发表于1948年1月31日上海《申报》。季羡林对清代吴敬梓的长篇小说《儒林外史》提出新的看法，认为该书虽然多有历史事实根据，但吴敬梓是在写小说，因此不可避免地从其他书中抄来一些材料。季羡林认为，印度的知识分子可与中国的知识分子相比，比如居于四种姓之首的婆罗门，本应受到尊重，然而在社会上，特别在印度古典戏剧中，少数婆罗门却受到极端的嘲弄和污蔑，被安排成剧中的丑角，而《儒林外史》就不缺少嘲弄"腐儒"，也就是落魄的知识分子的地方，季羡林说吴敬梓从其他书中抄了一些材料，其中就可能包括印度的书。

其二，《从中印文化关系谈到中国梵文的研究》，发表于 1948 年 3 月 10 日北平《经世日报》。季羡林从宗教、哲学、文学、医学、语言、雕塑方面，介绍了自古以来中印两国存在的密切的文化交流关系。季羡林特别强调："要想了解中国文化，最少应该了解从印度传出来的佛教思想。要想了解佛教思想，最少应懂得梵文。"

其三，《"猫名"寓言的演变》，发表于 1948 年 4 月 24 日上海《申报》。季羡林读明代刘元卿的《应谐录》，从中发现了一个"猫名"的寓言故事：齐奄家畜一猫，自奇之，号于人曰："虎猫"。客说之曰："虎诚猛，不如龙之神也。请更名曰'龙猫'。"又客说之曰："龙固神于虎也。龙升天须浮云，云其尚于龙乎？不如名曰'云猫'。"又客说之曰："云霭蔽天，风倏散之，云固不敌风也。请更名曰'风猫'。"又客说之曰："大风飙起，维屏以墙，斯足蔽矣。风其如墙何？名之曰'墙猫'可。"又客说之曰："维墙虽固，维鼠穴之，墙斯圮矣。墙又如鼠何？即名之曰'鼠猫'可也。"东里丈人嗤之曰："噫嘻！捕鼠者固猫也。猫即猫耳，胡为自失其本真哉？"同时，季羡林还在 1943 年 7 月出版的《艺文杂志》上发现一篇《日本古笑话》，其内容与上述中国故事相同。他又在梵文《五卷书》《故事海》《说薮》中发现了同类故事《老鼠招亲》，于是得出结论说："我们研究比较文学，往往可以看出一个现象：故事传布愈广，时间愈长，演变也就愈大；但无论演变到什么程度，里面总留下点痕迹，让人们可以追踪出它们的来源来。正像孙悟空把尾巴变成旗杆放在庙后面一样，杨二郎一眼就可以看出来，这庙是猴儿变的。"

其四，《佛教对于宋代理学影响之一例》，发表于 1948 年 5 月 22 日上海《申报》。季羡林指出，清尹铭绶《学规举偶》引用了朱子的一段话："朱子曰：前辈有欲澄治思虑者，于坐处置两器。每起一善念，则投白豆一粒于器中；每起一恶念，则投黑豆一粒于器中。初时黑豆多，白豆少，后来随不复有黑豆，最后则虽白豆亦无之矣。然此只是个死法，若更加以读书穷理底工夫，则去那般不正当底思虑，何难之有？"他认为，朱子的这种以黑白豆子劝善戒恶的方法并非"国货"，实际上是受了佛经的影响，《大藏经》中的《贤愚经》卷第十三，便有这样故事：阿难的弟子耶贲鞠，奉持佛法。他听说某个居士生了一个孩子，就去向居士索要，"欲使为道"，居士不肯。后来，居士又生了一个孩子，他又去索要，居士仍然不肯。两个孩子长大以后，居士让他们在市场上做生意。有一天，耶贳鞠来到这里，教他们"系念"之法："以白黑石子，用当筹算。善念下白，恶念下黑……初黑偏多，白者甚少。渐渐修习，白黑正等。系念不止，更无黑石，纯有白者。善念已盛，逮得初果。"此法与朱子所说几乎完全相同，区别只在豆子与石耳。

其五，《论梵文 td 的音译》，这是季羡林来到北大最初三年最长的一篇学术文章，是为纪念北大 50 周年校庆写作的。季羡林在此文中说：

> 这篇论文讨论的主要是利用佛典中汉文音译梵文的现象来研究中国古音。钢和泰（A.Von Stal-Holstein）先生想用音译来构拟中国古音，但必须兼通古代印度俗语才能做到。
>
> 梵文的顶音 t 和 d 在汉译佛典中一般都是用舌上音知彻澄母的字来译。T 多半用"吒"字，d 多半用"荼"字。但是在最古的译本中却用来母字来对梵文的 t 和 d。这就有了问题，引起了几位有名的音韵学家的讨论和争论。罗常培先生、周法高先生、陆志韦先生、汪荣宝先生等都发表了意见，意见颇不一致。我习惯于"在杂志缝里找文章"，这一次我又找到了比较满意的正确答案。
>
> 原来上述先生仅仅从中国音韵学上着眼，没有把眼光放大，看一看 t 和 d 在古代印度和中亚以及新疆地区演变的规律；没有提纲，当然无法挈领。在古代印度和中亚一带，有一个简单明了的音变规律：t〉d〉l〉l。用这一条规律来解释汉译佛典中的音变现象，涣然冰释。我在文章中举了大量的例证，想反驳是不可能的。

季羡林之所以对这个问题如此自信，得益于他兼通古代印度俗语以及印度和中国新疆地区的语音演变规律。这是一门绝活儿，非术业有专攻者莫能为也。著名音韵学家、语言学家罗常培先生评价此文说："考证谨严，对斯学至有贡献。"

1949 年的学术文章有两篇：

第一篇是《列子与佛典——对于〈列子〉成书时代和著者的一个推测》。《列子》相传为战国时道人列御寇所撰，《汉书·艺文志》著录《列子》八篇，早佚。

今本《列子》八篇多为民间故事、寓言和神话传说，从其思想内容和语言使用上，似为晋人作品。柳宗元、朱熹、宋濂、俞正燮等均对此进行过考证。章炳麟也认为《列子》系由为其作注的东晋人张湛伪造。张湛作《列子注》称，《列子》之旨"往往与佛经相参"，章炳麟并未具体指出抄袭哪部佛经。季羡林则以佛经中的故事与《列子》中的故事相比较，最终考证出《列子》抄袭的佛经名称及其汉译时间，从而使《列子》的成书时代和著者得以确定。季羡林认为，《列子·汤问》第五周穆王命工匠偃师献机器人的故事，与西晋竺法护所译《生经》卷三《佛说国王五人经》第24节中的故事几乎完全相同，"前者抄袭后者，绝无可疑"，《生经》译出时间是西晋太康六年（285年），因此《列子》的成书不会早于这一年，至于《列子》的作者，就是故弄玄虚的张湛。

季羡林在文章的末尾写道："此文初稿曾送汤用彤先生审阅，汤先生给了我很多宝贵的意见，同时又因为发现了点新材料，所以就从头改作了一遍。在搜寻参考书方面，有几个地方极得王利器先生之助，谨记于此，以志心感。"定稿后他又送给胡适看，胡适次日便给他写了一封信，说："《生经》一证，确凿之至！"

第二篇是《三国魏晋南北朝正史与印度传说》，季羡林说，陈寅恪先生曾作《三国志曹冲华佗传与佛教故事》一文（原载《清华学报》第6卷第1期），现在他又发现一个例证，不但见于《三国志》，而且还见于《晋书》《陈书》《魏书》《北齐书》《周书》。这些史籍中均有"自古创业开基之王或其他大人，多有异相"的记载。于是，季羡林将上述史籍的记载一一列了出来，认为所谓"垂手过膝，目能自顾其耳"等等，事实上绝不可能。他还引用了大量汉译佛典和部分梵文、巴利文佛典，指出其中所载"世尊三十二大人相及八十种好"固然为印度的一种传说，但却影响了中国，上述史籍所记诸帝形貌"实有佛教传说杂糅附会其间"，"史家乃以天竺传说大人三十二相中极奇特之一相加诸其身，以见其伟大耳"。

总之，季羡林回国后最初两年多的学术研究成果不少，难能可贵。在那时局动荡、资料匮乏、艰苦创业的环境和条件下，也真够他勉为其难了！他自己评价说：这个时期只写了四篇有点分量的文章，即《浮屠与佛》《论梵文 td 的音译》《列子与佛典》和《三国魏晋南北朝正史与印度传说》。

古都黎明

从抗战胜利到北平和平解放，北京大学一直是国共两党斗争的重要阵地，季羡林目睹了一桩桩、一件件刻骨铭心的事件。

1946 年 12 月 24 日夜晚，美国兵皮尔逊在东单广场强奸了北大女学生沈崇。消息传出，激起了北平各高校师生的极大愤慨。12 月 30 日，北平学生举行了上万人的示威游行，高喊"打倒美帝国主义！""还我中华民族尊严！"等口号。季羡林晚年提到这件事情说："沈崇事件，你知道，北大、清华的学生，所有大学学生都起来示威，喊'打到美国帝国主义'。北京那时候，国民党军队的头儿是李宗仁，他是桂系的，与蒋介石合作。'沈崇事件'一出来，学生闹学潮。蒋介石派的是北平宪兵第 5 团（蒋介石的贴身队伍），去抓了一些学生。后来，胡适就坐他那辆北平仅有的一辆汽车，奔走于李宗仁和其他党政要员之间，（要他们）释放学生，抓学生不行。"北大教师也积极行动起来，声援学生的正义行动，有 48 位教授联名发出《致美国驻华大使司徒雷登书》，提出三项要求。季羡林还与北大、清华、燕京等大学教授许德珩、闻家驷、向达、朱自清、张奚若、赵访熊、雷洁琼、翁独健等纷纷发表讲话或登台演说，谴责美军暴行，强烈要求美军撤出中国。

1947 年 5 月间，京、沪、苏、杭共 16 个学校 6000 余名学生举行"反内战、反饥饿"的示威大游行，被国民党军警镇压，造成"五二○血案"，激起国统区学生普遍举行"反内战、反迫害"的游行活动，北大学生也走上街头。为支持学生运动，北大教授许德珩、杨汉卿、樊弘等人在民主广场发表演说。季羡林亲眼看到胡适对学生运动的态度：他虽然明明知道背后有中共地下党员指挥和发动，但在每次国民党宪兵和警察逮捕学生时，他总是奔走于国民党各大衙门之间，奔走于北平行辕主任李宗仁和其他党政要员之间，要求当局释放学生。

1947 年冬天北平奇冷，冰天雪地。由于法币急剧贬值，物价飞涨，就连陈寅恪这样的知名学者也无钱买煤取暖，整日蜷缩在冷屋子里。季羡林得知此事，报告了胡适。这位"独为神州惜大儒"的校长决定送给陈寅恪一笔数目可观的美元，以解燃眉之急。但是，陈羞于无功受禄，拒不接受，最后决定用自己的藏书来交换。季羡林用胡适的汽车把书拉回北大，陈寅恪只收了

2000 美元。季羡林仔细将书清点了一遍，发现这满满一车书全是佛教和中亚古代语言的外文书，珍贵极了，其中一部《圣彼得堡梵德大词典》的市价就超过 2000 美元。

1948 年 8 月，著名学者朱自清身患重病，他宁愿饿死也不要美国救济粮，终因贫病交加而逝世。季羡林向来对朱自清十分崇拜，他听到这个消息万分悲痛。

1948 年 11 月 2 日，辽沈战役胜利结束。紧接着，林彪、罗荣桓、聂荣臻指挥的东北、华北野战军会合在一起，发动了平津战役。12 月上旬，解放军对北平形成合围。此时国民党已经人心丧尽，在隆隆的炮声中，北大教师和学生，包括季羡林在内，非但不人心惶惶，反而非常殷切，都在期望着迎接解放军。师生中纷传："听，解放军为北大校庆放礼炮呢！"此时北大正筹备 50 周年校庆。12 月 17 日是校庆纪念日，同时是胡适 57 岁生日。13 日，胡适写好了一篇讲演稿，准备在纪念大会上用。14 日，他接到国民党青年部长陈雪屏来电，说已经派专机到北平接他去南京，希望当日成行。他带夫人乘汽车准备去南苑机场，在宣武门被守城军人拦阻。回家后晚上接傅作义电话，说蒋介石派专机接他，要他次日一早到中南海，傅派兵保护他去机场。

12 月 14 日夜晚，胡适给文学院院长汤用彤和秘书长郑天挺留下便条："今早及中午连接政府几个电报，要我即南去。我就毫无准备地走了。一切的事，只好拜托你们几位同事维持。我虽在远方，决不忘掉北大。"15 日下午，胡适夫妇在傅作义卫队护送下，从南苑机场登机飞往南京。与胡适同机离开的有陈寅恪、黄金鳌、毛子水、英千里、钱思亮、袁同礼等人。

北大教授会决定成立校务委员会管理学校各项工作。汤用彤当选为校务委员会主席，代行校长职权，领导北大度过新旧政权交替的特殊时期。17 日，汤用彤在子民堂主持了一个小型校庆纪念会。同日，南京的北大校友聚会纪念北大校庆，胡适应邀参加。他在会上失声痛哭，说："我是一个离职的逃兵，实在没有面子在这里说话。"

第六章
红楼春晓

第六章　红楼春晓

北平解放

北大 50 周年校庆刚过，中国人民解放军便进入西郊罗道村，北大农学院率先获得解放，而后清华大学也解放了。消息传来，沙滩红楼一片欢腾。1949 年 1 月 31 日，北平和平解放，1949 年 2 月 3 日，人民解放军举行入城仪式，浩浩荡荡开进了北平城。全城各界群众冒着严寒，兴高采烈，敲锣打鼓，夹道欢迎解放军。季羡林从翠花胡同走出来，步行到不远的东四牌楼，站在欢迎的人群中，情不自禁地鼓掌欢呼，感受着这神圣而伟大的历史时刻。

当天下午，季羡林去西城看望朋友，走到什刹海桥上，看见一名解放军战士在那里站岗。年轻的战士浓眉大眼，炯炯有神，背着背包，手握钢枪，在寒风中岿然不动，昂首挺立。见此情景，季羡林"心中陡然觉得这位解放军战士特别可爱，觉得他的一身黄色的棉军衣特别可爱。它仿佛象征着勇敢、纪律、正直、淳朴；它仿佛象征着解放、安全、稳定……只要他在这里一站，整个北京城，整个新中国就可以稳如泰山"。季羡林真想走上前去，向战士道一声辛苦，伸手摸一摸那黄色的棉军装，可是他什么都没有做，只是默默注视着，注视着……回到家里，他把满腔的情感凝诸笔端，连夜赶写了一篇散文《黄色的军衣》。

我的老师季羡林

2月28日，北大迎来北平军事管制委员会代表钱俊瑞等10人。军管会代表邀请学校行政负责人以及教授、讲师、助教、学生、工警代表在子民堂召开座谈会，商谈接管事宜，讨论新北大的建设问题。下午2时，在民主广场举行接管北大的仪式，2000余名学生和教职员工参加。师生们万分激动。会上，汤用彤代表全校师生致辞，对军管会接管北大表示欢迎，钱俊瑞代表军管会宣布接管北大，并阐述了新时期党的教育方针和知识分子政策，同时宣布取缔国民党、三青团组织，停止其一切活动；取消训导制和党义课程；学校行政管理工作暂由汤用彤教授负责。会后举行了庆祝游行。

5月4日军管会宣布组建北大校务委员会，领导学校的行政管理工作。任命汤用彤、许德珩、钱端升、曾昭抡、袁翰青、向达、闻家驷、费青、樊弘、饶毓泰、马大猷、俞大绂、胡传揆、严镜清、金涛、杨振声、郑天挺、俞平伯、郑昕等19名教授和俞铭传、谭元堃两名讲师助教以及许世华、王学珍两名学生为校务委员会委员。汤用彤为校务委员会常委、主席，许德珩、钱端升、曾昭抡、袁翰青、向达、闻家驷及俞铭传、许世华为常务委员。任命曾昭抡为教务长、郑天挺为秘书长、汤用彤兼文学院院长、饶毓泰为理学院院长、钱端升为法学院院长、马大猷为工学院院长、俞大绂为农学院院长、胡传揆为医学院院长、向达为图书馆馆长。季羡林仍担任东语系系主任。

此时，季羡林同大多数知识分子一样，觉得自己真的站起来了，获得了新生。他说："我们高兴得像小孩，幼稚得也像小孩。我们觉得'解放区的天是明朗的天'。我们看什么东西都红艳似玫瑰，光辉如太阳。""新中国成立初期，政治清明，一团朝气，许多措施深得人心。旧社会留下的许多污泥浊水荡涤一清。我们都觉得河清有日，幸福来到了人间。"

5月14日，季羡林应邀出席关于《赵城金藏》的座谈会。《赵城金藏》是北平图书馆（现国家图书馆）的镇馆之宝，对于它的修复和收藏，解放伊始便纳入人民政府议事日程。出席这次会议的有华北人民政府的杨秀峰、于力、晁哲甫，华北大学的范文澜、张文教、程德清，北平图书馆的王重民、赵万里，文管会的王冶秋、李风雨以及学界人士马衡、向达、孙文淑、周叔迦、巨赞、韩寿萱等。会上，赵万里、张文教、范文澜分别就《赵城金藏》的价值、守护和运送的经过以及共产党保护文化遗产的政策做了报告。晁哲甫要求北平图书馆做出《赵城金藏》的修复预算，报请政府批准。会后向达写了《论〈赵城金藏〉的归来》，发表在 5 月 23 日《人民日报》上。这是季羡林第一次参加保护和抢救《赵城金藏》的会议，迨至 20 世纪八九十年代，在任继愈主持下，以《赵城金藏》为底本，整理和编纂出 107 卷《中华大藏经》，其中不乏季羡林的贡献。晚年季羡林还亲自担任总编纂，整理和编纂出《四库全书存目丛书》和《传世藏书》两部巨著。总之，保护和抢救中国古代典籍是季羡林一生十大学术成就之一，此为后话。

1951 年 7 月 28 日，中国史学会成立，郭沫若任会长，吴玉章、范文澜为副会长，季羡林当选理事，归于亚洲史组，同组还有向达、张礼千、周一良、马坚、张秀民、余元庵等。

1951 年季羡林还参与了北大史学系、清华历史系、中国科学院近代史研究所为天津《大公报》编辑《史学周刊》，并在第 3 期上发表《介绍马克思的"印度大事年表"》一文，同年他与曹葆华共同翻译的马克思著作《不列颠在印度的统治》和《不列颠在印度统治的未来结果》，也由人民出版社出版。季羡林 1954 年和 1955 年，又在《历史研究》上发表两篇重要论文《中国纸和造纸法输入印度的时间和地点问题》和《中国蚕丝输入印度问题的初步研究》，后一篇论文曾送向达指正，向达对其研究水平给予高度评价。

新中国成立了，季羡林同从旧社会过来的其他知识分子一样，只觉得换了人间——天特别蓝，草特别绿，花特别红，山特别青。但是，他也感到还有些许不适应，比如参加大会时喊"万岁"口号就张不开嘴，对脱掉大褂换上中山装也觉别扭，总觉得中山装是一种代表官方身份的时尚……尽管如此，季羡林还是决心顺应形势，加速思想转变。1949 年 7 月 1 日，他作为党外人士代表参加庆祝共产党生日的活动；10 月 1 日下午，季羡林带领全系师生到三座门前聆听开国大典的礼炮和毛主席宣布中央人民政府成立的消息；回来后他发动东语系全体教员联名给毛泽东主席、朱德总司令暨人民政协全体代表写祝贺信。没过多久，他喊"万岁"的口号"就喊得高昂，热情，仿佛是发自灵魂的最强音"，先前他一直穿着夫人缝制的中式布衣布袄，后来换上了女儿给买的中山装。在思想上，他欣然接受共产党领导，向共产党积极靠拢。

这里有三件事，可以说明新中国成立后，季羡林在政治上、思想上的明显变化：

其一，1950 年季羡林由闻家驷介绍加入中国民主同盟，这是他生平第一次参加一个政治组织。此后几年，他积极参加民盟北京市委的工作。那时候民盟北京市委主任委员是季羡林的清华同学吴晗，高校委员会的主任是华罗庚，季羡林是副主任，后来当了主任。他与金若年一起参加北大、清华等高校民盟支部的座谈会、讨论会和学习活动。参会的都是高级知识分子，大家互相鼓励，交流教学和科研工作情况，相互关系非常令人满意，气氛非常融洽，大家敞开心扉，为了一个共同目标努力奋进。

民盟市委办公地点在东四北大街一条胡同里，与季羡林一起工作的有华罗庚、周一良、冯亦代、沈一帆、金若年、关世雄、王麦初等人。那时候经常开会，有时候，会议开到深夜才散。有一次散会后暴雨如注，他与同去参会的周一良被困在半路上。20 世纪 50 年代前期，季羡林参加民盟的活动可谓风雨无阻。

其二，1950 年 6 月 25 日朝鲜战争爆发，11 月 4 日北大教员发起上书毛主席的签名活动，抗议美帝国主义发动侵略战争，表示决心献出最大的力量，为保家卫国而奋斗。季羡林不甘落后，同汤用彤、曾昭抡、冯至、向达、楼邦彦、

20 世纪 50 年代初，季羡林（左五）与汤用彤、邓广铭等教授签名支持抗美援朝运动。

邓广铭、马坚等教授一起踊跃签名。他身为北大工会负责人，还组织了不少活动支援前线。他还和系秘书陈玉龙合作翻译外文资料，季羡林认真阅读原文，进行口译，由陈玉龙记录下来，整理成文稿，发表后将稿酬捐献作抗美援朝之用。

其三，1951 年初，中共中央宣传部副部长、新闻总署署长胡乔木到翠花胡同看望季羡林，一见面便说："东语系马坚教授写的两篇文章《穆罕默德的宝剑》和《回教徒为什么不吃猪肉》，毛先生很喜欢，请转告马教授。"胡乔木想，季羡林当时可能还不习惯说"毛主席"，因此用了"毛先生"这个词儿。说者有意，听者也有心，季羡林对此深受感动和鼓舞。

东语系壮大

1949 年春夏之交，季羡林收到一封从中南海寄来的信，寄信人是清华老同学，号称"党内一支笔"的胡乔木。胡乔木 1941 年到毛泽东身边当秘书，1948 年担任中共中央宣传部副部长、新华社总编辑兼社长。新中国成立后，他任新闻出版总署署长。信中透露了一个重要信息：现在形势顿变，国家需要大量的研究东方问题、通晓东方语文的人才，问他是否同意把南京东方语专、中央大学边政系一部分和边疆学院合并到北大来。季羡林梦寐以求的事，尚未等他建言献策，就被中央提上了议程。此时他只有竭尽全力，落实中央交给的任务。

季羡林忙碌起来了。整个暑假，他一天都没有休息，因为华北高等教育委员会已正式发出通知，上述三所院校的教师务必于秋季开学前到北大报到。季羡林不但要安排新来教师的食宿，而且还要对他们的业务水平、教学能力进行全面考查，着手进行课程设置、制订教学计划等工作。

8 月，季羡林亲自到前门火车站迎接从南京来的师生。他们到校后暂住在红楼的教室里。据那些南京来的同事和学生回忆，那些日子，一个身穿灰色衬衫、手拿一个黑皮包、面容清瘦的中年人时常出现在他们之中，这便是为他们日夜操劳的季羡林。他非常关心他们的饮食起居，介绍北大的情况，讲述培养东方语文人才和研究东方问题的重要性和迫切性，鼓励他们努力工作，为新中国教育事业做出贡献。他那朴实无华、虚怀若谷、热情诚恳的作

我的老师 季羡林

风和态度，给新来的同事和学生留下了深刻印象。从东方语专来的教员陈玉龙回忆说："初入都门，人地生疏，季先生亲临前门车站相迎，予以热情接待和妥善安排，感人至深。他给我的第一印象是：朴实、谦逊、平易近人。"

新来的师生中有不少回族人，当时北大没有清真食堂，吃饭问题急坏了季羡林。他多次找学校后勤部门交涉，几乎跑细了腿，清真食堂终于办起来了。他们在民主广场东墙边埋锅垒灶，就餐者就在灶边蹲在地上用餐，因陋就简解决了这部分师生的吃饭问题。他们还给这个"有食无堂"的食堂起了一个响亮的名字——东方红食堂。

东语系教师在暑假开学后达到 20 多人，学生达百人以上，开设的语种达到 11 个。季羡林的办公室也从红楼搬到沙滩北楼，他高兴地把收藏的名人字画摆在办公室的书架上。季羡林的客人也多了起来，既有他的前辈郑振铎、向达、曹靖华等，也有他的同辈李健吾、萧离等，还有他的老友、以研究东南亚历史著称的德籍专家傅吾康。10 月 4 日，由季羡林领衔，东语系 25 名教师联名写信给毛泽东主席、朱德总司令及人民政协全体代表，热烈庆祝中华人民共和国成立，表示坚决拥护共同纲领。信中说：

> 我们都是研究东方语文的，我们系里的教员和同学，有的民族不同，有的信仰不同，我们最关心的当然是民族问题，共同纲领里明确规定了民族政策，规定了：中华人民共和国境内各民族一律平等，实行互相团结，反对以前的大民族主义和狭隘的民族主义，禁止民族间的歧视，各少数民族都有发展其语言、文字，保持或改良其风俗习惯及宗教信仰的自由。我们一致认为这规定完全正确，完全合理，我们更要特别地用行动来拥护这正确政策！

1951 年 1 月，教育部决定在全国范围内选送 100 名青年到北大学习印地语、蒙古语、阿拉伯语、越南语、泰语、缅甸语、日本语、朝鲜语以及维吾尔语和西南少数民族语文，学制 4 年，实行供给制，毕业后由中央统一分配。面对这种大好形势，季羡林的头脑比较清醒，他一再强调，学习东方语言的人，要有终生接受教育的思想准备，因为改行做别的工作的可能性很大。这 100 名学生的到来给东语系带来了勃勃生机和活力。

1952年秋，京津高等学校院系调整，国内少数民族语文专业调整到中央民族学院，东语系开设蒙古、日本、朝鲜、泰国、越南、印度尼西亚、缅甸、印度和阿拉伯9种外国语文专业，不久又开设了波斯和乌尔都语两个专业，教员有100多人，学生800人以上，成了北大文科第一大系、全国唯一的培养东方语言人才的最高教学机构。除了长年招生外，还为有关部门如地质局、公安部等举办培训班，突击培养人才。

东语系季羡林的同事中不乏大家，如：

金克木（1912—2000），江西万载县人，小学毕业后在家乡教书，自学过英语、世界语。1930年到北平求学，1935年在北平图书馆任图书管理员，开始从事翻译和写作。1931年加入九三学社，1938年任香港《立报》国际新闻版编辑。1939年到湖南省立桃源女子中学教英文，当时湖南大学招聘法语教师，他找来法语字典和教科书，自学一阵儿便去应聘，结果中选登上了大学讲台。20世纪30年代同施蛰存、戴望舒、徐迟等诗人相交往，创作诗歌，1936年出版诗集《蝙蝠集》。早年曾热衷于天文学研究，是戴望舒将他"从天上拉回人间"，鼓励他从事语言学研究。1941年金克木经缅甸到印度加尔各答，任中文报纸《印度日报》编辑，同时学习印地语和梵文、巴利文，后到印度佛教圣地即释迦牟尼初转法轮处鹿野苑，从娇赏弥老居士钻研梵文佛典，又随迦叶波法师学习印度教经典《奥义书》，并与印度学者师觉月、潘尼迦和戈克雷交往密切，曾协助戈克雷从藏译本、汉译本还原校勘《集经》梵文本。校勘本《集经》不久在美国刊物上发表。金克木1946年回国后任武汉大学哲学系教授，讲授印度哲学，并发表《〈吠檀多精髓〉译述》等论文。1948年胡适聘他任东语系教授，讲授梵文、巴利文，成了季羡林的同事。季羡林说过："金克木是神童，我只是中等之才。"他只有小学学历，却能当北大教授；他是教梵文、印地文的，却能在北大礼堂给全校师生讲辩证唯物主义和历史唯物主义。金克木的散文小品，也拥有众多的读者。

马坚（1906—1978），回族，云南个旧市沙甸人，1929年到上海伊斯兰师范学校学习阿拉伯语，1931年就读于埃及开罗爱兹哈尔大学宗教学院，开始译埃及著名学者穆罕默德·阿布笃的《回教哲学》，1934年由上海商务印书馆出版。他还将《论语》译成阿拉伯文，1935年由开罗古籍出版社出版。1935年转入爱兹哈尔大学阿拉伯语言师范学院深造，1936年译埃及著名学

我的老师 季羡林

者侯赛因·吉斯尔的《伊斯兰教真相论文集》（中文译名《回教真相》），1937年在上海出版。1939年结束8年的留学生涯，1940年在上海参加中国回教学会译经委员会，译白话文《古兰经》。1941年在重庆出版《伊斯兰教育史》，1942年受聘于云南大学，开设伊斯兰文化讲座，《回教哲学史》在重庆出版。1945年完成汉译白话文《古兰经》初稿。1946年10月，马坚应聘到北大任教，为培养我国阿拉伯语人才做出了重要贡献，他所编写的阿拉伯语教材为国内各高等院校沿用至今。

"文革"前，季羡林与金克木、马坚并称东语系三大"国宝"。

于道泉（1901—1992），山东淄博人，其父于丹绂是我国派往日本的第一批留学生，毕业于日本早稻田大学，回国后任山东第一师范校长，是山东教育界的老前辈，山东近代教育的奠基人。于道泉是陈云夫人于若木的哥哥，早年就读于齐鲁大学、北京大学，攻数学。1934年赴法国巴黎索邦大学留学，研修藏文。1938年至1947年任英国伦敦大学东方非洲研究院高级讲师，他与陈寅恪也是好朋友，据说陈寅恪在伦敦治疗眼疾的时候，于道泉在病床边为他读马克思的《资本论》。回国后在北平中央研究院历史语言研究所工作，与赵元任合译《第六世达赖喇嘛仓央嘉措情歌》，著有《藏语口语字典》《北京图书馆馆藏满文目录》等书，为中国藏学研究走向世界做出了卓越贡献。于道泉具有语言天才，精通藏语、蒙语、满语、英语、法语、德语、土耳其语和梵语。1946年8月，北大胡适校长致函在伦敦大学的于道泉，欢迎他回国任北大东语系蒙藏文教授。1949年4月于道泉回到北京，季羡林请他开设藏语专业，担任组长。于道泉还接受胡乔木的邀请，参与中央人民广播电台新设藏语翻译和播音小组的筹备工作。1952年高校院系调整，于道泉调到中央民族学院，为国家培养了大批藏学人才。

1949年9月到北大来的还有李森副教授，一位研究回鹘文和维吾尔语的专家，1952年10月院系调整，也去了民族学院（现中央民族大学），创建了突厥语教研组，培养了大量新疆古今民族语言的人才。

东语系初建时是一张白纸，既无现成的教材，也无教学经验，一切从零开始；经过两三年的艰苦奋斗，初步摸索出一条路子，为进一步发展奠定了坚实的基础。这既有季羡林本人的功劳，也是全体教师努力的结果。季羡林历来重视发挥集体的力量和智慧，善于调动一切积极性。在搞好教学的同时，他一方面继续坚持搞自己的科研，一方面充分发挥各个专业（语种）教师的特长，群策群力，使得全系的科研工作收获了第一批成果。1951 年 4 月至 11 月，由季羡林、张礼千、李有义、马学良主编的《新时代亚洲小丛书》，陆续由上海东方出版社出版，其中有吕毅、陈玉龙著《越南人民反帝斗争史》，陈炎著《战斗中的马来西亚》，马超群、李启烈译《朝鲜民族解放斗争史》，郭应德著《维吾尔史略》，王宝圭著《缅甸人民的解放斗争》，任美锷编著《东南亚地理》，[日]渡部彻著、陈信德译《日本劳动运动史》，[越]长征著、黄敏中译《论越南八月革命》，马霄石著《西北回族革命简史》，白寿彝著《回回民族底新生》，陈肇斌、王清彬著《美帝国主义奴役下的日本经济》等。这些作者大多是学有专长的教师，新中国的诞生使他们焕发了青春活力。

工会主席

读者都知道季羡林是著名学者，可能很少有人知道，季羡林当过北京大学工会主席。请看他本人是怎么说的：

我平生获得的第一个"积极分子"称号，就是"工会积极分子"。北京刚一解放，我就参加了教授会的组织和领导工作。后来进一步发展，组成了教职员联合会，最后才组成了工会。风闻北大工人认为自己是领导阶级，羞与知识分子为伍组成工会。后来不知什么人解释、疏通，才勉强答应。工会组成后，我先后担任了北大工会组织部部长、沙滩分会主席。在沙滩时，曾经学习过美国竞选的办法，到工、农、医学院和国会街北大出版社各分会，去做竞选演说，精神极为振奋。当时初经解放，看一切东西都是玫瑰色的。为了开会布置会场，我曾彻夜不眠，同几个年轻人共同劳动，并且以此为乐。当时我有一个问题，怎么也弄不清楚：我们这些知识分子同中华人民共和国的领导阶级工人阶级是什么关系呢？这个问题常常萦绕在我脑海中。后来听说一个权威人士解释说：知识分子不是工人，而是工人阶级。我的政治理论水平非常低。我不明白：为什么不是工人而能属于工人阶级？为了调和教授与工人之间的矛盾，我接受了这个说法，但是心里始终是糊里糊涂的。不管怎样，我仍然兴高采烈地参加工会的工作。一九五二年，北大迁到城郊以后，我仍然是工会积极分子。我被选为北京大学工会主席。北大教授中，只有三四人得到了这个殊荣。

据季羡林介绍，"钱端升当过工会主席，而后是金岳霖当工会主席"。除了季羡林，其他几位的情况怎样呢？

钱端升（1900—1990），著名政治学家，中国现代政治学奠基人，时任北大法学院院长。尽管他思想上积极要求进步，愿意为人民服务，当上了工会主席，但遗憾的是，因为政治学的敏感性，在1955年中国科学院第一次学部委员遴选中，他竟无缘当选哲学社会科学部委员，而季羡林则于1956年当选。

金岳霖（1895—1984），著名哲学家，逻辑学家，时任北大哲学系教授。他1953年加入中国民主同盟，1956年加入中国共产党，季羡林也于同年入党。金岳霖也是1956年的中国科学院哲学社会科学部委员。他说过："我们花大功夫，长时间，学习政治，端正政治态度。我这样的人有条件争取入盟入党，难道我可以不争取吗？"季羡林在清华时听过金岳霖先生的课，对他非常尊重。不管怎样，从季羡林、钱端升、金岳霖当选工会主席这件事上，我们看到新中国成立初期知识分子要求思想进步是一种潮流。

还有一位老教授也与季羡林一道在工会工作过，那就是陈岱孙先生。陈岱孙（1900—1997），著名经济学家，早年留学英、美、法等国家，时任北大经济系教授。季羡林在清华上学时，他是法学院院长兼经济系主任。

季羡林还说过："新中国成立后，我是北大的工会干部，一直当到主席。工会干部穿西服，不伦不类，穿中山装，就显得跟工人靠近，穿着穿着，就成了习惯，习惯成自然，等到全社会都西服化，我就成了守旧落伍分子。"读到这里，亲爱的读者，您明白了吧，原来季羡林教授那标准装束蓝卡其布中山装就是这样来的。

季羡林当工会主席尽职尽责。他曾以工会主席的身份主持欢迎战斗英雄张积慧的大会。那天北大民主广场人山人海，当击落美国"王牌飞行员"的英雄出现在主席台上时，人群中响起雷鸣般的掌声。音乐家时乐蒙也前来助兴，唱起了"二呀么二郎山，高呀么高万丈"的歌曲。季羡林还为抗美援朝组织过几次募捐活动，有一回在五道口剧院举办募捐义演，著名京剧表演艺术家李多奎表演了精彩节目。

还有一次工会组织活动是欢迎陈毅回校做报告。都知道陈毅是北大校友，可是陈毅却说："我哪儿是北大毕业的啊？那时候，是在中法大学挂了个名。我就在沙滩的中老胡同租了间房子，到北大旁听。我这个校友是这么来的。"

那时的季羡林年富力强，精力充沛，热情洋溢，奔走于广大师生中间，在教学、科研、工会以及其他活动中不停地忙碌着，渐渐地，他的威信日增。1951年北京市人民代表选举，他当选为人民代表，肩负着参与重大决策的神圣责任。据《北京大学纪事》记载：

> 1951年3月9日下午，学校召开全校师生员工大会，内容：北大参加北京市第三届人民代表会议的代表钱端升、季羡林等传达市人代会的决议，并详细报告了大会对北大所提出的39个提案的处理经过。师生们听到自己的意见被提到大会讨论并有了结果，都感到兴奋、满意。

在北京市人代会上，关于拆除天安门前东西两座牌楼曾引起争论，著名建筑学家梁思成等人不赞成，有的甚至痛哭。此事汇报给毛泽东，他说："这些遗老遗少们啊，当亡国奴他们没有哭；拆几座牌楼古坊，就要哭鼻子！"季羡林本来在会上也反对拆除，听说毛主席讲话了，便不再坚持自己的意见。

那时的各种会议多起来，虽然不像后来政治运动时那样多，但由于季羡林兼职多，各种名目的会颇不少。会议参加多了，季羡林积累了一套"经验"。正如张光璘在《季羡林先生》一书中所描写："凡是同季羡林一起开过会的人，都会知道他参加会议的几大特点：一是提前十分钟到会场，绝不迟到；二是发言不说空话、套话，言简意赅，说完就完，绝不拖泥带水；三是语言生动有趣，偶尔说几句诙谐幽默的话，引得哄堂大笑，使会议气氛十分活跃；四是他主持会议到点散会，绝不拖延时间，让与会者都能吃上饭。"

首次出访

1951 年，新中国派出第一个大型文化代表团访问友好邻邦缅甸和印度。代表团肩负着宣传新中国、宣传新中国的睦邻友好政策的光荣使命。经胡乔木推荐，季羡林作为团员参访。

9 月 20 日，新华社公布了代表团组成人员：

团长：中央人民政府政务院文化部副部长、物理学家丁西林。

副团长：经济学家李一氓。

团员：前北京大学历史学教授陈翰笙，文物局局长、文学批评家、小说家郑振铎，小说家刘白羽（兼代表团秘书长），清华大学中国哲学史教授冯友兰，清华大学物理学及应用数学教授钱伟长，中央美术学院教授、画家吴作人，北京大学经济学教授狄超白（兼代表团副秘书长），北京大学东方语文学系教授季羡林，戏剧家、电影导演张骏祥，北京师范大学中国文学系教授叶丁易，中国红十字会总会副秘书长倪斐君（兼代表团副秘书长），画家、敦煌文物研究所所长常书鸿，中央音乐学院上海分院教授周小燕。

周总理亲自过问组团工作并审定出国展览的图片。代表团成员均为精心挑选的文化界、学术界有代表性的学者、教授，另有工作人员 6 人。整个夏天团员们都在紧张地准备，拍摄了大量反映新中国新气象的照片，陈列在故宫的一个大殿里供领导审看。临行前，印度、缅甸驻华使馆均设宴为代表团壮行。

9 月 20 日代表团乘火车去广州，在那里把讲稿和资料译成英文，进行最后的准备工作。前往车站送行的有政务院文化教育委员会副主任兼文化部部长沈雁冰、文化教育委员会秘书长兼新闻总署署长胡乔木、出版总署署长胡愈之、外交部副部长章汉夫、文化部副部长周扬、教育部副部长韦悫、新闻总署副署长萨空了、政务院文化教育委员会对外文化联系事务局局长洪深、人民革命军事委员会总政治部文化部部长陈沂、中国人民保卫世界和平反对美国侵略委员会副秘书长吴茂荪、中国人民救济总会秘书长伍云甫、中华全国文学艺术界联合会秘书长沙可夫、外交学会副会长周鲠生以及各人民团体代表 100 余人。那时候广州解放不久，国民党飞机不时前来骚扰，特务破坏活动时有所闻。代表团成员外出，都有怀揣短枪的便衣暗中保护。季羡林利用在广州逗留的机会到岭南大学康乐园拜会恩师陈寅恪。师母唐筼亲自下厨，设家宴款待。没有想到的是，这竟是季羡林和陈寅恪的最后一次相见。

代表团从广州乘车去香港，在维多利亚港乘船到仰光。在缅甸稍事停留，参观了仰光的大金塔，而后乘飞机到加尔各答。代表团的下一站是印度首都新德里，季羡林作为先遣队成员先期抵达，住进中国驻印度大使馆，后来又与冯友兰、丁西林、李一氓等人被特邀下榻在印度总统府。代表团先后访问了德里大学、阿里加大学，参观了德里红堡、泰姬陵、阿格拉红堡、圣雄甘地墓。在离开新德里时，受到印度总统普拉萨德、总理尼赫鲁和教育部部长阿萨德的接见并出席印度外交秘书梅农和印中友协举办的招待会。在印度各地访问了6个星期，几乎访遍了印度各大城市和佛教圣地。离开印度后正式访问缅甸，约3周以后，1952年1月10日代表团返回香港，1月24日回到北京。

新中国的文化使者来到印度和缅甸，受到两国政府和人民热烈隆重的欢迎和接待。季羡林1935年开始研究印度学，16年间付出了大量心血，他第一次踏上印度的土地，心情如何？在季羡林1952年4月写成、40年后才发表的散文《到达印度》中，我们可以看到当年的一些真实情景和季羡林的心境：

> 我终于走下了飞机，踏上了印度的土地。飞机场上挤满了人，大概总有两三千吧。站在最前列的人是从印度首都新德里飞来的印度政府的代表，加尔各答市政府的代表和各人民团体的代表。稍远的地方，不知道是在木栅栏以内，还是木栅栏以外，有许多人排队站在那里，里面有华侨，也有印度人民，他们手里高举着五星红旗和别的旗子。一阵热烈地握手之后，我们每个人的脖子上都套上了四五个或更多的浓香扑鼻，又重又大又长的花环，仿佛要把我们整个的脸都埋在花堆里似的……在激昂的呼声中，我们渐渐被人潮涌出飞机场。我们前后左右全是人，每个人都有一张笑脸对着我们。在不远的地方，大概是在木栅栏以外吧，有一队衣服穿得不太好的印度人，手里举着旗子一类的东西，拼命对着我们摇晃。我们走过他们面前的时候，蓦地一声"毛泽东万岁！"破空而下，这声音沉郁、热烈、而又雄壮，仿佛是内心深处喊出来的，里面充满了火热的爱……是他领导我们站了起来的，我今天非常具体地有了站了起来的感觉。

在印度的科钦，季羡林在博物馆看到了大量的中国明代青花瓷器，感到非常亲切。乘小艇游览海港，想到当年郑和船队来访，大家情不自禁，高声唱起："五星红旗迎风飘扬。"

在缅甸的东枝，在风光旖旎的茵莱湖，代表团参观湖中奇异的浮岛，参观浮岛上的木楼水村。他们坐在橘树下，看小舟破浪，仿佛置身童话世界。

这次出访给季羡林留下了终生难忘的美好印象。在晚年，他在回忆这次印缅之行时写道：

> 我不能忘记，我们曾在印度洋的海船上，看飞鱼飞跃。晚上在当空的皓月下面对浩渺蔚蓝的波涛，追怀往事。我不能忘记，我们在印度闻名世界的奇迹泰姬陵上欣赏"琼楼玉宇，高处不胜寒"的奇景。我不能忘记，我们在亚洲大陆最南端的科摩林海角沐浴大海，晚上共同招待在黑暗中摸黑走了八十里路，目的只是想看一看中国代表团的印度青年。我不能忘记，在佛祖释迦牟尼打坐成佛的金刚座旁流连瞻谒，我从印度空军驾驶员手中接过几片菩提树叶，而芝生先生（冯友兰）则用口袋装了一点金刚座上的黄土。我不能忘记，在金碧辉煌的土邦王公的天方夜谭般的宫殿里，共同享受豪华晚餐，自己也仿佛进入了童话世界。我不能忘记，在缅甸茵莱湖上，看缅甸船主独脚划船。我不能忘记，我们在加尔各答开着电风扇，啃着西瓜，度过新年。我不能忘记的事情太多太多了，怎么说也是说不完的。一想起印缅之行，我的脑海里就成了万花筒，光怪陆离，五彩缤纷。

这是多么美好的一次出访！在后来，特别是改革开放以后季羡林又多次访问缅甸和印度，写下了许多文字优美的游记。作为著名学者和社会活动家，他的足迹遍及 30 多个国家和地区，把中国人民的友好情谊带给世界人民，又把世界各国人民的友好情谊带回中国，他成了名副其实的友好使者。

"洗澡"运动

1951 年在高等教育界掀起轩然大波的思想改造运动，北大是始作俑者。

有学者认为，这场运动摧残中国的教育、中国的文化和中国知识分子的良知。

1951 年 6 月 1 日经济学家马寅初就任北大校长。暑期，马寅初发起"暑期学习会"，组织教职员学习 40 天。马寅初说"政府交给我们北京大学的任务，是做全国的模范"，"要建设新中国，北大要在大学中起模范作用，搞不好对不起国家。北大是首都的大学，有光荣的革命传统"，"我想，北大的革命传统要保持下去，学生是进步的，教员跟着也要进步。时代向前跑，你要跟着前进"。学习方法是听报告，读文件，联系本人思想实际和学校情况开展批评与自我批评。马寅初还邀请周恩来为教职员做了一次报告。

9 月 7 日，马寅初给周恩来写信说，北大教授中有新思想者，如汤用彤副校长、张景钺教务长、杨晦副教务长、张龙翔秘书长等 12 位教授，响应周总理改造思想的号召，发起北大教员政治学习运动。"他们决定邀请毛主席、刘副主席、周总理、朱总司令、董老、陈云主任、彭真市长、钱俊瑞教育部副部长、陆定一副主任和胡乔木先生为教师，嘱代函请先生转达以上 10 位教师"。9 月 9 日，周恩来将马寅初的信转呈毛泽东。9 月 11 日毛泽东在信上批示："这种学习很好，可请几位同志去讲演，我不能去。"

9 月 29 日，周恩来在中南海怀仁堂给京津高校教师代表做《关于知识分子的改造问题》的报告。以自己的切身体会详细论述了知识分子如何正确认识思想改造，取得革命立场、观点、方法等问题。周恩来说，他参加革命 30 多年，就是不断进步、不断改造的过程。30 多年中，他犯过很多错误，栽过跟头，碰过钉子，之所以如此，一方面是由于对理论、原则认识得不清楚；另一方面是由于自己相信的那一点道理跟实际相矛盾，行不通，因此就必须向进步理论请教，向广大群众求教，从实践中求得新的认识，发现新的道理。他说，他这样做了，就有力量，就行得通了，就可以不犯或少犯错误。他又说，现在自己虽然担负了政府的领导工作，但还要学习和改造，因为自己不知道的事情还很多，没有明白的道理也很多，所以要不断地学习，不断地认识，这样才能够进步。周恩来还论述了取得正确的立场和态度的重要性。他说，每一个人在学习和工作中都会遇到一个立场和态度问题，即站在什么立场和抱什么态度看待和处理问题。他要求知识分子应该首先站在人民的立场上，即为绝大多数人民的最高利益着想的立场，然后再经过学习、实践和锻炼，进一步站到工人阶级立场。他说，中间立场、中间态度是没有的。他恳切希望教师们认真学习，开展批评与自我批评，努力使自己成为文化战线上的革命战士。他要求大家建立一个信心：只要决心改造自己，不论是怎样从旧社会过来的，都可以改造好。

周恩来的言传身教感染了广大教师。从此，北大掀起了轰轰烈烈的思想改造运动。

无论是马寅初，还是周恩来，他们的初衷都是好的，与人为善的，但事情的结果却出乎人们的预料——这样的自愿学习，竟然演变成波及全国200万知识分子的"运动"。从1951年秋到1952年秋，历时整整一年，由于思想上急功近利，方法上简单粗暴，逐渐演变成自我检查、人人过关、揭发批判、上纲上线、人人自危的局面。一些知识分子在思想感情上受到很大伤害，严重地挫伤了他们投身新中国建设的积极性。当时运动的情景，非亲历者是很难想象的。汤用彤先生的儿子汤一介回忆说："平时，父亲很少和我谈话，有一天他参加了一场批判会，回来后他沉默着，思考着，忽然对我说：'不应该这样对待一位老教授。今天我去太庙参加批判工学院的老教授，大家围成一圈，让老教授站在中间，在各种辱骂的批判声中，大家把老教授推来推去，推倒在地。我看着，心中十分难过。中国人的不忍之心还有没有了？'"

这次思想改造运动中提出"脱裤子，割尾巴"，后来换了一个比较文雅的说法，俗称"洗澡"，季羡林在"洗澡"中的表现如何呢？他在1995年《我的心是一面镜子》一文中回忆说：

……第一场大型的政治运动，是三反、五反、思想改造运动。我认真严肃地怀着满腔的虔诚参加了进去。我一辈子不贪公家一分钱，三反、五反与我无缘。但是思想改造，我却认为，我的任务是艰巨的，是迫切的。笼统来说，是资产阶级思想；具体说来，则可以分为几项。首先……我从对国民党的观察中，得出了一条结论：政治这玩意是肮脏的，是污浊的，最好躲得远一点。其次，我认为外蒙古是被原苏联抢走的；中共是受苏联左右的。思想改造，我首先检查、批判这两个思想。当时，当众检查自己的思想叫作"洗澡"，"洗澡"有小、中、大三盆。我是系主任，必须洗中盆，也就是在系师生大会上公开检查。因为我没有什么民愤，没有升入"大盆"，也就是没有在全校师生大会上检查。

在中盆里，水也是够热的。大家发言异常激烈，有的出于真心实意，有的也不见得。我生平破天荒第一次经过这个阵势，句句话都像利箭一样，射向我的灵魂。但是，因为我仿佛变成一个基督教徒，怀着满腔虔诚的"原罪"感，好像话越是激烈，我越感到舒服，我舒服得浑身流汗，仿佛洗的是土耳其蒸气浴。大会最后让我通过以后，我感动得真流下了眼泪，感到身轻体健，资产阶级思想仿佛真被廓清。

季羡林在系里检查两次就通过了，并且取得了领导东语系运动的资格，后来甚至成了文、法两个学院的领导小组组长。当时他万万不曾想到，这只是新中国成立后一系列政治运动的开始，他在这次运动中最大的"收获"就是"原罪"感。季羡林和他这一代知识分子，注定要为"原罪"付出高昂的代价。

北大的思想改造运动，经过三番五次地"洗澡""过关"，最后只剩下两个"钉子户"，即西语系的朱光潜和经济系的周炳琳。他们在院、系做过多次检查，均未通过，又在全校大会上做过三次检查，仍未通过。

1952 年 4 月 8 日，周炳琳在法学院全体师生大会上做第三次检查，大会的主持者收到了 540 多条意见。周炳琳向马寅初表示，他拒绝再做检查，"愿意承担一切后果"。马寅初校长、钱端升院长亲自到家中看望周炳琳，希望他能改变态度，但他对检讨仍抱抵触情绪。法学院为了帮他过关，成立了四个研究小组，对他的思想进行研究，制定对策。运动到了这个地步，群众发动起来了，群众说了算，群众认为不满意，只能继续检讨下去。马寅初也不知该如何收场，4 月 18 日专门主持会议研究周炳琳在全校大会检查的有关事宜，甚至动员周炳琳的共产党员女儿给他做工作。最后，周炳琳表示愿意听取大家的批评，进一步做检查。

毛泽东得知此事后，4 月 21 日写信给彭真："送来关于学校思想检讨的文件都看了。看来除了张东荪那样个别的人及严重的敌对分子以外，像周炳琳那样的人，还是帮助他们过关为宜。时间可以放宽些。北京大学最近对周炳琳的做法很好，望推广至各校，这是有关争取许多反动或中间派的教授们的必要的做法。"

毛泽东的批示下达后，4 月 22 日周炳琳在民主广场举行的全校大会上做思想总结和检查，终获通过。朱光潜也随之通过检查。而被毛泽东"点名"的张东荪是燕京大学教授，此人在政治上鼓吹"第三条道路"。因为他促成北平和平解放有功，新中国成立初期曾任中央人民政府委员。在思想改造运动中，张东荪因被发现"出卖国家机密"而被撤销了中央人民政府委员和民盟中央常委职务。

一级教授

从北平和平解放到 1952 年 9 月院系调整，北大从沙滩迁至海淀原燕京大学的校址，即著名的燕园，大约是三年半时间。回顾这段岁月，正如季羡林所说："人民政府一派人来接管北大，我就成了忙人。"他在为群众的事情而忙，为民盟的活动而忙，为临时交办的任务而忙，也在为自己的教学任务而忙。但是，在总结 1950—1956 年的学术成果时，他惊奇地发现，"在整整七年中，有五年我的研究成果竟是一个零"。

1950 年他只写了两篇文章：《纪念开国后第一个国庆日》和《记〈根本说一切有部律〉梵文原本的发现》。

1951 年写了 8 篇文章，分别是《〈新时代亚洲小丛书〉序》《语言学家的新任务》《介绍马克思〈印度大事年表〉》《从斯大林论语言学谈到"直译"和"意译"》《对于编修中国翻译史的一点意见》《史学界的另一个任务》《不列颠在印度的统治》（翻译）、《不列颠在印度统治的未来结果》（翻译）；出版了汉译马克思《论印度》。

1952 年写了两篇文章：《随意创造复音字的风气必须停止》《团结起来，拯救和平》。按照季羡林的说法，没有一篇称得上是学术论文。

这种情况不仅出现在季羡林一个人身上，在其他许多老一辈学者中亦不鲜见。有些老教师是因为所谓"历史问题"或者"思想问题"背着"包袱"，季羡林的情况有所不同，一个主要原因是兼职繁多，会务缠身。

除了做好系主任、工会主席、民盟、人大代表的工作外，季羡林还承担许多的社会职务，也用去了大量时间。比如，1951 年 12 月 26 日，政务院文化教育委员会举行第 31 次委员会议，决定成立中国文字改革研究委员会。由文教委员会主任郭沫若主持，副主任马叙伦报告中国文字改革研究委员会筹备经过，通过中国文字改革研究委员会名单：主任委员马叙伦，副主任委员吴玉章，委员胡乔木、韦悫、罗常培、黎锦熙、丁西林、叶恭绰、陆志韦、魏建功、季羡林、陈家康、吴晓铃、林汉达，会议还通过了中国文字改革研究委员会组织细则。文改会的工作占去了季羡林不少时间。再如，1952年5月16日，中印友好协会在北京隆重成立，会长为文化部副部长丁西林，副会长陈翰笙，理事有老舍、吴印咸、吴作人、吴茂荪、季羡林、洪深、胡愈之、陈叔亮、冯友兰、刘白羽、刘尊棋、邓拓、戴爱莲、龚普生、张明养。那时候，中印两国关系处在蜜月期，双边活动十分频繁。同年10月2日，丁西林、陈翰笙举行酒会欢迎印度诗人哈林德拉纳特·查托巴迪雅亚，出席作陪的理事有老舍、吴作人、吴茂荪、季羡林、张明养、刘白羽，文学艺术界人士有梅兰芳、夏衍、柯仲平、郑振铎、田汉、艾青、邓拓、田间、谢冰心、贺绿汀、丁善德、周小燕、马少波、张骏祥、孙慎、朱明、邹荻帆、华君武等。

尽管季羡林对自己学术研究的成果不满意，但领导和群众对他的工作和业务表现看得很清楚。1952年7月间，院系调整快要结束时，全国高校首次评定工资，季羡林被评为一级教授，跻身老资格的学者专家之列。当时一级教授有陈寅恪、梁思成、陈岱孙、王力、林徽因、郭绍虞、钟敬文等。全国一级教授不过区区几十名，评审条件极为严格，除了学术成就之外，政治条件也很重要，如冯友兰因所谓"政治关系"问题而被评为四级教授，直到1956年重评时才晋升一级。一级教授无疑是知识界的重量级人物：马寅初是行政三级，相当于政府的副总理，汤用彤、翦伯赞、曹靖华是行政四级，相当于省部级官员。

收藏字画

1952年夏天，季羡林开始收藏名人字画。此时经过"三反""五反"，国家经济形势逐步稳定，物价低而稳定。此时的季羡林评为一级教授，享受大学教师最高等级的工资。他一贯生活简朴，不吸烟不喝酒，除了养家糊口和买书之外，季羡林手里有了余钱。买些什么呢？他和朋友商量。1948年协助他筹办泰戈尔画展的吴作人，当时担任中央美术学院的教务长，他们一起参团访问印度和缅甸，已经成了无话不谈的知心朋友。吴作人就住在建国门古观象台附近，他与齐白石老人熟识，在书画界朋友甚多，季羡林本人对书画外行，可是有吴作人长眼，不必担心买了假货。吴作人受季羡林之托，找到国画泰斗齐白石老人，买了4幅画作。季羡林在《寿作人》一文中回忆说：

> 忘记了准确的时间，可能是解放初期，我忽然对藏画发生了兴趣。我虽然初出茅庐。但野心颇大：不收齐白石以下的作品。我于是请作人帮我买几张白石翁的作品，他立即以内行的身份问我："有人名的行不行？"当时收藏家有一种偏见，如果画上写着受赠者的名字，则不如没有写名的值钱。我觉得这个偏见十分可笑，立即答道："我不在乎。"作人认识白石翁，买的画决不会是赝品。过了不久，他就通知我，画已经买到。我连忙赶到在建国门内离古观象台不远的老房子里去取画。大概有四五张之多，依稀记得付了相当于以后人民币三十元的价钱。这几张画成了我藏画的起点。

这里需要说明的是，最近卞毓方先生查看了季羡林保存的吴作人的来信，关于这批画，1952年6月和7月间有3封来信，说明当时买画一共4张，花了79万元，季羡林是分两笔将画款汇给吴作人的，第一笔50万元，第二笔29万元。请读者注意，这里说的是旧币，1万元相当于新币1元。我们再来细看这4件作品：

第一件，《茨叶双蛙图》，齐白石94岁作，20万元。

第二件，《蟹》，齐白石93岁作，6尺，已经裱好，25万元。

第三件，工笔虫草，补小红花一丛，齐白石早年作品，20万元。

第四件，虾3只，齐白石旧作，有上款，2尺，14万元。

大师的作品，价格如此低廉，不买还等什么？季羡林的底气足了：买，继续买，齐白石以下的不要。不单要新作，古董好的也要。

除了请吴作人帮忙，季羡林与文物商店也没少打交道。当时常见一位琉璃厂的伙计，穿长衫背着包袱出入季宅。从1952年到"文化大革命"以前，季羡林收藏的历代名家字画有数百张之多。所幸在"破四旧"时幸存下来，当年不值多少银子的字画，如今成了价值不菲的宝物，其中应该有国宝级珍品。据说有一件苏轼的《御书颂》，笔者无缘得见，但听季老身边人多次提及，颇有意思：

这幅字，文物商店告诉季羡林，不是苏东坡真迹，是照原样描的。有趣的是，乾隆皇帝弘历对它十分喜爱，有几段御笔题跋，还加盖了印玺。在捐给学校之后，季羡林又把它借回来欣赏，在宿舍挂了几日，突然不翼而飞，害得老爷子寝食难安。最后竟在桌面下边找到：字画被人悄悄用胶带粘在桌子背面了。从此，围绕字画，诡事迭出，至今未得消停。这也许是一不小心成了收藏家的季羡林先生始料未及的吧。

我的老师季羡林

第七章
春到燕园

第七章 春到燕园

中关村

1952 年 9 月，北大从城内沙滩的红楼迁至西郊海淀原燕京大学校址。10 月 4 日，举行院系调整后第一个开学典礼，校长马寅初发表了拥护院系调整和努力建设新北大的热情洋溢的讲话，并对刚调来的副校长，后来担任北大党委书记的江隆基表示欢迎。至此，北大的院系调整全部完成。

顺便介绍一下：教育家江隆基，1905 年生，陕西西乡人，1925 年考入北京大学，1927 年加入中国共产党，1952 年到北大任职，1959 年调兰州大学，1966 年被批斗、撤职，而后自杀，"文革"结束后平反。他与季羡林工作上交集不多，曾出席吸收季羡林入党的支部大会，并发表热情洋溢的讲话。

在院系调整中，东语系属于国内少数民族语言的专业划归中央民族学院，东语系只保留东方外国语言；国内外均有的民族语言，如朝鲜语和蒙古语，则与中央民族学院分工培养，北大任务对外，中央民族学院对内。调整后的东语系新增了乌尔都语、波斯语，加上原有的梵语、巴利语、日本语、阿拉伯语、朝鲜语、缅甸语、越南语、印地语、印度尼西亚语、蒙古语、泰语，共有 13 个语种。

东语系搬进西校门内北侧的一栋二层大屋顶仿古建筑，定名为"外文楼"，至今已有 60 多年历史了。季羡林在这里上班 31 年，直至 1983 年卸掉系主任职务。

季羡林的住所也从东城的翠花胡同搬到中关村的一套单元楼房里。季羡林住在 506 号，本系朝鲜语教师杨通方和夫人李玉洁住在 505 号，两家门对门。这位李玉洁女士，在季羡林的晚年，成为他的助手和管家。季羡林的住处距离外文楼约有两千米，他每天骑自行车上下班。中关村这个地名，原是中官村，因为靠近海淀的皇家园林，在清代是个太监聚居地与埋骨之地。后来取其谐音，遂有了现在的地名。如今，这里高楼林立，车水马龙，非常繁华；60 年前却十分偏僻冷清，周围都是庄稼地，连马路都没有，更谈不上什么商店、饭馆了。1964 年笔者入学的时候，当地老人还将紧挨中关村的五四操场取名“棉花地”，可见这周围的环境之一斑。季羡林住翠花胡同时，每天早晨可以在红楼前的早点摊吃一碗豆腐脑，吃一个热乎乎的烧饼，时间来不及时买一个烤白薯，趁热吃下去也蛮不错的；中饭和晚饭，隔三岔五去“菜根香”打打牙祭，生活过得不错；可现在，他只能天天吃食堂，每天晚饭时多买一个馒头带回家，第二天早晨把馒头切成片，烤热了，再沏上一杯酽茶，外加一碟花生米，就是一顿早餐。

关于中关村宿舍当年的情景，季羡林的外甥女、画家弭金冬回忆：“舅舅那时（1953 年——笔者）独自住在中关村的一个单元房子里。这里有三间房间，但他的书更多。屋子里全是书橱、书架，每个房间里都有一张书桌。桌子上书和稿纸，还有一些书堆放在地板上，非常凌乱。我想帮他收拾，他看到后对我说千万不要动。他说，虽然有点乱，但书放在什么地方他都有数，如果一收拾换了地方找起来会非常麻烦。特别是桌子上的东西，更不能动。”

1955 年，女儿婉如大学毕业，分配在北京工作。儿子季承供职的中科院近代物理研究所也在中关村，离季羡林住的地方不远。季承发现父亲的宿舍很乱，卧室朝北，窗户缝隙很大，吹进来不少尘土。冬天很冷，季羡林晚上蜷缩着睡在床上。

批判，批判

经历了“三反”“五反”和思想改造运动，季羡林在“中盆”里“洗了澡”，感觉身轻体健，满以为从此天下太平，岂料批判的浪潮接踵而至：批判《武训传》，批判《早春二月》，批判《红楼梦研究》，批判胡适，批判胡风，批判丁玲、陈企霞……季羡林当时并不适应，然而，他响应党的号召，怀着改造旧思想、接受新思想的善良愿望参与其中，现在看来其结果是谈不上有什么收获，只不过加深了他的"原罪"感。他后来回忆说：

> 正当众多的知识分子兴高采烈，激情未熄的时候，华盖运便临到头上。批完了《武训传》，批俞平伯，批完了俞平伯，批胡适，一路批、批、批、斗、斗、斗，最后批到了陈寅恪。此时，极大规模的、遍及全国的反右斗争还没有开始，老年反思，我在政治上是个蠢材。对这一系列的批与斗，我是心悦诚服的，一点没有想到其中有什么问题。我虽然没有明确地意识到，在我灵魂深处，我真认为中国老知识分子就是原罪的化身，批是天经地义的。

对电影《武训传》的批判，早在1951年10月毛泽东发出知识分子思想改造的号召之前就开始了。这虽然只是对一部电影的批判，与身处学术界的季羡林并无直接关系，但批判一旦在政治思想、文化艺术领域，乃至全社会形成沸沸扬扬、惊天动地的局面时，他感到很不理解，甚至彷徨和苦闷。对于那些刀笔吏式的指摘和谴责，他无论如何也想不通。武训（1838—1896），据2010年版《辞海》（第六版缩印本）："清末山东堂邑（今聊城西北）柳林镇武家庄人，原名武七。少孤贫。自恨不识字，提出'修个义学为贫寒'。以乞讨、放债等，买地设义塾。得到清政府嘉奖，被封为'义学正'，赏穿黄马褂，未接受。"在季羡林的家乡，武训是个尽人皆知、受人尊敬的历史人物。1951年5月20日，《人民日报》发表由毛泽东亲自修改的社论，把《武训传》定为"诬蔑中国历史，诬蔑中国民族的反动宣传"，于是凡与《武训传》有关的作者、编导、演员、文化官员，说过赞美话、写过赞美文字的人，凡是涉及武训的绘画、故事、曲艺的作者无一幸免，一而再、再而三地做检讨，有的还过不了关。这种政治空气对季羡林来说无疑具有精神压力，但他并没有在公开场合表态。

紧接着是对电影《早春二月》的批判。季羡林等被召集到西四西大街一个大院子里看这部电影，然后座谈。如果不是因为临时有事中途退场，他一定会在发言中对这部电影大加赞赏，认为画面美丽，人情味儿极浓。事后有

我的老师 季羡林

人告诉他，这部电影已被定为"坏片子"，是宣传资产阶级人道主义的。他吓了一跳，觉得显然是有人故意安排的一场闹剧。季羡林虽然侥幸躲过因说错话挨批，但是他高兴不起来。

继批判电影《武训传》《早春二月》之后，是对俞平伯的《红楼梦研究》的批判，这又是一次"反对资产阶级思想的严重斗争"。毛泽东 1954 年 10 月 16 日给中央政治局及其他有关同志写了《关于红楼梦研究问题的信》，信中指出，"事情是两个'小人物'做起来的，而'大人物'往往不注意，并往往加以阻挡，他们同资产阶级作家在唯心论方面讲统一战线，甘心作资产阶级的俘虏"，"这是对三十多年以来所谓《红楼梦》研究权威的第一次认真开火"。接着，毛泽东笔锋一转，把矛头指向胡适，"看样子，这个反对在古典文学领域毒害青年三十多年的胡适派资产阶级唯心论的斗争，也许开展起来了"。于是，全国各人文社会科学研究机构、高等院校、文联、作协纷纷举行批判会，教授、学者、作家纷纷发言和撰文批判俞平伯，批判胡适。这次批判，北大绝不落后，季羡林也要投身其中。据他回忆："我对幕后的活动并不清楚，估计也有安排，什么人发动，然后分派任务，各守一方，各司其职。最后达到了批倒批臭的目的，让所谓的'资产阶级学术思想'成为过街的老鼠，人人喊打。"12 月 1 日，北大工会召集文科部分教师和文学研究所人员举行座谈会，讨论如何通过批《红楼梦》研究进一步开展学术批判的问题。主持人是工会主席季羡林，校党委成员无人参加，校长马寅初作为教授出席，常务副校长江隆基代表学校给会议定下调子。令季羡林尴尬和无奈的是，他一向尊这两位被批判者俞平伯和胡适为老师。作为学生，他在感情上难以接受。在内心他对俞平伯的道德文章景之仰之，在公开场合还要拥护毛泽东发出的大批判的号召，他做不来心口不一的事，没有发表任何攻击俞平伯的言论，对胡适也是如此。胡适离开大陆刚好 6 年，他的名字被人们重新提起，一夜之间仿佛成了一个稻草人，浑身是箭，一个不折不扣的"箭垛"。季羡林是认真对待这场大批判的，他仔细阅读那些批判文章，只觉得在那种极左思潮影响下，满篇僵硬庸俗的教条，有的竟流于谩骂、污蔑，殊不足以服人。总之，他没有读到一篇真正能搔到痒处的文章。在季羡林看来，除了浪费许多纸张和笔墨、时间和精力以外，别无收获。对胡适的批判，给副校长汤用彤带来的压力却是灾难性的。有一天，他去参加由人民日报召集的批判会，在会上发病打翻了茶杯，由郑昕教授护送回到燕南园家中，上床以后便昏迷不醒，次日一早送入协和医院，诊断为重度脑中风，经一个多月治疗方清醒。

这场对俞平伯、胡适资产阶级学术思想的批判，很快又扩展到揭露和批判"胡风反革命集团"。1954年年底，中国文联和作协联合召开8次扩大会议，批判俞平伯的《红楼梦研究》和《文艺报》的负责人是向资产阶级投降，以贵族老爷态度对待"小人物"，压制新生力量。这终于"引蛇出洞"，对党的文艺政策有许多意见并已上呈党中央"三十万言书"的胡风按捺不住，在会议上发言，慷慨陈词，将矛头指向文艺界上层领导人……1955年年初，党中央在中宣部的报告上批示：胡风披着马克思主义的外衣，在长时期内进行着反党反人民的活动，对一部分作家和读者发生欺骗作用，因此必须加以彻底批判。就这样，斗争的性质发生了根本转变，胡风给友人的信成为反革命罪状的铁证。随着三批《关于胡风反革命集团的一些材料》的公布，胡风及其朋友被关进监狱，成为专政对象。接着，开展了一场"肃清胡风反革命集团的斗争"，在全国清查历史反革命的"肃反"运动。被牵涉到的人为数不少，艺术界和学术界都有；"肃反"中自杀的人时有所闻，北大的一位汽车司机对季羡林说，晚上开车要十分小心，怕冷不防有人从黑暗中跳出来，甘愿做轮下之鬼。

季羡林在批判胡风乃至后来批判丁玲、陈企霞的运动中按兵不动，因为他与他（她）们几乎没有任何关系。1955年4月底，他作为以郭沫若为团长、巴金为副团长的中国代表团成员赴印度参加"亚洲作家会议"。返回北京后，批判胡风运动进入白热化阶段，对胡风反革命集团全国共讨之，全党共诛之。但季羡林继续三缄其口，这不是因为他有多么高明，多么有远见，只不过他对胡风及其作品知之甚少，更不想置身这场文化人自相残杀的悲剧中。季羡林对人对事一向极为认真，绝不采取任何不负责任的态度和轻率的做法。不过胡风与朋友的通信作为罪证被打成反革命，倒是引起季羡林的警觉。他在《牛棚杂忆》中说，"我有一个好坏难明的习惯：我不但保留了所有的来信，而且连一张小小的收条等等微不足道的东西，都精心保留下来"，但他自信"我从不反党，反社会主义；我也没有加入任何反动组织，'反革命'这一顶帽子无论如何也是扣不到我头上来的"。他绝没有想到，他的这个习惯后来会让他吃尽了苦头。

至于本节开头提到的对陈寅恪的批评，那是1958年"大跃进"期间"拔白旗"

的事。

公元 1956 年

1956 年，是季羡林生命历程中的重要一年。有几件重要的事，注定要载入史册。

第一件事是 1 月 4 日至 20 日，中共中央召开关于知识分子的会议。周恩来在会上做《关于知识分子问题的报告》，指出："他们中间的绝大部分已经成为国家工作人员，已经为社会主义服务，已经是工人阶级的一部分。我们要发展社会主义建设，必须依靠体力劳动和脑力劳动的密切合作，依靠工人、农民、知识分子的兄弟联盟。"讲话的中心思想是"为了最充分地动员和发挥知识分子的力量"，对知识分子工作中存在的问题和缺点进行批评，并提出了一系列改革措施。会议最后一天毛泽东讲了话，向全党发出努力学习科学知识，同党外知识分子团结一致，为迅速赶上世界科学先进水平而奋斗的号召。会后，全国出现了"向科学进军"的新气象。5 月 2 日，毛泽东在最高国务会议上提出以"百花齐放、百家争鸣"作为我国发展科学、繁荣文学艺术的方针。9 月 15 日至 27 日召开的中国共产党第八次全国代表大会指出，"国内主要矛盾已经不再是工人阶级和资产阶级的矛盾，而是人民对于经济文化迅速发展的需要同当前经济文化不能满足人民需要的状况之间的矛盾；全国人民的主要任务是集中力量发展生产力，实现国家工业化，逐步满足人民日益增长的物质和文化需要"。刘少奇的政治报告指出："党对于学术性质和艺术性质的问题，不应当依靠行政命令来实现自己的领导，而要提倡自由讨论和自由竞赛来推动科学和艺术的发展。"

党中央的声音一经传达，广大知识分子欢欣鼓舞，曾几何时，他们还戴着"资产阶级知识分子"的帽子，现在终于属于"工人阶级的一部分"了。学术界和教育界在经历了 5 年的"脱胎换骨"之后，那些教授、学者、专家又一次感受到党的温暖和关怀，他们决心将自己的才能重新施展出来，承担起教书育人的重任，全国上上下下弥漫着春天的气息。

对于春天的来临季羡林的感觉非常敏锐。对于周恩来关于知识分子问题的讲话他深信不疑，相信共产党说话是算数的。感动之余，他要掏出心窝子为"向科学进军"贡献光和热。是年3月，东语系创办了《翻译习作》刊物，季羡林撰写的发刊词足以表达他此时的心声：

> 党和政府已经向全国的科学工作者发出了向科学大进军的号召，这是一项光荣而艰巨的任务。说它光荣，因为我们做的事情是前人所未做过的，只有今天在党的领导下才有可能。说它艰巨，因为目前我国的科学工作者，不论在质量上、在数量上都不够。要想接近世界先进水平是要经过极大的努力的。
>
> 为了完成这个任务，一方面老科学工作者要努力发挥自己的潜力；另一方面，年轻的科学工作者也要努力学习，努力向苏联和其他兄弟国家学习，向老科学工作者学习。这两个环节并行不悖，相辅相成。
>
> 在整个科学领域中，东方学是一门极为薄弱的学科。我们在这方面的研究工作同人民的需要有极大距离，和新中国的蒸蒸日上的国际地位比起来极不相称。从语言、文学、历史各方面的研究来说，我们都几乎毫无基础，都须要大力开展。但是在这个领域内，年老的科学工作者很少，因此，能不能在二十年内接近先进水平，主要是由年轻的科学工作者培养的程度来决定。
>
> 我们当前主要任务是培养翻译干部，我们将来要做的工作是翻译工作。在这方面的科学研究工作中，也同样是迫切需要的，急待展开的。展开的方式有多种多样的，出这样的小册子也是方式之一。
>
> 我们有绝对的信心，完成这一项光荣艰巨的任务，因为我们有党的领导，有马克思列宁主义作为指导的明灯，愿我们大家共同努力，携手前进！

第二件事，是季羡林政治上的大事，就是加入中国共产党。4月4日是清明节前夕，燕园春光明媚，和风轻拂，景色如画。下午，俄文楼二层音乐厅座无虚席，东语系教员党支部在这里召开会议，讨论季羡林的入党问题。参加会议的不仅有东语系的党员，还有外系高级知识分子中的入党积极分子。会议经过认真严肃的讨论，一致通过季羡林的入党申请，预备期一年，会场爆发出热烈的掌声。党委书记江隆基亲临会议并发表了热情洋溢的讲话，对季羡林入党表示祝贺，重申党的知识分子政策，号召知识分子跟党走，齐心协力建设新中国。根据高教部的《北京大学典型调查材料》，当时对季羡林的评价是"受旧社会影响较小……接受新事物较快。政治、思想进步较大。这种人约有 54 人，以季羡林为代表。季羡林在抗战胜利后不久回国，新中国成立前对现实略有不满……当选北大工会文教部部长，积极工作，努力学习政治理论及时事政策，参加抗美援朝等工作。通过这一系列的现实教育和他自己的努力，政治上进步显著。"

季羡林的思想转变有一个过程。俗话说"日久见人心"，共产党的形象在他心目中，经历了从模糊到清晰、从好感到挚爱的变化过程。季羡林是一名坚定的爱国者，无论是国外 10 年，还是国内 10 年，他的表现有目共睹。在新中国成立初期的思想改造运动中，他说自己是"双清干部"，一清楚，二清白。他检查自己的问题主要是"对政治不感兴趣"，这应该看作他思想进步的表现，反映出他的政治理念是努力具备一个方正耿直的知识分子的爱国爱民思想，不带党派色彩和参加任何党派活动；他检查的另一个问题也不能算是严重的政治问题。季羡林认为共产党为了国家和人民的利益，为了中国的富强和社会进步，做了许多好事大事。他在一篇文章《充满信心，迎接1955 年》里由衷地赞扬共产党："我们中国人民现在之所以能蓬蓬勃勃像生龙活虎一般从事于各种建设事业，使我们的祖国天天改变着面貌，我们之所以取得上面那些胜利，是和毛主席和中国共产党的领导分不开的。"他愿意坚定地跟党走。

季羡林在申请入党问题上，一直持慎重态度。新中国成立以来，他的思想重心放在反省所谓旧时代知识分子的"原罪"上，他要求进步，努力工作，都包含有一种"赎罪"的想法。他在《我的心是一面镜子》一文里说："我从内心深处觉得自己是一个地地道道的'摘桃派'。中国人民站起来了，自己也跟着挺直了腰板。任何类似贾桂的思想都一扫而空。我享受着'解放'的幸福，然而我干了什么呢？我确实没有当汉奸，也没有加入国民党，也没有屈服于德国法西斯，但是，当中华民族的优秀儿女把脑袋别在裤腰带上，浴血奋战、壮烈牺牲的时候，我却躲在万里之外的异邦，在追求自己的名利、事业。天下可耻事宁有过于此者乎？我觉得无比的羞耻。"他甚至幻想，让时间倒流，再回到战争年代，给他上前线的机会，立功赎罪……他认为自己这个"摘桃派"，不配做一名共产党员，因此申请入党犹豫再三，最后还是下定了决心。

在那次党员大会上，他并没有说更多的话，他要以实际行动来兑现自己的入党誓言。

季羡林是一个非常认真的人，他组织观念强、严守党的纪律。党组织交给他的任务，他总是认真负责、竭尽全力完成，从不讲条件。入党不到半年，他就以工作人员身份参加了中国共产党第八次全国代表大会。那次大会有59个国家的共产党、工人党派来代表团。季羡林奉中共中央组织部之命，参加了翻译处德语组同声传译工作。

第三件事，是季羡林译自梵文的迦梨陀娑的著名剧本《沙恭达罗》正式出版。《沙恭达罗》是一部诗剧，剧中有散文对白，中间掺杂着一些诗，有点像中国的京剧。剧中人国王、婆罗门（丑角除外）、男性神仙都讲梵文，小丑和女性使用俗语。从语言可以看出身份的高低，印度古代戏曲都是这样的。剧情取材自印度古代史诗《摩诃婆罗多》，情节并不复杂：国王豆扇陀到山林中游猎，遇到了仙人的养女沙恭达罗，二人一见钟情，私自结了婚。国王回了城里，留下一个戒指作信物。他走后，沙恭达罗朝思暮想，失魂落魄，怠慢了一位脾气极大的仙人。仙人发出诅咒，让国王永远忘记沙恭达罗。后来沙恭达罗的女友向仙人求情，仙人改口，允许国王在见到信物后想起沙恭达罗。养父送沙恭达罗进城，国王却不认她。沙恭达罗想拿出戒指，但戒指在路上洗手时不小心掉进河里了。沙恭达罗没有办法，只能去找母亲——一个仙女，暂时在母亲处躲避。渔夫打鱼从鱼肚子里得到一枚戒指，把它献给国王。国王看见戒指，立刻想起了沙恭达罗。沙恭达罗却不见了。后来沙恭达罗生了一个儿子，国王来寻沙恭达罗，先见到儿子，后见到沙恭达罗，结局是大团圆。这个剧本歌颂了纯真的爱情，语言生动流畅，故事曲折感人。剧本诞生之后，深受印度人民喜爱，印度的许多民族语言都有《沙恭达罗》的译本。两个多世纪以前，剧本传到欧洲，18世纪末译成英语，后来又有了法语和德语译本，在欧洲产生了巨大影响。德国大诗人歌德曾写诗赞颂这个剧。《沙恭达罗》在我国出版后，在中国青年艺术剧院工作的文怀沙曾进行加工润色，并于次年9月将该剧搬上舞台，受到我国观众的欢迎，反响强烈。周恩来总理陪同来访的印度副总统拉达克里希南观看演出，季羡林在剧场向周总理和贵宾介绍了该剧的故事情节。

第四件事，是发表《吐火罗语的发现与考释及其在中印文化交流中的作用》一文。论文是1955年写成的，发表在《语言研究》杂志1956年第1期上。文中先讲述吐火罗语在中国新疆发现的经过，指出佛教初入中国时，最早翻译的佛典几乎很少是用梵文写成的，而是用中亚的某一种"胡语"写成，其中以吐火罗语为最多。因此，最早的汉文译名，若以梵文为标准去对比，往往不得其解，"佛"字就是一个最有说服力的例子。过去法国学者烈维已经举出过几个例子，但范围还过于狭隘。季羡林注意到这个问题，又举出两个例子，一个是"恒河"，一个是"须弥山"，这两个词都不是直接来自梵语，而是经过吐火罗语的媒介。这就将吐火罗语在佛教东传中的意义凸显出来；从狭义上说，他以丰富的资料证明，"恒河"来自吐火罗语 A 的 gank、吐火罗语 B 的 gank 或 gan，而"须弥山"则来自吐火罗语（A、B 同）的 sumer。季羡林已经掌握了大量的有关证据，上述两个字仅仅是其中之一二。季羡林回国后虽然已不能像在德国那样，继续从事吐火罗语的研究，但他仍然念念不忘曾经留下自己足迹的学术前沿阵地。

第五件事，是写出《原始佛教的语言问题》一文，这篇论文完成于 1956 年 12 月，发表在次年首期《北京大学学报》上。这是印度佛教史上和西方梵文巴利文学界的一个比较重要的问题。即原始佛教究竟使用什么语言来学习佛言。季羡林的结论是：佛允许比丘们用各自的语言来学习佛言。原始佛教的语言问题，是季羡林终生从事的研究课题。这篇论文是他的重要研究成果之一。1959 年他携带该论文参加了缅甸研究会成立 50 周年纪念大会，英译稿发表在会刊上。

这几件事足以证明季羡林响应党的向科学进军的号召是积极的，是全力以赴成果累累的。就在这一年，高校教师重新评级，季羡林仍然评为一级。当时北大一级教授有陈岱孙、翦伯赞、冯友兰、王力、郑昕等 28 人，占全国 56 名一级教授的一半。同年，季羡林当选中国科学院哲学社会科学部委员。

侥幸过关

1956 年过去了，1957 年来临。这是一个政治运动雨骤风狂的年份。2 月底 3 月初，毛泽东在最高国务扩大会议上做《关于正确处理人民内部矛盾的问题》的重要讲话。4 月 27 日中共中央发出《关于整风运动的指示》。5 月 8 日至 6 月 3 日，中共中央统战部召集 13 次座谈会，听取党外人士对整风的意见，5 月 19 日至 6 月 19 日，国务院召开座谈会，听取党外人士意见。6 月 8 日，中共中央发出《关于组织力量准备反击右派分子进攻的指示》，8 日至 11 日，

《人民日报》连续发表《这是为什么》等 4 篇社论，整风运动转化为大规模的反右斗争。

北大处于政治斗争的风口浪尖上。5 月 15 日至 25 日共青团第三次代表大会在北京举行。由于对本校参会代表人选和产生办法质疑，历史系二年级的几个团员青年于 19 日贴出一张大字报，引发了北大的反右运动。不久，校长马寅初因为《新人口论》遭到批判，党委书记江隆基也因反右不力被免职调离，陆平出任党委书记兼副校长。1960 年，马寅初被免去校长职务，陆平任校长兼党委书记。陆平（1914—2002），原名刘志贤，吉林长春人，祖籍山东掖县（现已撤销）。一二·九运动中曾任北大学生会执委。抗战时期战斗在晋察冀边区，新中国成立后在铁道部工作，到北大任职前曾任铁道部政治部主任、哈尔滨铁路局局长等职。"文革"初期被打倒，1975 年 4 月"解放"，7 月出任七机部副部长、党组副书记。

在一浪高过一浪的政治运动中，季羡林的老师、同事，不断有人中箭落马，一个个成了批判的"靶子"。季羡林的好友储安平、李长之都成了右派分子。到底发生了什么事，一般人是弄不明白的，季羡林当然不明白，不理解。"反右派斗争"，那么大的运动，他认为许多当了"右派"的是好样的，是真心帮助共产党，是为了共产党好的。他坚持尽量不要给学生戴右派帽子。至于他自己，因为受到一些学生的错误攻击，阴差阳错成了"右派"攻击的对象。新中国成立初期，东语系招生增加过快，有些学生毕业难以分配到对口的工作，引发了转系风潮。有些学生在黑板上写"救救没娘的孩子！"要求转系，矛头对着系主任季羡林，其实季羡林并没有少为学生的分配问题操心，计划招生的失误不应由他承担责任。可学生们不管这些，闹得厉害。为平息事态，上面派人来做工作，最终有 104 名学生从东语系转出。其中就有学缅甸语的何芳川，转到了历史系。

关于"反右斗争"，季羡林后来回忆说：

学校虽然没有正式宣布停课，但实际上上课已不能正常进行，运动是压倒一切的。我虽是系主任，但已无公可办。在运动初期，东语系由于有的毕业生工作分配有改行现象，所以有一部分学生起哄闹转系。我作为一系之长一度成为一部分学生攻击的对象，甚至出现了几次紧急的场面。幸而教育部一位副部长亲自参加了处理工作，并派一位司长天天

我的老师季羡林

来北大同我一起面对学生，事情才终于达到妥善解决。我也就算是过了关，成为"逍遥派"。

虽说作为"逍遥派"的季羡林既不被批，也不批别人，他对那些"犯了错误"的学生还是竭力保护，提供力所能及的帮助。据他当年的学生、后来任香港和平图书有限公司副总裁的钱王驷回忆，他当时上大三，只有19岁。运动中说过"外行不能领导内行"之类的话，被划为"中右"。不料到了1958年，为了完成上级下达的指标，他又被纳入右派候选名单，是季羡林和党总支负责人坚持才把他从这个可怕的名单中救了出来。钱王驷毕业后，分配到广西，专业不对口。季羡林得知后，亲自出面与有关部门领导联系，将他调回北京，安排做外宣工作。

1958年"大跃进"时，浮夸之风劲吹，天天"放卫星"，人的主观能动性被吹得神乎其神，当时说是粮食亩产几万斤，季羡林虽然出身农家，但他离开乡下太早，对农业生产没有感性知识，所以对此深信不疑。事后他说，这说明自己政治上十分幼稚。"大跃进"期间，高教界"拔白旗"，季羡林有件党员教授的红色外衣，而且他参加中国作家代表团去塔什干出席亚非作家会议并访问苏联，"白旗"拔不到他的头上。每个系都有几位"资产阶级知识分子"挨批，他们不是出身不好，就是有什么历史问题。当火烧到他的恩师陈寅恪时，他心里很不是滋味，虽然被再三动员，季羡林还是坚决拒绝参加这场闹剧式的大合唱。他不愿意厚着脸皮充当事后诸葛亮。说不上季羡林有什么先见之明，他坚守一条底线，决不出卖自己的良心。季羡林访问苏联回来，在一次会议上，有人要他讲一讲访苏观感，而且说是党内会议，放开讲无妨。季羡林的在苏见闻，并非都是愉快的、令人鼓舞的。他实话实说，岂料会后有人抓住只言片语，上纲上线，说他有"反苏倾向"。这帽子够吓人的。幸亏他发表了两篇散文，一篇《歌唱塔什干》，一篇《塔什干的一个男孩》，都是歌颂中苏友谊的，有同志据此替他辩解，据理力争，那顶可怕的帽子才没能扣在他的头上，他得以又一次涉险过关。

1959年庐山会议以后，"反右倾"运动也殃及不少的人。新调来的北大副校长邹鲁风带领北大、人大联合调查组调查"人民公社"运动，因为调查结论不符合上面的要求，被打成"右倾机会主义分子"，被批判斗争，邹鲁风受到巨大的政治压力，含冤自杀了。后来经过甄别，发现这是一桩错案。1963年，

1958年，季羡林参加塔什干亚非作家会议时留影。

邹鲁风的女儿参加高考，她完全符合录取条件，被东语系录取了。但是，这种情况必须上报。上报之后，有人责问季羡林："你怎么把邹鲁风的女儿也招进来了？"季羡林理直气壮地反问："邹鲁风怎么了？不是已经平反了吗？"

做学问的境界

尽管政治运动接连不断，可季羡林的主要精力仍然放在教学和做学问上。季羡林十分欣赏王国维在《人间词话》里写的一段话：

古今之成大事业大学问者，必经过三种之境界："昨夜西风凋碧树，独上高楼，望尽天涯路。"此第一境也。"衣带渐宽终不悔，为伊消得人憔悴。"此第二境也。"众里寻他千百度，蓦然回首，那人却在灯火阑珊处。"此第三境也。

据笔者所知，他曾不止一次在文章中引用这段话，1959 年 7 月，他首次在《研究学问的三个境界》一文中引用，并根据自己的经验和体会进行了解释：

第一境界，"昨夜西风凋碧树，独上高楼，望尽天涯路"，出自宋代词人晏殊的《鹊踏枝》。意思是：在秋天里，夜里吹起了西风，碧绿的树木都凋谢了。树叶子一落，天地间显得特别空阔。一个人登上高楼，看到一条漫长的道路，一直通向天边，不知道究竟有多么长。形象地说明了一个人立志做一件事情时的情景。志虽然已经立定，但是前路漫漫，还看不到什么具体的东西。他本人在 1935 年冬，立志学习梵文的时候，情况即是如是。

第二个境界的"衣带渐宽终不悔，为伊消得人憔悴"几句词引自柳永（王国维误为欧阳修——笔者）的《蝶恋花》。王国维借用那两句来说明：在工作中一定要努力奋斗，刻苦钻研，日夜不停，坚持不懈，即使累得身体瘦削，连衣裳的带子都松了也不后悔，仍然勇往直前。季羡林告诫学生们说，在王国维时代，这样做是必要的，而现在时代不同了，同学们要在努力学习的同时注意锻炼身体，千万不能把自己搞得很憔悴。季羡林认为，在三个境界中，这可以说是关键，根据他自己的体会，立志做一件事情之后，必须有这样的精神才能成功。要想在实践活动中找出规律来进一步推动工作，是十分艰巨的事情。就拿我们从事教育和科学研究的人来说吧，搞自然科学的，既要进行深入、细致的实验，又要积累资料。搞社会科学的必须积累极其丰富的资料，并加以细致的分析和研究。在工作中，会遇到层出不穷、意想不到的困难，一定要坚韧不拔，百折不回，决不允许有任何侥幸求成的想法，也不容许徘徊犹豫，只有这样才能得到最后的成功。

接着，季羡林加进了自己的发挥，提出了"接力棒"理论："我们既要自己钻研，同时也要兢兢业业地向老师学习。打一个不太确切的比喻，老师和学生一教一学，就好像是接力赛跑，一棒传一棒，跑下去，最后到达目的。我们之所以要尊师，就是因为老师在一定意义上是跑前一棒的人。一方面，我们要从他手里接棒；另一方面，我们一定会比他跑得远，这就是所谓'青出于蓝，而胜于蓝'。"学术事业、教学活动如同接力赛，一代一代薪火相传。季羡林就是从自己的老师陈寅恪、瓦尔德施密特、西克等人手中接过接力棒，努力跑好自己这一棒，又把它传给自己的学生的。而他跑自己这一棒，无疑是坚持了"咬定青山不放松""衣带渐宽终不悔"的精神的。20 世纪 30 年代，初学梵文的重重困难，学习吐火罗文时，如同在原始森林中寻路，他都没有退缩；40 年代缺乏资料和起码的研究条件，他没有放弃；50 年代、60 年代、70 年代，无休无止的政治运动，他锲而不舍，从未放弃。他的学术之路，可谓艰辛备尝。

说明第三个境界的词引自辛弃疾的《青玉案·元夕》，意思是到处找他(她)，也不知找了几百遍几千遍，就是找不到，猛一回头，那人就在灯火不太亮的地方。王国维引用这几句词来说明获得成功的情形。一个人既然立下大志做一件事情，于是就苦干、实干、巧干。但是什么时候才能成功呢？大可以不必过分考虑。只要努力干下去，而方法又对头，干的火候够了，成功自然就会到你身边来。季羡林本人则是经过数十年如一日的艰苦奋斗，终于登上了学术的巅峰。

季羡林的这篇短文，为千千万万向科学进军的年轻学子教授了科学的方法。过了40年，季羡林在题为《成功》的另一篇文章中说：

积七八十年之经验，我得到了下面这个公式：

天资 + 勤奋 + 机遇 = 成功

"天资"，我本来想用"天才"；但天才是个稀见现象，其中不少是"偏才"，所以我弃而不用，改用"天资"，大家一看就明白。这个公式实在是过分简单化了，但其中的含义是清楚的……

把成功的三个条件拿来分析一下，天资是由"天"来决定的，我们无能为力。机遇是不期而来的，我们也无能为力。只有勤奋一项完全是我们自己决定的，我们必须在这一项上狠下功夫，在这里，古人的教导也多得很。这是先举韩文公。他说："业精于勤荒于嬉，行成于思毁于随。"这两句话是大家都熟悉的。

王静安在《人间词话》中说：

古今之成大事业大学问者必经过三种之境界："昨夜西风凋碧树，独上高楼，望尽天涯路。"此第一境也。"衣带渐宽终不悔，为伊消得人憔悴。"此第二境也。"众里寻他千百度，蓦然回首，那人却在，灯火阑珊处。"此第三境也。

静安先生第一境写的是预期。第二境写的是勤奋。第三境写的是成功。其中没有写天资和机遇。我不敢说，这是他的疏漏，因为写的角度不同。但是，我认为，补上天资与机遇，似更为全面。我希望，大家都能拿出"衣带渐宽终不悔"的精神来从事做学问或干事业，这是成功的必由之路。

当他再次引用王国维的这一段话时，他对这段话的理解已经得到了升华。

作为成功人士,他有资格谈论如何获得成功。"勤奋",这就是季羡林成功的"秘诀",也是他用来度人的"金针"。

燕园之春

从1949年初北京解放到1966年春夏之交爆发"文化大革命"这十几年,无疑是季羡林生命中的春天,虽说春天不总是风和日丽,春天也有风有雨,但春天毕竟是春天。

经过"大跃进"的狂热和三年困难时期的冷静反思,燕园师生的注意力终于又集中到了教学上来。季羡林明显地感受到燕园气氛的这个变化。好好做学问,向科学进军,这很对他的心思。1960年,东语系招收了新中国成立后第一个梵文巴利文班,季羡林和金克木教授亲自授课,培养了新中国第一批通晓古代印度语言的人才。季羡林接连写了几篇颇具影响的散文。其中的《春满燕园》,被选入不同的课本或选本,影响了不止一代人。

《春满燕园》写于1962年5月,这是一篇情景交融的优美散文,是60年代季羡林散文的代表作。文章开头写时令已是暮春,燕园花事渐衰,看来春天就要归去了。第二段说:"人们心头的春天却方在繁荣滋长。这个春天,同在大自然里的春天一样,也是万紫千红、风光旖旎的,但它却比大自然里的春天更美、更可爱、更真实、更持久。"第三段,倒叙前一天晚上,一位年老的教师在灯下伏案工作的情景。第四段写当天早晨,校园里到处书声琅琅,图书馆里青年学生们全神贯注学习的情景。接着,他满怀深情地写道:

> 我很自然地就把昨天夜里的情景同眼前的情景联系了起来。年老的一代是那样,年轻的一代又是这样,还能有比这更动人的情景吗?我心里陡然充满了说不出的喜悦。我仿佛看到春天又回到园中:繁花满枝,一片锦绣。不但已经开过花的桃树和杏树又开出了粉红色的花朵,连根本不开花的榆树和杨柳也满树红花。未名湖中长出了车轮般的莲花,正在开花的藤萝颜色显得格外鲜艳。丁香也是精神抖擞,一点也不显得疲惫。总之是万紫千红,春色满园。

1963 年北大东语系领导班子合影。前排左二为季羡林。

在文章的结尾，他说：

    这难道仅仅是我一个人的幻象吗？不是的。这是我心中那个春天的反映。我相信，住在这个园子里的绝大多数的教师和同学心中都有这样一个春天，眼前也都看到这样一个春天。这个春天是不怕时间的。即使到了金风送爽、霜林染醉的时候，到了大雪漫天、一片琼瑶的时候，它也会永留心中，永留园内，它是一个永恒的春天。

季羡林呼唤着永恒的春天，憧憬着永恒的春天。他愿把自己的学识和心血全部奉献给这个美丽的春天。作为教师，作为系主任，他尽自己的努力，要把春天的温暖带给每一个学生。季羡林想用自己的实际行动留住春天。全国万千莘莘学子也向往着永恒的春天。然而，春天不可能是永恒的，"风雨送春归"，人们毕竟留春无计。季羡林不曾料到，一场新的、史无前例的狂风暴雨，就要到来了。

第八章

十年一梦

第八章 十年一梦

从"社教"到"文革"

北京大学"社会主义教育运动"开始于1964年冬天。"社教"也叫"四清":清政治、清经济、清组织、清思想。11月,200多人的"四清"工作队进驻北大,队长是时任中央宣传部副部长的张磐石。对于"社教"运动要整什么人,当时中央发的文件"二十三条"明确规定:"这次运动的重点,是整党内那些走资本主义道路的当权派。"究竟谁是"走资派"?像历次运动一样,工作队必须发动和依靠积极分子,"以阶级斗争为纲",先背靠背揭发"问题",然后把这些"问题"梳成辫子,面对面开展批判斗争。东语系也进了工作组,工作组首先要组织积极分子队伍。在"左"的思潮下,虽然说是有成分论,不唯成分论,重在政治表现,但成分即家庭出身,是一个重要的砝码;另一个重要砝码是政治历史。季羡林出身贫农,政治历史清白,有了这两条,加上他在师生中口碑很好,于是便被工作组认定是积极分子,尽管他也是当权派。

季羡林多年的搭档、系党总支书记贺剑城,还有副书记和党员副系主任,就没有这么幸运了。或者因为出身不好,或者因为有什么历史问题,或者被揭发出了什么问题,他们统统当了"走资派",成了这次运动的靶子。

工作队给北大的定性是"烂掉的单位"。校长兼党委书记陆平成了头号走资派。党委正副书记 6 人有 5 人被斗，常委 14 人有 11 人被斗；东语系党总支负责人被批判了 13 次。北大校园一时乌烟瘴气。教师和干部队伍分成了泾渭分明的整人派和挨整派。整人派中有位校党委委员、哲学系党总支书记聂元梓，是反对校党委、批斗陆平的干将，后来成了"文化大革命"的风云人物。季羡林的情况怎么样呢？在新中国成立后历次政治运动中，他是一个"跟跟派"，他知道自己政治水平不行，可认定响应党的号召不会错，既已被指定为积极分子，尽管对许多问题并不理解，但仍然稀里糊涂地站在"左派"一边。他在后来写的"文革"回忆录《牛棚杂记》中讲到自己当时的思想情况时说：

> 我的水平奇低，也中了极左思想的毒，全心全意地参加到运动中来。越揭越觉得可怕，认为北大已经烂掉了。我是以十分虔诚的心情来干这些蠢事的，幻想这样来保卫所谓的革命路线。我是幼稚的，但是诚实的，确实没有存在什么个人考虑，个人打算。专就个人来讲，我同陆平相处关系颇为融洽，他对我有恩而无怨。但是我一时糊涂蒙了心，为了保卫社会主义的前途，我必须置个人恩怨于度外，起来反对他。这就是我当时的真实思想。

提到陆平对季羡林"有恩无怨"，除了对他工作上的支持，还有一件不算小的事。季羡林的叔父故去之后，夫人和婶母仍在济南，又恰遇困难时期，季羡林不愿给组织上添麻烦。他的儿女背着他给陆平写信，要求把奶奶和母亲的户口迁到北京。经陆平特批，季羡林一家在京团圆。

"社教"运动进行到 1965 年 1 月，北京市委出来干预，说北大党委是共产党的党委，彭真亲自出马批评工作队，邓小平也批评了北大的"社教"运动。在国际饭店开会为挨整的校系领导平反，工作队给北大的结论被推翻，张磐石被中央书记处撤销了工作队队长职务，跟着工作队跑的积极分子一个个泄了气，主动或被动检讨。北大像烙大饼一样，翻了一个个儿。说是群众运动，实际是运动群众；因为上头的情况，下头是弄不清的。季羡林这时候只好跟着检讨。工作队领导班子全面改组，中宣部副部长许立群接任队长，北京市委书记处书记邓拓参加运动的领导工作，校党委书记陆平和副书记彭佩云、戈华都参加了领导小组。

"社教"积极分子虽然挨了批评，做了检讨，但是相当一部分并不服气。特别是聂元梓和哲学系一些青年教师，他们依然认为北大党委执行了资产阶级、修正主义的路线。他们对北京市委甚至中央书记处处理北大"社教"运动、保护北大党委心怀不满，抵触情绪很大，在等待时机翻案。北大的"社教"运动就这样结束了。

　　国际饭店会议开过不久，1965 年秋天季羡林又参加了农村的"社教"运动，被派到京郊昌平县（今昌平区）南口村搞"四清"，担任工作组副组长，组长是昌平县一位干部，指导员是东语系党总支书记贺剑城，互相配合得融洽而愉快。整个冬天和第二年前 5 个月，季羡林都在南口。此时山雨欲来风满楼，"文化大革命"已经迫近，他却浑然不知。虽然天天学习，天天在搞"阶级斗争"，可他还是没有一点政治敏锐性。他心里又存不住话，不会韬晦，许多无意间说出的话，被"有心人"记下来，成了后来人家攻击他的炮弹。读了姚文元的《评新编历史剧〈海瑞罢官〉》，季羡林说："我根本看不出《海瑞罢官》同彭德怀有什么瓜葛。"对姚文元的《评"三家村"——〈燕山夜话〉〈三家村札记〉的反动本质》，他更不以为然，别人回避犹恐不及，他却到处说："三家村的三位作者我都认识，有的还可以说是朋友。吴晗是我的清华老同学。"他全然没有料到北大会发生什么事。说政治敏锐性，本来他应该学习和借鉴一下别人的经验。比如与他一起参加"四清"的公安总队的一位同志，无论收到什么信，都以火焚之，以免日后惹祸。季羡林当时对此大惑不解，结果"文革"中祸事找到了头上。

　　北京市被说成是"针插不进、水泼不进的独立王国"，北大被康生等人选定为攻打北京市委的突破口，也就是发动"文化大革命"的突破口。1966年 5 月康生的老婆曹轶欧带调查组进驻北大，名义上是调查学术批判的情况，实际是来串联，伺机发难的。曹轶欧找到聂元梓等人，给他们看了尚未传达的《五一六通知》，他们感到为北大"社教"运动翻案的时机到了。聂元梓约集了哲学系几位青年教师，抓住北京市委大学工作部副部长宋硕的一次讲话，开始起草向北大党委和北京市委发难的大字报。5 月 25 日下午，大字报出笼，标题是《宋硕、陆平、彭珮云在文化大革命中究竟要干些什么？》，署名是聂元梓、宋一秀、夏剑豸、杨克明、赵正义、高云鹏、李醒尘 7 个人。后面的 6 个人，后来都同聂元梓分道扬镳了。大字报贴出后，立刻引起极大的争议，少数人坚决支持，多数人强烈反对。由于长期受党的教育，许多师生对身为党委委员的聂元梓带头反对党委感到不能容忍。当天夜里，华北局第一书记李雪峰来到北大，在党员干部大会上强调要遵守党纪国法和内外有别。康生则把大字报底稿报送在杭州的毛泽东。6月1日，《人民日报》发表社论《横扫一切牛鬼蛇神》，这篇社论经中央"文革"小组组长陈伯达修改定稿，"文化大革命"就此全面兴起。同日，毛泽东打电话给康生和陈伯达，下令广播聂元梓等人的大字报。第二天，大字报登上《人民日报》，还配发了评论员文章《欢呼北大的一张大字报》。聂元梓等人对反对这张大字报的师生展开激烈反攻，学校党政领导、专家教授和一些无辜群众被当作牛鬼蛇神一批又一批揪出来示众，戴高帽子挂牌子游街，校园里大字报铺天盖地，人山人海。张承先率领的工作组虽然进校，但难以控制局面。

6月4日，在南口参加"社教"的东语系师生接到通知："立即返校，参加运动。"他们乘坐汽车一进校门，就发现校园里热闹非凡，到处是人。刚下汽车，贺剑城就被揪走，拉到什么地方批斗去了，却没有人来揪季羡林，他还是一个自由人。回校后他做的第一件事就是看大字报。他发现东语系的大字报主要集中在两个人身上，一个是总支书记贺剑城，他是钦定的"陆平黑帮""走资派"，另一个是梵文教授金克木，他的罪名是"历史反革命"和"资产阶级反动学术权威"。当然被炮轰、挨火烧的不只他们两位，许多人都被大字报点名，包括季羡林，说他"业务挂帅""智育第一""白专道路""修正主义"，还有批判他那篇《春满燕园》的，说他"歌颂资本主义"，他感到莫名其妙。

也许是因为季羡林在"社教"运动中是积极分子，也许因为他在师生中没有"民愤"，也许因为他在过去的运动中没有和什么人结怨，反正运动初期季羡林不被认为是牛鬼蛇神。他的问题被普遍认为是人民内部矛盾，所以在"文革"初期的一次基层选举中，季羡林的大名被列入选民榜。看到许多自己尊敬的老师被揪斗，许多自己熟悉的朋友被打倒，场面残忍而野蛮，他的心情是矛盾复杂的。一方面，他难免物伤其类；另一方面，他又认为"文革"是为了"反修、防修"，自己应该竭诚拥护，积极参加运动。可是这一次他不是积极分子了，他得主要考虑自己的问题。自己是什么问题呢？他认为，有两顶帽子他是一定要戴的，一是"走资派"，二是"资产阶级反动学术权威"，按说性质应该是人民内部矛盾。可别人怎么看呢？他知道自己是泥菩萨过河，因此谨言慎行，大字报只看不写，什么斗"黑帮"，还有江青、陈伯达、康生等人亲自出马策动的轰轰烈烈反对工作组的活动，他都不参加。他只参加为外地来京串联学生的服务工作，或者下乡帮助农民麦收。用他自己的话说，是当了半年的"逍遥派"。

虽说是"逍遥派"，但是并不自在。他十分矛盾，既拥护"大革命"，又为国家前途和命运焦虑、担心。得知北京航空学院造反派揪斗彭德怀，他认定彭德怀是好人，担心彭老总脾气大，害怕跟红卫兵顶起牛来挨打，就提心吊胆去北航"参加"批斗大会，亲历惊心动魄的斗争场面，让他对彭德怀更加敬佩。

"逍遥"中有还两个小插曲：一次，一帮"红卫兵"闯入季羡林家"破四旧"，砸烂了他的一些心爱的小摆设，其中有惠山泥人大阿福。他们看到墙上的毛主席像一点灰尘都没有，责问季羡林是不是新挂上去的，季羡林急中生智，说自己天天擦拭，所以没有灰尘，得以蒙混过关。另一次，几个低年级学生恶作剧，勒令他交出人民币3000元，意思是看他老实不老实。他岂敢不从命？当他把钱送到40楼指定房间，几个学生面面相觑，其中一个说："这都是人民的血汗，拿回去，不许随便乱花。"他只好又把钱拿了回去。

上"井冈山"

1967年"一月风暴"，王洪文等在上海夺权。北京的聂元梓也带人四处"夺权"。由于对"夺权"问题观点分歧，师生逐渐分成两派。1966年8月11日，北大成立了"文化革命委员会"，聂元梓当主任。次年2月15日，拥护聂元梓四处夺权的三个组织红旗兵团、东风兵团和红教工兵团联合成立了群众组织新北大公社。那时笔者是个学生，同先生讨论对聂元梓的评价，季先生说："她或者是个圣人，或者是个骗子，我倾向于后者。"就是这样一个人，一时成了燕园的霸主，集党政财权于一身，为所欲为。

有压迫就有反抗。对于聂元梓的所作所为，不少师生逐渐不能忍受。于是在新北大公社之外，风起云涌，出现了大大小小的群众组织，大都自称为某某战斗队，至于战斗队的人数，则大的几十人、几百人；小的十几人、四五人。当时究竟有多少战斗队，谁也不清楚。8月，反对聂元梓的5个战斗队联合成立了井冈山兵团。新北大公社在朝，井冈山兵团在野，两派互相斗争，都是说自己如何如何革命，如何如何正确，对方如何如何错误，如何如何反动。只管目的，不择手段；造谣诬蔑，人身攻击；平平常常，司空见惯。因此就产生了一种新的"物质"，叫作"派性"。当时的说法是："亲不亲，派来分"。派性力量之大，足以使朋友割席，夫妻反目。

两派斗争的焦点是争夺领导权。"有了权，就有了一切"，这是两派共同的信条。为了争权，为了独霸天下，就必须搞垮对方。两派都努力拉拢教员和干部，特别是那些在群众中有影响的教员和干部，以壮大自己的声势。这时两派都各自占领了一些地盘。当权的新北大公社占有整个北大，井冈山兵团在学生宿舍区占了几座楼。每一座楼房都逐渐成为一个堡垒，守卫森严。两派都自己制造一些土武器。新北大公社财大气粗，把昂贵的钢管锯断，把一头磨尖，变成长矛。这种原始的武器虽"土"，但对付手无寸铁的井冈山，还是绰有余裕。井冈山不肯示弱，也拼凑了一些武器。两边剑拔弩张，到1968年3月至7月发生过几次大规模"武斗"，一名外来的中学生无缘无故地惨死在新北大公社长矛之下。

北大的世纪大讲堂当年是大饭厅，经常举行两派的大辩论。两派的主要头目坐在台上，群众坐在台下。坐在台上的井冈山头目中居然有一位老者。他是著名的流体力学专家、相对论专家周培源教授，他富有正义感，在群众中有相当高的威信，是党中央明令保护的少数专家之一。他是怎样参加群众组织井冈山的？季羡林听别人说，他不满那位"老佛爷"的所作所为，逐渐流露出偏袒井冈山的情绪，于是新北大公社就组织群众围攻他；有的找上门来，有的打电话谩骂、恫吓，弄得这一位老先生心烦意乱。原来他并没有参加井冈山的意思，但是，到了此时，他被逼上梁山，并被井冈山群众选为总勤务员之一。现在他也到大饭厅来，坐在台上参加大辩论，成为坐在主席台上年龄最大的人。两派群众把大饭厅挤得水泄不通，辩论的题目很多，无非是自以为是，而对方为非。这真正是你死我活的搏斗，但中间也不缺少搞笑的插曲。主斗者都是青年学生，还没有完全脱离孩子气。他们的举动几近儿戏。有一次，两派正在大饭厅辩论，唇枪舌剑，充满火药味。两派群众高呼助威，都瞪红了眼睛，恨不能喷出火焰焚毁对方。正当辩论到紧急关头，忽然从大饭厅支撑屋顶的大木梁上，"嘭"的一声，掉下来了一串破鞋。俗话说：拣什么的都有，没有拣骂的。可是台上的聂元梓却喊道："别理他们，他们是流氓！"台下群众先是惊愕，立刻转为哈哈大笑。辩论会只好草草收兵。

当时学校的情况就是这样闹嚷嚷、乱哄哄的。全国的情况也差不多。全北京，全国的群众组织都基本上形成了两大派，每一派都认为对方是敌人，唯我独革，军队被派出来支"左"，也搞不清楚谁是"左派"。结果有的地方连军队也分了派。

季羡林的情况如何呢？

他在运动初期受到冲击，校系两级领导。除了那极少数的几个"左派"，不管是不是"走资"，全都"靠边站"了，季羡林也不例外。然而，一般人认为，他的"问题"属于"人民内部矛盾"。他还算是"人民"。他深知这实在难得，所以最初下定决心，不参加任何一派，做一个逍遥派。在全校乱糟糟的情况下，置身派斗之外，不用操心，不用激动，简直置身乱世中的桃花源。反正学校里已经"停课闹革命"，他不必教书，不用写文章，有兴趣就看看大字报，听听辩论会，逍遥自在，无忧无虑。

但是，燕园天天发生的事情无时不在刺激着季羡林，他是一个有知觉有感情的人，故作麻木状是办不到的。他当了20年的系主任，担任过校工会主席，还担任过一些比较重要的社会职务，"树大招风"。更"危险"的是季羡林是一个疾恶如仇的人，一辈子不会说假话，对坏人坏事他决不姑息、迁就，注定他必然会站在暴风雨中。

季羡林认为，对待群众的态度如何，是判断一个领导者的重要尺度，是判断他执行不执行革命路线的重要标准。而偏偏在这个问题上，那个女人背离了正确道路。此时成立了"革命委员会"，那个女人摇身一变成了"红色政权"的头子、北京大学"革命委员会"主任，又是北京市"革命委员会"副主任。当时她的气焰嚣张不可一世。看到她对待群众的态度，季羡林心里愤愤难平。但是，他深知她愚而多诈，不愿意冒同她为敌的风险。他暂时韬晦，依违于两派之间，做出中立姿态。

然而客观情况不容许他"中立"。两派为了拉拢干部，壮大声势，都组织了干部学习班。有一些被打成"走资派"的干部，批斗了一阵之后，靠边站了，却也不再批斗，这些人有的成了两派争取的对象。季羡林也是其中之一。有不少东语系的教员动员他参加学习班。井冈山与新北大公社都拉他参加自己的学习班。季羡林明白，要是到井冈山学习班去"亮相"，隐含着极大的危险性。新北大公社毕竟是大权在握，人多势众，兵强马壮，而且又有那样一个心胸狭隘、派性十足的"领袖"，得罪了他们后果不堪设想。他迟疑许久，勉强参加了新北大公社的学习班。两派学习班的宗旨，从表面上看不出什么差别。季羡林不善于掩饰自己的想法，有话必须说出来，心里才痛快，他对于两派的看法，大家一清二楚，这就给他招来了麻烦。他认为，如果表态支持"老佛爷"，虽可保自身无虞，但这无异为虎作伥充当帮凶，如此违心的事，他做不来。两派的学生，采用车轮战术来拉他。新北大公社的学生找上门来，告诉他不许他参加井冈山派，并直截了当地提出警告："当心你的脑袋！"还不断向他家打电话，有甜言蜜语，也有虚声恫吓，花样繁多，频率很高。季羡林不胜其扰，他发了牛脾气。"你越来逼我，我就越不买账。"经过了激烈的思想斗争，他不顾危险，决定"上山"。他在日记中写道："为了保卫毛主席的革命路线，虽粉身碎骨，在所不辞！"他就这样上了井冈山。井冈山派的学生高兴了，立即选他当井冈山九纵队（东语系）的勤务员。前系主任当勤务员，这在当时是非常少见的。顺便说一句，鼓动大家选季羡林当"勤务员"，是笔者当年做过的诸多蠢事之一。

上山这个举动有双重性。好处是，它给季羡林内心带来了宁静，不必再为参加或不参加这样的问题而伤脑筋了。坏处是，它使季羡林卷入派斗。他同一些同派的青年学生贴大字报，发表演说，攻击新北大公社。他自恃从来没有参加过国民党或任何其他反动组织，历史是清白的，认为新北大公社不一定敢"揪"自己。他怀着一种侥幸心理。

此时，那位"老佛爷"已经当上了中共中央候补委员，趾高气扬，炙手可热。季羡林竟敢在太岁头上动土，她岂能善罢甘休？那年头形而上学猖獗，在对立面成员的言谈或文章中，抓住只言片语，加以曲解，诬陷罗织，无限上纲，就可以把对方打成"反革命"或"现行反革命"。这样的派性，就能杀人而且绰有余裕。这一点季羡林心里是清清楚楚的。

1967 年的夏天和秋天，季羡林天天都在走钢丝。他心里像揣着十五只吊桶，七上八下。此时，流言极多。一会儿说要揪他了；一会儿又说要抄他的家了。他在日记里，几乎每一周都要写上一句："暴风雨在我的头上盘旋。"这暴风雨说不定什么时候就会压下来，把他压垮、压碎。炎炎长夏，惨淡金秋，他都是在惴惴不安中度过的。

当了"反革命"

1967 年 11 月 30 日深夜，季羡林服过安眠药正在沉睡，忽然被一阵激烈的打门声惊醒。门开处闯进六七条大汉，手持大木棒，威风凛凛，面如寒霜。他们都是"老佛爷"的铁杆信徒。由于早有思想准备，季羡林并不吃惊。这叫"革命行动"。那是一个无法无天的年月，什么样的坏事，什么样的罪恶行为，都能在"革命""造反""阶级斗争"等伟大名词的掩护下，堂而皇之去干。

季羡林来不及穿衣服，就被赶到厨房里。他那年近古稀的婶母和老伴，也被赶到那里，一家三口成了阶下囚。此时夜深风寒，厨房里吹着刺骨的过堂风，"全家都在风声里"，人人浑身打战。他们被禁止说话，厨房门口站着两个彪形大汉，大棒就在他们眼前晃着。季羡林既不敢顽强抵抗，也不屑卑躬屈膝请求高抬贵手。他只是蜷缩在厨房里冰冷的水泥地上，冷眼旁观，倾耳细听。他知道，一家人的性命就掌握在这些暴徒手中。当时打死人是不受法律制裁的。他们的木棒中，他们的长矛中，就出法律。

季羡林看不到外面的情况，但耳朵是能听到的。只听到一大一小两间屋子里乒乓乱响。显然，"小将们"正在挪动床桌，翻箱倒柜。他们所向披靡，愿意砸烂什么，就砸烂什么；他们愿意踢碎什么，就踢碎什么。遇到锁着的东西，他们把开启的手段一律简化，不用钥匙，而用斧凿。管你书箱衣箱，管你木柜铁柜，咔嚓一声，铁断木飞。季羡林多年来省吃俭用，积攒了一些小古董、小摆设，都灌注着他的心血，来之不易，又多有纪念意义，在这些"革命者"眼中，却如同草芥，手下无情，顷刻被毁。看来对抄家这一行，他们已经非常熟练，手脚麻利，"横扫千军如卷席"。然而季羡林的心在流血。

楼上横扫完毕，一个姓 W 的学生来要楼下的钥匙。原来这位学生到季家来过，知道书都藏在楼下。他伸手要钥匙，季羡林不敢不给。自行车库里季羡林那些心爱的书籍遭殃的情况，他既看不见，也听不到。他的心在流血。

他们又强逼季羡林交出记载着朋友们地址的小本本，以便进行"瓜蔓抄"。此时季羡林又多了一层担心：那些无辜的朋友不幸同自己有了联系，也都要跟着倒霉了。他的心在流血。

此时季羡林全家三位老人的性命，掌握在这些"革命者"手中，他们呼天天不应，呼地地不灵。天地之大，竟无三个老人的容身之地。

我的老师 季羡林

"英雄"们在"革过命"以后，门外忽然静了下来，两个手持大棒的彪形大汉，一转眼不见了。楼外响起汽车开动的声音：英雄们得胜回朝了。汽车马达声刺破夜空，渐渐远去。此时正值朔日，天昏地暗。一片宁静弥漫天地之间，仿佛刚才什么事情也没有发生，只留下三个孤苦无告的老人，呆呆地面对英雄们"革过命"的战场。

　　屋子里一片狼藉。桌子、椅子，只要能打翻的东西，都打翻了。那一些小摆设、小古董，只要能打碎的，都打碎了。地面堆满了书架子上掉下来的书和从抽屉里丢出来的文件。季羡林辛辛苦苦几十年积累起来的科研资料，一半被抄走，一半散落在地上。睡觉的床被彻底翻过，被窝里非常结实的暖水袋，被人踏破，水流了一床。看着这样被洗劫的情况，三个人谁都没有说话——还有什么话可说呢？

　　这一夜是季羡林毕生最长的一夜，也是最难忘的一夜，用任何语言也无法形容的一夜。天一明，他就骑上自行车到井冈山总部去。妄想从"自己的组织"那里得到一点安慰。走在路上，北大所有的高音喇叭都放开了，一遍又一遍地号叫"打倒季羡林！"历数他的"罪行"。天空弥漫着"打倒季羡林"的巨大声浪。他已经变成了一只飞鸟，人人可以得而诛之。

　　到了井冈山总部，说明了情况。头头表面上表示同情，一方面派摄影师进行现场拍摄；另一方面他们已经决定调查季羡林的历史，必要时把他抛出来，甩掉这个包袱，免得受连累。季羡林的历史，他本人最清楚。但是，那种两派共有的可怕的形而上学和派性，确实是能杀人的。用那种形而上学的方式调查出来的东西能准确吗？能公正吗？与其将来陷入极端尴尬的境地，被"自己人"抛出去，还不如索性横下一条心，任敌人宰割吧。季羡林毅然离开那里，回到自己家中。现在家成了他的囚笼。他仿佛成了躺在砍头架上的死囚，时时刻刻等待利刃砍向自己的脖颈。

　　一夜之间，季羡林发生了质变：由人民变成了"反革命分子"。没有任何手续，也不需要什么证据，新北大公社一声"打倒！"他就被打倒了。东语系的掌权派命令他：必须待在家里！只许规规矩矩，不许乱说乱动！要随时听候传讯。可是，在最初几天，他等呀，等呀，却没有人来。原因何在呢？公社视他如眼中钉，必欲拔之而后快。但是，他们也感到，"罪证"尚嫌不足。于是便采用了先打倒、后取证的战略，希望从抄家抄出的材料中取得"可靠的"证据，证明打倒是正确的。结果他们"胜利"了。他们用诬陷罗织的手段，移花接木，找到了打倒他的"罪证"。到了抄家后的第三天或第四天，来了两个臂戴红箍的红卫兵，把季羡林押解到外文楼去受审。以前季羡林是外文楼的主人，今天则是囚徒了。

季羡林憋了一肚子气，又自恃没有辫子和尾巴，同审讯者硬顶，结果审讯不出什么。可是后来，审讯者的态度变得强硬了，因为他们认为"定罪"的材料已经凑足，心中有"底"了。

且看季羡林被打成"反革命"的三大罪证：

第一个罪证是一只竹篮子，里面装着一些烧掉一半的信件。他们说这是季羡林想焚信灭迹的铁证。说烧的全是一些极端重要的、含有重大机密的信件。事实是，季羡林原来住四间房子，"文革"中，看形势不对，赶忙退出两大间。房子减了一多半，积存的信件太多，因此想烧掉一些，减轻空间的负担。他在光天化日之下公开焚烧，心中并没有鬼。然而被一个革命小将劝阻，把没有烧完的装在一只竹篮中。今天竟成了"罪证"。他对审讯的人说明真相，结果对方说他态度极端恶劣。

第二个"罪证"是一把菜刀，是抄家时从季羡林婶母枕头下搜出来的。原来在"文化大革命"兴起以后，社会治安极坏，传说坏人闯入人家抢劫，进门先奔厨房搜寻菜刀，威胁主人。婶母年老胆小，每夜都把菜刀藏在自己枕下，以免被坏人搜到。现在审讯者硬说是在季羡林的枕头下搜出来的，是准备杀红卫兵的。他把真相说明，结果对方又说他态度更加极端恶劣。

第三个"罪证"是一张印有蒋介石和宋美龄照片的明信片。这是季羡林在德国哥廷根时一个姓张的留学生送的。季羡林对蒋介石的态度，自从1931年南京请愿被骗以后，从来没有好过。认为他是一个流氓。可是季羡林有一个习惯，别人给他的信件，只字片语，都要保留起来。结果这一张带照片的明信片碰到点子上了。审讯者硬说，季羡林保留这一张照片是想在国民党反攻大陆成功后邀功请赏的。季羡林向他们解释。结果是对方认为他的态度更加极端恶劣。

季羡林百口莫辩。在那个年月里，人家有政权，有高音喇叭，说你是什么，你就是什么。说你是"反革命"，你岂能不是"反革命"？面对这些看上去十分可怕的"铁证"，尽管季羡林对自己没有失去信心，但是这些"革命家"却处在派性加形而上学的控制之下，谁都没有办法说服他们。

季羡林白天神经高度紧绷，恭候提审，晚上躺在枕头上，辗转反侧，睁大眼睛，等候天明。他茶不思，饭不想，眼前一片漆黑，而且也不知道什么时候黑暗才会过去，能不能过去？

他反对"老佛爷"，真的捅了马蜂窝。站在对立面的不都是坏人，他相信绝大部分是好人。可是一旦中了派性的毒，则变得不可理喻。他们必欲置他于死地而后快。原来他认为是自己人的一派，态度与敌对的一派毫无二致。他被公社"打倒"了，井冈山的人也争先恐后，落井下石。最让季羡林难以忍受的是他的两个"及门弟子"，是井冈山的人，把他揪去审讯，他们竟动手动脚，拧他的耳朵。一位姓M的弟子还扬言："不做资产阶级知识分子的金童玉女！"当众把他呕心沥血编印的教材撕得粉碎。想到自己教他们的时候，种种良苦用心，竟被恩将仇报，季羡林伤心极了。他左右无路，后退不能，向前进又是刀山火海，何去何从呢？抉择的道路只有两条：一是忍受一切，二是离开这一切，离开这个世界。第一是绝对办不到的；看来只能走第二条道路了。

这是一个万分难作的选择。倘有万分之一的希望，一个人决不会选择死亡。况且还有一个紧箍咒：谁要走这一条路，不管出于什么原因，都是"自绝于人民"。一个人被逼得走投无路，手中还剩下唯一的一点权力，就是结束自己的性命。如果这是"自绝于人民"的话，那就自绝于人民一下吧。一个人到了死都不怕的地步，还怕什么呢？"身后是非谁管得？"眼睛一闭，让世人去说三道四吧。

决定一旦做出，季羡林的心情反倒平静了。他平静地、清醒地考虑实现这个决定的手段和步骤。他想了很多，想得很细致、很具体、很周到、很全面。在比较了各种自杀方式的优缺点之后，结论是服安眠药最合适。虽然这是典型的资产阶级方式，好在自己已经被打倒，成了"反革命分子"，这一点嫌疑也无须避讳了。接着他考虑行动的时间和地点。时间问题很容易解决：立即实行，越快越好。至于地点问题则颇费脑筋。最方便当然是在家里。但他顾虑重重。考虑到不要惊吓婶母和老伴，在家里不行。他想到王国维自沉的昆明湖，但那里人多，很难保证不被人发现救起；燕园北边的圆明园废墟，遍地荒草人迹罕至，应该是一个理想的地点。

季羡林认真考虑自己这50多年的一生最后几个钟头必须做的事情。他觉得有点对不起陪自己担惊受怕的年迈的婶母，对不起风风雨雨、坎坎坷坷，伴他度过40年的老伴，对不起儿女孙辈，对不起那些对自己仍怀有深情厚谊的亲戚和朋友。他把仅有的几张存款单，不动声色地递给婶母和老伴，勉强抑制住自己，没有让眼泪滴在存款单上。她们一定明白他的意思，她们没有激动，眼泪也没有流下。这就是季羡林生离死别的一幕。一切都平静、平淡得超乎想象。

季羡林半生患神经衰弱失眠症，长期服用安眠药，平日省吃俭用，节约下来不少，丸与水都有。这时搜集在一起，找了一个布袋子，把安眠药统统装在里面，准备走出门去，在楼后爬过墙头，再过一条小河和一条马路，前面就是圆明园废墟。

挨批斗

正当季羡林准备去圆明园自杀的时候，响起了十分刺耳的打门声。红卫兵又光临了。一开门闯进三个学生。他们是来押解季羡林接受批斗的。

季羡林深知，自己是一只被赶赴屠宰场的羔羊，只能任人驱使，任人宰割，毫无发言的权力。他只好悄悄地放下那只装着安眠药的袋子，跟着出去。两位老太太眼睁睁地看着自己的亲人被押走，也是一言不发。路上，他们边走边大声训斥，说季羡林态度恶劣至极，今天要给他一点颜色看，煞煞他的威风。季羡林一声不吭。他意识到，一场特大的风暴正在头上盘旋。以前看过的那一些残酷斗争"黑帮"的场面，今天降临到自己头上了。被押去批斗还不如杀头或者枪毙，那只是一秒钟的事儿，刀光一闪，枪声一响，就渡过难关了。现在却不知道，批斗要延续多久，也不知道，有些什么折磨人的花样……

季羡林被押解到大饭厅，从后门走进去，走到一间小屋子里，那里已经有几个"囚犯"面壁而立。季羡林不敢看任何人，也不知道他们是谁。他被命令面壁而立。他的耳朵能听到说话的声音，有的声音是熟悉的。凭直觉判断，到场的人都是新北大公社的。蓦地听到一声清脆的耳光声，是响在别的"囚犯"的脸上的。但是立刻又听到了一声更为清脆的耳光声，脸上火辣辣的。他意识到，这一声是发生在自己脸上。紧接着他的背上挨了重重的一拳，腿上重重的一脚。当时他既紧张，又恐惧；既清醒，又糊涂。他面壁而立，浑身的神经都集到耳朵上，身体的任何部位，随时都准备承受拳打脚踢。他知道，这些都只是序曲，大轴戏还在后面哩。

忽然听到一声断喝，像一声霹雳："把季羡林押上来！"于是走来两个红卫兵。一人抓住他的一条胳膊拧到背上。同时，每个人腾出来一只手，重重地压在他的脖颈上，不让他抬头。他就这样坐着"喷气式"被押上了批斗台，又跟跟跄跄地被推搡到台的左前方。"弯腰！"好，弯腰。"低头！"好，低头。但是脊梁上又重重地挨了拳："往下弯！"好，往下弯。可腿上又被凶猛地踢了一脚："再往下弯！"好，再往下弯。站不住了，双手扶在膝盖上。立刻又挨了一拳，还被踢了一脚："不许用手扶膝盖！"此时双手悬在空中，全身的重力都压到了双腿上，季羡林的双腿又酸又痛。真想索性跪在地上。但是他知道那样一定会招来一阵暴打。唯一的办法只有咬紧牙关忍受。

听到身后主席台有人讲话了。台上究竟有多少人，是什么人，他不清楚。有多少批斗者，又有多少被批斗者，更不清楚。只听见人声鼎沸，口号声震天动地。那个讲话的人究竟讲些什么，他根本没有心思去听。影影绰绰地感觉到，今天自己不是主角，只是个被押来"陪斗"的"配角"。挨斗的主角是北大副校长、党委副书记戈华。这是一位老革命，只因反对那一位"老佛爷"，也被新北大公社"打倒"，今天抓来批斗。只听见清脆的耳光声，剧烈的脚踢声，沉重的拳头声，声声不绝。季羡林知道他正在受难。也许有人正用点着的香烟烧他的皮肤。可他自己也是泥菩萨过江——自身难保。况且他的双腿酸痛得无法形容，已经再没有力量支撑身体了。眼前冒金星，满脸流汗。他咬紧了牙根，自己警告自己："要忍住！要忍住！你可无论如何也不能倒下去呀！否则那后果就不堪设想了！"忽然，一口浓痰"啪"的一声吐在季羡林的左面的脸上。想用手去擦，是绝对不允许的，只能"唾面自干"。他牙根咬了再咬，心里默默地数着数，希望时间过得快些。

突然间，大饭厅里沸腾起来，震天的口号声此起彼伏。批斗大会结束了。季羡林还没有来得及松一口气，又被人卡住脖子，反剪双臂，押出会场，上了一辆敞篷车，要出去"示众"了。只觉得马路两旁挤满了人。有人向他投掷石头，打到他的头上，脸上，身上。他觉得有一千只手挥动在他的头顶上，有一千只脚踢在他的腿上，有一千张嘴向他吐着唾沫。他招架不住，也无法招架。现在生命掌握在别人手中，他只有横下了一条心，听天由命。

过了不知多久，车猛然停住。季羡林被一脚踹下了汽车。他跌了一个马趴，躺在地上，拼命爬了起来。一个老工人走上前来，对着他的脸，猛击一掌，他的鼻子和嘴里立即流出了鲜血。季羡林仓皇不知所措。忽然听到头顶上一声断喝："滚蛋!"真好像是旧小说中在"刀下留人!"的高呼声中被释放了的死囚。此时他的灵魂仿佛才回到自己身上。他发现，头上的帽子早已经丢了，脚上的鞋也只剩下一只。季羡林就这样一瘸一拐，走回家去。两位老太太见状大吃一惊，接着立即转惊为喜：总算是活着回来了。

这是季羡林第一次受到批斗，确实惊心动魄，令他毕生难忘。然而，歪打正着，它却在千钧一发之际救了季羡林一命。"这样残酷的批斗原来也是可以忍受的呀!"他心里想。"有此一斗，以后还有什么可怕的呢? 还是活下去吧!"如果押解他的红卫兵晚来半个小时，他早就爬过了楼后的矮墙，到了圆明园，服安眠药自尽了。如果他的态度稍微好一点的话，东语系新北大公社的头领们决不会想到要煞一煞他的威风，不让他来陪斗，他也早已横尸圆明园大苇塘中了。因此，他得出了一条人生经验：对待坏人有时候还是态度坏一点好。

既然决心活下去了，那就准备迎接更残酷、更激烈的批斗吧!

命捡到了，但是捡来是为了批斗的。隔了没几天，东语系批斗开始了。上一次是让他做配角，今天升级成了主角。批斗程式，一切如仪。只听得屋里一声大喊："把季羡林押上来!"从门口到讲台也不过十几步。然而这十几步可真难走呀!四只手扭住了他的胳臂，反转到背上，还有几只手卡住脖子。季羡林身上起码有七八只手，他被摁倒在地，接着有人把他从地上拖起来，是更激烈的拳打脚踢。此时他想坐喷气式也不可能了。围殴者中有学印地语的 Z 某，学朝鲜语的 G 某某，还有个学什么语的 W 某某。前一个能说会道，巧舌如簧，后两个则是彪形大汉，"两臂有千钧之力"。对付季羡林这样一个手无缚鸡之力的糟老头子，对他们用牛刀杀鸡，结果可想而知。

不知道批斗进行了多长时间，真正批得淋漓尽致。忽听得大喊一声："把季羡林押下去!"他又被反剪双手，在拳头林中，在高呼的口号声中，被押出外文楼。然而革命热情特高的小将，革命义愤还没有完全发泄出来，追在他的身后，仍然是拳打脚踢，他想落荒而逃，然而办不到，前后左右，都是追兵。一个姓罗的教员说了几句话，追兵同仇敌忾的劲头稍有缓和。这时候他已经逃到了民主楼。回头一看，后头没了追兵。心才回到自己的腔子里，喘了口气。只觉得浑身上下又酸又痛，鼻下、嘴角、额上，黏糊糊的，全是血和汗。

季羡林又经历了一场血的洗礼。

我的老师季羡林

"活靶子"

从 1967 年冬到 1968 年春，批斗、审讯和劳改成了季羡林生活的全部内容。

批斗的单位颇多，批斗的借口也不少。一个是工会。因为一解放，季羡林先后担任工会组织部部长、秘书长、沙滩分工会主席，1952 年北大迁到燕园，他又当选北大工会主席。"文化大革命"中，这成了季羡林的一大"罪状"。北大"工人阶级"的逻辑是：一个旧社会过来的臭知识分子，竟当了工人阶级组织的头儿，简直是大逆不道。现在季羡林被打倒了，工人阶级批斗他岂肯落后？他们和学生教员不同，有的是力气，所以他们的革命行动也就更加粗野。他们把室内的批斗，改为"游斗"，就在校内的大马路上，边游边斗。口号声响彻云霄，夹杂着哈哈大笑，招来了不少看客。

工会的风暴还没有过去，亚非所的"革命群众"又来揪斗，因为季羡林是陆平任命的亚非所所长。这次批斗比较"文雅"，没有挨打，只坐了半个"喷气式"。季羡林仔细聆听那些批斗发言，发现百分之九十是胡说八道，百分之九是罗织罪名，只有百分之一说到了点子上。

斗得次数最多的当然是东语系，对立的两派已经"联合对敌"了，不用说，这个"敌"就是季羡林。他们在抄家得到的季羡林日记本上仔细搜寻，发现了新的"罪证"："江青给新北大公社扎了一针吗啡，他们的气焰又高涨起来了。"竟敢攻击"伟大旗手"！这简直是大不敬之罪！拳打脚踢是少不了的。最难受的是长时间坐"喷气式"，撅在那里，一动不能动，两条腿实在受不了。坐"喷气式"半小时以后，季羡林感到腰酸腿痛，浑身出汗，到了后来，身子直打晃，脑袋发晕，眼前发黑，耳朵轰鸣。他只能咬紧牙关，告诫自己：坚持、坚持、再坚持！千万不能倒下！有时候他默默背诵毛主席语录："下定决心，不怕牺牲，排除万难，去争取胜利！"他幻想着变成一只麻雀，或者一只乌龟，躲到什么地方去，可惜办不到。他给最高领导人写信，泥牛入海。他只能随时准备被押到什么地方批斗，他无法逃遁于天地之间。

除了批斗，经常还被押到什么地方去受审。主要是在外文楼，但不总是在一个房间里。审讯者不是东语系的学生就是教员。审讯者的"炮弹"来自被抄走的季羡林手稿和日记。在数百万的文字中，捕风捉影，挖出几句话，断章取义，加以歪曲，提出一些匪夷所思的问题，还硬要季羡林认罪，要他回答，这实在无法不让季羡林感觉气愤，感觉荒唐。要他把自己的火气硬压下去，的确不是一件容易的事。他有时觉得，接受这样的审讯，真还不如挨一顿痛打来得痛快。

批斗和审讯之外，就是"劳动改造"了。季羡林和同他一道创建了东语系的金克木、马坚等人一起，在手握鞭子或者大棒的工人监督下，不准说话，只能老老实实干各种杂活。有一次，季羡林被押去拆席棚，倒在地上的木架上净是钉子。他一不小心，脚踏在钉子上，刺透了鞋底，直插脚心，一拔脚，立刻血流如注。监管的工人勃然大怒，大骂他是"没用的废物！"叫他"滚蛋"。他脚痛得无法走路，又不敢不"滚"，一瘸一拐挨回家去，又不敢去医院，简单包扎一下，下午还得继续干活。他们有时候还要去两派武斗的战场清理满地的碎石烂砖，还要随时注意躲避楼上飞来的"炮弹"。看着被包围的井冈山据点，他不由得一笑。笑，这个人类特有的表情，快被他遗忘了。

1968 年 5 月 4 日，季羡林被押到煤场。看守煤场的是"老佛爷"的武斗干将，一个个凶神恶煞，在这里劳改的"黑帮"，一提起煤场，人人心惊肉跳。同时被押来的还有陆平、彭佩云这些"走资派"，他们每人脖子上用细铁丝挂了一个十几斤重的大木牌。他们被押到学三食堂，又是拳打脚踢，又是坐"喷气式"，口号声此起彼伏。时间一长，两条腿实在吃不消，挂着木牌的铁丝深深勒进肉里，眼前金星乱冒。好不容易批斗完了，又被拖到马路上，如同拖一条死狗。鞋子磨烂了，脚趾头磨出了血。不知道挨了多少拳脚，多少砖头瓦块，季羡林迷迷糊糊被拖回了煤场，早已精疲力竭，再没有力气站立起来，扶他回家的，是他的两位"棚友"：张学书和王恩涌。

第二天，季羡林和一些"囚徒"被押到了昌平县（今昌平区）分校 200 号劳动。他们的任务是栽白薯秧，论说这活儿不是很累，但他们一个个都带着伤，用手栽白薯秧，跪着爬着，还不时要挨打挨骂，实在不轻松。不久，季羡林生病了，阴囊肿胀得像个小皮球，两腿无法并拢，站都站不起来。押解人员命他去分校找大夫，但要他必须声明自己是"黑帮"。季羡林爬行两个小时，好不容易找到一位军医，他好像终于看见了希望。可是当这位大夫知道了他的"身份"的时候，竟拒绝为他看病。季羡林只好极度失望地、艰难地爬回去。过了几天，季羡林既没有停止劳动，也没有用任何药，他的睾丸肿胀竟消失了。人忍受痛苦和灾难的能力，简直是没有底儿的。

不久，他们被押回北大。家，成了季羡林的囚笼。即使在家里，也没有宁静的港湾。那个占据了他的一多半房子的女教员，逼着他把一张红木小桌和书柜也搬走；邻居们贴大字报，要他把书从自行车库搬出去。还有人动员家里的两个老太太和他"划清界限"，他的老伴一声不吭，婶母态度非常明确："我们还得靠他吃饭呢。"

牛棚岁月

什么是牛棚？牛棚者，关"牛鬼蛇神"之棚也。是"文化大革命"这个特定历史时期，实行所谓"群众专政"的一种形式。所关"犯人"绝大多数是所谓"走资派""资产阶级反动学术权威"等。在 1968 年的春夏之交，季羡林等人不幸进了这样的牛棚。

他们十几二十人住一间屋，潮湿的砖地上铺张席子，人挨人睡在上面。后来，给了几块铺板，依然是地铺。地上老鼠、蚂蚁、壁虎都有，白天苍蝇成群，晚上蚊子把人咬得遍体鳞伤。墙上贴一张《劳改人员守则》，就是这里的法律。里面规定了"黑帮"们必须遵守的各种清规戒律，既具体又严厉。一两天之后，改作《劳改罪犯守则》，一词之改，由"人"变"犯"，名正且言顺了。

早晨铃响起"床"，先在院内跑步，不为锻炼身体，专为折磨人，让他们在正式劳动改造之前就耗尽体力。跑步结束，到院子里水龙头前洗脸刷牙，洗漱之后排队去学二食堂吃饭。谁都不许抬头走路，如有违反，不是一拳，就是一脚。100 多人的队伍，一个个垂头丧气，如丧考妣。到了食堂，只准买窝头咸菜，油饼之类奢侈品，是绝对不许购买的。当时"罪犯"的工资已被"校文革"扣留，每月只发生活费 16 元 5 角，家属只有 12 元 5 角，即使允许，他们也买不起肉菜，中午和晚上，他们也只能买点盐水煮白菜之类就窝头下饭。食堂里当然有桌有凳，但那是给人预备的，"牛"们只能蹲在地上用餐。

自从有了这支劳改大军，北大工人该干的活都由"黑帮"干了，什么脏活累活都是"黑帮"们的事儿。季羡林被分到北材料厂搬耐火砖，筛沙子，到学生宿舍区运煤，拆席棚，疏通下水道，砌污水井，修房子，拔草、打扫卫生等。两个老人抬一个百多斤重的煤筐，还要爬煤山，风一吹，满脸满嘴都是煤灰。活很重，还在其次，更要命的是，必须随时忍受监管人员的训斥和打骂。劳改而外，审讯也是家常便饭，牛棚设有专门的审讯室，是一个阴森的地方，主审者有时是专案组，有时是外调人员，刑讯逼供，各种花样翻新的法西斯审查方式在这里轮流上演，被审者经常被打得皮开肉绽。

最可怕的是晚间训话。每天晚饭之后，全体罪犯在院子里集会，站成四排，由一个上头来的什么人训话。罪犯们列队肃立，监改人员先逐个点名。被点到的人必须大声答"到！"有一位西语系的华侨教授，年过花甲，病得奄奄一息，也被关进牛棚。他连吃饭都爬不起来，点名当然无法到场。每当点到他的名字，就从牢房传出一声微弱、凄凉的应答，像从地狱传出来的。训话人经常抓住白天劳动时一些芝麻绿豆大的事情，大做文章，或者在罪犯的书面思想汇报里，鸡蛋里挑骨头，故意折磨人。只要谁有什么事情被点到，立刻就有两个彪形大汉冲过来把他拖出队列，一顿拳打脚踢，然后坐"喷气式"。清脆的耳光声和沉重的脚踢声响彻夜空，引来许多看客站在席棚外的土山上欣赏独特的燕园景观。可惜这些看客没有耐心等到深夜，没有能看见更加折磨人的镜头。有一晚，季羡林起来上厕所，看见一位"棚友"笔直站立在院子里，两手向前平举，做拥抱空气状。不知道他在这里站立了多久，也不知道为什么要他那样站立。不过可以肯定，他不可能是自愿以这种姿势站在那里的。

进了牛棚，批斗会还是经常要参加的。有时吃过早饭，"棚友"们被分到什么地方去劳动改造了，季羡林被留下来，他心里七上八下，不知道什么倒霉事在等着他。押解的红卫兵一到，监改人员就吩咐："季羡林，好好接受批斗！"由于季羡林是名教授，当过工会主席，而且是井冈山的勤务员，所以接受批斗的次数格外多。好在他已经是一个老运动员了，司空见惯，间或被打得鼻青脸肿，都没有什么新鲜的。1968 年 6 月 18 日，是北大"斗鬼纪念日"，仪式格外隆重热烈。季羡林被押到哲学楼一带斗了一通，回到牛棚才发现，背后画了个大王八，衣服后襟用柳条绑了一条"尾巴"。

还有一件最重要的事情，无论如何是不能忘记的。出发劳动之前，囚犯们必须到树干上悬挂的黑板下，抄录当天要背诵的"最高指示"。这指示往往相当长。不管今天是干什么活儿，也不管到哪里去干活儿，语录必须背得滚瓜烂熟。任何监改人员，不管在什么场合，都可能让你背诵。倘若背错一个字，轻则一耳光，重则更严厉的惩罚。如果你被叫到办公室，要先喊"报告！"然后垂手肃立。监改人员提个头，你必须一字不差把整段语录背完。地球物理系有位老教授，因为年龄太大了，完不成背诵语录的任务，经常被打得青一块紫一块。为了背诵语录，罪犯们在高强度的体力劳动中，神经也必须高度紧绷。

监改人员中有一个生物系学生，是个出类拔萃的迫害狂。每天晚上，在晚间训话之后，他都搬把椅子，把脚丫子放在椅子上，边抠边叫来一位犯人问话，或者训斥。这一天被他训斥的是北大校长兼党委书记陆平。过了不久就轮到了季羡林。这位学生右手抠着脚丫子问："你怎么同特务机关有联系呀？"

"我没有联系。"

"你怎么说江青同志给新北大公社扎吗啡针呀？"

"那只是一个形象的说法。"

"你有几个老婆呀？"

"我没有几个老婆。"

"我今天晚上对你很仁慈！"

的确"仁慈"，没打没骂，十分少见。然而，第二天晚上，季羡林刚准备睡觉，忽听鬼哭狼嚎般的叫声——"季羡林！"他立刻跑了出去。只见那位学生怒气冲冲地问："叫你为什么不出来？你聋了吗？"接着就用包裹着皮子的自行车链条劈头盖脸一顿猛抽。季羡林不敢躲闪，直挺挺站在那里，咬着牙忍受这疯狂的抽打，起初还有剧烈疼痛的感觉，以后就变得麻木了，仿佛挨打的不是自己，而是一块木头或者石头。在潜意识里他不断告诫自己：挺住！千万不要倒下！打了不知有多久，也许打手累了，隐隐约约他听到了一声"滚蛋！"如遇大赦，逃回了牢房。没有镜子，看不见自己被打后的惨状，只知道身上黏糊糊的，到处是血。第二天，照常派活，照常背语录。晚上，季羡林被搬到了"特别号"，就是他在门口受刑的那间屋子。晚上不许关灯，囚犯们轮流值班，不许睡觉。自从挨打之后，季羡林的"待遇"提高了，提高到了陆平那样的级别。劳动改造的任务也"加码"了，季羡林和一位姓王的教授必须推着水车，一天三次去茶炉房打开水供囚犯们喝。别的活照干，语录照背，不管刮风下雨，就是下刀子，也得把开水打回来。

1968 年 7 月 27 日，毛泽东召见聂元梓、蒯大富、谭厚兰、韩爱晶和王大宾"五大学生领袖"，对他们提出严厉批评。8 月 19 日，工宣队开进北大。聂元梓靠边了，可是掌权人和他们的政策没有变，季羡林的厄运远远没有结束。

进入冬季，牛棚由集中变分散，季羡林回到系里，关在外文楼缅甸语教研室，依然是"专政对象"，由于不识相，顶撞了"支左"的赵营长，又被在全系游斗了一次，接着是在各教研室和各班，3 天斗了 20 多场。只是不再坐"喷气式"，也不再挨打了。1969 年 2 月牛棚宣告解散，季羡林可以回家了。尽管还有人嚷："季羡林回来了，大家都注意他呀！"可是对于曾经沧海的季羡林来说，这实在不算什么了。

偷译史诗

牛棚成了历史，季羡林回家了，有了有限的活动自由，但他的头上仍然带着一大摞"帽子"，只能算是"半解放"。这种状况维持了差不多一年时间。

回到家，他发现，一家人挤在那间 9 平方米的小屋里，他住的大房间被"革委会"封了门，一段时间有个"造反派"学生带着一个女人住了进来，就睡在他的床上，用家里的煤气罐做饭，鬼混了许多天，还威胁两个老太太："不许告诉别人！否则后果相当严重！"

现在自己算是什么呢？是人？是鬼？季羡林糊涂了。在牛棚炼狱关了八九个月，他已经习惯低着头走路。进商店买东西，也如同一个白痴，不知道说什么好。叫"同志"吧，感到自己没有资格，叫"小姐""先生"又实在不妥，一副六神无主、无所适从的狼狈相。在街坊邻居面前，自己是"群众监督"的对象。印度有一种"贱民"被称为"不可接触者"，现在季羡林就成了"不可接触者"。人家唯恐避之不及，自己更不敢自讨无趣。他好像一名麻风病或者艾滋病患者。

季羡林奉命到四十楼学生宿舍参加学习。因为不知道有什么样的厄运在等着他，他如临深渊，如履薄冰。原来东语系的"棚友"也被召唤到那里，印地语一位老教师被无端打成"地主分子"，安排打扫厕所，季羡林也准备去干最脏最累的活。没有想到的是，他被安排在笔者所在的印地语班级参加学习。青年学生是活泼好动的，他们有说有笑，休息时吹拉弹唱，打球游戏，季羡林游离于人鬼之间，不知何以自处，只能呆坐一旁，如同泥塑木雕一般。林彪"一号命令"下达以后，大部分教师去了江西鲤鱼洲"五七干校"，季羡林却被"疏散"到北京郊区延庆县新华营,仍然跟那个班级活动,出早操、挑粪、收老玉米,接受贫下中农"再教育",有时还要充当"大批判"的"活靶子",直到 1970 年春节。

1970 年首批"工农兵学员"进校,东语系搬到三十五楼。季羡林分配了新的"工作",当门房。三十五楼是一栋四层楼房,三四层住女生,一二层住男生,系党政办公室也在二层。季羡林的三大任务是:看守门户,传呼电话和分发报纸、信件。第一项任务难也不难,"不许闲杂人等入内",教职员和老学生季羡林都认识,新学员都不认识。谁是闲杂人等?索性一律不管。第二个任务也不简单,因为全楼只有一部公用电话,而女生电话又特别多。来一次电话爬一次三楼或者四楼,腿实在受不了,他只好站在楼前使劲喊。第三个任务好说,报纸来了,送到办公室,信就放在窗台上,让收信人自取。季羡林每天上午 8 点从十三公寓走到三十五楼,12 点回家,下午 2 点再去,6 点回家。每天干足 8 个小时,步行十几里,身体挺好,无忧无虑,工资恢复了,又没有教学、科研任务。没有哪一个人敢给他写信,也没有哪一个人敢来拜访他,不受任何干扰。

可是季羡林是一个闲不住的人,这种清闲日子他过不惯。每天在门房枯坐,瞪大眼睛看着人们出出进进,久了也觉无聊。他想起古人的两句话:"不为无益之事,何以遣有涯之生?"无独有偶,陈寅恪先生晚年也曾想到这两句话,开始研究陈端生的《再生缘》,为柳如是写别传。这话扯远了。还是回头说季羡林。季羡林想做"无益之事",因为他习惯舞文弄墨,想来想去,出不了这个圈子。写文章,他没有那个心情,当时"四人帮"还在台上耀武扬威,他也不敢写什么。翻译倒是可以做的。他不想翻译原文短而容易的,他要找长而且难的。这样才能有效地打发时间。为什么说是无益的呢?季羡林的翻译作品,在那个年代没有哪一家出版社敢出版,翻译而不能出版,岂非无益?根据这些考虑,季羡林决定翻译蜚声世界文坛的印度两大史诗之一《罗摩衍那》。这部作品够长,精校本有 2 万颂,至少可以译成 8 万多行。够忙活几年的了。

季羡林抱着试试看的心情,向东语系图书室提出请求,请他们通过国际书店向印度订购梵文精校本《罗摩衍那》。订购外国图书是一件十分困难的事,季羡林不敢抱太大希望。谁知他时来运转,过了不到两个月,八大本精装的梵文原著摆在他的面前。季羡林只觉得这几本大书熠熠生辉,这是"文化大革命"几年来最大的喜事。他那久已干涸的心灵似乎又充满了绿色的生命，他那早已失掉的笑容，此刻又挂在脸上。这是一部世界文学名著，对印度、南亚、东南亚，对中国甚至对欧洲一些国家都有巨大的影响。在印度和南亚、东南亚，罗摩故事家喻户晓，历时两千年而不衰。这书值得翻译。

季羡林的身份是门房，而且头上还顶着那么多的"帽子"，他不敢把原书公然拿到门房去翻。如果人家发现他"不务正业"，说不定会招来什么麻烦。他想了一个"妥善"的办法。《罗摩衍那》原文是诗体，季羡林认为翻译过来也应当是诗体。不是古体诗，也不能是白话诗，应该是有韵的顺口溜。要找合适的韵脚，要推敲字句让它每句字数基本一致，不是件容易的事。晚上在家他仔细阅读原文，把梵文诗句译成白话散文，潦潦草草写在纸片上，揣在口袋里，白天上下班的路上和看门、传呼电话、收发信报的间隙，拿出译稿，仔细推敲琢磨，改写成诗体译文。你看坐在门房里的季羡林，只见他眼瞪虚空，心悬诗稿，乐在其中，谁也不知道他在搞什么名堂。

《罗摩衍那》和《摩诃婆罗多》是印度古代两大史诗，最初是口头创作，由伶人口耳相传。《罗摩衍那》大约流传了几个世纪之后，由一个叫蚁蛭的人记录整理出来。内容以英雄美人罗摩和悉多的悲欢离合的故事为主线，中间插入许多神话、童话、寓言和小故事，想象丰富，文采绚丽，在印度和世界文学史上占有崇高地位。此书很早就传到东南亚、中亚和西亚，19世纪传到欧洲，20世纪有了俄文和日文译本，后来又有了意大利文、英文和法文全译本，深受各国人民喜爱。遗憾的是，在季羡林之前，还没有中国人从梵文直接翻译此书。

《罗摩衍那》的故事情节并不复杂，可是整部作品枝蔓丛生，拖沓、重复、平板、单调；还有人名、国名、花名、树名、兵器名、器具名稀奇古怪、佶屈聱牙，要忠实地译成诗体汉文，其困难多得难以想象。从1973年起，日复一日，年复一年，季羡林翻译《罗摩衍那》。当"四人帮"像《罗摩衍那》中的十首魔王一样完蛋了的时候，季羡林的翻译工程还没有完成一半。然而天日重明，振奋了他的精神，人民文学出版社得知季羡林在翻译《罗摩衍那》，告诉他准备出版这部书，季羡林十分高兴。尽管他肩上的担子越来越重，他还是忙里偷闲，加快速度，用了10年时间，听了3000多次晨鸡的鸣啼，无数次熬红了双眼，终于译完了长达2万颂、译文近9万行的全书。翻译《罗摩衍那》这一浩大的工程，以悲剧的形式开始，而以喜剧的形式结束。1980

我的老师*季羡林*

年第一册付梓，到 1984 年，8 册全部出齐。季羡林为中国翻译史和中印文化交流史树起了一座丰碑。1994 年，《罗摩衍那》中译本荣获中国第一届国家图书奖。1985 年，季羡林应邀参加在印度新德里举行的印度与世界文学讨论会和蚁蛭国际诗歌节，受到与会各国学者的热烈欢迎，并当选印度与亚洲文学分会主席。这些，当然是当年季羡林在门房里偷偷摸摸译诗的时候，不可能想到的。

重执教鞭

在季羡林偷偷摸摸翻译印度古代史诗《罗摩衍那》之前，还有一个小小的插曲，就是他在离开讲台数年之后重执教鞭，给"唐山班"学生上课。

1971 年秋季开学，东语系来了一批进修生。多数是本系 69 届、70 届的毕业生，也有北京广播学院和北京外贸学院毕业的外语专业学生。他们是外交部储备的外语干部，由于专业底子太薄，需要"回炉"。他们来自唐山解放军某部农场，故被称为"唐山班"，笔者便是这个班的成员。

这批学生来校不久就发生了林彪叛逃事件，周恩来主持中央日常工作，极左思潮和无政府主义受到批判，形势出现了转机。10 月，我国在联合国的合法权利得以恢复。次年 2 月，尼克松访华，中美关系走向正常化。在这样的大背景下，"唐山班"的同学为了适应迫在眉睫的外事工作需要，渴求补习专业知识，尽快补起外语和相关国家概况方面的知识缺口。学校在他们进修的最后一个学期，即 1972 年秋季开学后，加开了两门课：与所学语种相关的国家概况和第二外语。

"唐山班"学习南亚语言印地语和乌尔都语的学生有二十几人，他们加开的是印度概况和英语课。教这两门课的正是季羡林教授，笔者有幸聆听了他的讲课。当时季羡林头上还有"走资派"和"资产阶级反动学术权威"的帽子，身上背着留党察看的处分，政治压力之大超乎想象。而且，上课地点就在外文楼北边的外平，就是季羡林曾经蹲过的牛棚。仿佛有"左手是天堂，右手是地狱"之感。当时"文革"虽然越来越不得人心，但是"左"的东西还有很大势力，师生要用相当多的时间"学习政治"、参加"运动"，以及"学工、学农、学军"。学生们将有限的学习时间主要用于专业外语的口笔翻译训练，两门副课安排的教学时间少得可怜，印度概况课每周一次，英语每周两次。就是在这样的环境和条件下，同学们确实感受到季羡林不同凡响的名师风采，听他讲课如同春风化雨，其乐无穷。

印度概况课没有教材。季羡林授课实际是讲座式的。他作为一名印度学家，印度学知识已经烂熟于心，没用多长时间就把印度的历史、地理和经济情况简明扼要地介绍出来。他着重讲解印度近代以来的重大历史事件、主要政治人物、阶级关系和社会矛盾，让同学们在短时间内掌握了对南亚国家外交必备的基础知识。概况课的教学显示了一位马克思主义史学家的非凡功力。

英语教材是北大自编的公共英语课本。困难在于要用4个月学完两年的基本内容。而且大多数同学没有英语基础，必须从字母学起。季羡林10岁开始学习英语，英语水平十分了得，教这些初学者实在是小菜一碟。可是他仍然认真备课，为了弄准一个单词的读音，他有时要请教几名外教。英语是一种世界性语言，同一个单词在不同的地域、不同的国度，不仅读音差异明显，就是拼写和词义有时也不尽相同。季羡林在课堂上旁征博引，使同学们知道了一个词牛津音怎么读，美国腔怎么念，还知道印度人是怎么说的。这样，大家就明白了，为什么说英国和美国是被同一种语言分开的两大民族。初学英语的人又都会遇到这样的问题：一个单词，不但要记拼写，还要记音标，二者往往并不一致，相当麻烦。于是，同学们就问老师："英语到底是不是拼音文字？"季羡林耐心解释了英语读音的演变，还幽默地说："所以，德国人说，英国人手里写的是A，嘴里念的是B。"同学们听了哄堂大笑。讲到词义辨析，季羡林在黑板上画了两个部分重合的圆圈，他说："不同语言的词义不是一一对应的，只有重合部分可以相通，所以必须根据上下文的意思分析判断词义，在翻译时才不会出错。"同学们一看就明白了，戏称"季羡林大饼"。在讲授翻译技巧的时候，他结合自己的翻译实践，讲了一些有趣的小故事，还特意讲到一次会见外宾之后，周总理把翻译留下来商讨"倚老卖老"一词译法的往事，教导我们不能望文生义。听季羡林的课让我们终身受益。他还煞费苦心，把两年课程中的"干货"全捞出来，在最短时间内让学生掌握英语基本语法，包括动词的各种变化和一批基本词汇，他还向我们推荐了一本可以用一辈子的工具书——《牛津高级英汉双解词典》，鼓励同学们通过自己查字典解决学习中遇到的问题。通过这个名副其实的速成班，同学们打下了自学英语、继续深造的牢靠基础。

事情的发展果然如季羡林预料的那样，1972年年底，这批学生毕业之后，有的去了驻外机构，有的到了部队，有的进了科研单位，有的以教书为业，英语成了他们工作和交际的重要工具。俗话说，师傅领进门，修行在个人。这些同学能够掌握英语，全赖季羡林先生之赐。所以，每次他们从国外或者外地回到母校的时候，都必到朗润园十三公寓看望恩师，几十年从未间断。

官庄之行

1973年8月3日，季羡林夫妇携儿子季承、孙子季泓、孙女季清，回到阔别40余年的故乡。季羡林这时候还没有"完全解放"，仍然处于"半解放"的状态。但是，当时的政治气氛毕竟宽松了些，对像他那样的高级知识分子的禁锢有所松动，他的回乡申请得到了批准。他说，"在官庄过了62岁生日。那年头不能大张旗鼓，私下悄悄过，谁也没告诉"。儿的生日娘受罪，季羡林是想借此来怀念生育自己的母亲吧！据季承回忆，父亲带着他们去祖父母坟上磕头。

在"文革"中，北大的那个"老佛爷"为了将季羡林打成"地主"，千方百计罗织罪名，暗中派人两次窜到官庄调查。但是，乡亲们却指着那些人的鼻子说："咱村要是开诉苦大会，季羡林家应该第一个上台诉苦！"季羡林这次还乡，也是为了感谢养活过他的故土，保护过他的父老乡亲呀！

一家人从北京坐火车到德州，转乘汽车到达康庄。这里离官庄村还有8里路。季羡林本家的后人和村干部到康庄迎接，准备了自行车和毛驴车。原来打算让季羡林坐毛驴车的，但他执意不肯坐，说："我能骑自行车。"商量的结果，季羡林和儿子季承骑自行车，季夫人和孙子、孙女坐毛驴车回村。到了村口，一家人下车步行回老家。小学师生列队欢迎，村里男女老幼也都从家里走出来，站在街道两旁欢迎。季夫人彭德华是第一次来官庄，看见村上这么多人欢迎，笑着大声说："都来看老'新媳妇'啊！"一句话逗得街两旁的乡亲们都乐了。

老家当时还有4间西房，一家人就在这老屋里住了下来。每天来看望的村民络绎不绝，屋里屋外挤满了男女老幼。季夫人在屋里和前来看望的老太太、年轻媳妇们拉家常。季羡林在院子里摆一张长矮桌，几条长凳子，一壶茶水，他就和乡亲们坐在院子里说话。他最关心的是家乡人的生活状况，询问的最多的是庄稼的收成和孩子们上学的情况。当他得知村里有些人家忙活一年还不能吃饱，便唉声叹气，愁眉不展。当他听说村里孩子们都能念到小学毕业，还出了一批中学生和几个大学生，又非常高兴，笑容满面地说："这比解放以前强多了。"儿时的伙伴杨狗来了，久别重逢，两个人都很激动，说起小时候的一些趣事，又都开怀大笑。说起来儿时的另一个小伙伴哑巴小，新中国成立前进入绿林，被官府杀害，又歔欷不已。哑巴小的父亲、83岁的马洪保老人也来了，季羡林赶忙站起来让座，敬茶。

村里安排人给季羡林全家做饭。每次吃饭，季羡林总是称赞饭菜可口。有一次，做的一道菜是烧茄子，季羡林笑着说："从来没吃过这么好吃的菜。"有一天吃饭时，孙子季泓说"不饿，不想吃"，孙女季清拿起一块上顿剩下的馒头，又放下了，说"不好吃"。季羡林深情地说："你们看着这样的饭菜不好，这是村里特意招待我们一家的。这样的饭菜，村里的群众，别说过去，就是现在也吃不上。"彭德华也给孙子、孙女讲述爷爷小时在老家吃的苦："那时你爷爷还没有你们现在大哩，一年到头吃不上几顿'白的'。"

8月6日上午，季羡林领着儿子、孙子和孙女，来到村南头一口水井旁边，拿起井绳，挂上水桶，亲自打水。村里有人看见，忙跑过来要替他，他不让，并对他的孩子们说："从古至今，这里没有自来水，村里人吃水，就是这样从井里打水的。"提上水来，他让孙子、孙女把一桶水抬回家。随后，他又让儿子季承从井里打了一桶水，抬回家去。

季羡林一家在官庄住了4天，时间虽短，却给村里的乡亲留下了美好的印象。不少人说，别看人家是大学教授，在北京住了这么多年，从穿戴到说话，一点儿都没变。

8月7日，季羡林一家到康庄乘汽车去济南。听说季老要走了，小学生敲锣打鼓列队欢送，村里的乡亲也纷纷跑来相送。季羡林眼含热泪，边走边回头，频频向欢送他的父老乡亲挥手致意，几次大声对小学生们说："回到北京，我一定会给你们寄书来的！"

整党"尾巴"

夏去秋来，北大"文革"期间那次"整党"已经进行了一段时间，季羡林也调离门房，参加印地语教研室的活动了。当这次整党快要结束时，他又遇到了麻烦。因为，在全校党员中，只有两三名还被拒之门外，季羡林不幸是其中之一，用他自嘲的话说，是"名落孙山"。

这在东语系引发了该不该给季羡林处分的大辩论。在全系教工参加的大会上，争论是激烈的。经过双方的争论，事情真相大白。党员在支部大会上的发言是热烈的，感人的，最后一致认为，未经支部大会讨论、决议，就对一个党员做出处分决定是违反党章的；处分所依据的皆为不实之词；故本支部不同意给任何处分。意见报给上级后，没过几天，这个支部就被解散了，理由是他们犯了"右"倾错误。季羡林的组织关系则被转移到一个学生党支部，这个支部的党员都是刚刚入学的工农兵学员，对北大"文革"前期的情况一无所知。在那里，按照上级的指令，终于补上了那个"决议"。

在此期间，东语系军工宣队的头儿和总支书记曾几次找季羡林谈话。第一次告诉他，给他发全月的工资，以前扣发的也全部补上，并当场交给他1500元，并答应还有四五千元以后给他；季羡林决定将补发的工资全部作为党费上缴给国家，当场将1500元交给了总支书记。第二次来找他时，总支书记问道："你考虑过没有，自己的问题究竟在哪里？"季羡林愕然不知所对。他心里想，要说思想问题，他有不少毛病，要说政治问题，他没有参加过国民党和任何反动组织，只能说没有。想着想着，季羡林无法回答他的问题。那个军工宣队的头儿颇为机灵，也很知趣，赶忙岔开话头儿，结束这次不愉快的谈话。

第三次总支的一个干部又来找他，向他宣布支部的决议：恢复他的组织生活，给予留党察看两年的处分。这真如晴天霹雳，季羡林在震惊之余勃然大怒，他在《牛棚杂忆》中写道：

> 由于我反对了那位一度统治北大的"女皇"，我被诬陷，被迫害，被关押，被批斗，几乎把一条老命葬送了，临了仍然给自己扣上莫须有的罪名？世界上可还有公道可讲！世界上可还有正义可说！这样的组织难道还不令人寒心！这位干部看到我的表情，他脸上也一下子严肃起来："我们总支再讨论一下，行不行？"他说。说老实话，我已经失望到了极点。我盼星星，盼月亮，盼着东方出太阳，太阳出来了，却是这样一个太阳。我不想再在这个问题上伤脑筋了，够了，够了，已经足够了。如果我在

支部意见后面签上"同意"二字，那是绝对办不到的。如果我签上"不同意"三字，还有不知道多少麻烦要找。我想来想去，告诉那位干部："不必再开会了！"我提笔签上了"基本同意"四个字。我着重告诉他说："你明白，'基本'二字是什么意思！"然而又一想："我戴着留党察看二年的帽子，我有什么资格把补发的工资上缴给国家呢？"结果预备上交的那四五千块钱，我就自己留下。

直到"四人帮"被粉碎，季羡林的这桩冤案才得以昭雪。

历经十年动乱磨难，季羡林神采依然。

第九章
春回大地

第九章 春回大地

第二春

教书是季羡林一生的职业，校园里的琅琅书声，在他听来是最美的音乐；学生读书的情景，在他看来是最美的风景。春天是万物复苏的季节，春天是生机勃勃的季节，春天是充满希望的季节。所以，季羡林总是把美好的东西同春天联系起来。1962 年初夏，他写的那篇散文《春满燕园》，是用心写的，充满了真情实感。作者自己比较满意，也感动了千千万万的读者。

季羡林满怀深情地讴歌燕园的春天，期盼"留得春光过四时"。然而，事与愿违，极左的思潮并未得到清理，不久开始变本加厉，1966 年夏季发展成为空前的浩劫——"文化大革命"。季羡林惊讶地发现，"文革"开始时第一张批判他的大字报，就有批判那篇《春满燕园》的。大字报作者的逻辑是：只要是"春"字就代表资本主义。谁要是歌颂春天，谁就是歌颂资本主义。谁要是希望春光常在，谁就是想搞资本主义复辟。季羡林不但歌颂春天，而且还要"春满燕园"，要春光永在，这实在是大逆不道，胆大包天，十恶不赦。春天里万物欣欣向荣，喜欢而且歌颂春天是人类正常的感情，现在却视"春天"为洪水猛兽！当季羡林看到大字报的时候，仿佛吃了一肚子苍蝇似的，直想作呕。为什么最美好的季节春天竟成了资本主义的象征呢？而且，据说那篇短文的"罪状"还不仅仅是这一点。文章里面提到学生的晨读，在"造反派"

的词汇中，这叫作"业务挂帅""智育第一"，这是地地道道的"修正主义"。季羡林完全不能理解，学校之所以要开办，就是为了让人们来念书，来研究，在学校里为什么一提倡念书就成了修正主义呢？站在大字报跟前，季羡林并不服气，他不由地"哼"了一声。然而就是这一"哼"，也没有逃过"革命小将"的眼睛，他们给他记了一笔账，这一"哼"就成了继续批判他的弹药。当季羡林表态反对那位臭名昭著的"第一张马列主义大字报"的作者的时候，罪名就更多了。所有在"文化大革命"中使用的帽子，几乎都戴在他的头上。经过了上百次的批斗，季羡林罪名多如牛毛，其中宣传资本主义复辟和业务挂帅成了药中的甘草，哪一次批斗也缺不了它。

在漫长、黑暗的10年间，季羡林在牛棚里关了8个月，放出来后，扫过厕所，掏过粪，看过电话，当过门房，身份介于人与非人之间，革命与反革命之间，党员与非党员之间，人民与非人民之间。没有一个人敢给他写信，没有一个人敢来拜访他，他成了一个印度式的"不可接触者"。这种滋味没有亲身尝过的人是无论如何也不能理解的。季羡林尝过了，而且尝了数年之久。他是不是完全绝望了呢？不是的。季羡林认为，我们这样一个伟大的民族绝不会就这样堕落下去。虽然为歌颂春天吃尽了苦头，但是他"不思悔改"，依然想着春天，盼着春天。

1976年10月，春雷响了，"四人帮"垮台了，成了人民的阶下囚，昔日不可一世的威风一扫而尽。男女老少拍手称快，沽酒烹蟹相庆。人心向背，是任何人也改变不了的。从此，季羡林的处境逐渐得到改善。

从1976年到1978年，是我国从不安定团结到慢慢安定团结的过程。随着拨乱反正的进行，大批冤假错案得以平反改正，高考恢复了，中央召开了科技教育工作座谈会，被颠倒了的历史重新颠倒过来了。对季羡林本人来说，也处在从不可接触者转变为极可接触者，从非人转变为人的变化之中。

最让季羡林高兴的是，他又有了歌颂春天的权利，歌颂学生学习的权利，歌颂一切美好事物的权利。总之一句话，他有了一个正常人表达自己感情的权利。这个权利来之不易，无论如何也不能舍弃，季羡林内心情绪激荡，他再一次拿起了笔，讴歌春天，这次的题目是《春归燕园》。

《春归燕园》是1978年深秋写成的。此时党的十一届三中全会即将召开，凭着直觉，季羡林感觉到春天真正回到了中国大地上。

虽然眼前的时令已是深秋，姹紫嫣红的景象早已绝迹，眼里看到的是黄叶满山，身上感到的是西风劲吹，耳朵里听到的是长空雁唳。但是季羡林心中却溢满了春意。他无论如何也抑制不住讴歌春天的冲动，他有意重走一遍写《春满燕园》时走过的道路。他绕着未名湖走了一周，看到男女大孩子们在黄叶林中、湖水岸边认真地读着书，又听到琅琅的读书声，在湖光塔影间往复回荡。当年连湖光塔影也被贴上了荒谬绝伦的修正主义标签，今天终于恢复了名誉，显得更加美丽动人。此时他心旷神怡，不但想到中国，而且想到世界；不但想到今天，而且想到未来。他走呀，走呀，眼前的秋天仿佛变为春天，大地春意盎然。他抑制不住内心的激情，他感觉到，写《春归燕园》时的激情要大大地超过写《春满燕园》时。写《春满燕园》时，虽然已经尝了一点点苦头，但是总起来说，还是快乐超过苦恼的。而写《春归燕园》时，他已经饱经忧患，过了漫漫长夜又看到光明，经历了凄风苦雨走上了阳关大道。他边走边打腹稿，边走边构思，他激情昂扬，心潮澎湃。

回到家，他铺开稿纸，一篇1400字的短文一挥而就：

凌晨，在熹微的晨光中，我走到大图书馆前草坪附近去散步。我看到许多男女大孩子，有的耳朵上戴着耳机，手里拿着收音机和一本什么书；有的只在手里拿着一本书，都是凝神潜虑，目不斜视，嘴里喃喃地朗诵什么外语。初升的太阳在长满黄叶的银杏树顶上抹上了一缕淡红。我们这些早晨八九点钟的太阳，面对着那一轮真正的太阳。我只感觉到满眼金光，却分不清这金光究竟是从哪里来的了。

黄昏时分，在夕阳的残照中，我又走到大图书馆前草坪附近去散步。我看到的仍然是那一些男女大孩子。他们仍然戴着耳机，手里拿着收音机和书，嘴里喃喃地跟着念。夕阳的余晖从另外一个方向在银杏树顶上的黄叶上抹上了一缕淡红。此时，我们这些早晨八九点钟的太阳，同西山的落日比起来，反而显得光芒万丈。

眼前的情景对我是多么熟悉而又是多么陌生啊！

十多年以前，我曾在这风景如画的燕园里看到过类似的情景。当时我曾满怀激情地歌颂过春满燕园。虽然时序已经是春末夏初时节，但是在我的感觉中却仍然是三春盛时，繁花似锦。我曾幻想把这春天永远留在燕园内，"留得春光过四时"，让它成为一个永恒的春天。

然而我的幻想却落了空。跟着来的不是永恒的春天，而是三九严冬的天气。虽然大自然仍然岿然不动，星换斗移，每年一度，在冬天之后一定来一个春天，燕园仍然是一年一度百花争妍，万紫千红。然而对我们住在燕园里的人来说，却是"镇日寻春不见春"，宛如处在一片荒漠之中。不但没有什么永恒的春天，连刹那间春天的感觉也消逝得无影无踪了。当时我惟一的慰藉就是英国浪漫诗人雪莱的两句诗：

既然冬天到了，

春天还会远吗？

我坚决相信，春天还会来临的。

雪莱的话终于应验了，春天终于来临了。美丽的燕园又焕发出青春的光辉。我在这里终于又听到了琅琅的书声。而且在这琅琅的书声中我还听到了十多年前没有听到的东西，听到了一些崭新的东西。在这平凡的书声中我听到的难道不就是千军万马向四个现代化进军的脚步声吗？我听到的难道不就是向科学技术高峰艰苦而又乐观的攀登声吗？我听到的难道不就是那美好的理想的社会向前行进的开路声吗？我听到的难道不就是我们的青年一代内心深处的声音吗？不就是春天的声音吗？

眼前，就物候来说，不但已经不是春天，而且也已经不是夏天，眼前是西风劲吹、落叶辞树的深秋天气。"悲哉秋之为气也"，眼前是古代诗人高呼"悲哉"的时候。然而在这春之声大合唱中，在我们燕园里大图书馆前的草坪上，在黄叶丛中，在红树枝下，我看到的却是阳春艳景，姹紫嫣红。这些男女大孩子一下子变成了巨大的花朵，一霎时开满了校园。连黄叶树顶上似乎也开出了碗口大的山茶花和木棉花。红红的一片，把碧空都映得通红。至于那些"霜叶红于二月花"的霜叶，真的变成了红艳的鲜花。整个的燕园变成了一座花山，一片花海。

春天又回到燕园来了啊！

而且这个春天还不限于燕园，也不限于北京，不限于中国。它伸向四海，通向五洲，弥漫全球，辉映大千。我站在这个小小的燕园里，仿佛能与全世界呼吸相通。我仿佛能够看到富士山的雪峰，听到恒河里的涛声，闻到牛津的花香，摸到纽约的摩天高楼。书声动大地，春色满寰中，这一个无所不在的春天把我们连到一起来了。它还将不是一个短暂的春天。它将存在于繁花绽开的枝头，它将存在于映日接天的荷花上，它将存在于辽阔的万里霜天，它将存在于千里冰封、万里雪飘的严冬。一年四季，季季皆春。它是比春天更加春天的春天。它的踪迹将印在湖光塔影里，印在每一个人的心中。它将是一个真正的永恒的春天。

季羡林的判断完全正确，从此，我们的国家进入了一个前所未有的改革开放的新时代，一个中华民族伟大复兴和腾飞的新时代。季羡林人生的第二个春天到来了。

转折点，1978

1978 年，是中国命运的转折点，也是季羡林人生经历的转折点。1997 年季羡林在回顾自己的学术生涯时写道：

> 从我上面叙述的几十年的经验和教训来看，学术研究绝对脱离不开政治，决不能不受政治的影响，而且，不管你有意或无意，愿意或不愿意，不管是直接或间接，它总是会为政治服务的。在新中国成立后将近 50 年的历史中，根据我个人的经验，别人的经验也差不多，什么时候政治气氛宽松一点，阶级斗争强调得少一点，极左的东西少一点，什么时候学术研究开展得就好一点。这是一个事实，唯物主义者应该首先承认事实。
>
> 根据我个人的经验，新中国建立后将近 50 年可以分为两大阶段，分界线是 1978 年，前面将近 30 年为一阶段，后面将近 20 年为一阶段。在第一阶段中，搞学术研究的知识分子只能信，不能想，不允许想，不敢想。天天如临深履薄，天天代圣人立言，不敢说自己的话。不允许说自己的话，在这种情况下，在学术研究中搞点什么名堂出来，真是难于上青天了。只有真正贯彻了"百花齐放、百家争鸣"的精神，学术才能真正繁荣，否则学术，特别是人文社会科学，就只能干瘪。这是古今中外学术史证明了的一条规律，不承认是不行的。
>
> 从 1978 年起，改革开放宛如和煦的春风，吹遍了祖国的大地。重点转入市场经济以后，我们的经济得到了发展。虽然还有一些不尽如人意之处，但成就却是不可忽视的。在意识形态方面，从事学术研究工作的

学者们，脑袋上的紧箍咒被砸掉了，可以比较自由地、独立自主地思考了，从而学术界思想比较活跃起来。思想活跃历来都是推动学术研究前进的重要条件。中国学术界萌生了勃勃的生机。

在这种非常良好的政治大气候下，我个人也仿佛从冬眠中醒来了，心情的舒畅是将近50年来没有过的。

1978年初，季羡林当选第五届全国政协委员。2月24日至3月8日，第五届全国政协第一次会议在北京召开，邓小平当选政协主席。而在此之前，邓小平已于1977年10月在党的十一届一中全会上被选为中共中央副主席。

1978年2月17日，国务院转发教育部《关于恢复和办好全国重点高等学校的报告》，北京大学是首批恢复的60所重点高校之一。自从1977年秋季高考恢复之后，北大的教学秩序逐渐恢复。季羡林担任的东语系主任职务也得以恢复。3月7日国务院批转教育部《关于高等学校恢复和提升职务问题的请示报告》。不久，经周培源校长推荐，季羡林被任命为北京大学副校长。

4月22日至26日全国教育工作会议在北京召开，邓小平发表重要讲话，指出要提高教育质量，提高科学文化教育的水平；学校要大力加强秩序和纪律，造就具有社会主义觉悟的一代新人；教育事业必须同国民经济发展的要求相适应；提高人民教师的政治地位和社会地位；要研究教师首先是中小学教师的工资制度，要采取适当的措施，鼓励人们终身从事教育事业。

5月11日《光明日报》发表特约评论员文章《实践是检验真理的唯一标准》。关于真理标准的大讨论就此展开，大讨论导致了思想的大解放。

6月，中国社会科学院同北京大学商定，合作建立南亚研究所，季羡林任筹备小组组长，成员有陈翰笙、中联部林华轩、北大亚非所所长赵宝煦、社科院宗教研究所副所长黄心川、社科院世界史研究所研究员陈洪进、孙培钧。季羡林慨叹："我本来下定决心，不再搞行政工作。然而事与愿违，奈何奈何！"10月南亚研究所正式成立，季羡林担任所长。1985年，南亚所"分家"，社科院与北大分别办所，季羡林留任北大南亚所所长，至1989年。

11月10日至12月15日，中央工作会议在北京召开。会议决定从1979年1月起，把全党工作的重点转移到社会主义现代化建设上来。12月召开了具有伟大历史意义的十一届三中全会，标志着中国进入了改革开放的新时代。

季羡林在1978年不但官复原职，而且官升一级，压在他肩头的行政工作担子越来越重。每个星期五下午，必开校长办公会。连学生食堂几点几分开饭，都要在校长办公会上反复讨论。学生宿舍的水龙头坏了，有人半夜打电话向季副校长反映。还有没完没了的迎来送往，一大堆关乎吃喝拉撒的事务性工作，处理过了，就扔到脑后去了。若干年后，季羡林回忆他当副校长时的"政绩"，有两件事还有印象：一件是西校门南边开了一个西侧门，在马路上就可对校内景色一览无余。季羡林主张在门口堆一个土山遮挡一下，建议被采纳。第二件是在俄文楼前花园内建了两尊塑像：李大钊和蔡元培。在两尊塑像的朝向、空间等问题上校领导之间曾发生争执。季羡林提出栽几棵树，把空间隔一下，解决了这个问题。关于季副校长，有一个流传颇广的故事。说是有一年北大新生入学，一位新同学提着大包小包的行李来校报到。在路上忽然想起有什么事要办，恰好碰到一个穿旧中山装的白发老者，样子像个工友，就让他给自己看一看行李。他办完事回来，老者仍站在那里。新生道过谢，就把行李拿走了。第二天开学典礼，这个新生发现那位"老工友"居然坐在主席台上，一打听才知道，他就是鼎鼎大名的季羡林副校长！笔者听说此事，有些惊愕，曾向季先生求证。他淡淡地说："有这么回事，换了别人，也会这么做的。"

大学是个小社会，行政事务一大堆，够周培源和他的8位助手忙活的。他们被戏称为"九龙治水"。季羡林担任行政职务十分不情愿。他认为是"不务正业"，整天陷于会议和各种事务，要从事写作和科研，他只好利用最"保险"的一段时间：每天从凌晨4点到早上8点，因为这个时间，总不会有人拉他去开会。当然不只是季羡林，流体物理学家周培源担任学校一把手，更是为一大堆行政事务所困扰，最终不得不辞去校长职务，这是后话。

尽管无法全心全意搞业务，当时的政治气候，却让季羡林有枯木逢春之感。从1966年到1977年的11年，季羡林的学术研究有一段很大的空白。1978年是季羡林再生的一年，学术研究有了较好的气氛，尽管还有许多的会议和一些大大小小的干扰，季羡林仍然写了16篇文章，其中有5篇学术论文。

第一篇是《〈罗摩衍那〉中译本前言》。前言简要介绍了《罗摩衍那》的成书过程、主要内容、产生年代以及对这部书的评价。说到对书的评价，自然带有那个时代明显的印记，无非是思想性和艺术性，而首先是思想性，思想性又是批判地继承，首先是批判，什么"破字当头，立在其中"之类。这合乎当时的潮流。过了几年之后，季羡林发现，这样的说法有问题。他认为，谈思想性和艺术性，应该把艺术性摆在前面。因为文学作品或艺术品之

我的老师 季羡林

所以受人喜爱，首先是艺术性。没有艺术性的东西，再好、再伟大、再正确，也只能是宣传品，不能成为艺术品。有些作品没有什么思想性，或者思想性模糊，因为有艺术魅力，照样可以流传千古。至于说到批判地继承，也有些问题。历史上能够流传下来的东西，必然有其优异之处，否则早就被淘汰了。所以对于文化遗产，首先应该继承。对于好的东西，我们今天的任务，首先应该继承，是立，而不应该首先是破，即批判。

第二篇是《〈沙恭达罗〉译本新序》。《沙恭达罗》的作者迦梨陀娑是印度历史上首屈一指的伟大剧作家。可是由于印度缺乏历史典籍，对此人的生卒年月人们众说纷纭，莫衷一是。季羡林根据现有的材料分析推断，迦梨陀娑应该生活在笈多王朝（大体相当于我国东晋——笔者），可能在公元350年至472年之间。这也只是一个假设。接着，根据当时流行的做法，分析这部作品的思想性和艺术性。季羡林分析了该剧的艺术风格、女主人公性格的特点，还同《罗摩衍那》的女主人公悉多做了对比，又对这出戏的艺术形式进行了细致剖析。这不同于当时对作品分析着重思想性，而对艺术性一笔带

1983年，季羡林先生参加第六届全国人民代表大会时，在人民大会堂前留影。

过的通常做法。

第三篇是《〈西游记〉里面的印度成分》。对于《西游记》的主人公孙悟空的原型是谁，中国学界历来颇有争论。主要有两派意见，一派是胡适、郑振铎和陈寅恪，主张是来源于印度史诗《罗摩衍那》中的神猴哈努曼，另一派以鲁迅为代表，主张是来自无支祁的神话。季羡林步其老师的后尘，在汉译佛经中找出了许多同《西游记》类似的故事，说明《西游记》是受印度的影响。

第四篇是《〈中印文化关系史〉前言》。此文的主要用意在于纠正印度学者的一种说法：新中国成立之前，印度是中国的老师；而新中国成立之后，中国是印度的老师。因为这种说法不符合历史事实。而文化交流从来都是双向的，相互的。

第五篇是《〈罗摩衍那〉浅论》。关于这篇文章以及《〈罗摩衍那〉初探》，后文还有叙述，此处不赘述。

总而言之，季羡林的学术研究 1978 年进入了一个新时期，范围涉及印度学、中印文化关系史和比较文学，以后逐步扩大，形成了他学术研究的第二个高峰。

挑战"西方中心论"

季羡林是东方学巨匠，他有一句名言：不薄西方爱东方。他是中国东方学科的开拓者、奠基人。所谓东方学，是研究东方（亚洲和东北非洲）各国语言文字、社会历史、艺术、宗教及其他物质、精神文化诸学科的总称。产生于 16—17 世纪欧洲列强对外扩张时期，18—19 世纪随着古文字译解的成功，该学科有新的发展。20 世纪中期，随着殖民体系的瓦解，东方学发生了质变，由西方殖民主义侵略东方之学变成东方人建设东方、复兴东方文化之学。但是，几个世纪西方侵略者留下的污泥浊水，尚需经过艰苦的努力方能涤除。

季羡林"升官"以后，尽管工作繁忙，还是身先士卒，亲自带研究生。在他最擅长的印度古文字专业，1978 年秋季，招收了硕士研究生任远、段晴，1979 年，招收硕士研究生王邦维、葛维钧。这四位硕士研究生于 1982 年 7 月同时毕业。

讲到王邦维，笔者要告诉读者一个小故事。以下抄录自王邦维的回忆文章《师恩如父》：

> 1981 年，我作硕士论文，其中一项任务，是对一些古代的刻本作校勘。古刻本中有一种是藏在北京图书馆的《赵城金藏》。这是稀世的文物。研究所的耿老师为我跟北图联系，那边答复，研究生不行，但如果像季先生那样的学者要看，那是可以的。可是，先生当时是研究所的所长，又是北大副校长，还有其他许多兼职，工作极其繁忙，我怎么能劳动先生为我的事一起进城去北图呢？但先生知道了这事，立即说："那我们找个时间一起去吧。"
>
> 于是安排了一天，先生为此专门与我一起去了北图。以下的一切都很顺利。卷子从书库调出来，我立刻开始工作。先生先是站在旁边，看着我作记录，过了一阵，先生拿出早准备好的一摞《罗摩衍那》的清样，读自己的清样。就这样，整整半天时间，先生一直陪着我，直到我校完录完卷子。

1984 年 9 月，钱文忠等 8 人考入北大本科学习梵文。直接为他们授课的是季羡林的弟子蒋忠新、郭良鋆。梵文的难度人所共知，加上对毕业后前途的担心，1985 年学校允许学生转系，该班半数学生转走。为了把剩下的几位培养好，1987 年季羡林亲自联系、协调，安排他们赴德国汉堡就读。同年，王邦维获得博士学位。钱文忠 1991 年获得硕士学位，同年，日籍研究生辛岛静志获得博士学位。此后季羡林亲自带的博士研究生还有三人，他们是：李南，1996 年毕业；高鸿，1998 年毕业；刘波，2000 年毕业。

季羡林担任所长的南亚所，1978 年开始招收研究生，季羡林经常以讲座的形式为研究生上课。除了讲述印度学之外，最多的还是传授治学的基本方法和学术规范。他教育研究生们须有范文澜先生所提倡的"板凳甘坐十年冷，文章不写半句空"的治学精神，写论文前要做好相关资料的检索，写作中要勤翻阅各种工具书，以减少事实记忆差错和错别字，要努力多掌握几门外语，不断提高汉语水平，尽力拓宽知识面。他反复强调要老老实实做学问，引用别人的东西，哪怕是一句话，也要注明出处，不可掠人之美。

季羡林的研究与教学绝不囿于南亚古代语言，他是综合比较研究的积极提倡者和实践者。20 世纪 80 年代早期，他组织了一个"西域研究读书班"，就是把与研究西域有关联的学者召集起来，不定期交流读书心得，一年数次，延续十年之久。季羡林把不同学科的研究者召集在一起，相互切磋，取长补短，探讨问题，效果比一个人单打独斗要好得多，特别是对于青年学者，更是难能可贵的学习机会。据当事人回忆，参加这个读书班的先后有：北大历史系的荣新江、张广达、王小甫，北大南亚所的王邦维、耿引曾、段晴、张保胜、钱文忠，社科院南亚所的蒋忠新、郭良鋆，社科院外国文学所的黄宝生，中央民族学院的耿世民，文物局文献研究室的林梅村等。他们有研究梵文、于阗文、佉卢文、回鹘文的，有研究中亚、南亚历史的，有研究佛教、摩尼教的，都学有专长，在读书班里，他们能学到在课堂上学不到的东西，也遇到从未有过的挑战。季羡林还请来京访问的研究中亚问题的外国学者到读书班交流，这时，英语就成为必不可少的交流工具了。几年下来，读书班成员不仅学识上有长足进步，外语水平也有明显提高。

季羡林 1990 年担任中国亚非学会会长，直至 1999 年。他对这项工作相当重视。他说，担任的其他学会的领导职务可以推掉或者挂名，但亚非学会不同，因为这个学会是 1962 年在周恩来总理、陈毅副总理的亲切关怀下成立的，是当时全国唯一的研究国际问题，特别是亚非问题的学会。那时候周扬担任会长，季羡林任副秘书长。1986 年亚非学会重组，宦乡担任会长，季羡林任第一副会长。宦乡逝世后季羡林接任会长。第二、第三届理事会在季羡林主持下，为学会的发展做出了很大贡献。在季羡林的倡导下，亚非学会召开东西方文化和作用的座谈会。参加会议的除学会领导成员以外，还邀请了中国社会科学院副院长李慎之、国家图书馆馆长任继愈参加。会上两种观点针锋相对，争论十分激烈。季羡林在会上阐述了他的观点：第一，东西方文化"三十年河东，三十年河西"。每一种文化都有它产生、发展、衰落的过程。21 世纪将是东方文化占主导地位的时代。第二，"天人合一"。人类的生产活动必须要符合自然规律，那种"与天斗、与地斗"的观点是站不住脚的。西方一些国家只顾发展经济，破坏自然环境的做法只会殃及人类自身生存。第三，东方强调综合，西方强调分析，也就是强调微观和宏观的问题。现在微观分析再分已分不下去了，21 世纪微观与宏观要结合。季羡林的这些观点是他阅读了大量中外有关资料，凭借自己渊博的历史知识、敏锐的观察能力，得出的推论，是对独霸世界长期统治人们头脑的欧洲中心论的勇敢挑战，表现出他巨大的学术勇气。

季羡林还自费出版了《东西文化议论集》上下两册，将自己的观点和反对的意见收入其中，借以推动对东西方文化问题的讨论。争论一直有。1998年李慎之在其《东西方文化之我见》一文中说："近年来，季羡林先生以梵文专家的身份已在合三为一把东方文化作为一个整体，而且以为东方文化优于西方文化，进而按照据说'三十年河东，三十年河西'的'规律'断定：既然最近几个世纪是西方文化主导世界，那么下个世纪必然是东方文化主导世界，而且即使东西方文化汇合为一种世界文化也一定是东方文化在其中起主要作用。我对此不敢苟同。三年前曾撰《辨同异，合东西》一文，就是为说明我的这个观点。虽然如此，东西文化之说仍然日渐流行。"

改革开放伊始，季羡林和他带领的团队，就发起了对西方中心论或欧洲中心论的冲击。1979年季羡林发起成立中国南亚学会并担任会长，1980年季羡林带头在北大成立比较文学学会和比较文学中心，1982年暑假，在季羡林倡导下，教育部在承德师专举办首届全国东方文学讲习班，一大批来自全国各地的青年教师接受东方文学的启蒙教育。1983年全国高校东方文学研究会在四川乐山成立。1984年，季羡林在为《东方文学作品选》作序时写道：

> 三十五年以来，我们做了大量的翻译、介绍、研究、阐述的工作，成绩辉煌，远迈前古……但是，美中也有不足，主要是对东方文学的介绍还不够普遍，不够深入。在这个领域内，不论是古代或是近、现代，都有不少的空白点。严格一点说，我们的读者对东方文学还没有看到全貌，对东方文学的价值还不能全面评价。其影响就是中国人民对某些第三世界国家人民的思想与感情，憧憬与希望，都缺乏实事求是的了解，从而影响了我们之间思想交流和友谊增长，也可以说是不利于我们的团结。特别是在某一些同志心目中那种鄙视东方文学的看法，更不利于东方文学的介绍与研究。我不愿意扣什么帽子，但如果说这些同志还有点欧洲中心论的残余，难道还不能算是恰如其分吗？

1990年季羡林在他担任主编的《印度古代文学史》"前言"中进一步尖锐地指出：

> 中国地处东方，同印度做了几千年的邻居。文学方面，同其他方面

一样，相互影响，至深且巨。按理说，印度文学应该受到中国各方面的重视。可是多少年来，有一股欧洲中心论的邪气洋溢在中国社会中，总认为印度文学以及其他东方国家的文学不行，月亮是欧美的圆。这是非常有害的。我们搞印度文学的人，一方面要努力学习，一方面又要同社会上这一股歪风抗争，任务是艰巨的……但愿中国的外国文学专家和一般的读者们能摒除偏见，平等地对待东西各国的文学，跂予望之。

向西方中心论挑战，季羡林的武器，第一是教学，包括开讲座，第二是办杂志，第三就是写书和编书。20世纪70年代末，季羡林创办《外国文学》杂志，从当时的外语系抽人，用心征集北大师生的内部稿件，既彰显北大外国文学方面的实力，又可以发现和培养新人。卞立强、刘安武、范大灿、李明滨和陆嘉玉五人为编委，李铮协助做具体工作，季羡林亲自指导编辑部组稿，审查每期发刊的文稿。80年代初《外国文学》正式出刊。季羡林认为，老一代的专家学者的治学经验和心得，都是理论，而且是有中国特色的外国文学理论，不要看轻了。《外国文学》杂志聘请的顾问如冯至、田德望、刘振瀛、李赋宁、陈占元、金克木、闻家驷、梁佩贞、曹靖华、颜保、魏荒弩等，都是外国文学方面的名家，他们为杂志撰写稿件，使杂志有了很高的水准和知名度。90年代初杂志出版遇到经济困难。有人表示可以独资承办，条件是要拥有杂志的主导权，季羡林坚决不答应。他说："主编不是花钱就可以随便买到的。我别的职位可以不要，副校长、系主任都辞去，主编坚决不辞！"季羡林创办并担任首任主编的《南亚研究》杂志，情况也是如此。

大唐西域

《大唐西域记》是一部十分重要的历史地理著作，作者就是家喻户晓的唐代高僧玄奘。这部书是奉唐太宗李世民之命写成的，记述了玄奘赴印度游学所经历过的138个国家、地区、城邦的见闻，包括其幅员、地势、人口、经济、宗教、民俗、语言文字等方面。全书共12卷，对公元7世纪中亚、南亚许多历史情况记载准确，语言简洁，至今仍然是中亚、南亚古代史和中外关系史的重要文献。由于印度缺乏历史方面的典籍，近代以来，全世界研究印度史

我的老师季羡林

和中亚史的学者都视此书为至宝。印度著名历史学家阿里说："如果没有法显、玄奘和马欢的著作，重建印度史是完全不可能的。"

《大唐西域记》问世 1000 多年，版本众多，许多外文译本错讹之处甚多，地名人名皆不统一，给读者带来极大困扰。此书在国内没有比较完善的点校本与注释本，校勘和注释此书非常必要。可是这项工作需要通晓古代印度、中亚史地、宗教、语言文字等多方面的知识，还要懂得英文和日文，以便与译本相互参照，能够胜任者少之又少。

20 世纪 50 年代末，历史学家向达拟定了一个《中外交通史籍丛刊》的出版计划，准备整理出版古籍 42 种。其中就有《大唐西域记》。向达是最早着手准备整理《大唐西域记》的极少数中国学人之一。当然这项工作不可能由向达一人完成，中华书局派编辑谢方请北大学者共同参与。1961 年 1 月，北大组成一个小组，成员有向达、邵循正、季羡林、邓广铭、周一良，集体进行研究。向达还专程赴广州，向陈寅恪汇报此事，陈寅恪也牵挂着这本书。

1962 年 7 月，中共中央宣传部明确了摘帽"右派"的著述"原则上可以发表和出版"。孤寂的向达精神为之一振，决心以余生的精力完成这个计划。可是由于政治形势的变化，整理工作刚刚有了一点眉目，就搁浅了。1966 年 6 月，"文革"爆发，被列为"牛鬼蛇神"的向达受到残酷的批斗，有时一天被斗数次。1966 年 11 月 24 日，历史学家向达教授死于尿毒症，终年 66 岁。

1977 年底，中华书局重新启动《大唐西域记》的整理工作并列入出版计划。谢方再一次来到北大找季羡林，希望他主持其事。季羡林欣然同意。他说："《大唐西域记》的重要性尽人皆知，但是 1000 多年以来，我国学者对这一部书的研究，较之日本，远远落后，我认为，这是我们学术界之耻，尝思有以雪之。"就是抱着这种发愤雪耻的心态，季羡林邀集张广达、朱杰勤、杨廷福、耿世民、张毅、蒋忠新、王邦维 7 位专家组成班子，在借鉴与参考向达等人已有的成果基础上，重新对《大唐西域记》进行整理。这部书没有设主编，署名季羡林等校注，季羡林是实际主编。他除了参与注释，还审阅了全部注释稿，提出许多中肯的意见，对有些重要的注释条目，他甚至亲自重写，如长达 3000 字的"四吠陀"注释，就是他重写的。他还对历代学者的注释进行研究，对一些重要问题提出新解，纠正了前人，包括日本学者注释中的一些错误。1985 年，中华书局出版了这部 63 万字的《〈大唐西域记〉校注》。这部书借鉴了中外研究者的研究成果，纠正了前人成果中的一些错漏之处，解决了一些前人遗留或者忽略的问题。几代中国学人的艰苦努力，终于有了结果。1994年这部书获得第一届国家图书奖。

为了帮助读者更好地阅读和研究《大唐西域记》，季羡林花了一年多的时间，查阅了大量资料，写出10万言的《玄奘与〈大唐西域记〉——校注〈大唐西域记〉前言》。内容之广远远超过《大唐西域记》本书。他详细论列了（一）唐初的中国，（二）六、七世纪的印度，（三）唐初中印交通情况，（四）关于玄奘，（五）关于《大唐西域记》等项内容。这篇前言其实是一部专著，它不但对《大唐西域记》提供了导读，而且对研究唐代中印关系史和中亚史、佛教史都具有重要价值。

《大唐西域记校注》出版以后，季羡林考虑到一般读者，特别是缺乏古文根底的读者，即使有了注释也难以读懂该书，认为有必要对该书进行今译。他趁热打铁，另组班子，完成了《〈大唐西域记〉今译》一书，1985年由陕西人民出版社出版，深受读者欢迎。季羡林还计划把《〈大唐西域记〉校注》翻译成英文出版，以纠正现有两个英译本中的错误。这项工作难度很大，在季羡林生前未能进行，只能留待后人。

原始佛教语言

原始佛教的语言问题，是季羡林在德国哥廷根大学读博士时确定的研究方向。在1941年获得博士学位后被迫滞留德国的4年内，他接连写了3篇有关佛教梵语的论文。这是季羡林研究佛教梵语的第一次高潮。

1946年回国以后，因为缺少应有的专业书籍与杂志，季羡林的佛教梵语研究工作无法继续。1956年，出于一个偶然的机会，季羡林写了《原始佛教的语言问题》一文。这篇论文在1959年缅甸研究会的大会上宣读过，英译文就发表在会刊上。同样出于一个偶然的机会，1958年，季羡林写了《再论原始佛教的语言问题》一文，起因是一位研究印度语言的朋友告诉季羡林，美国著名的梵文学者爱哲顿教授在他的《混合梵语语法》中提到了他用德文写的那几篇论文，并表示了不同的看法。季羡林把《混合梵语语法》借来仔细阅读，感到爱哲顿的看法问题很多，于是写了那篇《再论》，同爱哲顿商榷。此后，对季羡林的佛教梵语而言，是一段长达二十几年的沉默时期。

1980 年 11 月季羡林访问联邦德国，在哥廷根见到了 85 岁高龄的恩师瓦尔德施密特。老师的接班人就是 Bechert 教授。Bechert 教授送给季羡林不少新出版的书，其中包括几册原始佛教语言座谈会的论文集。他还聘请季羡林担任《新疆吐鲁番出土佛典的梵文词典》顾问。季羡林回国以后，看到那些印刷精美的书籍，随意翻看了几页，发现自己在灵魂深处，对佛教梵语并没有真正忘却，仍然有一棵爱惜佛教梵语的幼芽，一旦气候适合，这幼芽就会萌动。现在读了原始佛教语言座谈会上宣读的论文，心中的那一棵幼芽便萌动起来，此后 3 年，季羡林到外地开过许多会，到过西安，到过桂林，到过合肥，到过兰州。每一次出门，他随身携带的书中总有关于佛教梵语的论文集。每天凌晨，不论是面对着窗外的桂林山影，还是西安丈八沟的幽篁，或者听着合肥稻香楼树丛中画眉的鸣唱，摆在眼前桌子上、他潜心默读的总是关于佛教梵语的论文集。就这样断断续续而又锲而不舍地读了 3 年。起初，他对书中的一些论文颇感新鲜。但是越读越觉得有些意见极为偏颇，好像有意标新立异。他随时把书中的意见和自己的看法做了详细的笔记。随着时间流逝 24 年以后，季羡林终于写了又一篇讨论原始佛教语言问题的论文《三论原始佛教的语言问题》，同时又补写了两篇论文，把自己的未竟之意都收在里面，名为《中世印度雅利安语二题》。这是季羡林佛教梵语研究的第二次高潮。季羡林认为学术讨论要有充分的论据，但是，座谈会上有一些意见，论据不够充分。至于 Bechert 教授的那些意见，他认为更是轻率到令人吃惊的地步，比如 — am〉u，o 的问题就是如此。在他举出的书中第一行第一个字就是这样的语法现象，但是他却偏偏说根本没有。季羡林知道，要一个人放弃自己的学术观点，是非常困难的。他扪心自问，自己是不是也陷入了这个泥坑，看到不同意见就火冒三丈呢？经再三检查，他认为自己并不是的。Bechert 教授和美国的爱哲顿教授，是季羡林的某一部分论点的反对派。他的《再论》是针对爱哲顿教授的，《三论》是针对 Bechert 教授的。是不是在世界上梵文学界中季羡林只有反对派呢？也不是，他在世界上也不乏支持者。日本东京大学著名的梵文教授原实博士就是最突出的一个。他在国际梵文学者的大会上发言，对季羡林给予鼓励，还给他写信表示赞誉。

　　1985 年以后，季羡林的佛教梵语研究进入第三次高潮。直到 20 世纪 90 年代，尽管公务繁忙，他还是在几个研究领域轮流作战，战果颇丰。在图书资料条件日渐改善的情况下，他的研究兴趣日益浓烈。这个时期他发表的重要论文有：1.《论梵文本〈圣胜德到彼岸功德宝集偈〉》（1986 年），这篇长文对《般若经》的起源地进行分析，对《宝德藏》语言特点特别是 −am〉o，u 现象进行了论述，这正是古印度西北方言的特点。2.《新疆古代民族语言中的 −am〉u 现象》（1990 年），说明这种音变现象不仅印度西北方言有，而且发生在直到新疆的广大地区。3.《梵语佛典及汉译佛典中四流音问题》（1990 年）这篇论文很重要，但专业性极强，也极为冷僻，难以进行通俗的介绍。4.《玄奘〈大唐西域记〉中的 47 言问题》（1990 年），纠正了中外注者对 47 个梵文字母中元音与辅音数目的讹误。在前两篇论文中征引大量新资料，证明 40 多年前自己提出的论点是完全正确的。

季羡林研究佛教梵语几十年，有一个指导思想贯彻始终，这就是，除了找出语言发展的规律性的东西以外，他主张把对佛教梵语的研究同印度佛教史的研究结合起来。他发现许多印度佛教史上的问题，可以通过佛教梵语的研究得到解决。除此以外，研究了佛教梵语的发展规律，对印度语言发展史的研究，也会有很大的帮助。季羡林以一个语言学者的身份研究佛教，是想通过原始佛典的语言现象来探讨最初佛教的传布与发展，找出其中演变的规律。掌握了这些规律，就可以从一部佛经的语言特点，判断其生成地域和年代。这对研究佛教史是十分重要的。1946 年回国以后，季羡林转向佛教史研究，包括印度、中亚以及中国佛教史在内。在印度佛教史方面，他研究了佛教早期释迦牟尼与提婆达多的一场“路线斗争”。公元前五、六世纪的北天竺，西部是婆罗门的保守势力，东部则兴起了新兴思潮，是前进的思潮，佛教代表的就是这种思潮。提婆达多同释迦牟尼对着干，他的思想和学说的本质是什么，一直没弄清楚。古今中外写佛教史者却没有一人提出这个问题，季羡林认为这对印度佛教史的研究是不利的。1987 年他写了一篇长文《佛教开创时期的一场被歪曲被遗忘了的“路线斗争”》，为这场争论拂去岁月的尘埃。在中亚和中国内地的佛教信仰中，他发现了弥勒信仰的重要作用，也是发前人未发之覆。他的那两篇关于“浮屠”与“佛”的文章，篇幅不长，却解决了佛教传入中国的路径的大问题。

佛教在中国的发展是一个非常有意义的研究课题。在这方面季羡林的贡献是有目共睹的。其一，他是这方面研究锲而不舍的实践者，树立了一个好的榜样；其二，他是这种研究的领导者和组织者，为研究培养了一批人才，并指明了方向。

季羡林对佛教语言的研究其意义绝不仅仅限于中国。印度学者哈拉普拉萨德·雷易在 1998 年 8 月 17 日印度《政治家》报上撰文说：

> 季羡林先生在学术方面代表了自己的时代。他拓宽了我们许多人的视野，使得我们能够看到佛教与印中友谊的深刻意义。我认为，对于我们所处的这个世界，他的贡献无论在学术进步方面还是印中关系方面，都将长期有所裨益。

佛学研究

季羡林在佛学研究方面造诣很深。有个青年曾向他请教佛学方面的问题，季老耐心做了解答。同时，他告诉那个青年："我从来没有信过任何宗教，对佛教也不例外。而且我还有一条经验：对世界上的任何宗教，只要认真地用科学方法加以探讨，则会发现它的教义与仪规都有一个历史发展过程，都有其产生根源……都是破绽百出、自相矛盾的，有的简直是非常可笑的。因此，研究越深入，则信仰越淡薄。"

既然不相信，为什么还要研究佛教呢？季羡林说："我个人研究佛教是从语言现象出发的。我一开始就是以一个语言研究者的身份研究佛教的。我想通过原始佛典的语言现象来探讨最初佛教的传布与发展，找出其中演变的规律。让我来谈佛教教义，有点野狐谈禅的味道。但是，人类思维有一个奇怪的现象：真正的内行视而不见的东西，一个外行反而一眼就能够看出。说自己对佛教完全是外行，那不是谦虚，而是虚伪，为我所不取。说自己对佛教教义也是内行，那就是狂妄，同样为我所不取。我懂一些佛教历史，也曾考虑过佛教在中国发展的问题。"俗话说："旁观者清，当局者迷。"季羡林自称外行，他以一位文化学者的身份研究佛学，具有佛家弟子不可比拟的优势。季羡林对原始佛教语言研究方面的成就，前文做过介绍，这里单讲他对佛学研究的贡献。

讲到佛学研究，首先需要谈谈对佛教评价的问题。马克思主义对宗教的评价是众所周知的。但是毋庸讳言，我们过去对佛教在中国的影响的评价存在简单化、片面化的倾向。个别学者甚至用谩骂的口吻来谈论佛教，这不是好的学风。谩骂不等于战斗，也不等于革命性强，平心而论，佛教既然是一个宗教，宗教的消极方面必然会有。但是平心静气仔细分析，中华民族创造了极其卓越的文化，历数千年而没有失去活力，为世界各民族所仅见，原因很多，重要原因之一，季羡林认为，中华文化具有海纳百川的胸怀，随时吸收外来的新成分，决不僵化。东汉以来，佛教的传入，是功不可没的。从自古至今整个世界文化发展的情况来看，一个文化，不管在某一时期内发展得多么辉煌灿烂，如果故步自封，抱残守缺，又没有外来的新成分注入，结果必然会销声匿迹，成为夜空中的流星。佛教作为一个外来的宗教，传入中国以后，抛开消极的方面不讲，积极的方面是无论如何也否定不了的。中国人的思想观念、语言文学、科学技术，乃至音乐、舞蹈、美术、建筑、雕塑、民俗、医药、养生等无不受其影响，它影响了中华文化的方方面面，给它增添了新的活力，促其发展，助其成长。这是不可否认的事实。

我们过去在评价佛教方面，一些史学家、哲学史家，对佛教的评价往往失之偏颇，不够全面。他们说，佛教是唯心主义，同唯心主义做斗争的过程，就是中国唯物主义发展的过程。一度流行的说法就是，佛教只是一个"反面教员"。过去很长一段时间人们习惯于这一套貌似辩证的说法，今天人们不再满足于这样的认识了。季羡林认为，必须对佛教重新估价。对佛教在中国历史上和文化史、哲学史上所起的作用，要细致、具体、实事求是地加以分析，以期能做出比较正确的论断。这也是一种拨乱反正，否则我们就无法写中国哲学史、中国思想史、中国文化史，再细分起来，更无法写中国绘画史、中国语言史、中国音韵学史、中国建筑史、中国音乐史、中国舞蹈史等。总之，弄不清印度文化、印度佛教，就弄不清我们自己的家底。而且佛教在中国的影响决不仅限于汉族，其他兄弟民族都受到深刻影响。季羡林痛感，在这方面，我们的研究十分落后，决不能再继续下去了。100年以前，恩格斯已经指出，佛教有辩证思想。过去有一些论者，言必称马恩，其实往往是仅取所需的狭隘的实用主义。任何社会现象都是极其复杂的，佛教这个上层建筑更是如此。优点和缺点纠缠在一起，很难立即做出定性分析。季羡林大声疾呼，我们一定要屏除一切先入之见，细致地、客观地、平心静气地对佛教对中国文化的影响进行分析，然后再做出结论。只有这样的结论才符合客观事实，真有说服力。客观细致地分析评价佛教对中国文化的影响，是季羡林对佛学研究的第一个贡献。具体成果包含在他的大量史学著作，特别是关于中印文化交流史的著作中。

季羡林对佛学研究的第二个贡献是对宗教前途的客观估价，以及在此基础上提出的关于宗教政策的建议。

多年以前，他曾经和哲学家冯定一道探讨过宗教前途问题。他提出了一个问题：是宗教先消灭呢，还是国家、阶级先消灭？最终他们两人的意见完全一致：国家、阶级先消灭，宗教后消灭。换句话说，即使人类进入大同之域共产主义社会，在一定的时期内，宗教或者类似宗教的想法，还会以某种形式存在着。恩格斯说过："创立宗教的人，他们必须本身感到宗教上的需要，并能体贴群众的宗教需要，而烦琐哲学家照例不是如此。"所谓群众的需要有多种多样。有真正的需要，有虚幻的需要，有麻醉的需要，有安慰的需要，尽管形式不同，其为需要则一也。否认这一点，不是唯物主义者。

既然如此，我们是不是就不要宣传唯物主义、宣传无神论了呢？季羡林的回答是：决不。他说："我们信仰马克思主义，我们是唯物主义者。宣传、坚持唯物主义是我们的天职，这一点决不能动摇。我们决不能宣传有神论，为宗教张目。但是，唯其因为我们是唯物主义者，我们就必须承认客观实际，一个是历史的客观实际，一个是眼前的客观实际。在历史上确实有宗教消灭的现象，消灭的原因异常复杂。总体来看，小的宗教，比如会道门一类，是容易消灭的。成为燎原之势的大宗教则几乎无法消灭。即使消灭，也必然有其他替代品。举一个具体的例子，佛教原产生于印度和尼泊尔，现在在印度它实际上几乎不存在了。为什么产生这个现象呢？印度史家、思想史家有各种各的解释，什么伊斯兰教的侵入呀，什么印度教的复活呀。但是根据马克思的意见，我们只能说，真正原因在于印度人民已经不再需要它，他们已经有了代用品。佛教在印度的消逝绝不是由于什么人、什么组织大力宣传、大力打击的结果。在人类历史上，靠行政命令的办法消灭宗教，即使不是绝无仅有，也是十分罕见。"至于讲到眼前的客观实际，季羡林看到，苏联建国几十年，对无神论的宣传可谓不遗余力，对宗教的批评也可谓雷厉风行。然而结果怎样呢？宗教并没有被消灭，反而还有抬头之势。苏联的经验和教训，值得我们借鉴。

因而季羡林提出的对策是：对任何宗教，佛教当然也包括在内，我们一方面决不能去提倡，另一方面，我们也用不着故意去"消灭"。唯一的原因就是，这样做，毫无用处。如果有什么地方宗教势力抬头了，我们一不张皇失措，二不忧心忡忡。宗教是在人类社会发展到某一阶段产生出来的，它也会在人类社会发展到某一个阶段时消灭。操之过急，徒费气力。我们的职责是对人民进行唯物主义、无神论教育。至于宗教是否因之而逐渐消灭，我们不必过分地去考虑。

据中央电视台主持人白岩松回忆，2006年底他采访季老，谈到对宗教的看法时，季老透露了一个细节：有一位高层领导来看望季老，也谈过对人们内心的看法。这位领导同志问：宗教和主义，哪一个先在人群中消失？季老毫不犹豫地回答："如果人们无法克服对死亡的恐惧，怕是主义先消失，也许是早一天。"这看似平淡的回答，包含着智慧、勇气和信心。

季羡林对佛学研究的第三个贡献，是他研究宗教，特别是佛教与生产力的关系，发现了"天国"门票越卖越便宜的现象，揭示了佛教发展逐步世俗化的规律。

宗教会不会成为社会发展、生产力发展的障碍呢？季羡林认为，会的，但并非决定性的。季羡林研究宗教史，发现了一个很有趣的现象：宗教会适应社会的发展、生产力的发展而随时改造自己，改变自己。在欧洲，路德的宗教改革是一个例证。在亚洲，他研究了印度和中国佛教部派的形成和发展演变，从小乘有部到大乘空部，再到大乘有部，修习方式发生了很大的变化。佛教小乘改为大乘，在个别国家，比如，在日本，改为和尚能结婚，能成家立业。小乘是"自了汉"，想解脱必须出家。出家人既不能生产物质产品，也不能生产人。长此以往，社会将无法继续存在，人类也将灭亡。大乘逐渐改变这个弊端。想解脱——涅槃或者成佛，不必用那样大的力量。你只需膜拜，或口诵佛号等，就能达到目的。小乘功德要靠自己去积累，甚至累世积累；大乘功德可以转让。这样一来，一方面能满足宗教需要，一方面又与物质生产不矛盾。此时居士也改变了过去的情况。他们除了出钱支持僧伽外，自己也想成佛，也来说法。这就是所谓"居士佛教"，是大乘的一大特点。这样不但物质生产的问题解决了，连人的生产的问题也解决了，居士可以在家结婚。在日本，佛教不可谓不流行，但是生产力也不可谓不发达，其间的矛盾并不太突出。在日本京都一地，佛教寺院和所谓神社就有1700多所。中国所谓"南朝四百八十寺"，同日本比起来，简直是小巫见大巫。日本人口众多，土地面积狭小，竟然留出这样多的土地供寺院使用，其中必有缘故。值得深入研究。季羡林说，佛教在日本，不管是以什么形式存在，一方面能满足人们对宗教的需要；另一方面又不妨碍生产力的发展，所以才能在社会上仍然保持活力。从这样的论证中季羡林得出了一个宗教发展的规律：用尽可能越来越小的努力或者劳动尽可能满足越来越大的宗教需要。这个规律不但适用于佛教，也适用于其他宗教。

季羡林发现，在世界上所有的国家中，解决宗教需要与生产力发展之间的矛盾最成功的国家是日本。他们把佛教的一些清规戒律加以改造，以适应社会生产力的发展，结果既满足了宗教需要，又促进了生产力的发展，成为世界上的科技大国和经济大国。

季羡林研究的重点还是中国佛教。佛教在中国的发展是一个非常有意义的研究课题。佛教传入中国以后，经历了试探、适应、发展、改变、渗透、融合等许多阶段，最终成为中国文化、中国思想的一部分。佛教在中国产生了许多宗派，流传时间有的长，有的短。至于在中国发展起来的禅宗，最终发展到呵佛骂祖的程度，几乎成为佛教的对立面，也是人类思想史上的一个有趣的现象。中国佛教的禅宗流传时间最长，原因何在？季羡林认为，至少有两条原因。一是禅宗主张"顿悟"，不必累世修行，便可成佛；二是提倡生产劳动，"一日不作，一日不食"，与生产力发展不相违。

怎样来解释顿悟与渐悟的利弊优劣呢？仍要从宗教修行与生产力发展之间的矛盾这个观点来解释。从这个观点来看，顿悟较之渐悟大大有利，要渐悟，就得有时间，还要耗费精力，这当然会同物质生产发生矛盾，影响生产力的发展。顿悟用的时间少，甚至可以不用时间和精力。只要一旦顿悟，洞见真如本性，即可立地成佛。人人皆有佛性，连十恶不赦的恶人也都有佛性，甚至其他生物都有佛性。这样一来，满足宗教信仰的需要与发展生产力之间的矛盾就一扫而光了。

季羡林强调发展生产力与宗教信仰之间的矛盾，不是没有根据的。中国历史上几次大规模的排佛活动，都与经济也就是生产力有关。在所有的佛教宗派中，了解这个道理的只有禅宗一家，禅宗是提倡劳动的。他们想改变寺院靠庄园收入维持生活的办法。最著名的例子是唐代禅宗名僧怀海（749 —814）制定的"百丈清规"，其中规定，禅宗僧徒靠劳作度日。在中国各佛教宗派中，禅宗寿命最长。过去的论者多从学理方面加以解释。不能说毫无道理，但是最重要的原因还要到宗教需要与生产力发展之间的关系中去找，禅宗的做法顺应了宗教发展的规律，所以寿命独长。

笔者以为，除了从语言学角度研究佛教传布发展的路径外，季羡林对佛学研究的主要贡献是上述3点。此外，还有对提婆达多的研究、弥勒信仰的研究、佛教的"倒流"等问题，季羡林都颇有创建。

季羡林通过佛教学术研究，结识了佛教界的一些高僧大德，如中国佛教协会的原会长赵朴初居士、台湾"中华佛学研究会"和法鼓大学的创建人圣严法师等，他们成为终生的挚友。

泰翁缘

中国人民对印度伟大的诗人、伟大的爱国者和伟大的贤哲罗宾德罗纳特·泰戈尔（1861—1941）并不陌生，他一生都在努力推进印中两国人民的传统友谊。19世纪末，泰戈尔还是一个青年的时候，就撰写文章愤然谴责英帝国主义向中国输送鸦片。1924年，他应邀访问中国。在北京，他受到包括梁启超、胡适、徐志摩、林徽因等在内的知名学者和诗人以及青年学生的热烈欢迎，为中印两国人民的友谊留下了一段佳话。

1937年，日本军国主义发动全面侵华战争。泰戈尔写了一些如同利剑怒火一般的诗篇，猛烈抨击残暴的侵略者。同年，他撰写了《中国与印度》。1941年，就在他辞世前不久，他撰写了另外一篇著名文章《文明的危机》。他在临终之际仍然惦念着中国的抗日战争。他在文章中预言，一个伟大的未来正在离我们愈来愈近。我们应当做好准备，以迎接新纪元的到来。泰戈尔终其一生都是中国人民的伟大朋友，一直与中国人民呼吸相通。

泰戈尔1913年获得诺贝尔文学奖之后，陈独秀等人开始将他的作品介绍到中国来。季羡林上中学时开始阅读泰戈尔的作品，他被泰戈尔优美的散文诗深深吸引，曾经模仿他的体裁写过一些小诗。1924年4月22日，13岁的季羡林在山东省议会厅看见过这位印度圣哲发表演讲。进入中年，季羡林进一步研究泰戈尔的诗歌和短篇小说，写过一篇长文《泰戈尔与中国》。数十年来，季羡林对泰戈尔的兴趣和尊敬始终如一。1955年季羡林第二次访问印度的时候，到尼克坦访问泰戈尔创办的国际大学，在泰戈尔生前居住的北楼住过一夜。黎明，他从那所古旧高大的房子里走出来，看到一个小小的池塘里，一朵红色的睡莲赫然冲出水面，迎着初升的朝阳，衬着满天的霞光。仿佛在冥冥之中，有诗人的在天之灵，在欢迎东方来的客人。

1978年季羡林第三次访问印度，在加尔各答见到女作家梅特丽耶·黛维夫人。他们自然而然地谈到了泰戈尔。黛维夫人的父亲达斯古普塔教授是泰戈尔的密友，两家亲如一家，泰戈尔把梅特丽耶当成自己的女儿。在诗人去世前的3年中，曾4次到她在喜马拉雅山麓蒙铺的家中度假。梅特丽耶·黛维以优美的文笔记录了诗人日常生活的点点滴滴。读者了解泰戈尔主要是通过他的作品，给人的感觉是正襟危坐、峨冠博带，仿佛不食人间烟火，这当然没有错，可这只是诗人的一面。诗人的另一面，我们从他的作品中是无法看到的。可是梅特丽耶看到了，而且忠实地记录了下来。泰戈尔处在家人中间，随随便便，不摆架子，一颦一笑，一喜一怒，自然率真，本色天成。人们应该感谢黛维夫人，她给我们描述了一个真实的泰戈尔。

1981年黛维夫人来北京访问，季羡林到她下榻的饭店，二人长谈半天，临别时黛维夫人赠给季羡林一本自己写的书，原文是用孟加拉文写的，后来由作者自己译成英文。这就是《家庭中的泰戈尔》。英文书名直译是《炉火旁的泰戈尔》，二者意思是一样的。她问季羡林愿意不愿意把它翻译成中文。季羡林虽然没有读过这本书，但有两次同黛维夫人的接触，他相信这书一定是好书，就立刻答应了黛维夫人的要求。

季羡林很忙，可他没有忘记对黛维夫人的承诺。他在众多会议的夹缝里，着手翻译。顺便说一句，自从翻译了《罗摩衍那》，因为要做的事情实在太多，他已经下决心不再搞翻译了。现在受人之托，马行夹道内难以回头。他利用一切可以利用的时间，翻译这本书。好在原书文字很美，宛如行云流水，翻译这样的作品，简直是一种享受。很快，第一章就译好了。恰在这时，季羡林遇到了诗人顾子欣，知道了他也收到同一本书，而且有意翻译。季羡林想顾子欣文笔很好，由他翻译译文肯定精彩。他就告诉顾子欣，自己已经翻了一章，如果他愿意的话，其余三章由他来翻译，出版时就算两人合译的。顾子欣认为这个主意不错，就答应了。谁知顾子欣也实在太忙，过了两年多，他还没有动笔，这时黛维夫人又到中国来了，一见到季羡林她就打听那本书翻译得怎么样了。季羡林如实以告，黛维夫人生很气，她说："难道非等到我死了以后你们翻译的书才出版吗？"季羡林完全理解黛维夫人的心情，她想尽快看到这本书的汉译本，倒不全是为了自己，她是为了泰戈尔，为了中印两国的友谊。

顾子欣依然忙，无法指望他能在短期内译完书稿。季羡林只好征得他的同意，独自在 8 个月内把全书译完。他把旧稿找出来，重新审查了一遍，接着往下翻译。开会带着它，出差也带着它，一有时间就翻译。在杭州，招待所楼道里每天晚上都放电视，音量开到最大，季羡林无法睡觉，第二天照样早早起来，潜思疑虑，翻译书稿；在烟台，环境好得多了，他早晨起得更早，面对茫茫海天，点点渔火，心情愉悦，翻译进行得十分顺利。回到北京不久，初译稿便告完成。接下来，加工润色，写序言。1985 年，汉译本《家庭中的泰戈尔》由漓江出版社出版，总算给了黛维夫人一个交代。作者黛维夫人这一年 71 岁，她自然感觉时不我待，而译者季羡林比她还要年长 3 岁，已经 74 岁了。

泰戈尔无论在印度还是在中国都是中印友谊的象征。黛维夫人和季羡林这两位老人为泰戈尔、为中印友谊所做的这些事，是为中印友好大厦添砖加瓦的善举，功德无量，值得后人敬仰和称道。

罗摩与悉多

季羡林翻译的印度古代伟大史诗《罗摩衍那》共 7 卷，由人民文学出版于 1984 年全部出齐。这部巨著的出版，在文化界、翻译界以及外事部门引起了巨大的反响。这在中印文化交流史上无疑是一件大事。这一年 9 月 15 日，中国人民对外友好协会在北京隆重召开庆祝大会，大会由对外友协副会长楚图南主持，季羡林到会讲话，人民文学出版社社长韦君宜向印度驻华大使文卡特斯瓦兰赠送了《罗摩衍那》中文全译本。10 月 7 日，季羡林出席在杭州召开的"印度两大史诗讨论会"并在会上致辞。关于《罗摩衍那》这部史诗，季羡林发表了几篇重要论文和专著。

1978 年季羡林发表了《〈罗摩衍那〉浅论》一文。文章首先介绍了印度古代文学的一般情况，接着谈史诗文学，讲《罗摩衍那》，分析这部史诗的思想内容，分析书中几个主要人物的形象，如罗摩、悉多、罗什曼那、阇婆离、须羯哩婆、哈努曼、罗波那等。季羡林指出，阇婆离的言论是印度古代唯物主义者的言论，很值得注意，由于受到正统保守的婆罗门的迫害，唯物主义言论已经很难找到了。文章还分析了《罗摩衍那》的艺术特色。

1979年，季羡林出版了专著《〈罗摩衍那〉初探》。该书主要介绍这部史诗的性质和特点，史诗作者的情况，史诗的故事梗概，《罗摩衍那》与另一部史诗《摩诃婆罗多》的关系，与佛教的关系，与中国的关系等。1982年和1983年间，季羡林又写了《〈罗摩衍那〉简介》《〈罗摩衍那〉译后记》和《〈罗摩衍那〉译后漫笔》3篇文章，文字都不长。1984年，季羡林写了《〈罗摩衍那〉在中国》，这是一篇分量很重的学术论文，还附了英文译文。中国翻译的印度古代典籍多得不可胜数，但几乎都是佛经，唯独没有《罗摩衍那》。因为该书不是佛经。自从季羡林直接从梵文翻译出全译本，中国人才有机会目睹这部伟大史诗的真容。季羡林的这一篇文章，介绍了《罗摩衍那》在中国各民族中流传的情况，包括（一）《罗摩衍那》留在古代汉译佛经中的痕迹，（二）在傣族中的流传，（三）在西藏的流传，（四）在蒙古族中的流传，（五）在新疆，包括古和阗语、焉耆语（吐火罗文A）中的流传。他在结束语中分析了罗摩故事宣传的思想，印度两大教派都想利用罗摩故事为自己张目等内容。文章还介绍了罗摩故事在中国文学作品中的嬗变。

1985年11月，季羡林访问印度时留影。

1985 年，季羡林写了《印度史诗〈罗摩衍那〉的诗律》一文，介绍了印度古代诗歌的表现形式——诗节。《罗摩衍那》的诗律是按音节数目计算的，全书大约有 1.9 万首诗，绝大部分是用一种诗律写成的。这种诗律名叫输洛迦，有四个音步，每个音步八个音节，共 32 个音节。季羡林又为《印度古代文学史》写了《罗摩衍那》一章。其他文学史类书籍也使用了其中的内容。这篇文章是对 1979 年那篇《〈罗摩衍那〉初探》的丰富和发展。所增加部分主要是：主要骨干故事的历史真实性，主要故事情节，艺术风格，在印度国内外的影响，与中国的关系等。从以上简述中可以看到季羡林"抓住一个问题始终不放"，不断有所探索前进的治学精神。

正因为季羡林以丰厚的学养蜚声国内国际文坛，恰逢 1985 年"印度与世界文学国际讨论会暨蚁垤诗歌节"在新德里举办，季羡林应邀参加，并被大会指定为印度与亚洲文学（中国和日本）分会主席。这是季羡林第四次访问印度。1992 年，81 岁的季羡林被印度瓦拉纳西梵文大学授予最高荣誉奖——褒扬状。

路见不平

1986 年 4 月，已经卸去副校长职务的季羡林与副校长张学书带 4 位年轻干部去洛阳出差，返回北京时一上火车就碰到了一件不愉快的事。

当时正是洛阳牡丹怒放的季节，赏花客流如潮，火车上乘客拥挤，车票十分紧张，季羡林一行的车票不在一起。年轻干部提着行李，把两位老者送进软卧包厢。列车长看到两位耄耋老人，不忍心让老人挤来挤去，主动提出把随行人员也安排在同一间包厢，他负责重新调整铺位。这时，这个包厢的一位司局级官员带人上了车。当他发现铺位被列车长调换到另外的包厢时，暴跳如雷，坚决拒绝列车长的安排。他在过道里走来走去，使劲跺着脚不停地大声嚷嚷："有的人不够级别，也坐上软卧。列车长滥用职权，调换包厢。我要向铁道部反映，撤他的职！"几位年轻干部见他如此不依不饶，也很紧张，一声不吭。季羡林对这位官员的霸道作风十分不满。他对随行的外事处长郝平说："你去找这个人，贴近他的耳朵说这么两个意思：第一，你这种做法实在太过分了；第二，如果你去铁道部告状，撤列车长的职，包厢里那位老人就要以人大常委会委员的身份去向总理告状，要求撤你的职。不要和他吵架，说完马上回来。"

郝平忐忑不安地走到那位官员面前，说："有位长者让我给您捎几句话。"趁着对方一愣，他把季老的话复述了一遍，说完立刻返回包厢。这时列车开动，刚才还吵吵嚷嚷的车厢一下子安静了下来。

列车长来到包厢向季老诉苦，委屈得流了眼泪。季老安慰他说：尊老爱幼是中华民族的传统美德，你做得对。季老要他放宽心，说不会有什么事的。过了半个小时，列车长又来了。他说不知道什么原因，那位大吵大闹的官员，不但不再反对调换铺位，还坚决要求改坐硬卧，死活不肯坐软卧车厢了。郝平心里明白，是季老那两句话发挥了作用，这位官员受到了教育，促使他自我反省，自惭形秽。季羡林不愧是大教育家。

2010年任教育部副部长的郝平在一篇纪念季老的文章里详细讲述了这件往事，文章的题目是《先生之风，山高水长》，收录在北京大学出版社出版的《永远的怀念——我们心中的季羡林先生》一书里。

敦煌学

自从20世纪30年代开始学习梵文和吐火罗文，季羡林就和敦煌吐鲁番学结下了不解之缘。原因并不复杂，就中国而言，大量梵文文献来自敦煌吐鲁番地区，而吐火罗文文献，只出自中国新疆。笔者认为，季羡林对敦煌吐鲁番学研究的贡献，不仅在他对敦煌吐鲁番文书的研究做出骄人的成就，而且在于，他以人类文化交流的视角，对敦煌和西域独特地位的科学论断，高屋建瓴，俯察全局，为这门学科研究提供了具有世界眼光的广阔视野。

季羡林通过长期研究发现，世界上四大文化体系是通过西域进行交流的。西域是个历史地名，在汉代和汉代以后专指玉门关以西地区。狭义的西域指葱岭以东，相当于现代的新疆，广义的西域指通过西域所达到的地方，包括中亚、西亚、南亚、东欧和北非。敦煌是中国文化圈的西陲重镇，毗邻西域，是古代中国吸收外来文化的最后一站。而新疆在全世界是唯一的一个世界四大文化体系汇流的地方，全世界再没第二个这样的地方。

中华民族光辉灿烂的文化通过西域传播出去，对世界文化做出了不可磨灭的贡献。英国16、17世纪伟大的思想家弗兰西斯·培根对中国文化的看法比较公正、客观，他说：

> 我们应当观察各种发明的威力、效能与后果，最显著的例子便是印刷术、火药和指南针。这三种发明都不为古人所知；虽然它们的起源都是在近期，但却是又不为人所知而默默无闻。而这三种发明却都曾改变了整个世界事物的全部面貌和状态——第一种是在（知识传播的）文献方面，第二种是在战争上，第三种是在航海上：并且跟着这些发明的利用又引起了无数的变迁。由此看来，世上没有一个帝国，没有一个教派，没有一个星宿比这三种机械发明对于人类发生过更大的力量与影响了。

中国的上述3种发明是通过新疆传到西亚、南亚，最终传遍世界的。中国在几千年的历史上通过西域同欧洲和中亚、西亚甚至非洲进行交往，西方和中亚同中国的陆路交通基本上都通过新疆。这是新疆的地理位置所决定的。它东有汉族文化，南有印度文化，西有闪族伊斯兰文化和欧洲文化。连古代希腊的雕塑艺术，都通过形成于阿富汗、巴基斯坦、印度一带的犍陀罗艺术传入新疆，再传入中国内地。新疆地区最早接受中国文化，跟着进来的是印度文化，再后是伊斯兰文化。在这三者之间，对峙、并存、汇合的现象，逐步形成。在目前，虽然从宗教方面来看，伊斯兰教统一了全疆。但从深层文化来看，几大文化体系的痕迹依然存在。新疆这个地方实在是研究世界文化交流史的最好的场地。

100多年前，由于藏经洞的发现，中国学坛乃至世界学坛上出现了一门新学科：敦煌学。可惜，大量敦煌文献流失海外。国学大师王国维在《最近二三十年中国新法学之学问》一文中说："当时粟特、吐火罗人多出入于我新疆，故今日犹有遗物。惜我国人尚未有研究此种古代语言者，而欲研究之，势不可不求之英法德诸国。"陈寅恪在《敦煌劫余录》序中写到，有人认为"敦煌者，吾国学术之伤心史也"，"寅恪有以知其不然"。他列举了许多没有被外人盗走的敦煌卷子，说我们还大有可为，这种说法颇为鼓舞人心。然而，事实却是，在新中国成立前的半个世纪和其后的30年中，我国学者在敦煌研究方面有所贡献者寥若晨星，敦煌学几乎是一片荒漠。而国外一代又一代汉学家研究敦煌学取得了可观的成果，1957年英国出版了著名汉学家翟理斯用

8 年时间编成的《大英博物馆藏敦煌汉文写本目录》，就是一个典型的例子。这种墙里开花墙外香的状况显然极不正常。无怪外国某敦煌学者大言："敦煌在中国，敦煌学在日本。"

1979 年暑期，季羡林应邀到新疆和甘肃考察讲学。在 39℃的高温下，驱车近百里探访高昌古城遗址，凭吊交河古城废墟，造访数十年梦寐以求的敦煌莫高窟，用整整 6 天时间仔细研读那琳琅满目的壁画和雕塑。他仿佛走进了时间隧道，回到了历史中去亲手触摸逝去千年的历史。1983 年中国敦煌吐鲁番学会在兰州成立，季羡林当选会长。一批中青年敦煌学者，踔厉风发，脱颖而出，在不长的时间内出版了大量有较高学术水平的著作。他们用自己的努力，为中国争得了在敦煌吐鲁番学研究领域的话语权。事实胜于雄辩，外国同行们不能不刮目相看了。季羡林认为，此举实含有雪耻的意味，不仅为敦煌学做出了重大贡献，亦为祖国增光添彩。在北京召开的一次中国敦煌吐鲁番学会的大会上，针对"敦煌在中国，敦煌学在日本"的提法，季羡林提出了一个响亮的口号："敦煌在中国，敦煌学在世界"，得到与会的中外学者的同声赞成。之后中国以及世界各国敦煌学的蓬勃发展，证明了这个口号是准确的，说到了点子上。如今敦煌学在世界上已成为显学，这个口号反映了敦煌学研究的客观状况，有利于团结各国学者和国际学术交流。

1985 年夏天，第二届敦煌吐鲁番学术讨论会在乌鲁木齐召开，季羡林主持了这次大会，会上发生了激烈的争论，季羡林对争论双方既严肃批评，又耐心诱导，维护了团结和大局。在会议结束时，他发表了重要讲话，提出四大文化体系的重要观点，在这年 10 月写成的《敦煌学、吐鲁番学在中国文化史上的地位和作用》一文中，他写道：

> 我们知道，世界上历史悠久、地域广阔、自成体系、影响深远的文化体系只有四个：中国、印度、希腊、伊斯兰，再没有第五个；而这四个文化体系汇流的地方只有一个，就是中国的敦煌和新疆地区，再没有第二个。

对我国学者的敦煌吐鲁番学研究，季羡林提出了指导性意见：研究工作，对微观和宏观两个方面都要加以注意。在微观方面，要多出一些专门从事于一个问题或一个方面研究工作的学者，把所有的数据都收集起来，认真细致地加以分析研究。不要急于求成,而要锲而不舍地干它几年、十几年甚至几十年,这样必有所成。在宏观方面,要从中国、印度、希腊、伊斯兰四大文化的交流和汇流的高度来考察个人手边的小问题。视野扩大了,成果必然迥乎不同。他还主张把我国西藏的古藏文和梵文贝叶经的研究纳入敦煌吐鲁番学研究范围。这些主张,为敦煌吐鲁番学的研究指明了方法和方向。

2000 年召开的纪念敦煌藏经洞发现 100 周年大会,表彰了 10 位对敦煌学有突出贡献的中外学者,季羡林名列其中。这的确是众望所归,当之无愧。他却自谦地说:"我对于敦煌学贡献不大。如果真有的话,也不过是啦啦队中的一个成员而已。"关于季羡林对敦煌学的贡献,作家卜毓方在《寻找大师》一书中概括说:

> 季羡林是中国敦煌吐鲁番学会的终身会长,是他率先提出"敦煌在中国,敦煌学在世界",既突出了敦煌学的国际地位,也昭示了立足世界反身观照的雄图伟略;是他历时十余载,主持编辑了 240 万字的《敦煌学大辞典》,了陈公寅恪之遗愿,"内可以不负此历劫仅存之国宝,外有以裛进世界学术于未来";也是他与饶宗颐联手主编《敦煌吐鲁番研究》学刊,共促学术繁荣。

比较文学

比较文学 19 世纪产生于欧洲,20 世纪逐渐发展成有完整理论体系的学科并形成了四大学派:德国学派、法国学派、西欧学派和美国学派。中国在 20 世纪初,王国维和鲁迅就有比较文学的论文发表。到 20 年代末、30 年代初,成为一门学科,代表人物是吴宓和陈寅恪。当时在清华大学,吴宓开设"中西诗之比较"课,陈寅恪开设"中国文学中的印度故事的研究"课,培养了一批比较文学研究者。如李健吾、钱钟书、季羡林等。三四十年代,朱光潜的《文艺心理学》《诗学》和钱钟书的《谈艺录》是比较有影响的比较文学专著,由于两代学者的努力,我国的比较文学有了一定的基础。可惜新中国成立以后,比较文学作为一门学科被取消,比较文学领域成了一片空白。改革开放之初,人们发现世界各国的大学普遍开设比较文学课程,而绝大多数中国人竟不知比较文学为何物。

20世纪80年代初，季羡林看到来自国外的一些比较文学书刊，发现我们在这个领域已经大大落后了。当时由于思想不够解放，还有人把比较文学等同于"精神污染"，他心里很着急，决心冲破这个禁区。1981年1月23日，在季羡林倡导下，北大一批对比较文学感兴趣的学者成立了北京大学比较文学研究会，大家推举季羡林、李赋宁为会长、副会长，乐黛云任秘书长，聘请钱钟书担任顾问。研究会出版了《北京大学比较文学研究丛书》和《北京大学比较文学研究会通讯》。1982年10月25日，季羡林在西安主持中国比较文学学会筹备组座谈会。出席会议的不乏大家：冯至、叶水夫、武蠡甫、杨周翰、李赋宁、杨宪益、赵瑞蕻、王佐良、周珏良、廖鸿钧、谢挺飞、李明滨、夏仲翼、倪蕊琴，他们中的大多数担任了后来创刊的《中国比较文学》期刊编委。1983年，由南开大学、天津师大发起，召开全国第一次比较文学学术讨论会，1984年季羡林担任主编的《中国比较文学》期刊在上海创刊。1985年在深圳成立了中国比较文学学会，杨周翰担任会长，季羡林被推举为名誉会长。1987年国家教委规定比较文学为大学一些学科的必修课。短短几年时间，中国的比较文学学科从重新创建到蓬勃发展，迅速走向世界。1983年，中美两国学者在北京召开比较文学讨论会，1985年杨周翰教授当选国际比较文学学会副会长。

季羡林是一位杰出的比较文学研究者。新中国成立前，他就写过《老子在欧洲》《"猫名"寓言的演变》《柳宗元〈黔之驴〉取材来源考》等论文。1978年以后，又写了大量有分量的比较文学论文，如《〈西游记〉里的印度成分》《〈罗摩衍那〉在中国》《吐火罗文A（焉耆文）〈弥勒会见记剧本〉与中国戏剧发展之关系》等，堪称我国比较文学领域的力作。他成了当代中国比较文学研究的领军人物，提出了一整套比较文学研究的主张，呼吁建立比较文学中国学派。他认为，我们进行比较文学研究，并不是为比较而比较。对我们来说，比较不是目的，而是手段。我们是想通过各国文学之间的比较研究，探讨出规律性的东西，以利于我们借鉴，更好地继承和发扬我们民族传统中的精华，更好地发展我们的新文艺。针对西方学者在比较文学领域的"欧洲中心论"，季羡林提出，研究比较文学必须重视东方文学在世界文学史上的地位，重视中国、印度、伊朗、阿拉伯、日本等东方国家文学对世界文学的巨大影响，其中包括对欧洲文学的影响。他的这个理论，受到了亚洲各国学者的支持，在世界上也受到广泛重视。在《比较文学与文化交流》一文中，季羡林写道：

> 什么叫比较文学的中国学派呢？我认为，至少有两个特点：第一个特点是，以我为主，中国为主，决定"拿来"或者扬弃。我们决不无端地吸收外国东西；我们决不无端地摒弃外国东西。只要对我们有用，我们就拿来，否则就扬弃。这一点"功利主义"我看是必须讲的。第二个特点是，把东方文学，特别是中国文学，纳入比较文学的轨道，以纠正过去欧洲中心论的偏颇。没有东方文学，所谓比较文学就是不完整的比较文学。

季羡林在中印文学的比较研究方面贡献卓著。他的《比较文学和民间文学》对印度文学与中国文学的渊源关系，尤其是印度文学与中国民间文学的渊源关系，发幽探微，精心梳理，开辟了一个全新的领域。为我国的比较文学研究队伍树立了标杆，提供了方法。他的弟子及其他年轻学者将《五卷书》《卡丽莱与迪木乃》《一千零一夜》等东方名著与中国古籍中的民间故事加以比较，明显地勾勒出四大文化圈相互学习、相互影响的轨迹，足见将东方文学，特别是中国文学引入比较文学，给这个学科的发展带来了勃勃生机。

针对一时出现的"乱比"的倾向，季羡林主张广通声气，博采众长，为中国比较文学研究指明了方向，受到中国学者的一致赞同，也受到外国许多知名学者的支持。季羡林认为中国和印度这样的多民族东方大国，国家中各民族文学之间的差别不亚于欧洲国与国文学的差别。针对这种特点，季羡林主张尽快研究中国境内各民族的文化关系，加强国内各民族的理解，探讨中华民族文学的发展规律，这样大大有助于中国各民族的大团结。我国的比较文学在不长的时间内，出现了初步的繁荣，一个中国学派正在形成，季羡林功不可没。

"杂家"的一天

季羡林在总结自己学术研究的特点时，用了一个字来概括，就是"杂"。杂到什么程度呢？根据他本人统计归纳，大概有14个方面：印度古代语言（特别是佛教梵文）、吐火罗文、印度古代文学、印度佛教史、中国佛教史、中亚佛教史、糖史、中印文化交流史、中外文化交流史、中西文化差异和共性、美学和中国古代文艺理论、德国及西方文学、比较文学及民间文学、散文及杂文创作。

季羡林说自己是"杂而不精，门门通，门门松。"有点自我调侃的意味。其实，在这些学术领域，他都达到了常人难以企及的高度，在有些领域，他是名副其实的领军人物。进入新时期，各种各样的学术团体如雨后春笋般呈现。参加相关学会、协会的组织、领导工作，参与、组织或策划这些学术团体的学术活动，就成为季羡林无法推卸的社会工作。季羡林究竟参加了多少学术团体和组织的活动？连他自己都说不清楚。笔者只能根据手头不完整的资料，择其大者、要者列举如下：

中国外国文学学会：1978 年 12 月成立，季羡林当选副会长，1987 年 12 月当选第一副会长。

中国南亚学会：1979 年成立，季羡林当选会长。

中国语言学会：1980 年 10 月 21 至 27 日在武汉举行成立大会。与会代表 195 人。开幕式由吕叔湘主持，王力致开幕词。13 位代表做学术报告。周有光向大会介绍中国文字改革委员会改组情况和正在进行的主要工作。代表们对制定语言学科规划交换了意见。大会选举王力为名誉会长，吕叔湘为会长，傅懋勣、季羡林、罗竹风、严学窘、朱德熙为副会长。1983 年在学会第二届年会上，季羡林当选会长。

中国民族古文字学会：1980 年 8 月 1 日成立大会及首次学术讨论会在承德召开。会议选举包尔汉、季羡林为名誉会长，傅懋勣为会长。翁独键、江平到会讲话。

中外关系史学会：1980 年 10 月季羡林、翁独键、孙毓棠等发起成立筹备组。1981 年 5 月学会成立大会暨第一次学术讨论会在厦门大学召开。推举宦乡为名誉理事长，陈翰笙、季羡林、翁独键、韩儒林、侯方岳、朱杰勤、张巽、陈毕笙为名誉理事。选举马雍等 7 人为常务理事。

中国翻译工作者协会：1982 年成立。姜椿芳任会长，季羡林当选副会长，北京市译协会长。1992 年被中国译协选为名誉理事长。

中国外语教学研究会：1981 年成立，季羡林当选会长。

中国敦煌吐鲁番学会：1983 年 8 月 15 至 22 日学会成立暨讨论会在甘肃

兰州和敦煌召开。季羡林当选会长。

中国史学会：成立于 1949 年。"文革"结束后恢复活动，1984 年 8 月季羡林当选常务理事。

中国教育国际交流学会：1984 年成立，季羡林当选会长。

中国高等教育学会：1984 年成立，季羡林当选副会长。

中国比较文学学会：1985 年 10 月 11 日在深圳成立。季羡林当选名誉会长。

中国作家协会：1985 年季羡林当选第四届理事会理事。

中国亚非学会："文革"以前，季羡林是该学会理事、副秘书长。1986年季羡林当选第二届理事会副会长，1990 年当选第三届会长。

毫无疑问，这些学会、协会的活动，占用了季羡林大量的时间和精力；而季羡林参加这些学术团体的活动，也积极推动了这些团体学术研究的发展。

季羡林承担的社会工作，远不止于学会和协会。他 1978 年当选第五届全国政协委员；1983 年当选全国人大代表，第六届全国人民代表大会常务委员会委员。参政、议政，参与法律的审议和制定，也是他的本职工作。1980 年5 月他奉命参加充实和加强后的中国文字改革委员会的工作，12 月，他被任命为国务院学位委员会委员兼外国语言文学评议组负责人。他还受聘担任中国大百科全书外国文学卷、语言文字卷等的编纂工作，担任新闻出版署中国图书奖的评委、文化部中国文学翻译奖的评委等。至于接受学校、企业、事业单位的聘请，担任各种职务或名誉职务，更是多得不胜枚举。有人做过统计，季羡林担任的各种职务有 50 多个。其中，北大东语系主任和南亚研究所所长，是每天必须去上班的。作为副校长，校长办公会是不能不参加的。人大常委会每年要开几次会，一次就是十天半个月。其他兼职，虽不是经常开会，可是架不住职务太多，而且都有些事务需要处理。加上要参加研究生的论文答辩等，他的日程每天总是排得满满的，排出去一两个月。

1984 年 2 月 22 日，《人民日报》发表了杨匡满的一篇特写《季羡林：为了下一个早晨》，记述了季羡林的一日生活。笔者无法写出这样的妙文，只好当一次文抄公，让读者对当时季羡林的生活状态有一个形象的了解。

A. 四点钟光景，黎明还没有来到这所被雅称为燕园的著名学府，楼群、塔影、湖光、松林、连同长满连翘、丁香和刺梅的路边土坡，无不沉浸在朦胧的夜色里，像是泼在宣纸上已经濡开了的淡墨。这时，朗润园一座楼下的灯亮了，一位老人起床了。一二十年来，他都是这个时候起床。简简单单地抹一把脸，便走到靠窗的书桌跟前，准备开始一天的工作。

偌大的一张书桌，堆满了前一天就摊开的各种中外文书籍、报刊、夹书的纸条、各色的卡片。桌面的空地小得只能容下两叠稿纸和一个水杯。老人戴上眼镜，时而翻阅那一堆堆书刊，时而抬头凝视开始发白的天幕，时而握笔疾书。

一会儿，他离开了藤椅，坐到一张小马扎上。就在书桌旁边，是两个大木箱，箱盖上同样堆满了各种中外文书籍、杂志、夹书的纸条、各式的卡片……不同的是除此之外几乎没有空地了……原来，他在写作一篇学术论文的同时，还在进行另一个翻译项目。在另一个房间里还有一张书桌，同样摊开着各种材料。那里还有他的"第三战场"。近年来，他习惯在两三个"战场"同时作战。他计算着剩下的时间，紧迫啊，每一分钟都不能白白放过。

B. 门被轻轻地推开，老伴出现在房门口。七点整，她叫他吃早饭。牛奶、花生米、烤馒头片——他爱吃烤馒头片。他像个老农，让老伴烤了盛在一个布袋里，放在他的工作间，饿了好就着茶吃。

七点十分，他走出了门，走过弯弯的湖边小路，走过条石搭起的小桥，微风把水浮莲和青草那种清香而又带涩味的气息送到他的鼻孔里，他深深地吸着，不由自主地加快脚步。这是他三小时紧张工作后的一次体育锻炼。

不，这是他去系里上班。东语系的办公楼是一座中国宫殿式的建筑，飞檐画梁，巨大的屋顶显示着一种古老的庄重、幽深和神圣。然而，这位老人的办公室在这座楼里相当于传达室的位置，同整座楼的威严可极不相称。

同屋的青年人也早早地到了，那是他的助手。青年人一面向他汇报，一面把一大堆文件、信件、杂志交到他手里。老人点着头，坐到自己的办公桌前。桌上已经堆放着许多别的书籍、材料。哦，这里是他的另一处战场，他每天要在这里工作三四个小时，处理系里的教务、行政方面大大小小的事情，回答国内外学者的各种询问，指导学生、研究生和教师的各种课程和研究项目。

不时有人推门进来向他请教。他中断手头的工作，耐心地解答着。来人一走，他马上又埋头潜心工作……了解他的人，总是把话尽量说得简明扼要，尽量少占他的时间。但即使是一个人几分钟，十个人加起来，也就够可观的了。

C. 下班了，他沿着来时那条小路往回走。正午的阳光刺得他眼球发胀，浅浅的湖水蒸腾着一股热浪。他不觉得热，在那间阴凉的"传达室"里坐久了，这暖和的阳光，流动的空气恰好能使他放松一下疲惫的身体。回家路上的这十几分钟，是他一天中第二个三小时紧张工作后真正的休息。

老伴准备好了午饭，简单的三两样家常菜。他基本食素，偶尔吃点牛羊肉。来客人时，才让炒两个肉菜。他从不提什么要求，至多要一根辣椒、一根葱什么的，山东人嘛。

各色各种的书籍散发着淡淡的气味，清香的或带潮味的，异国的或古旧的。他习惯在这种气息的包围中躺到他的木板单人床上。那是他的唯一可以歇脚的岛屿，四周便是浩瀚的书的海洋。经过凌晨以来紧张的脑力劳动之后，他利用中午时间闭上眼睛喘息一下，以获得重新去海浪中搏击的力量。

D. 他醒来了。刚刚两点，不过睡了一个小时。电话铃响过两次了，老伴推门进来。还有人在隔壁房间等他。他看了看书桌和箱子盖上的那两摊东西，走了出去。

找他的人得挂号、排队。他的时间总是排得满满的，管事也好，顾问也好，挂名也好，他兼任着大小五十个辞也辞不掉的职务，人们对他实行着"轮番轰炸"。

E. 有一天晚上，他已经躺下了，电话铃响了。

"季副校长，我们这楼停水了。""我家里也没水。""那请你赶快反映反映吧！"

"行行行！"

谁让他没有架子呢？别人什么都愿意找他。

有人在他的桌上发现过这样的纸条："学生开饭时间有十一点一刻、十一点半、十一点三刻三个方案，据学生反映，倘十一点一刻开饭，晚下课晚去就吃不上好菜……"

这是他亲笔记下，准备在校长办公会议上发言用的。他生气地感慨道："就一个熄灯打铃问题，讨论了几年还没有解决。"

F. 夕阳西下，他走下办公楼的台阶，站在窗前的梧桐树下。那么多年，他竟没有留意这两棵梧桐属于什么品种。

他绕湖信步走着，遇到相识的师生或工友，他主动地停下来招呼，聊上几句话。这是他一天中第三次真正的休息。远方落日的余晖衬托着燕山山脉黑色的廓影。上弦月悄悄地走向中天。燕园的黄昏空气格外纯净。他绕着湖滨，又踏上了回家的小路。

朗润园里，静静的后湖边上，那盏橙色的灯又亮了。他又开始伏案工作了。不过，他不会睡得太晚，为了下一个早晨，为了再下一个早晨……

1985 年，季羡林工作时的情景。

以上是从季羡林一日生活中剪取的六组普普通通的镜头，有点儿代表性。他毕竟是一位年逾古稀的老人了，长期这样超负荷运转，怎么能吃得消呢？他一次又一次提出辞去副校长的职务的要求，终于在 1984 年 4 月得到批准。他在这个位子上工作了整整 5 年。辞去副校长之后，改任校务委员会副主任。

这一年，中共北京市委宣传部编印了一本《优秀共产党员事迹选》，由北京出版社出版，其中有北大校刊记者写的《甘为春蚕吐丝尽——记优秀共产党员、副校长季羡林同志》一文，是对他这一段工作的真实记载。

中国文化书院

1984 年底，梁漱溟先生和北大教授张岱年、冯友兰、季羡林、汤一介、李中华、魏常海、王守常等人发起，联络国内外数十位著名学者，成立了中国文化书院。汤一介担任院长，梁漱溟担任院务委员会主席。这是一家民间学术机构，既从事学术研究，又办学。书院的宗旨是：通过对中国传统文化的研究和教学活动，继承和发扬中国的优秀文化遗产；通过对海外文化的介绍及国际性学术交流活动，提高中国传统文化的研究水平，促进中国文化的现代化。季羡林作为中国文化书院的发起者之一，是书院各项活动的积极支持者和参与者。20 世纪末，他接替梁漱溟担任院务委员会主席职务。

1999 年是书院创建 15 周年，季羡林为《中国文化书院十五周年华诞纪念论文集》写序，他写道：

> 普天之下，从来没有完全笔直平坦的道路。一个人，一个学术团体，所能走的道路，都不是完全笔直的，绝对平坦的。我们中国文化书院当然不能例外。回想十五年前，为了认真弘扬中华优秀文化，北京大学哲学系几位老中青教师，振臂一呼，就呼唤出一个中国文化书院。创业维艰，筚路蓝缕，凭着满怀壮志，一腔热血，不畏艰苦，一往无前，时而山重水复，时而柳暗花明，风风雨雨，颠颠簸簸，终于走到了今天，罗致了一批在海内外广有声誉的专家学者，还有了一个优美固定的院址，颇成气候了。
>
> 这样的十五年是值得庆祝的十五年。
>
> 从中国学术史和教育史上来看，中国的学术和教育几千年来一向是两条腿走路的，一公一私，而又以私为主。私人办的通称书院，历代真正的大学者多出身于书院，或者自己办书院。这种例子，俯拾即是。近一百多年以来，欧风东渐，中国才开始官办大中小学，私人办学的那一条腿逐渐萎缩或者萎缩，到了建国以后，竟完全禁止了。根据我个人和

我的老师 季羡林

许多人的看法，这三不明智之举。幸而最近几年以来，当局实行了明智的政策，允许私人办学。对我们中国文化书院来说，这实在是空前的良机，必须想方设法加以利用的。

中国文化书院是研究和弘扬中国文化的，狭义的文化属于人文社会科学范畴。而人文社会科学同自然科学和技术是有很大不同的。人文社会科学家，到了六七十岁的年龄都是如日中天，正是读书写作的大好时候。此时他们书读得越来越多了，知人论事的能力越来越强了，通古今之变的本领越来越高了，究天人之际的愿望越来越旺了，即使退休，也往往是退而不休。中国文化书院礼聘的正是这样的一些学者作为导师。导师不限于中国大陆，港、澳、台，甚至国外，都有一些。这是极其宝贵的一个学术群体，对弘扬中华文化，促进学术交流，增强学者间的了解，加深民族间的友谊，都做出了可贵的贡献。

书院举办了许多全国范围的培训班、研究班，召开了一些国际学术讨论会，出版了大量论著和学报，团结了大批中外及港台学者，还编纂了《中国文化年鉴》，填补了中国年鉴出版工作的一项空白。

书院编辑出版了《论中国传统文化》一书，书中有许多著名学者的观点颇具真知灼见，发人深省。例如梁漱溟先生说："中国人把文化的重点放在人伦关系上，解决人与人之间怎样相处。"冯友兰先生说："基督教文化重的是天，讲的是"天学"；佛教讲的大部分是人死后的事，如地狱、轮回等，这是"鬼学"，讲的是鬼；中国的文化讲的是"人学"，注重的是人。"庞朴先生说："假如说希腊人注意人与物的关系，中东地区则注意人与神的关系，而中国是注意人与人的关系，我们的文化的特点是更多地考虑社会问题，非常重视现实的人生。"

1994 年 3 月中国文化书院成立了绿色书院，这是中国第一家民间环保组织。其领导者是梁思成与林徽因之子梁从诫教授，这个组织名为"自然之友"。季羡林给予积极支持，他评价说：

从诫本来是一个历史学家，如果沿着这条路走下去的话，就能有所成就的。然而，他不甘心坐在象牙塔里，养尊处优；他毅然抛开那一条"无灾无难到公卿"的道路，由一个历史学家一变而为"自然之友"。这就是他忧国忧民忧天下思想的表现，是顺乎民心应乎潮流之举。我对他只能表示钦佩与尊敬。宁愿丢掉一个历史学家，也要多一个自然之友。

参加中国文化书院的活动，仅是季羡林为推动民族传统优秀文化的振兴所做努力的一部分。1994 年，北京成立了民办高校圆明园学院，季羡林担任名誉院长。第二年，学院从革命老区招收了一批学生，季羡林冒着风雪来看望这些学生，并亲自为他们讲课，勉励他们学成之后，为祖国、为家乡的建设贡献自己的力量。他对前来采访的央视记者说：

> 我们圆明园学院坚持资助老区学生、始终关心老区教育事业的发展，为老区培养师资、培养人才，这是顺乎潮流、迎合时代的。学院之所以举办资助老区贫困学生的活动，主要道理在于从智力上帮助老区脱贫致富。老区过去在革命时期做出了极大的贡献，但由于历史上的种种原因，他们一直没有脱贫……必须从老少边区特别是老区的青少年着手。当年他们的父母，或者祖父母为我们革命作过贡献，像人家那样的孩子就应该首先得到受教育的机会，通过教育提高他们的素质，进而加快老区科技致富、知识脱贫的步伐。

论北大传统

1988 年是北京大学建校 90 周年。为了迎接校庆，吕林写了一本书《北京大学》，讲述北大的历史。季羡林为此书作序，指出北大的特点，或优良传统：一是以天下为己任的思想，二是爱国主义思想。他写道：

> 为什么北京大学九十年的历史竟引起各方面的注意呢？首先当然是由于北大所处的地位。有一个简单的事实值得考虑：北大实际上是中国历史上从东汉起一直到清朝的太学或国子监的继承者，又是中国现代教育的开拓者。自从九十年前北京大学的前身京师大学堂成立以后，历经清代、北洋军阀政府、军阀混战、国民党统治各个时代，一直到了解放，北大都无愧于她的这样一个历史地位。
>
> ……我到北大工作已经四十多年了。经过四十多年的观察与思考，

我觉得，北大最突出的特点就是继承而且发扬了中国知识分子的优良传统：关心国家大事。"天下兴亡，匹夫有责"，这是中国的优良传统。从汉朝的太学生起……中国的大学生以天下为己任的意识很强，北大尤甚。从五四运动，一二九运动，反饥饿、反迫害的斗争……北大无不走在运动前面。对国家对人民的责任感可以说是已经形成了北大的光荣传统。

但是，一切发光的不一定都是金子。北大在十年浩劫期间，也曾走在前面。臭名昭著的所谓"第一张马列主义大字报"就在北大出笼，我们北大人从来不隐瞒这一件事实，而且从中吸取了教训。教训就是，在今后我们仍然要关心国家大事，以天下为己任，但必须有远见，有理智，不能盲目乱干。十年浩劫的教训，再也不能重现了。

与以天下为己任的思想有密切联系的是爱国主义思想。这一点在中国知识分子，从历史上一直到今天表现得特别突出。这原因，一方面由于中国历来有爱国主义的传统；另一方面则由于中国曾长期处在半殖民地地位。殖民地和半殖民地的知识分子，因为本身受到压迫，最容易产生爱国主义思想。

九十年来，北大的学生，当然也有教职员，在以上提到的两个特点方面，表现得十分突出。现在我国虽然已经走到了社会主义初级阶段，不压迫别人，也不受别人压迫，但以天下为己任和爱国主义思想仍然是我们迫切需要的。

关于如何发扬北大的以天下为己任和爱国主义思想的光荣传统，季羡林在 2000 年 12 月写的《欢送北大进入新世纪新千年》一文中有新的阐述和发展。他说：

多少年来我形成了一个看法，我认为，中国的知识分子——古代所谓"士"——同其他国家是不相同的。两千年来，中国知识分子形成了一个优良的传统：关心国家大事，用今天的话来说就是爱国主义。从不同朝代的学生运动来看，矛头指向的对象是不一样的，但其为爱国则一也。中国近代当代的知识分子继承了这个传统，而北大则尤为突出。

北大进入了新世纪、新千年将会怎样呢？我认为，仍然将会继承这个爱国的优良传统，这一点决用不着怀疑。但是，我却有一个进一步的希望。我们今天的知识分子，不管是年青的还是年老的，在这个地球已经变成了鸡犬之声相闻的地球村时，我们的眼光必须放远。我们不应当只满足于关心国家大事，而应当更关心世界大事。

目前，我们的世界大事是什么呢？我们的世界形势是怎样呢？大家都能看到，依然是强凌弱，富欺贫，大千板荡，烽烟四起，发达国家依然是骄纵跋扈，不可一世。发展中国家有的依然是食不果腹。可是，在另一方面，正如二百多年前恩格斯在《自然辩证法》中所说的那样："我们不能过分陶醉于我们对自然界的胜利，对于每一次这样的胜利，自然界都报复了我们。"报复的表现已经十分清楚：生态失衡，物种灭绝，人口爆炸，淡水匮乏，污染严重，臭氧出洞，如此等等，不一而足。其中任何一个问题不解决，都会影响人类生存的前途。这一点世界上已经有人注意到，但是远远不够。

到了下一个世纪，我们北大人一方面要继承爱国主义传统，加强学术研究，增强国家的力量；另一方面又要记住恩格斯的话，努力实行张载的民胞物与的精神。最后，我赠大家四句话：热爱祖国，热爱学术，热爱人类，热爱自然。

北大将会永远活着，永远生长。

季羡林作为北京大学终身教授，为北大服务整整63年，经历了北大全部历史的一半多，他把整个生命和全部智慧献给了北大。他所总结的北大光荣传统和赠送后人的四个热爱，值得北大人永远牢记并努力弘扬之。

客观评价胡适

2003年9月18日，北京大学和安徽教育出版社联合召开《胡适全集》出版暨胡适思想研讨会，因病住院的该书主编季羡林从医院请假参会。重新认识和评价胡适，季羡林是一个扛旗人物。

胡适（1891—1962）是中国现代史上的风云人物。他在中国现代思想史、文化史、学术史和教育史上都是一个举足轻重的人物。胡适早年在上海中国公学求学，参加过学潮。1910 年到美国康奈尔大学留学，毕业后到哥伦比亚大学研究院师从杜威学习实用主义哲学，1917 年获哲学博士学位。同年初，他在《新青年》撰文《文学改良刍议》，反对文言文，主张文学革命。7 月回国任北大文科教授，和陈独秀、李大钊等共同编辑《新青年》，创办《每周评论》，是新文化运动的重要领导者之一。五四运动后期，新文化运动发生分化，胡适主张"多研究问题，少谈些主义"，在学术上提倡"大胆的假设，小心的求证"的治学方法，对后来的学术界有重大影响。1922 年创办《努力周刊》鼓吹"好人政府"和"省自治联邦制"。1925 年参加段祺瑞的"善后会议"，1926 年去欧美、日本游学，1927 年回国后担任中华教育文化基金会董事，1928 年发起人权运动，反对国民党独裁与文化专制主义。1931 年任北大文学院院长。"九一八"后创办《独立评论》，主张"全盘西化"。抗日战争爆发后，胡适参加国防参议会，赴美、英、加拿大宣传中国抗战，后担任驻美大使。1942 年任行政院最高政治顾问。1945 年胡适作为中国代表团成员，参加了联合国的成立。回国后任北大校长。1946 年当"国民大会"主席，领衔提出《戡乱条例》。1948 年任中央研究院院长。1949 年去台湾，不久去美国，先后担任中华教育文化基金会干事长、国民党"光复大陆设计委员会"副主任、台湾"中央研究院"院长等职务，1962 年 2 月在台北病逝。从以上简略的介绍可以看出，胡适一生的经历相当复杂。毛泽东在 20 世纪 50 年代亲自发动过对胡适的批判，全国知识界对胡适口诛笔伐，批得体无完肤。要公正客观地评价胡适，的确不是一件容易的事。据最近披露的材料，1957 年 2 月 16 日毛泽东在中南海颐年堂接见政协知识分子代表时，说过一段出乎众人预料且意味深长的话："胡适这个人也真顽固，我们找人带信给他，劝他回来，也不知他到底贪恋什么？批判嘛，总没有什么好话。说实话，新文化运动，他是有功劳的，不能一笔抹杀，应当实事求是。21 世纪，那时候，替他恢复名誉吧。"可是季羡林并不知晓毛泽东的这一段话。他的重新评价胡适，完全是一种巧合。

胡适比季羡林大整整 20 岁，经历也大相径庭，季羡林和胡适在北大共事只有不到 3 年，是工作中的上下级，而且这段时间，胡适经常要去南京，他们并非朝夕相处，论说是扯不上多少关系的。可是，偏偏不然，他们有很好的私谊，季羡林回顾自己的一生，认为对他影响最大的有 6 位恩师，胡适是其中之一。季羡林认为自己从德国回来被北大聘为教授、东语系主任，胡适对自己有知遇之恩。季羡林是一个极重感情的人，也是一个知恩图报的人。所以，要评价胡适，他不可能保持沉默。当然季羡林不会因为私谊袒护和美化胡适，他追求的是客观公正。

1954年，从批判俞平伯的《红楼梦研究》的资产阶级唯心论起，批判之火不久便烧到了胡适身上。这是一场缺席批判。胡适远在重洋之外。大陆学界人士，争先恐后，万箭齐发。可是季羡林没有凑这个热闹，他一直保持沉默。1987年11月季羡林写了一篇文章《为胡适说几句话》，起因是他在报刊上看到一篇文章，说胡适"一生追随国民党和蒋介石"。季羡林以为不然，他的意见是"胡适是一位非常复杂的人物，他反对共产主义，但是拿他那一把美国尺子来衡量，他也不见得赞成国民党。在政治上，他有时想下水，但又怕湿了衣裳。他一生就是在这种矛盾中度过的。他晚年决心回国定居，说明他还是热爱我们祖国大地的。因此，说他是美帝国主义的走狗，说他'一生追随国民党和蒋介石'，都不符合实际情况。"这几句话，无疑有翻案的意思。搞了多年政治运动，许多人心有余悸，有人劝季羡林不要发表，免得招来麻烦。可是季羡林不听，文章发表了，结果还不错，没有挨批。自从改革开放之风吹绿了中华大地，人们的思想得到空前的解放，1996年安徽教育出版社决定出版一部超过2000万字的《胡适全集》。主编这一重要职位，出版社选定季羡林担任。季羡林自认为不是胡适研究专家，竭力推辞。但是出版社说，现在北大曾经同胡适共过事而过从又比较频繁的人，只剩下季羡林一人了。这是实情，季羡林只好应允。他也想以此报答知遇之恩。季羡林为《胡适全集》写了一篇长达1.7万字的序，副标题是：还胡适以本来面目。意思是想拨乱反正，以正视听。这篇序文从胡适在中国近百年来学术史、思想史上的地位，和作为学者的胡适、作为思想家的胡适、作为政治家和社会活动家的胡适以及作为人、作为"朋友"的胡适等方面，多角度、多侧面地评价了胡适充满矛盾、极其复杂的一生。尽管如此，他还是用"盲人摸象"的故事形容包括自己在内的人们对胡适的评价，认为还需要进一步研究、探索。在文章的结尾季羡林写道："有一点我们都是应该肯定的：胡适是一个有深远影响的大人物，他是推动中国'文艺复兴'的中流砥柱，尽管崇美，他还是一个爱国者。多少年来泼到他身上的污泥浊水必须清洗掉。我们对人，对事，都要实事求是，这是我们从事学术研究的人起码的准则。"后来，又有人邀季羡林在《学林往事》中写一篇关于胡适的文章，季羡林从台湾访问回来后抱病写完。这

我的老师季羡林

1999 年末，季羡林在台湾为胡适先生扫墓。

一篇文章的副标题是：毕竟一书生。原因是，那一篇序文的副标题说得太满，借这一个副标题说明自己对胡适的看法，比较实事求是。

1999 年 3 月季羡林应邀访问台湾，在繁忙的学术交流活动间隙，季羡林特意到胡适和傅斯年的墓地凭吊。回来以后，有两篇真情感人的散文问世。其中《站在胡适之先生墓前》，从他与胡适直接交往的点点滴滴，写出了一个有血有肉的活脱脱的胡适。此处摘录几段，以飨读者：

> 在此后的三年内（指 1946—1948 年——笔者），我在适之先生和锡予（汤用彤）先生领导下学习和工作，度过了一段毕生难忘的岁月。我同适之先生，虽然学术辈分不同，社会地位悬殊，我们见面的机会非常多。他那一间在子民堂前东屋里的狭窄简陋的校长办公室，我几乎是常客。作为系主任，我要向校长请示汇报工作。他主编报纸上的一个学术副刊，我又是撰稿者，所以免不了也常谈学术问题。最难能可贵的是他待人亲切和蔼，见什么人都是笑容满面，对教授是这样，对职员是这样，对学生是这样，对工友也是这样。从来没见他摆当时颇为流行的名人架子、

教授架子。

　　适之先生是非常懂得幽默的，他决不老气横秋，而是活泼有趣。有一次召开教授会，杨振声先生新收得了一幅名贵的古画，为了想让大家共同欣赏，打开铺在一张极大的桌子上，大家都啧啧称赞。这时适之先生忽然站了起来，走到桌前，把画卷了起来，作纳入袖中状，引得满堂大笑。

季羡林回忆了在新中国成立前的 3 年中，发表过的两篇学术论文：一篇是《浮屠与佛》，一篇是《列子与佛典》。第一篇讲的问题正是胡适同陈桓争吵得面红耳赤的问题。季羡林根据吐火罗文解决了这个问题。

　　第二篇文章，写成后我拿给了适之先生看，第二天他就给我写了一封信，信中说："《生经》一证。确凿之至！"可见他是连夜看完的。他承认了我的结论，对我无疑是一个极大的鼓舞。

　　这一次，我来到台湾，前几天，在大会上听到主席李亦园院士的讲话，他讲到，适之先生晚年任"中央研究院"院长时，在下午饮茶的时候，他经常同年轻的研究人员坐在一起聊天。有一次，他说，做学问应该像北京大学的季羡林那样。我乍听之下，百感交集。这说明，适之先生一直到晚年还关注着我的学术研究。知己之感，油然而生。

在这篇文章中季羡林讲述了自己亲眼看到的两件小事。新中国成立前夕，北平学生经常示威游行，比如"沈崇事件"、反饥饿反迫害等，背后都有中共地下党在指挥，胡适对此当然心知肚明。但是，每次北平国民党的宪兵和警察逮捕了学生，他都乘坐他那辆当时北平还极少见的汽车，奔走于各大衙门之间，逼迫国民党当局非释放学生不行。他还亲笔给南京驻北平的要人写信，为了同样的目的，据说这些信至今犹存。这已经不能算是小事了。另外一件事是，北平解放前夕，有一天季羡林到校长办公室去，一个学生走进来对胡适说：昨夜延安广播电台曾对他专线广播，希望他不要走，北平解放后，将任命他为北大校长兼北京图书馆馆长。他听了以后，含笑对那个学生说："人家信任我吗？"这个学生的身份他肯定明白。但他不但没有拍案而起，怒发冲冠，态度依然亲切和蔼。

我的老师 李羡林

季羡林认为，胡适以青年暴得大名，誉满士林。他一生处在一个矛盾中，一个怪圈中：一方面是学术研究，一方面是政治活动和社会活动。他一生忙忙碌碌，倥偬奔波，作为一个"过河卒子"，勇往直前。不知道他自己是否意识到身陷怪圈。当局者迷，作为旁观者，季羡林是看得一清二楚的：其实胡适本质上是一位学者，一介书生，一个好人。作为思想家，他没有独立的体系，他毕生都在行动。他不是政治家，却热衷政治活动，被蒋介石等玩弄于股掌之中而至死未悟，的确是一个"书呆子"。

季羡林对胡适的评价，可以说是打破坚冰，开了一个实事求是的好头。2004年广东人民出版社出了一本《思想操练——人文对话录》，谈到旧时一些著名的大学校长。作者之一智效民认为："胡适当年在中国公学当校长时，就干得很好。后来做北大校长，虽然没有多久，但是在中国大学校长的历史上，胡适无疑是一位出色的校长。罗尔纲回忆他当年在中国公学读书时的情景，对胡适的民主作风和开明办学风格，很怀念。他说：'进学校后，首先使我感到痛快的，是学校不挂国民党旗，星期一上午不上国民党纪念周。学校办公室前，树有许多木牌，给先生贴壁报用，那些壁报，有左派办的，有国民党员办的，有国家主义派办的，有无党无派办的。胡适一视同仁，准许学生各抒己见。'"另一位作者高增德说："胡适1946年从美国回来做北大校长，总是提倡要独立研究，不盲从，不受欺骗，不用别人的耳朵当自己的耳朵，不用别人的头脑当自己的头脑。"这些见解，对研究中国思想史和中国教育史，以至改革当今的大学教育，无疑都是有益的。

锵锵凤鸣

1999年12月季羡林接受凤凰卫视杨澜的采访，针对教育领域内的问题和弊端，毫不隐讳，提出批评，一针见血，一鸣惊人。请看采访记录摘要：

杨澜：现在好像有一种教授泛滥的现象，过去评一个教授是一件很荣誉的事，现在基本上谁都能够评得上了。

季羡林：就是这样子。我开过玩笑，将来只要进"北大"，包括工人在内，一进来就定教授，工资可以有区别。

杨澜：有一种"提退"的说法，就是提你当了正教授，然后又请你退休。这算是照顾面子吧？

季羡林：有一句话很难听："教授满街走，讲师多如狗"，不过确实如此。

杨澜：教师队伍恐怕还面临一个很严重的问题，就是青黄不接。

季羡林：我用了一个名词叫"海洋主义"，出洋、下海。

杨澜：有些人说，留学生之所以不回来，很多是因为那边的物质生活条件好。我在想，在您留学的那个时代，中国的生活水平和西欧比，差距比现在还要大，为什么那个时候留学生都回来了呢？

季羡林：那时候差距不大。

杨澜：不大？

季羡林：他们回来后在国内的生活水平是高级的，所拿的工资是 300 块"大头"、400 块"大头"，那很高级了。反正起码不比国外低。

杨澜：我们总说要创办世界一流的大学，你对这个口号怎么看？

季羡林：这个口号很含糊，一流几流，有个条件就是经费，而经费，咱们只好甘拜下风。

杨澜：所以这不是一个个人素质和能力的问题。

季羡林：现在，最需要解决的是经济问题。你把工资提高 5 倍、10 倍，他的地位就提高了。不论"科教兴国"什么兴国，先给增加教育经费。

杨澜：如果教师的待遇能够得到实质的改变，那么刚才我们说到的所谓青黄不接的问题，可能都能得到很大程度的改变。

季羡林：这样没有问题。我们现在教授工资等于香港中文大学教授一个月工资的 1%，就平均而言，1%。

其实，这不是季羡林第一次接受香港凤凰台的采访。经历了"文化大革命"的洗礼，季羡林讲真话的胆量反而更大了。据蔡德贵著《季羡林年谱长编》：1994 年教育部召开直属高校书记校长会议，有位负责人根据下属相关部门整理的材料，介绍高校新近某些值得注意的"动向"。其中特别使到会人员感到关切的有二：一是季老在接受凤凰台访谈时，说"教授满街走"；一是章开沅对博士研究生说什么教会大学对中国高等教育现代化亦有促进作用，并且鼓吹争取学术自由云云。教育部长陈至立作总结发言时，明确指出上述这些看法都属认识问题，可以讨论，并且到此为止云云。更应该庆幸的是，季羡林 1999 年的意见受到了领导和有关部门的重视，国家对教育的投入，后来有了较大幅度提高。

大师论

季羡林一生写了大量的序跋，其中为自己的文集作序为数不多，绝大多数是应邀为朋友、学生，甚至朋友的朋友、学生的学生的文集（作品集）写序。数量到底有多少呢？2008 年王树英编辑、新世界出版社出版的《季羡林序跋集》里有 230 余篇，60 万字。这部文集前面，有一篇季老本人 2005 年 11 月写的序，说明了自己对写序乐此不疲的原因。他说，自己从小学到高中前半，作文都用文言文，写这样的文字"仿佛必然峨冠博带，装模作样，装腔作势，带着枷锁跳舞"。"在这样的情况下，如果偶尔给自己的一本书，或别人的一本书写一篇不太长的序或跋，则创作心态立即改变。在这里，装模作样，峨冠博带派不上用场。代之而来的是直抒胸臆，山巾野服。""这就是我热爱序跋的原因。"季羡林还为李铮编辑的《季羡林序跋选》写过一篇自序，他说："就我自己而论，我不但喜欢读序跋一类的文字，而且也喜欢写。其原因同喜欢写作几乎完全一样。这就是，序跋这种体裁没有什么严格的模子，写起来，你可以直抒胸臆，愿意写什么就写什么，愿意怎么写就怎么写。如果把其他文章比作峨冠博带，那么序跋（当然也有日记）则如软巾野服。写起来如行云流水，不受遏制，欲行便行，欲止便止，圆融自如，一片天机。写这样的文章，简直是一种享受。"

季羡林所写序跋，一般篇幅不长，但也有几篇例外。如他为《胡适全集》和《赵元任全集》所写的序都相当长，实际上是重要的学术论文。关于胡适和《胡适全集》，本书已有记述。这里着重讲一讲季羡林创作于世纪之交的《〈赵元任全集〉序》和《〈汤用彤全集〉序》。赵元任和汤用彤都是季羡林老师辈的国学大师，一生著作丰厚，在学界影响深远，他们的全集包括一生的著述，有如原始森林，浩浩莽莽，为他们的全集作序，没有宏大的视野，广博的学识和科学的方法是无论如何也无法完成的。堪当此重任者，非季先生莫属。而季先生这两篇序，也绝非面面俱到，而是专门论述学术大师的，故可以称为他的"大师论"。什么样的人才能算是一代大师呢？季羡林说："据我个人的看法，一代大师必须上乘前代之余绪，下开一代之新风，踵事增华，独辟蹊径。如果只是拾人牙慧，墨守成规，决不能成为大师的。"

《〈汤用彤全集〉序》写于1999年7月14日。写这篇序言，是应汤先生之子汤一介教授要求写的。季羡林说：

> 一介兄让我给全集写个序。初颇惶恐：我何人哉！敢于佛头着粪耶！继思有理。我虽不是锡予（汤用彤字锡予——笔者注）先生的及门弟子，但自己认为是他的私淑弟子。从上大学起，他的著作就哺育了我，终生受用不尽。来北大工作，又有知遇之感。现在值《全集》出版之际，难道我真的就无话可说、无话能说，无话要说吗？

季羡林说自以为是汤用彤的私淑弟子，是说他1946年到北大任教的时候，听过汤先生的"魏晋玄学"课，那时候季羡林的身份已是教授，和学生一起听课，当时被认为是稀罕事，但季羡林很坦然，而且认为每一堂课都是一次特殊的享受，几十年后记忆犹新，并终生引以为荣。

《汤用彤全集》由河北人民出版社出版，季羡林有话要说，而且非说不可。这话，他考虑许久，别人也多所谈论，就是这样一个问题：学术大师能不能超越？这里说的是人文社会科学方面的大师，不是理科的；而且是真正的大师，自命的，或让别人把自己捧成的"大师"不算。季羡林的观点很明确："每一个大师都是不可超越的。"他的论证过程是："长江后浪推前浪，世上新人换旧人"是一般规律，后人胜过前人，超越前人，这在一般规律上不错，可是也有例外。希腊神话无疑是旧的东西，而无产阶级革命家马克思却说它有永恒的魅力。在地质史上，地球上的造山运动，出现了一些高山，它们一次性出现，后来并未被超越。在人类的文学史和学术史上，有时也出现一些巨星，如屈原、李白、杜甫；如但丁、莎士比亚、歌德；如孔子、司马迁、司马光等，他们如同那些高山，也是不能被超越的。

季羡林此论的目的，在于探讨学术大师是如何出现的、大师的特点和作用。他说：

> 自清末以来，陆续出现了一些国学大师。我个人认为，最主要的原因是西方文化、西方学术思想和哲学思想，以排山倒海之势涌入中国，

中国学坛上的少数先进人物，接受了西方的影响，同时又忠诚地继承和发扬了中国古代优秀的学术传统，于是就开出了与以前不同的艳丽的花朵，出现了少数大师，都是一次出现而又不可超越的。我想以章太炎划界，他同他的老师俞曲园代表了两个时代。章太炎是不可超越的，王国维是不可超越的，陈寅恪是不可超越的，汤用彤也同样是不可超越的。

季羡林在另外一篇文章《〈汤用彤先生诞生一百周年纪念论文集〉序》中又说：

在中国几千年的学术史上，每一个时代都诞生少数几位大师。是这几位大师标志出学术发展的新水平；是这几位大师代表着学术发展的新方向；是这几位大师照亮学术前进的道路；是这几位大师博古通今，又熔铸古今。他们是学术天空中光辉璀璨的明星。

季羡林以章太炎划界，区分两个不同的时代，什么意思呢？因为 19 世纪末到 20 世纪初，中国学术有一大转变。每一个时代都有大师，代表着那个时代的学术水平。俞曲园无疑是他那个时代的大师。那个时代大师的特点是熔铸古今。而到了章太炎这一代，仅仅熔铸古今就不够了，还要会通中西，方可成为大师。王国维、梁启超、陈寅恪、胡适、陈垣莫不如是。以这个标准判断，真正的大师是少之又少的。而汤用彤就属于大师，在他的身上，熔铸古今、会通中西的特点十分明显。他对中国古代典籍的研读造诣很高，对汉译佛典以及僧传都进行了深刻、彻底的探讨，使用起来得心应手，如数家珍。又远涉重洋，在美国哈佛大学研习梵文，攻读西方和印度哲学，加之个人天分与勤奋，成为大师绝非偶然。

季羡林解释说，说大师是不可超越的，并不是说学术到了这些大师手里就到达了顶点、巅峰，不能再发展了。不是这样的。因为学术发展的道路是不平坦、不均衡的，往往在有新材料被发现、新观点出现时，少数奇才异能之士就会脱颖而出。这就是大师。大师也不能一下子把所有问题都看到、都解决，大师解决的问题也不见得都彻底，这就给后人留下了继续探讨的余地。这样，大师一代一代传下去。旧问题解决了，还有新问题，永远有问题，永远有大师。每一个大师都是不可超越的，每个大师都是学术发展道路上的一座里程碑。

《〈赵元任全集〉序》写于 2000 年 8 月 30 日。

据《辞海》载，赵元任（1892—1982），语言学家。原籍江苏武进（今常州市武进区），生于天津。早年留学美国并游学法、德、英等国。1925年后任清华学校国学研究院教授、中央研究院历史语言研究所研究员，并致力于国语运动和汉字改革，是国语罗马字的主要制定者之一。1938年后定居美国，先后任夏威夷大学、耶鲁大学、哈佛大学、加利福尼亚大学教授，美国语言学会会长。语言学造诣深厚，通晓中、英、德、法等多种语言，并运用现代语言理论和科学技术研究语言文字、汉语音韵、汉语方言和汉语语法，颇多建树，在学术界亨有声誉。同时对音乐、哲学、数学、物理学也颇有研究。著有《中国语入门》《现代吴语的研究》《语言问题》《中国话的文法》《赵元任语言学论文集》《新诗歌集》等。

清华国学院教授阵容之强，可谓前无古人，后无来者。"四大导师"梁启超、王国维、赵元任和陈寅恪是中国学界赫赫有名的巨匠。在全国都按照西方模式办学的情况下，国学院保持了浓厚的中国旧式书院色彩。学生与导师直接打交道，真正做到了因材施教。所以，办学时间虽短，却培养出一批知名教授和学者，在清华大学乃至中国教育史上留下了灿烂的一笔。季羡林考入清华的时候，国学院已经停办。季羡林没有听过赵元任先生的课，也未曾与赵先生见过面。可是他对赵元任并不陌生。季羡林上大学的时候，读过赵元任的许多著作，最早是读赵元任与于道泉合译的《仓央嘉措情歌》。后来他和于道泉成为同事，又从于道泉和别的朋友那里知道了不少有关赵先生的情况。赵先生最初是研究数学和物理的，后来转向语言研究。赵元任是语言天才，他审音辨音的能力远胜常人，各地方言，他学什么像什么，就连相声演员也望尘莫及。赵元任是一位大师级的语言学者，对汉语研究造诣很高，在国语的普及以及教授外国人汉语方面，卓有建树。

季羡林在对赵元任做简单介绍以后，提出一个非常实际的问题："而今，大师往矣，留下我们这一辈后学，我们应当怎么办呢？"回答必然是：学习大师风范，发扬大师的学术传统。季羡林接着问：如何发扬呢？他自问自答，提出了几点看法。这几点看法正是此文用意之所在。

经过多年思考和观察，季羡林认为东西方文化是不同的，东西方思维方式有差异：东方的特点是综合，西方的特点是分析；西方思维方式产生出分析色彩极浓的印欧语系语言，东方思维方式产生出汉语这种难以用西方方法分析的语言；20世纪是微观分析的世纪，而21世纪应该是微观与宏观相

我的老师 *季羡林*

结合的世纪。他又讲了科学方法的重要性。这些只是为他的核心观点做铺垫。他的核心观点是"根据赵元任先生的基本精神，另辟蹊径，这样才能活"。这些观点本书后文还有叙述，此处着重介绍季羡林对汉语发展的见解。他说：

> 我闲时常思考汉语历史发展的问题。我觉得，在过去两三千年中，汉语不断发展演变，这首先是由内因决定的。外因的影响也决不能忽视。在历史上，汉语受到了两次外来语言的冲击。第一次是始于汉末的佛经翻译。佛经原文是西域一些民族的语言，梵文、巴利文以及梵文俗语，都是印欧语系的语言。这次冲击对中国思想以及文学的影响既深且远，而对汉语本身则影响不甚显著。第二次冲击是从清末民初起直至五四运动的西方文化，其中也包括语言的影响。五四以来的白话文中西方影响也颇显著。人们只要细心把《儒林外史》和《红楼梦》等书的白话文拿来和五四以后流行的白话文一对照，就能够看出其中的差异。按照西方标准，后者确实显得更严密了，更合乎逻辑了，也就是更接近西方语言了。然而，在五四运动中和稍后，还有人——这些人是当时最有头脑的人——认为，中国语言还不够"科学"，还有点模糊，而语言模糊又是脑筋糊涂的表现。他们想进行改革，不是改造文字而是改造语言。当年曾流行过"的""底""地"三个字，现在只能当笑话来看了。至于极少数人要废除汉字，汉字似乎成了万恶之本，就更为可笑可叹了。

季羡林接着说，赵元任先生和我们所面对的汉语，就是这样一种汉语。赵元任在他所处的时代，用西方微观分析的方法研究汉语，并取得了辉煌的成就，达到了尽善尽美的程度。如果跟踪他的足迹，成绩绝不可能超越他。因为大师是不可超越的。然而，当今时代，纯微观分析的方法已经过时了。需要另辟蹊径，把微观和宏观结合起来。这些说来似乎容易，实行起来却万分困难。怎么办呢？季羡林建议，不妨先做一件工作，即进行藏缅语系的比较研究，从而揭发汉语结构的特点，进而建立真正的汉语语言学。其实这个任务早在20世纪30年代陈寅恪先生便已提出，只是没有人能理解，更没有人去认真尝试。陈寅恪在《与刘叔雅论国文试题书》中一针见血地指出："故欲详知确证一种语言之特殊现象及其性质如何，非综合分析，互相比较，不能为功。而所与互相比较者，又必须属于同系中大同而小异之语言。盖不如此，则不独不能确定，且常错认其特性之所在，而成一非驴非马、穿凿附会之混沌怪物。因同系之语言，必先假定其同出一源，以演绎递变隔离分化之关系，乃各自成为大同而小异之语言。故分析之，综合之，于纵贯之方面，剖别其源流，于横通之方面，比较其差异。由是言之，从事比较语言之学，必具一历史观念，而具有历史观念者，必不能认贼作父，自乱其宗胤也。"比较语言学，一代语言学大师又一次指明了语言学研究的方向。学术研究有如宇宙的探索，未知的领域总是大于已知的领域。问题早已被我们的前贤尖锐地提出，而要解决之，尚待明日之大师。

回济南

大师，通常是高等教育的领军人物。而教育的基础在中小学教育。季羡林一向重视基础教育。1997 年 10 月 6 日，86 岁的季羡林回到他的母校，就是当年他求学、后来又当过教员的济南高中——如今的济南一中。他先是参加教员座谈会，他发言说："我是一中的双重校友，先是学生，后是教员。一个人的成长，从小学到中学、大学，都离不开学校，离不开教师。"接着，他深情回顾了自己当年的老师——胡也频、董秋芳、鞠思敏、祁蕴璞、完颜祥卿等对自己的影响。随后，他话锋一转，说："一中的任务就是承前启后，为 21 世纪培养建设有中国特色的社会主义的人才。人才是各方面的，不一定都是教授，在教育界教授很必要，如果 12 亿人口每个人都是教授就没有饭吃了，应该各行各业都有，从政、从商、从学也可以。"他针对中学教育单纯追求升学率的倾向和忽视德育的情况谈了两点意见。以下是根据当年的发言记录稿整理的谈话要点：

> 对于我们学校现在的情况我不太清楚，从全国各省中学来看，衡量一个学校的好坏很难，一般讲升学率，升学率最具体，考上北大、清华的有多少，证明你的学生水平高，但这不是唯一的标准，这是标准之一。不要"千军万马独木桥"都要念书，这个思想与封建社会有关，过去封建社会一般人只有一条路，就是科举：秀才、举人、进士、状元，没有

别的路，现在我们应该改一改这个观念。培养学生要念书，成名成家给国家争光，这条路不一定是唯一的，有行政能力的我们国家需要，有能力做生意的我们国家也需要，特别是对外国人做生意，外国人很难对付，他那一套法律我们搞不清楚。只要对社会主义建设有利的都要培养，不要鼓励"千军万马独木桥"。现在我们国家大学生的人数，按百分比来讲不是高而是低的，现在大学生毕业找工作有困难，原因很复杂，我们人口实在太多了。印度不是个发达国家，大学生人数比我们多得多，找工作也很困难。现在北京有这么个情况，大学生毕业找工作困难，到了硕士毕业更困难，到了博士毕业更更困难。有的机关宁要大学毕业生不要硕士生博士生，因为他们有架子不好管理。在北京最好找工作的是职业学校，我们国家需要的人才多极了，理发师、厨师在旧社会被人瞧不起，"戏子王八吹鼓手，剃头挑子跟着走"，实际上没有理发师、厨师也不行，当厨师的真正做出成绩来也能为国争光。弘扬文化最容易的是弘扬饮食文化，你开饭馆人家都来吃，这就是弘扬中国饮食文化，不一定都通过念书培养学生，不要提倡"千军万马独木桥"。

现在社会上风气不是那么好，济南也差不多。对学生讲德育、智育、体育、美育四个方面，德育很重要。

我上学时有两门课，后来没有了，一个叫"公民"，就是讲一个中国人应该干什么，不应该干什么。一个叫"乡土"，就是我们山东过去对中国文化的贡献。孔子、孟子、诸葛亮、王羲之，还可以找出一大批名人。乡土如果在乡下，如在临清，一个要搞山东的，另一个要搞临清的。培养爱国主义是个课题，到现在据我看没有一条成功的经验。爱国给我讲很容易，什么原因？我经历过半封建半殖民地社会，受过洋鬼子的欺侮。有的说讲爱国干吗，不爱国不照样吃饭吗？讲"乡土"就是培养爱国主义的方式，如我们临清出过什么人物？我们山东对中国有什么贡献？这就是爱乡，不爱乡怎么爱国？培养爱国主义是重要的课题，也是很难解决的课题，一个"公民"一个"乡土"应该恢复，从小学开始恢复，培养学生的人品、道德。讲空道德、讲教条学生最不爱听，没有什么用……我们讲学雷锋、学焦裕禄，学的不知道有多少了，应该有用。你提得太高了离我十万八千里，我没法学，算了；要从低处小处做起。不要什么事情光考虑自己，要考虑别人，考虑国家。道理是要讲，一定要有行动，如尊重老师，"文革"后产生不好的恶果，现在稍微好一点。北大搞过几次运动，老师觉得非常不得了，学生见了面给你鞠个大躬，可是运动一过，照样你是你我是我。现在学生听老师的课，听大课不知道老师的名字，这怎么能尊师呢？我的意思是从小处做起，爱国、尊师，对父母孝顺，对同学团结合作。将来世界一定要大同，应该是爱国主义与国际主义相结合，不要狭隘的，不搞排外，但是要欺侮我们不行。你是朋友，我们就以朋友相待。

接着，季羡林来到操场，对全校数千同学发表讲话。讲话的内容有点像70年前鞠思敏讲"公民"课。他不肯就座，他说：

现在我要坐着讲的话，你们都站着不平等，现在我也站着讲。

我是一中的双重校友，一方面在这里念过书，另一方面教过书，今天我以双重校友的身份向大家致敬！向母校致敬！向大家学习！

我现在心情非常激动，可能语无伦次，请大家原谅。

我们现在处于20世纪末，再过三年就来了一个新世纪，来了一个新的"千纪"，千纪就是一千年。诸位你们现在念高中，再过三年到下世纪，我们伟大祖国的建设任务就落到你们身上。今天作为一个老马，我今年86岁了，老马是老马，但不一定识途，我讲讲心里话，讲一些假大空，大家不愿意听，也没有意义。讲什么心里话？就是你们青年应该做些什么事情。

第一，青年（包括我们老年在内）必须热爱我们的国家，热爱我们伟大的祖国。爱国主义大家一听可能都是好东西，爱国主义有两种，一种是真的，正义的，就是我们中国的爱国主义；另一种是假的，非正义的，像日本占领中国，要侵略我们的国家，要杀我们中国人民，他们也高喊爱国主义，他们的爱国主义是假的。我们爱国主义是好的、真的。所以第一要爱国，也包括热爱我们的党，因为党领导我们的国家。

第二，希望各位对我们的师长要尊重。为什么讲这句话呢？不知济南怎么样，北京稍微好一点。"文革"后师生关系很矛盾。现在提倡尊师重道、尊敬老师。老师是很不容易的，天天忙，从早上忙到晚上，目的是希望把大家教好，把知识传授给大家，因此要尊重你们的师长。我

我的老师季羡林

讲的都是大白话，你们听了觉得奇怪：你讲这个干什么？我都知道。尽管你们知道，我还是要说一说。

第三，你们听了更觉可笑，其实不可笑，要孝敬你们的父母。"孝"在中国历史上占很重要的位置，可是后来渐渐不行了，现在父母子女之间有矛盾，做子女的对你们的父母要孝敬。

第四，要团结你们的同学，现在你们之间是同学，将来毕业后都是校友。将来你们的前途有70年、80年、90年，我希望你们每个人将来都超过100岁，因此时间很长，你们要携手共同工作，为共同建设我们的祖国做工作，因此要团结同学，团结我们的伙伴。

第五，大家听起来更觉得太简单了，现在我们的社会风气不是怎么很好，在山东作为一中的学生一定要严格要求自己，在举动上，在处理社会关系中间要严格要求自己，不能做坏事，要做好事。刚才我说了，现在社会的风气不怎么好，我希望一中的同学做出一个榜样，来改变我们的社会风气。

另外，最后谈到学习，我学了一辈子，到今天也没有学完，经验也不多，我们有两句话："书山有径勤为路，学海无涯苦作舟。"这两句话的关键是一个"勤"，一个"苦"。念书不要想走捷径，捷径是没有的。从前有这么一个故事，发明几何学的欧几里德很有名，有一个国王问他："我来学几何有什么捷径没有？"欧几里德讲："学几何，皇帝和大家一样，不管皇帝有多大的权力，要和大家一样辛苦，没有皇帝走的捷径。"念书就是一个"勤"一个"苦"。"苦"就是不怕艰难，不怕困难，念书不等于吃饭，饭吃下去就完了，念书有时候会遇到困难，打退堂鼓是不对的，遇到困难要迎头而上，遇到困难要征服困难、克服困难。另一个要"勤"，没有别的办法。你们一定要注意你们的身体，各方面要全面发展，这都是老生常谈，我还是要给大家讲一讲。

再重复一句。再过三年就来了一个新的世纪，来了一个新的千纪，将来建设中国的任务就在你们身上。我们老年人，特别是我今天是年纪最老的，一切希望都寄托在你们身上，希望你们不要辜负我们的希望。谢谢大家。

老先生的老生常谈话音未落，操场上响起了经久不息的掌声。

季羡林这次回山东，当然不仅仅是为了拜访一次母校。他是应山东大学的邀请，参加《文史哲》编辑部举办的"面向 21 世纪的人文学科建设暨季羡林学术思想研讨会"的。一周时间，他在山东大学、曲阜师范大学、聊城师范学院（即如今的聊城大学）等学校发表多次讲演和学术报告，还回官庄为父母亲扫墓。到一中参加座谈和对同学们讲话，不过是一个小小的插曲而已。然而，他的这些了无新意的大白话，绝非一时即兴而发，应景之言，而是经过深思熟虑的肺腑之言。这些经历过数十年时间淘洗的做人道理确实是金玉良言。后来，季羡林把它提炼成"爱国、孝亲、尊师、重友"8 个字，认为这是人之"良知""人生四要"，多次题赠朋友和学生、后人。这就是季羡林先生留给我们的待人处世之道。

　　2001 年 10 月 14 日，季羡林再次来到济南一中，出席"春晖奖学金"捐赠仪式。这笔奖学金是他与老朋友——书画家欧阳中石和山东省人大常委会副主任董凤基共同筹集的，共 50 万元，用以奖励该校品学兼优的学生。济南一中的师生，永远以他们的这位老校友为荣。

第十章
毫毫釐冲刺

第十章 耄耋冲刺

撰写《糖史》

20世纪最后20年，季羡林开始在学术上冲刺，著述颇丰，其中有代表性、篇幅最长的专著是《糖史》。

季羡林早就发现，现在世界上流行的大语言中，"糖"这一个词几乎都是转弯抹角地出自印度梵文的 Śarkarā 这个字。英文叫"sugar"，法文叫"sucre"，德文叫"zueker"，俄文叫"caxap"。一看就知道这个字是同一个来源。一般讲，一个国家接受外来的东西，最初把外来的名字也带来了。有的后来改变了，有的没改变。糖从一个地方传到另一个地方，如果本地没有，它把原来的名称也带进本地。英文的"糖"字来自印度，是从梵文 śarkarā 转借来的。一比较就知道。这说明英语国家原来没有糖，糖是从印度传去的，要不为什么用印度字呢？查阅史书，季羡林发现：我们中国最早也没有糖，从前有个"餳"字不念"易"，也不念"阳"，念"糖"。中国糖最早是甘蔗做的。中国是甘蔗的原产地之一，《楚辞》中就曾提到。当时人们吃甘蔗，也喝甘蔗浆。中国甘蔗浆变成糖用了1000多年。季羡林从中领悟到，在糖这种微不足道的日常用品中竟隐含着一段人类文化交流史。

然而，季羡林研究糖的历史，出自一个偶然的机缘。1981年，一张当年被法国人伯希和带走的敦煌卷子辗转到了北大历史系几位教师手里。他们拿给季羡林看，季羡林发现上面的内容与制糖有关。这些内容写在佛经的背面，是十分罕见的科技资料。当然有错字漏字，有一些难解之处。季羡林下决心啃开这个核桃。关键是有一个从未见过的词"煞割令"。"煞割令"是什么呢？季羡林对上下文反复琢磨，忽然想到梵文 śarkarā，原来是糖！一下子豁然开朗了。他立即写了一篇《一张有关印度制糖法传入中国的敦煌残卷》。从此他着手研究糖史。他想起很多年前在德国读书时，他在汉学研究所曾翻阅过大量的中国笔记，里面颇有一些关于糖的资料。可惜当时脑袋里还没有这个问题，就视而不见，白白放过，今天遇到这问题，只能从头做起。当时电子计算机还很少，而且技术也没有过关，不可能把所有的古籍或今籍一下子都收入，季羡林就采取笨办法：自己查书。然而，典籍浩如烟海，穷毕生之力，也是难以查遍的。季羡林收集材料向来是"竭泽而渔"，不肯放过任何可能有用的材料。幸而北大图书馆藏书在高校首屈一指，查阅方便。季羡林以善本部和楼上的教员阅览室为基地，有必要时再走出基地。教员阅览室有两层楼的书库，藏书十多万册。当时的季羡林已经到了颐养天年的年龄，可是他却开始拼老命了。每天从家到大图书馆，往返七八里路，除星期日善本部闭馆外，不管是冬天，还是夏天；不管是刮风下雨，还是坚冰在地，从未间断

1991 年，80 岁高龄的季羡林先生骑车到北大图书馆看书。

过。1993 年和 1994 年间，季羡林用了将近两年的时间，终于翻遍了书库，还翻阅了《四库全书》中有关典籍，特别是医书。通过收集资料，季羡林发现了一些规律：首先，在中国最初只饮蔗浆，用甘蔗制糖的时间比较晚；其次，同在古代波斯一样，糖最初是用来治病的，不是调味的；再次，从中国医书上来看，使用糖的频率越来越小，最后几乎很少见了；最重要的一点，把红色的蔗汁熬成的糖浆提炼成洁白如雪的白糖的技术是中国发明的。而更为重要的是，各国各民族制糖技术是相互学习的，表明文化交流是双向的，不是什么单行线。

《新唐书》里讲到唐太宗李世民派人去印度学习制糖技术，这是中国正史里的记载。汉字"糖"出现在六朝，说明唐太宗时，中国已能制糖，但水平不高，要派人去印度学习。这是历史事实。但问题不出在这里，问题是印地文中有个字叫"cīnī"（音为"基尼"——笔者），意为"中国的"，这个词同时还有个意思是"白糖"。"中国的"英文叫"Chinese"。"中国"两字，英文叫"China"，法文叫"Chine"，德文叫"China"，都是从梵文"Cina"变化而成的。而印度把"白糖"也叫"cīnī"。印度自称在世界上制糖水平最高，历史最悠久，因此 śarkarā 这个字传遍世界，为什么"白糖"反而叫"cīnī"呢？ 1985 年季羡林去印度参加《罗摩衍那》国际讨论会。一次他当大会主席，他问在场的印度学者"cīnī"怎么来的？糖出在印度，为什么"白糖"叫"中国的"？结果没有一位学者答得上来。后来有个丹麦学者，知道季羡林研究糖的历史，寄来了一篇论文。这篇论文的作者叫 Smith，论文题目是讲 cīnī 及其来源。文中说，"cīnī"是"中国的"，而白糖却和中国没关系。因为在中古时期白糖很贵，当药来用，非皇家贵族、大商人是吃不起的。为何"cīnī"叫"白糖"呢？这是因为中国有几件东西在世界上很有名，如瓷器。英文"China"当"中国"讲，但也是"瓷器"的意思。中国的瓷器也传入印度，印度的阔人才用瓷器。中国瓷器是白的，于是把中国瓷器的"白"和白糖的"白"连在一起。印地文中的"白糖"应该是"cīnī śarkarā"，后来因为字太长，简化为"cīnī"。作者还说中国从来没有生产过白糖，也没向印度输出过白糖。这就是无知妄说了。但他的文章有可用之处。要研究这类问题先要确定"cīnī"这个字是什么时候出现的，上限在什么时候。其次是研究在什么地方出现"cīnī"这个字，然后再研究中国在什么时候生产白糖，什么时候、从什么地方传入印度。这样研究就比较科学。可是问题难在不知道"cīnī"在印度何时出现，季羡林问过印度学者，他们也答不出来。而 Smith 做了些工作。他查了印度的文学作品，发现"cīnī"一字出现在 13 世纪，这是他的功绩。另外他基本上把现在印度好多种语言中表示"白糖"这个意思的词追踪清楚了。总的情况是，在印度西部语言中，都来自梵文的 śarkarā。在东部语言中，则是 cīnī 或者 cini。孟加拉文就是这样，由此可以推断，中国白糖是由印度东部进入印度的。再研究中国白糖有没有，出口了没有，到印度了没有，问题就好解决了。

我国 7 世纪唐太宗时期，我国的制糖水平不高，确实向印度学习过制糖技术。但学习了以后，我们后来制的糖，其颜色、味道都超过印度。《新唐书》说"色味逾西域远甚"。一方面是我们引进了技术，另一方面是我们改进了技术。这是唐朝的情况。到宋朝我们仍制糖。到了元朝又来了一个变化。13 世纪马可波罗的游记中有一段记载。说在福建尤溪地方有一批制糖工人，他们是蒙古大汗忽必烈从巴比伦找来教中国制糖工人制糖的，炼白糖。巴比伦这地方，有人说是现在的伊拉克，有人说是埃及。埃及开罗的可能性大。上述记载说明印度制糖术传到波斯，从波斯传到埃及。埃及当时很多手工业占世界领先地位，而蒙古人的文化水平不高，蒙古大汗抓了些制糖工人，送到中国的福建尤溪，在那里教中国人炼糖。到了明朝末年，很多书里讲炼糖，其中有一段记载说，原来糖炼不白，一次，一个偶然的机会，倒了一堵墙，墙灰落入糖中，发现制的糖变白了。这在化学上讲得通，灰里有碱，因此糖炼白了。中国的白糖到了明朝末年在国际市场成了抢手货。现在我们有根据，中国的白糖在郑成功时代已出口了。郑成功家里也做白糖生意，从中国运货去日本，货物中就有白糖，这证明 13 世纪后，中国的白糖已经开始出口。那么中国的白糖是否出口到印度？在别的书上记载大概是印度人派船到新加坡那里去买中国的白糖。

以上讲的是历史事实，从事实中得出什么结论呢？说明文化交流绝不是直线的，而是非常复杂、曲折的。"Cini"这个字的例子说明文化交流的复杂性。印度还有一个字叫"misrī"，意为"冰糖"，但"misrī"也是"埃及的"意思。从语言现象来看，印度制糖是先进的，但另一方面不能否认他也向别的国家学习了。东面学中国，"白糖"叫"cīnī"（中国的），西面学埃及，"冰糖"叫"misrī"（埃及的）。从语言现象分析只能得出这个结论。

以上介绍的就是季羡林的《糖史》的一小部分内容。这部著作有 80 万字，分国内编和国际编两部分，在 1997 年由经济日报出版社出版。在季羡林之前，世界上已有两部大型的《糖史》，一为德文，是世界名著，作者是 von Lippmann；一为英文，材料比较新，作者是 Deerr。季羡林写《糖史》第二部分，国际部分时，曾引用过这两部书中的一些资料。从语言切入，以研究文化交流为重点，写出糖的历史，季羡林是独辟蹊径的。

糖是甜的。而季羡林撰写《糖史》的整整两年时间，却相当辛苦。他每天早晨吃过早餐，就去北大图书馆善本库翻阅《四库全书》，基本翻遍了每一册。11 点去校医院，看望老祖和夫人——两位老人同时在那里住院，然后回家吃午饭。下午再去善本库看书，直到书库关门。天天如此，除非图书馆闭馆，从无例外。这就是一位语言学者，以语言为工具，完成一部科技史巨著的故事。

译释天书

20 世纪 80 年代初，新疆博物馆馆长李遇春专程来到北大，送来 44 张 88 页吐火罗文残卷，请季羡林解读。这批文物是 1975 年在焉耆七个星千佛洞附近出土的，由于无人能识，新疆的同志打听到，在国内认识这种文字的专家仅有季羡林一人，就送了过来。可是季羡林已有几十年没有摸过这种东西了，感到已经生疏，没敢贸然答应。李遇春说："如果实在不行，只好去求日本人了。""东西是我们中国的，为什么求日本人？"面对这样珍贵的资料，季羡林心不能不为所动，他硬着头皮，答应一试。在《糖史》完成以后，他开始全力以赴，对付这颗难啃的核桃。他把斜体婆罗米字母转写成拉丁字母，并把残卷的页码理顺，借助工具书大体了解残卷内容同弥勒有关，他的运气不错，翻了几页，发现了书的名称：《弥勒会见记剧本》。这个剧本讲述弥勒与释迦牟尼会见的故事，这不算是一部佛经，而是一部文学作品，是圣月菩萨将它从印度文字译成吐火罗语的。这个剧本不仅对研究佛教史有用，而且对研究文学史也是难得的资料。在新疆一带，弥勒信仰曾经十分普遍，发现过好几个焉耆文的《弥勒会见记剧本》残卷，这个剧本还有回鹘文译本。

不过在世界上研究吐火罗文的学者，还没有一个人诠释过这部著作。一年后，季羡林大体了解了残卷的内容，主要的拦路虎，是有不少不认识的字。要解决这个问题，只有通过对照其他语言的译本。1982年，他虽然还没有着手对残卷进行翻译，但是已经取得了一些进展。写了两篇文章，一篇是《吐火罗语A中的三十二相》，另一篇是《谈新疆博物馆吐火罗文A〈弥勒会见记剧本〉》。1983年，季羡林在从事大量行政工作和其他研究工作的同时，开始了翻译和诠释《弥勒会见记剧本》的工作。因为我国藏有为数不少的该剧本的回鹘文文本，季羡林尝试利用回鹘文的《弥勒会见记》校对补足焉耆文残卷残缺的部分，再逐字逐词加以翻译。季羡林不懂回鹘文，就请了几位回鹘文专家协助自己。其中有中央民族大学耿世民教授、新疆工学院李经纬教授、新疆博物馆伊斯拉菲尔·玉素甫、多鲁坤·阚白尔等。在他们的帮助下，季羡林选了四页比较有把握的入手，开始翻译和诠释。一旦有了开头，以后几年，季羡林继续扩大战果，每年都有所前进，直至1987年。不时因为资料缺乏，不得不向海外朋友求助，其繁其难不难想见。资料一到，老先生夜以继日，奋战不息。1987年，他写了两篇长文《关于吐火罗文弥勒会见记》和《吐火罗文A（焉耆语）〈弥勒会见记剧本〉与中国戏剧发展之关系》。前一篇文章主要讲吐火罗文剧本情况，印度戏剧的发展，印度戏剧在中国新疆的传播，印度戏剧与希腊戏剧的关系，中国戏剧的发展情况，吐火罗文剧本与中国内地戏剧发展的关系以及中国戏剧与印度戏剧的异同。后一篇文章先讲吐火罗文本《弥勒会见记》同回鹘文本的异同，接着讲印度戏剧的来源，中国戏剧的起源，最后讲印度古代戏剧与中国古典戏剧，特别是京剧的相似点。1989年，季羡林写了一篇论文《梅坦利耶》，这是专著《吐火罗文A（焉耆文）〈弥勒会见记剧本〉译释》中的一章，有英文译本。"梅坦利耶"是"弥勒"的另外一种译法，在这篇论文中季羡林论述了二者的来源和相互关系。这一年，季羡林还写了《吐火罗文和回鹘文〈弥勒会见记〉性质浅议》，回答了这样三个问题：是创作还是翻译？内容是什么？体裁是什么？1993年季羡林前面总结回顾吐火罗文研究的专著《吐火罗语研究导论》在台湾出版。经过十几年艰苦奋斗，到1997年12月《弥勒会见记剧本》的汉译、英译和注释工作全部完成。

1998年，《吐火罗文〈弥勒会见记〉译释》英译本在德国出版，这是一部存世规模最大的吐火罗文文献英译本，它的出版在西方学术界引起了轰动，标志着中国学者在吐火罗文研究领域，走在世界前列。季羡林为国争了光，许多外国人对中国学者刮目相看。在完成了这个巨大的学术工程之后，季羡林想起了教授他吐火罗文的恩师西克教授，他写道："我心里感到了很大的安慰，我可以告慰恩师的在天之灵了。"

2000年，德国驻华公使代表哥根廷大学授予季羡林先生金质奖章。

回忆牛棚

1998年5月4日，北京人民大会堂灯火辉煌，北京大学在这里隆重庆祝建校100周年，党和国家领导人亲临大会祝贺。西郊的燕园，张灯结彩，旌旗招展，花团锦簇，校友一个个喜气洋洋，随处可见的书摊上摆放着为校庆出版的新书，多数是记载这个百年学府历史的。其中有一本是季羡林教授的新作《牛棚杂忆》。那时候，写"文化大革命"尚属禁区，中央党校出版社顶住压力出版了这部书，未曾料到《牛棚杂忆》卖得非常火，出版社不得不多次加印，很快就出现了盗印的版本。从大城市的地铁车站，到偏远的边陲小镇，到处都在卖这本书。这使人想到一个成语：洛阳纸贵。

《牛棚杂忆》这本书记载了北大百年历史中不堪回首的一页。季羡林是用血和泪记录了这段亲身经历的历史。当时，改革开放实行了十几年，中国的政治气候已经发生根本改变。季羡林从不可接触者变成极可接触者，每天忙得不可开交，可是，他并没有忘记"文化大革命"那一场劫难。对于整过自己的人，他有机会也有能力报复，可是他没有那样做。一想到当年自己身陷囹圄，还在拥护那场"革命"，他就想到不能苛求别人，大家都是受害者。既然受了害，总要汲取教训，他期待有人把这段历史记录下来，以警后世。挨了整的，有老干部，有老将军，有高级知识分子，他们都可以写。那些整了人的"造反派"，如果幡然悔悟，也可以写。可是，等了十几年，季羡林失望了。期待别人不如自己动笔，1988 年 3 月季羡林开始写《牛棚杂忆》，1992 年 6 月脱稿。他在"缘起"中写出了自己写作此书的动机：

> 最可怕的是，我逐渐发现，"十年浩劫"过去还不到二十年，人们已经快要把它完全遗忘了。我同今天的青年，甚至某一些中年人谈起这一场灾难来，他们往往瞪大了眼睛，满脸疑云，表示出不理解的样子。从他们的眼神中可以看出来，他们的脑袋里装满了疑问号。他们怀疑，我是在讲"天方夜谭"，我是故意夸大其词。他们怀疑我别有用心。他们不好意思当面驳斥我，但是他们的眼神却流露出："天下哪里可能有这样的事情呢？"我感到非常悲哀、孤独与恐惧。

> 我感到悲哀，是因为我九死一生经历了这一场巨变，到头来竟然得不到一点理解，得不到一点同情。我并不要别人会全面理解，整体同情。事实上我对他们讲的只不过是零零碎碎、片片段段。有一些细节我甚至对家人好友都没有讲过，至今还闷在我的心中，然而，我主观认为，就是那些片段就足以唤起别人的同情了。结果却是适得其反。于是我悲哀。

> 我孤独，是因为我感到，自己已届耄耋之年，在茫茫大地上，我一个人踽踽独行，前不见古人，后不见来者，年老的像三秋的树叶，逐渐飘零。年轻的对我来说像日本人所说的"新人类"那样互不理解。难道我就怀着这些秘密离开这个世界吗？于是我孤独。

我恐惧，是因为我怕这些千载难得的经验一旦泯灭，以千万人遭受难言的苦难为代价而换来的经验教训就难以发挥它的"社会效益"了。想再获得这样的教训恐怕是难之又难了。于是我恐惧。

　　在悲哀、孤独、恐惧之余，我还有一个牢固的信念。如果把这一场灾难的经过如实地写了出来，它将成为我们这个伟大民族的一面镜子。常在这一面镜子里照一照，会有无限的好处的。它会告诉我们，什么事情应当干，什么事情又不应当干，绝没有任何坏处。

　　为我们这个伟大民族竖起一面镜子——这就是季羡林背负的沉重的十字架。"文化大革命"结束以后，季羡林一直在思考有关这一次所谓"革命"的一些问题，特别是在撰写《牛棚杂忆》的过程中，考虑得更为集中，更为认真。他思考了一些什么问题呢？他在写完自己在"文革"中的遭遇之后，专门写了"余思或反思"一章，提出了振聋发聩的四个问题：

　　一、吸取了教训没有？

　　二、"文化大革命"过去了没有？

　　三、受害者抒发愤懑了没有？

　　四、"文化大革命"为什么会发生？

　　对第一个问题，季羡林的回答是：吸取了一点，但是还不够。

　　他认为，"十年浩劫"是总结教训的千载难逢的好机会，是亿金难买的"反面教员"。从这一个"教员"那里，我们能够获得非常非常多的反面的教训；教训经过转化，就能成为正面的经验。无论是教训还是经验，对我们进一步建设伟大的祖国，都是非常有用的。可是，我们没有这样干，空空错过了这一个恐怕难以再来的绝好机会。因为有人说："文化大革命"已经过去了，可以不必再管它了。

　　对第二个问题，季羡林的回答是"文化大革命"似乎还没有完全过去。虽然从表面上来看，已经过去了，但是，如果细致地观察一下，情况恰恰相反。季羡林的判断完全符合实际。请看，"文化大革命"结束至今40年了，党的十一届六中全会通过的《关于建国以来党的若干历史问题的决议》已经全面彻底否定了"文革"，可是至今仍有人大唱反调，企图为"文革"翻案！

　　在20世纪80年代的后期，受过迫害的中老年知识分子还有一肚子气没

我的老师 季羡林

有发泄出来。青年人对"文化大革命"不了解，听讲"文化大革命"，如听海外奇谈。季羡林所忧虑的正是这一点。他们昧于前车之鉴，谁能保证，他们将来不会干出类似的事情来呢？至于为创建新中国立过功勋而在"文化大革命"中遭受迫害的老干部心中有多少郁积的痛苦，季羡林举了一个例子：在1978年全国政协恢复活动后，他在友谊宾馆碰到周扬，这位参加革命很早，在文艺界极负盛名的老干部，10多年不见了，他见到季羡林劈头第一句话就是："古人说，'士可杀，不可辱'。'文化大革命'证明了'士可杀，亦可辱'。"说罢，哈哈大笑。他是笑呢，还是在哭？看来，有这种想法的绝不止周扬一人。

"士可杀，不可辱"，"千军可夺帅，匹夫不可夺志"。自古以来就是中国知识分子的传统。新中国成立以后，一波又一波的政治运动对知识分子进行脱胎换骨的改造，效果究竟如何呢？如果只是改造成了"士可杀，亦可辱"，对国家民族究竟有何益处呢？

关在牛棚里的时候季羡林考虑了很多问题。令他百思不得其解的问题是：为什么一定要这样折磨知识分子？知识分子身上毛病不少，缺点很多，但是十全十美的人又在哪里呢？他没有责怪任何人，他只是一个劲地深挖自己的灵魂。从一首季羡林创作于1970年，当时刊登在东语系黑板报上的小令，读者不难窥见他"思想改造"的真诚。题目是《卜算子·颂五七指示》：

盲人骑瞎马，夜半临深池。燕园深院惊回首，不堪忆往时。

五七道路广，方向定须知。六十年来一觉梦，工农是吾师。

季羡林真诚地回顾了自己思想改造的过程。别的老知识分子也大同小异。这充分证明，中国老知识分子，年轻的更不必说了，是热爱我们伟大的祖国的。爱国主义是几千年来中国知识分子的传统。这是中国知识分子的一个突出的特点。派到学校来"支左"的解放军和工人，都曾是他崇拜的对象。"全国人民学习解放军"，"工人阶级必须领导一切"，可是一经接触，发现他们中有的人政策水平奇低，作风霸道，个别人甚至违法乱纪。他头上仿佛泼了一盆凉水。"文化大革命"整知识分子，是完全没有道理的，对广大的受过迫害的知识分子来说，"文化大革命"并没有过去。他拿自己做例子。一方面"庆幸"自己参加了"文化大革命"，被关进了牛棚，得到了极为难得的经验；但另一方面，现在"飞黄腾达"了，到处听到的都是赞誉之词，不虞之誉纷至沓来，他心里却不时冒出这样一个念头：自己当时应该自杀，没有自杀，说明自己的人格不过硬，自己现在是忍辱负重，苟且偷生。这到底是怎么回事？

第三个问题：受害者抒发愤懑了没有？

季羡林的回答只有两个字：没有！

新中国成立了，老知识分子欢欣鼓舞，一批海外青年知识分子冒万难回到了祖国，愿意为祖国的建设事业贡献自己的一切，其中就有后来在"文化大革命"中自沉的老舍先生。他们个个意气风发，斗志昂扬，认为祖国前程似锦，自己的前途也布满了玫瑰花朵。然而，曾几何时，情况变了，极左思潮笼罩一切，而"海外关系"竟成诬陷罗织的主要借口。什么特务、间谍，可怕的帽子满天飞舞，弄得人人自危。到了"文化大革命"，更是恶性发展。多少爱国善良的人遭受不白之冤！被迫害而死的不必说了，活着的争先恐后地出国。前一个争先恐后地回国，后一个争先恐后地离开，对比何等的鲜明！留在国内的知识分子和被迫离开的知识分子，哪一个人抒发过愤懑呢？

我们十分强调安定团结，我们需要的是真正的安定团结。在许多知识分子，特别是老知识分子还有一肚子气的情况下，真正的安定团结难以圆满。尽管许多知识分子的愤懑未抒，物质待遇还非常菲薄，有时难免说些怪话，但是他们的爱国之心未减，"不用扬鞭自奋蹄"。季羡林常说这样的人是"物美价廉，经久耐用"，完全是符合实际情况的。然而有人听了很不舒服。甚至还有人认为，知识分子是附在帝国主义皮上的毛！说明"左"的流毒远远没有肃清。

季羡林提出的最后一个问题是："无产阶级文化大革命"为什么能发生？

这个问题太大，季羡林没有能力回答。有没有能回答的人呢？肯定有。可他们偏偏不回答，也不喜欢别人回答。原因何在呢？

没有历史真相的记载，便无法警策后人，何谈汲取教训？季羡林唯一可做的就是把"文化大革命"这场灾难的真相写出来，尽管是在北大牛棚——校"文革"小组私设的监狱这样一个极为狭窄的层面上，但季羡林深信，一滴水中可见宇宙，读者可以举一反三，不难对全部灾难了解一个大体的轮廓，以之为一面明镜，照见真相，惩前毖后，永不再犯，这一点对青年人尤为重要。请记住季羡林为《牛棚杂忆》写的祝词：

我的老师 季羡林

这一本小书是用血换来的。

是和泪写成的。

我能够活着把它写出来，

是我毕生最大的幸福，

是我留给后代的最佳礼品。

愿它带着我的祝福，

走向人间吧。

它带去的不是仇恨和报复，

而是一面镜子，

从中可以照见恶和善，丑和美，

照见绝望和希望。

它带去的是对我们伟大祖国和人民的

一片赤诚。

书出版 10 年之后，季羡林在一次谈话中说，《牛棚杂忆》一书是率尔之作，绝不是什么惨淡经营、愁苦构思的结果。他凭着记忆，把脑海里的东西转移到稿纸上。当时绝没有想到能够出版，只不过觉得几乎把自己的性命赔上的经历，一生只能有一次，倘若任其飘散消逝，未免有点对不起自己。他没有想到，这一部书侥幸在北大百年校庆之际出版了，更没有想到它一出版就成了畅销书，而且迅速传出大陆，走向港澳台地区，连欧美一些国家都有。他收到了各地读者的来信二三百封。其中有饱经风雨的知识分子，也有默默无闻的基层干部，既有耄耋老者，也有青年学子。绝大部分不是一般的赞扬或感想，而是结合自己的切身经历，发自内心地感谢《牛棚杂忆》的作者为我们的国家民族做出了巨大的贡献。有的来信有数千言，感人肺腑。广东一位著名作家来信说："有了这一本书，你那些长达千余万字的文章统统可以不要了！"一些同样蹲过牛棚，被打得一佛出世二佛升天的老同志，虽然后来被"解放"了，平了反，但心里总是憋着一口气，无法吐出来。现在看了这一部书，虽然不是自己写的，好像就是自己写的，一口气终于吐出来了，心情比较舒畅了。这样一来，当大大有利于安定团结；年青一代看了此书，开始认真思考历史教训，警钟长鸣，更加珍惜今天安定团结的局面，下决心不许悲剧重演，可谓功德无量。不仅如此，这本书的走俏，还带动了一批有分量的回忆录的出版，如韦君宜的《思痛录》、马识途的《沧桑十年》、戴煌的《九死一生——我的"右派"经历》、周一良的《毕竟是书生》等。这些书为总结历史的经验教训，提供了丰富而生动的资料。这些用血和泪写成的文字，都是前辈作家留给子孙后代最宝贵的财富，让我们加倍珍惜吧！

我的老师李羡林

第十一章
一代宗师

第十一章 一代宗师

考据与义理

1997 年季羡林回顾自己治学的道路，发现有一个从重考证到兼顾义理的转变过程。

清儒把学问分为三门：义理、辞章、考据。季羡林说，就自己的脾气秉性，最喜欢的是考据，或称考证，最不喜欢的就是义理。因为考证是实实在在的东西，看得见、摸得着，其精髓就是：无证不信。"拿证据来"，不容你胡思乱想；而义理，按现在的说法就是哲学，有多少哲学家就有多少个哲学体系，公说公有理，婆说婆有理，恍兮惚兮，让人摸不着头脑。

中国的考据学盛于清代乾隆、嘉庆年间，那时候大师辈出，使我们读懂了一些以前无法读懂的古书，这是他们的最大贡献。到清末民初，随着西方学术传入，产生了一批会通古今，同时会通中西的大师，其中陈寅恪、汤用彤都是考据名家，他们恰恰都是季羡林的老师。后来去德国求学，他的德国老师瓦尔德施密特、西克等，所使用的实证主义研究方法，同中国的考据并无二致。季羡林师承中德两国考据高手的衣钵，他重考据之学，成绩斐然，便毫不奇怪了。

季羡林从重考据到兼顾义理，转折点以 1992 年写的《"天人合一"新解》为标志。季羡林在学术自传《学海泛槎》一书中说：

对我来说，这算得上是一篇重要的文章。我在上面以及在其他许多地方，都说过我不大喜欢义理。在这一篇论文之前，我忍不住也写过一些谈义理的文章，但篇幅大都不长，内容也不成体系。从这一篇论文起，我谈义理的文章多了起来，有的篇幅也比较长。是不是我对义理改变了态度，喜欢起来了呢？对这个问题，我自己也有点说不清楚。毋宁说，我对义理，想法多于喜悦。我爱好胡思乱想，有些想法实在是想入非非，我自己也不敢喜欢；有些想法，则自己也觉得颇有道理。别人越是反对，我越是反思，却觉得自己越来越正确……一些文章和一些消息，别人也许不屑一顾，有的我却视如拱璧，因为它证明了我的看法和想法路子是正确的。"老年忽发义理狂"，对我一生的学术研究是重要的。我甚至狂妄地想到，有朝一日，我这些想法的意义和价值甚至会超过我在考证方面所做出的贡献。至于究竟怎样，只有等待未来事态的发展来证实了。

笔者以为，季羡林的想法绝非狂妄。他晚年提出的四大文化圈的理论、文化交流促进人类社会前进的理论、东西方文化"三十年河东，三十年河西"的论断、关于人与自然关系的"天人合一"新解、关于坚持"拿来"提倡"送去"的主张、关于和谐社会三个层次的论述、关于"大国学"的构想，等等，都是对社会主义先进文化建设的重要贡献。2008年季羡林先生授权笔者整理出版了《季羡林谈义理》一书，季羡林拿到样书时说："这书可能有些用途。（对哲学）我是个外行，外行有外行的优势，有些内行熟视无睹的东西，外行可以一眼看出来，而且敢说。"该书出版不久，即被纳入人民出版社系统的人民联盟文库重印，扩大发行，广受读者欢迎。

考据，严格地说只是一种研究方法，为考据而考据的事不能说没有，但是大多数考据，是为了弄明白一定的事实或一定的道理，这就是重考据而兼顾义理。陈寅恪、汤用彤治学也莫不如此。有严格的考据作为基础，这样的义理比较靠得住。这符合人们对客观规律的认识从感性到理性的过程，季羡林数十年从事考据，积累了大量感性认识，"老来突发义理狂"，发表了不少振聋发聩的所谓"怪论"，表现出严谨的科学精神和巨大的学术勇气。他说：

我一生所写的许多文章都讲到我不喜欢义理，不擅长义理。但是，我喜欢胡思乱想，而且我还有一些怪想法。我觉得，一个真正的某一门学问的专家，对他这一门学问钻得太深，钻得太透，或者也可以说，钻得过深，钻得过透，想问题反而缩手缩脚，临渊履薄，战战兢兢，有如一个细菌学家，在他眼中，到处是细菌，反而这也不敢吃，那也不敢喝，窘态可掬。一个外行人，或者半外行人，宛如初生的犊子不怕虎，他往往能看到真正专家、真正内行所看不到或者说不敢看到的东西。我对于义理之学就是一个初生的犊子。我决不敢说，我看到的想到的东西都是正确的；但是，我却相信，我的意见是一些专家绝对不敢想更不敢说的。从人类文化发展史来看，如果没有绝少数不肯受钳制，不肯走老路，不肯故步自封的初生犊子敢于发石破天惊的议论的话，则人类进步必将缓慢得多。

季羡林走上重考据而兼顾义理这条路是必然的，他的老师就是这样走过来的。只不过是由于政治气候的缘故，无论是陈寅恪还是汤用彤，五六十年代的环境不允许他们发表更多的"怪论"，当然，人所共知的陈寅恪的那三条意见，已经够"骇人听闻"的了。季羡林是幸运的，他赶上了改革开放的新时期，才能比他的老师走得更远。本章下面几节简要介绍季羡林的"义理"，这是季羡林对中华文化乃至人类文化做出的重大贡献。

"天人合一"新论

季羡林是一位具有大智慧的学人，他经常考虑的是人类的前途和命运。早在20世纪80年代他就常想：21世纪我们所面临的最重要问题是什么？从全世界范围来看，他看到，若干年以来，我们这个地球村里面，自然界发生了很多过去没有或者比较罕见的现象：生态平衡遭到破坏，酸雨到处横行，淡水资源匮乏，大气受到污染，臭氧层出现空洞，海、洋、湖、河、江遭到污染，气温升高，海面抬升，一些生物灭种，新的疾病频出，等等，威胁着人类的未来发展，甚至人类的生存。这些灾害如果不能克服，则用不到100年，人类势将无法生存下去。这些弊害目前已经清清楚楚地摆在我们眼前，绝非危言耸听。全世界的有识之士都已痛感问题严重。要解决这些问题，首先要研究这些问题产生的根源。季羡林通过长期研究和观察，认为，根源是把人与自然的关系搞错了。这是与自然为敌的后果，是以分析思维为基础的西方文化风靡世界的结果。西方科学技术带给我们福利，同时也产生了诸多问题。西方以为自然是个奴隶，是可以征服的。这种想法与事实不符。事实证明自然是不能征服的。出路何在呢？需要到以综合思维为基础的东方，特别是中国古代思想宝库中寻求解决之道。"天人合一"提供了解决问题的思路。人类必须改弦易辙，和大自然交朋友。于是在 1992 年，他写了一篇重要文章《"天人合一"新解》。

关于天人关系，是中国哲学界 2000 多年争论不休的问题。谈到"天人合一"这个命题的来源，大多数学者的解释都是说源于儒家的思孟学派。其实这是一个相当狭隘的理解。广义的理解是"主张'天人合一'，强调天与人的和谐一致是中国古代哲学的主要基调。"季羡林认为这个代表中国古代哲学主要基调的思想，是一个非常伟大的、含义异常深远的思想。

儒家经典《周易》说："大人者与天地合其德，与日月合其明，与四时合其序，与鬼神合吉凶，先天而天弗违，后天而奉天时。"讲的就是"天人合一"的思想，这是人生的最高的理想境。到了汉代，汉武帝独尊儒术，董仲舒是当时儒家的代表，他明确地提出"天人之际，合而为一"的思想。宋代出了不少大儒。尽管学说在某一些方面也有所不同，但在"天人合一"方面，几乎都是相同的。宋代大哲学家张载有两句非常著名的话："民吾同胞，物吾与也"，简称"民胞物与"，"与"是"伙伴"的意思。这两句话言简意赅，含义深远。宋代理学领袖程颐也说："天、地、人，只一道也。"

儒家之外，道家、墨家和杂家也都有类似的思想。老子说："人法地，地法天，天法道，道法自然。"王弼注说："与自然无所违。"《庄子·齐物论》说："天地与我并生，而万物与我为一。"看起来道家在主张"天人合一"方面，比儒家要明确得多。墨子对天命鬼神的看法有矛盾。他一方面强调"非命""尚力"，人之富贵贫贱荣辱在力不在命；另一方面，他又推崇"天志""明鬼"。他的"天"好像一个有意志行赏罚的人格神。天志的内容是兼相爱。他的政治思想，比如兼爱、非攻、尚贤、尚同，也有同样的标记。至于吕不韦，在《吕氏春秋》中说："成齐类同皆有合，故尧为善而众善至，桀为非而众非来。""天降灾布祥，并有其职。""山云草莽，水云鱼鳞，旱云烟火，雨云水波，无不皆类其所生以示人。"吕氏是主张自然（天）是与人相应的。中国古代也有征服自然的想法，例如荀子想制天，想能够胜天，能够战胜自然。

印度古代思想派系繁多，但是其中影响比较大、根底比较雄厚的是人与自然合一的思想。《奥义书》中论述梵我关系常使用一个词儿是"梵我一如"。吠檀多派大师商羯罗主张不二一元论。大体的意思是说：真正实在的唯有最高本体梵，而作为现象界的我（小我）在本质上就是梵，二者本来是同一个东西。这一套理论无非是说梵我合一，也就是天人合一，中印两大民族的思想基本上是一致的。

从以上对中国和印度古代思想的介绍中，我们可以看到，尽管使用的名词不同，而内容则是相同的。换句话说，"天人合一"的思想是东方思想的普遍而又基本的表露。"天人合一"命题正是东方综合思维模式的最高最完整的体现。"天人合一"是讲人与大自然合一。季羡林认为，这种思想是有别于西方分析的思维模式的东方综合的思维模式的具体表现。这个思想非常值得注意，非常值得研究，非常值得发扬光大，因为它关系到人类发展的前途。

季羡林对"天人合一"的"新解"，新在把前人解释得混乱不堪的"天"的概念明确界定为"大自然"，他说：人，同其他动物一样，本来也是包括在大自然之内的。但是，自从人变成了"万物之灵"以后，顿觉自己的身价高了起来，要闹一点"独立性"，想同自然对立，要平起平坐了。这样才产生出来了人与自然的关系。

人类的一切生活必需品，衣、食、住、行，都必须取自大自然，人离开了自然提供的这些东西，一刻也活不下去。由此可见人与自然关系之密切、之重要。怎样来处理好人与自然的关系，就是至关重要的了。

在处理人与自然的关系方面，东方文化与西方文化截然不同。西方的指导思想是征服自然；东方的主导思想，主张与自然万物浑然一体。西方向大自然穷追猛打，暴烈索取。在一段时间以内，看来似乎是成功的：大自然被迫勉强满足了他们的生活的物质需求，他们的日子越过越红火。他们忘乎所以，飘飘然自命为"地球的主宰"了。东方人对大自然的态度是同自然交朋友，了解自然，认识自然；在这个基础上再向自然有所索取。"天人合一"这个命题，就是这种态度在哲学上的表述。东方文化曾在人类历史上占过上风，起过导向作用，后来由于种种原因，时移势迁，主导地位被西方文化取而代之。

东方文化基础的综合的思维模式，承认整体概念和普遍联系，表现在人与自然的关系上就是人与自然为一整体，人与其他动物都包括在这个整体之中。人不能把其他动物都视为敌人，要征服它们。人吃一些动物的肉，实在是不得已而为之。从古至今，东方的一些宗教，比如佛教，就反对杀生，反对肉食。中国固有的思想中，对鸟兽表示同情的表现，比比皆是。最著名的两句诗"劝君莫打三春鸟，子在巢中待母归"是众所周知的。这种对鸟兽表示出来的怜悯与同情，十分感人，在西方诗中是难以找到的。孟子的话"恻隐之心人皆有之"，也表现了同一种感情。

东西方的区别就是如此鲜明。在西方文化风靡世界的几百年中，在尖刻的分析思维模式指导下，西方人贯彻了征服自然的方针。结果怎样呢？有目共睹，后果严重。对人类的得寸进尺永不餍足的需求，大自然的忍耐程度并非无限，而是有限度的。在限度以内，它能够满足人类的某一些索取。过了这个限度，则会对人类加以惩罚，有时候是残酷的惩罚。

西方的有识之士，如歌德、雪莱、斯宾格尔等，从20世纪20年代起，已经感到西方文化行将衰落。中国的钱穆先生也有类似的看法。这些意见季羡林当然是同意的。

有没有挽救的办法呢？当然有的。季羡林开出的药方就是以东方文化的综合思维模式济西方的分析思维模式之穷。人们首先要按照中国人、东方人的哲学思维，其中最主要的就是"天人合一"的思想，同大自然交朋友，彻底改恶向善，彻底改弦更张。只有这样，人类才能继续幸福地生存下去。这个主张并不是要铲除或消灭西方文化。西方文化迄今所获得的光辉成就，绝不能抹杀。季羡林的意思是，在西方文化已经达到的基础上，更上一层楼，把人类文化提高到一个前所未有的高度。总之，季羡林认为，中国文化和东方文化中有不少好东西，等待我们去发掘，去探讨，去发扬光大。"天人合一"就属于这个范畴。

季羡林的"新解"一出，引发了一场激烈的争论。支持者有之，反对者也不少。反对者认为只有发展科学，发展技术，发展经济，才有可能最后解决环境问题。决不能为保护环境而抑制发展，否则将两俱无成。季羡林则认为，为了保护环境决不能抑制科学的发展、技术的发展和经济的发展，这个大前提绝对是正确的。但是，处理这个问题，脑筋里必须先有一个必不可缺的指导思想，这个指导思想只能是东方的"天人合一"的思想。从发展的最初一刻起就应当在这种思想的指引下，念念不忘过去的惨痛教训，想方设法，挖空心思，尽最大的努力，对弊害加以抑制，决不允许空喊："发展！发展！发展！"高枕无忧，掉以轻心，梦想有朝一日科学会自己找出办法，挫败弊害。常言道："道高一尺，魔高一丈。"到了那时，魔已经无法控制，而人类前途危矣。中国旧小说中讲到龙虎山张天师打开魔罐，放出群魔，到了后来，群魔乱舞，张天师也束手无策了。最聪明最有远见的办法是向观音菩萨学习，放手让本领通天的孙悟空去帮助唐僧取经。但同时又把一个箍套在猴子头上，把紧箍咒教给唐僧，这样可以两全其美。真不愧是大慈大悲，西方科学家们绝不能望其项背。他们那一套"科学主义"是绝对靠不住的。事实早已证明了：科学绝非万能。1993年季羡林又写了一篇文章《关于"天人合一"思想的再思考》。在这篇文章里，他还补充了日本和朝鲜古代的"天人合一"思想。他说：

> 日本深受中国宋明理学的影响，对于"天人合一"的思想并不陌生。这一点在讲日本思想史的书中，在许多中国学家的著作中，很容易可以找到……朝鲜有比较悠长的哲学发展的历史，一方面有自己本土的哲学思想，另一方面又受到中国哲学思想的影响。中国儒家思想在三国时期已传入朝鲜，儒家的天命观影响了朝鲜思想。到了高丽末李朝初期，宋代程朱之学传入。作为宋代理学基础的"天人合一"思想，也在朝鲜占了上风。在这时期出现了一批程朱理学的代表人物，如李穑（1328—1396）、郑梦周（1337—1392）、郑道传（1337—1398）等，在他们的学说中，都有关于天地万物之理的论述；但是，明确提出"天人合一"思想的是权近（1352—1409）。他用图表来解释哲学思想，其中最重要的是"天人心性合一之图"，他把这张图摆在所有图的最前面，以表示其重要性。他反对天人相胜论。提出了天人相类相通的学说……李朝前半期以及以后的哲学思想，仍然或多或少地呈现出"天人合一"的色彩。这种东方特有的"天人合一"的思想，在朝鲜哲学史上也是比较明确的。

季羡林坚持自己的观点，他利用各种场合，大声疾呼，不能以牺牲环境为代价谋求发展。我们人类的衣食住行所有的东西都是从大自然来的，我们只能向大自然伸手要，我们才能活；否则，我们就活不下去。不征服怎么办呢？只有一条路，就是：我们和自然做朋友，天人要合一。梁从诫写了一本《为无告的大自然请命》，他欣然提笔写序。一再告诫人们，不要忘记恩格斯关于大自然报复的警示。他认为，人类只要还有理性，就必然会得出这样的结论。当然，他听到的是各种各样的声音。有人赞成，有人反对，也有人冷嘲热讽。季羡林不相信"真理越辨（辩）越明"，他的态度是：对赞成者表示感激，对反对者，恭谨阅读他们的文章，但是决不商榷，也不辩论。因为这些议论是非与否，只有将来的历史发展能够裁决。当年的这样一场争论，历史已经给出了结论。我国的发展战略从"又快又好"，调整为"又好又快"，接着提出生态文明建设和建设美丽中国的目标；世界各国对环境保护的重视，对可持续发展的认识同以前相比也大不相同了。人们不得不佩服季羡林老先生的远见卓识。

"河东河西"论

20 世纪 80 年代，随着国家经济建设的发展，在接受几十年来的经验和教训的基础上，文化建设的任务已经提到议事日程上来了。人类历史上任何社会，都不能专靠科技来支撑，物质文明必须与精神文明同步建设。我们今天的社会也不例外。随着国门的打开，一些人产生了近乎病态的崇洋心理，全盘西化的主张一时间甚嚣尘上。相当多的人对中国文化的前途担忧。在严重的甚至病态的贬低自己文化的氛围中，人们有意无意地抬高西方文化，认为自己一无是处，只有外来的和尚才会念经，这样怎么能够客观而公允地评价中国文化呢？季羡林感到深深的忧虑。经过慎重思考，在 1989 年他写了一篇重要文章《从宏观上看中国文化》。在这篇文章中，他提出：

> 探讨中国文化问题，不能只局限于我们生活于其中的这几十年近百年，也不能局限于我们居住于其中的九百六十万平方公里。我们必须上下数千年，纵横数万里，目光远大，胸襟开阔，才能更清晰地看到问题的全貌，而不至于陷入井蛙的地步，不能自拔。总之，我们要从历史上和地理上扩大我们的视野，才能探骊得珠。

这篇文章的核心观点是：人类文化产生是多元的。人类文化绝不是哪一个国家或民族单独创造出来的。从人类几千年的历史来看，民族和国家，不论大小，都或多或少对人类文化宝库做出了自己的贡献。但是，每一个民族或国家的贡献又不完全一样。有的民族或国家的文化对周围的民族或国家产生了比较大的影响，积之既久，形成了一个文化圈或文化体系。人类自从有历史以来，总共形成了四个大文化圈：古希腊、罗马一直到近代欧美的文化圈、从古希伯来起一直到伊斯兰国家的闪族文化圈、印度文化圈和中国文化圈。在这四个文化圈内有一个主导的影响大的文化，同时各个民族或国家又是互相学习的。在各个文化圈之间也是互相学习的。这种相互学习就是文化交流。文化交流促进了人类文化的发展，推动了社会前进。倘若从更大的宏观上来探讨，这四个文化圈又可以分成两大文化体系：第一个文化圈构成了西方大文化体系；第二、三、四个文化圈构成了东方大文化体系。"东方"在这里既是地理概念，又是政治概念，即所谓第三世界。这两大文化体系之间的关系也是互相学习的。仅就目前来看，统治世界的是西方文化。但是从历史上来看，二者的关系可以用一句俗语来概括，这就是"三十年河东，三十年河西"。

其实，季羡林关于四个文化圈的观点并不是 1989 年才形成的。1986 年 12 月 6 日他在为《东方文化史话》一书作序时说：

> 若干年前，我就开始形成了一种想法：在世界上延续时间长、没有中断过、真正形成独立体系的文化只有四个：中国文化体系、印度文化体系、阿拉伯伊斯兰文化体系和从希腊、罗马起开始的西欧文化体系。经过几年的验证和思考，我愈加坚持这个看法。在这四大体系中，所谓东方文化，实际上占了三个，是世界文化的四分之三，它在历史上起过重要作用，在今后的发展中还将起更大的作用。这一点我认为是可以肯定的。

1987 年他进一步阐发了这个观点：

在东方文化与西方文化的关系上，季羡林认为，历史上，东方文化曾经辉煌过，引领过世界潮流。自工业革命以后，西方文化逐渐占了上风。中国从清末到现在，中间经历了许多惊涛骇浪，帝国统治、辛亥革命、洪宪窃国、军阀混战、国民党统治、抗日战争、解放战争，一直到中华人民共和国建立后的社会主义初级阶段，我们西化的程度日趋深入。到了今天，除了我们的一部分思想感情以外，我们真可以说是"全盘西化"了。这不是一件坏事，而是一件天大的好事。无论如何，这是一件不可抗御的事。有几千年古老文明的中国，如果还想存在下去，就必须跟上世界潮流，绝不能让时代潮流甩在后面。

但是，事情还有它的另外一面，它也带来了不良后果，最突出地表现在一些人的心理上。认为凡是外国的东西都好，凡是外国人都值得尊敬，这是一种反常的心理状态。确实，西方不仅是船坚炮利，在精神文明和物质文明方面，有许多令人惊异的东西，想振兴中华，必须学习西方，这是毫无疑问的。早在 20 世纪 20 年代就有人提出了"全盘西化"的口号。今天还有不少的人有过这种提法或者类似的提法。其用心良苦，可以理解。我们必须向西方学习，今天要学习，明天仍然要学习，这是绝不能改变的。如果我们故步自封，回到老祖宗走的道路上去，那将是非常危险的。但是，应当指出的是：人类历史证明，全盘西化，理论上讲不通，事实上办不到。但这并不影响我们向西方学习。

季羡林接着介绍了英国历史学家汤因比关于任何一种文明都不可能万岁的观点，特别介绍了汤因比同池田大作谈话中对中国文化寄予的希望，介绍了德国伟大诗人歌德对中国文化的看法。季羡林一针见血地指出："我们自己应该避免两个极端：一不能躺在光荣的历史上，成为今天的阿 Q；二不能只看目前的情况，成为今天的贾桂。"

季羡林认为，从人类全部历史来看，东方文化和西方文化的关系是"三十年河东，三十年河西"。目前流行全世界的西方文化并非从来如此，也绝不可能永远如此。这个观点后来又在几篇短文和发言中重申过，他还进一步推断：到了 21 世纪，"三十年河西"的西方文化就将逐步让位于"三十年河东"的东方文化，人类文化的发展将进入一个新时期。

季羡林凭什么会做出这样的推断呢？他是从一种比较流行的、基本上为大家所接受的看法出发的：从总体上来看，东方的思维方式、东方文化的特点是综合；西方的思维方式、西方文化的特点是分析。在西方，从伽利略以来 400 年中，自然科学走的是一条分析的道路。越分越细，现在已经分析到层子（夸克）；有人认为，分析还没有到底，还能分析下去的。自然科学界和哲学界发生了一场争论：物质真是无限可分吗？赞成这个观点的人占绝大多数，他们相信庄子的话："一尺之棰，日取其半，万世不竭。"如果真是这样的话，西方的分析方法，西方的思维方式，西方的文化就能永远存在下去，越分析越琐细，西方文化的光芒也就越辉煌，以至无穷。三十年河东，三十年河西，这一条人类历史发展揭示的规律，就要被扬弃。但是庄子说的是一个数学概念，不是物理学概念。反对这种物质无限可分观点的人，只占极少数。中国社会科学院哲学所研究院金吾伦的新著《物质可分析新论》可以作为代表。他认为"物质无限可分论"无论在哲学上还是科学上都缺乏根据。在哲学上不能用归纳法支持一个关于无限的命题，在科学上：一、夸克禁闭，即使夸克再可分，也不能证明物质粒子无限可分；二、宇宙学研究表明宇宙有起源，我们无法追溯到起源以前的东西；三、量子力学新进展否定了层层往下追索的隐变量理论。无限可分论玩的是一种"套层玩偶"。分析方法曾对科学和哲学的繁荣做出过极大的贡献，但也正日益显示它的局限性。当代物理学和自然科学的新进展表明，宇宙是一个不可分割的整体，而无限分割的方法与整体论是相悖的。无限可分论是机械论的一种表现。季羡林赞成金吾伦的这个看法。同时季羡林从一种方兴未艾的新学说——混沌学受到启发。一位美国学者格莱克写了一本书：《混沌：开创新科学》。混沌学是关于系统的整体性质的科学。它扭转了科学中简化论的倾向，即只从系统的组成零件夸克、染色体或神经元来做分析的倾向，而努力寻求整体，寻求复杂系统的普遍行为。它把相距甚远的各方面的科学家带到了一起，使以往的那种分工过细的研究方法发生了戏剧性的倒转，亦使整个数理科学开始改变自己的航向。它揭示了有序与无序的统一，确定性与随机性的统一，是过程的科学而不是状态的科学，是演化的科学而不是存在的科学。它覆盖面之广，几乎涉及自然科学与社会科学的各个领域。难怪有学者断言，20世纪的科学只有三件事将被记住：相对论、量子力学和混沌学。他们认为，混沌学是20世纪物理科学的第三次大革命。

为什么到了20世纪末，西方文化正在如日中天、光芒万丈的时候，西方有识之士竟然开创了与西方文化整个背道而驰的混沌学呢？答案只有一个，这就是：这些有识之士已经痛感，照目前这样分析是分析不下去的。必须改弦更张，另求出路，人类文化才能重新洋溢活力，继续向前。西方的哲学思维只见树木，不见森林；只从个别细节上穷极分析，而对这些细节之间的联

我的老师李羨林

系则缺乏宏观的把握；认为一切事物都是一清如水。而实际情况并非如此。季羡林是相信唯物辩证法的。他认为，中国的东方的思维方式从整体着眼，从事物之间的联系着眼，更合乎辩证法的精神。连中医在这方面也胜过西医，西医是头痛治头，脚痛治脚，而中医则是全面考虑，多方照顾，一服中药，药分君臣，症治关键，医头痛从脚上下手，较西医更合乎辩证法。季羡林还认为，现在世界上流行的模糊数学，也表现了相同的精神。

因此季羡林得出的结论是，西方形而上学的分析已经快走到穷途末路了，它的对立面东方的寻求整体的综合，必将取而代之。以分析为基础的西方文化也将随之衰微，代之而起的必然是以综合为基础的东方文化。这种取代在21世纪中就将看出分晓。这是不以人们的主观愿望为转移的文化发展的客观规律。这里所说的"取代"，并不是"消灭"，而是继承西方文化之精华，在这个基础上把人类文化的发展推向一个更高的阶段。

"不畏浮云遮望眼，只缘身在最高层。"季羡林的"河东河西"论一出，立刻引起轩然大波。后来争论逐渐平息，倒不是因为季羡林的辩才占了上风，而是历史发展本身，让人们逐渐看清了端倪。

"拿来"与"送去"

季羡林非常重视文化交流，认为文化交流促进社会发展和人类进步。他主张，对于西方文化要坚持鲁迅先生提倡的"拿来"，同时他更提倡把我们优秀的东西"送去"。他说，对西方的文化，鲁迅先生曾主张"拿来主义"。这个主义至今也没有过时。过去我们拿来，今天我们仍然拿来，只要拿得不过头，不把西方文化的糟粕和垃圾一并拿来，就是好事，就会对我们国家的建设有利。今天，在拿来主义的同时，我们应该提倡"送去主义"，而且应该定为重点。为了全人类的福利，为了全人类的未来，我们有义务要送去。

为什么说文化交流促进文化发展和社会进步呢？季羡林说："我一向特别重视文化交流的问题，既主张拿来主义，也主张送去主义。对中国与外国的文化交流，我的基本观点是'拿来'与'送去'。我认为，文化一旦产生，其交流就是必然的。没有文化交流，就没有文化发展。交流是不可避免的，无论谁都挡不住。从古代到现在，在世界上还找不到一种文化是不受外来影响的。文化不论大小，一旦出现，就会向外流布。全人类都蒙受文化交流之利。如果没有文化交流，我们简直无法想象，人类会是什么样子。"

季羡林认为，文化的特点是既有其民族性又有时代性。一个民族自己创造文化，并不断发展，成为传统文化，这是文化的民族性。一个民族创造了文化，同时在发展过程中必然接受别的民族的文化，要进行文化交流，这就是文化的时代性。民族性与时代性既矛盾，又统一，缺一不可。继承传统文化，就是保持文化的民族性；吸收外国文化，进行文化交流，就是保持文化的时代性。所以文化的民族性与时代性这个问题是贯彻始终的。

文化是随着时代不断前进的，自20世纪以来，出现了一种提倡"全盘西化"的观点。"全盘西化"和文化交流有联系。现在整个的社会，不但中国，而且是全世界，都是西方文化占垄断地位。眼前哪一样东西不是西方文化？电灯电话，楼上楼下，就连我们穿的，从帽子到鞋子，全都西方化了。这个西化不是坏事。"西化"要化，不"化"不行，创新、引进就是"化"。但"全盘西化"不行，不能只有经线，没有纬线。"全盘西化"在理论上讲不通，在事实上办不到。

在文化交流方面，中国是一个很有特色的国家。从蒙昧的远古起，几乎是从一有文化开始，中国文化中就有外来文化的成分。中国人向来强调"有容乃大"，不管是物质的，还是精神的，只要有利就吸收。海纳百川，所以成就了中国文化之大。中外文化的交流，一直没有中断过。最大的两次是佛教的传入和西学东渐。佛教传入的结果是形成了中国佛教。而明末清初以来西方文化在我国广泛传播，则是"西学东渐"。从此，我们才有了"中学"和"西学"这样的名称，才有了"东方文化"和"西方文化"这样的说法。"西学"的先遣部队是天主教。天主教入中国不自明末始。但是，像明末清初这样大规模的传入，还是第一次。唐代有所谓三教的说法，指的是儒、释、道。此时又来了一个新三教。道家退出，增添了一个天主教。

就目前来说，我们对西方文化和外国文化，当然要重视"拿来"，就是把外国的好东西"拿来"。要拿来的无非三个方面：物的部分、心物结合的部分、心的部分，都要拿。"物"的部分，如咖啡、沙发、啤酒、牛仔裤、喇叭裤，这一系列东西，只要是好的，都拿。我们吃的、喝的、穿的、戴的、乘的、坐的、住的、用的，有哪一件纯粹是中国土生土长的？汽车、火车、飞机、轮船，我们古代有吗？可可、咖啡、纸烟、可口可乐、啤酒、香槟、牛排、面包，我们过去有吗？我们吃的土豆、玉米、菠菜、葡萄，以及许许多多的水果、蔬菜，都是外来的。这菠菜的"菠"字，本身是音译，不是意译，它叫菠菱、菠菱菜，是印度、尼泊尔一带产生的。茉莉花也是外来的，甚至连名字都不是中国固有的。我们用的乐器，胡琴、钢琴、小提琴、琵琶，也都是外来的。拿来，完全正确。现在我们确实拿来了，拿来的真不少，好的坏的都拿来了，连艾滋病也拿来了，这是不应该的。心、物结合的部分比方说制度，也可以学习。最重要的还是心的部分，要拿价值观念、民族性格。因为我们的价值观念、思想方式，不能马马虎虎，得把弱点克服，要不克服的话，我们的生产力就发展不了。季羡林从长期的历史研究中，得出一个非常可贵的经验：在我们国力兴盛、文化昌明、经济繁荣、科技先进的时期，比如，汉唐兴盛时期，我们就大胆吸收外来文化，从而促进了我们文化的发展和生产力的提高。到了见到外国东西就害怕，这也不敢吸收，那也不敢接受，这往往是我们国势衰微、文化低落的时代。

中华文化不仅有海纳百川的气概，而且有天下为公的胸怀。对于我们的好东西，向来主张与其他民族分享，决不保守，决不吝啬。汉唐的时候，世界的经济中心、文化中心在中国。在明末清初以前确实有过"东学西渐"。根据历史事实，在中西文化交流史上，"东学西渐"从来就没有中断过。中华文化的博大精深吸引了西方传教士、外籍华人、留学生、商人等的注意，并通过他们广泛传播到世界各地。人类文明之所以能发展到今天这个样子，中国人做出了自己的伟大贡献。中华民族是伟大的民族，在过去几千年的历史上有过许多重要的发明创造，四大发明是尽人皆知的，无待赘言。至于无数的看来似乎是细微的发明，也出自中国人之手，其意义绝不是细微的。有一部书是阿里·玛扎海里的《丝绸之路》，还有李约瑟的那一部名著，都有详细的介绍。如果没有中国的四大发明，人类社会的进步，人类文化的发展，将会推迟几百年，这是世界各国人民的共识。

为什么季羡林特别强调在坚持"拿来"的同时，重点提倡"送去"呢？这同前边讲到的"三十年河西，三十年河东"论有关。因为近几百年以来，西方文化产生的弊端颇多，举其大者，如环境污染、大气污染、臭氧层破坏、生态平衡破坏、物种灭绝、人口爆炸、新疾病丛生、淡水资源匮乏，等等。此等弊端，如不纠正，人类前途岌岌可危。弊端产生的根源，与西方文化的分析的思维方式有紧密联系。西方对为人类提供生存所需的大自然分析不息，穷追猛打，提出了"征服自然"的口号。"天何言哉！"然而"天"——大自然却是能惩罚的，惩罚的结果就产生了上述诸种弊端。拯救之方，就是"改弦更张""改恶向善"，而这一点只有东方文化能做到。东方文化的基本思维方式是综合，表现在哲学上就是"天人合一"，宋代哲学家张载的《西铭》是一篇表现"天人合一"思想最精辟的文章："乾称父，坤称母，予兹藐焉，乃浑然中处。故天地之塞吾其体，天地之帅吾其性。民吾同胞，物吾与也。"印度哲学中的"梵我一如"，也表达了同样的思想。总之，东方文化主张人与大自然是朋友，不是敌人，不能讲什么"征服"。只有在了解大自然、热爱大自然的条件下，才能伸手向大自然索取人类衣、食、住、行所需要的一切。也只有这样，人类的前途才有保障。我们要送给西方的就是这种我们文化中的精华。这就是我们"送去主义"的重要内容。2001 年 10 月，季羡林等76 位中华文化学者，发表了《中华文化复兴宣言》，肯定：亚洲四小龙的崛起和日本的高速发展，都吸收了中华文化思想的智慧。当前西方一些有远见之士都在尽力研究中华文化，并有"西方的病，东方的药来医"的说法，形成了新的"东学西渐"。这些都说明了中华文化在当今世界仍有无穷的价值。

对于"送去主义"，季羡林不仅大声疾呼，而且身体力行。从 20 世纪90 年代开始，季羡林担任主编组织了一套《东方文化集成》，内容包括东方各国的重要文献典籍。计划出 500 多种，600 多部，在季羡林生前已经出版了 100 多部，现在还在继续编辑出版。季羡林还和王宁主编了一套《东学西渐丛书》，1999 年由河北人民出版社出版，共 7 部，包括朱谦之的《中国哲学对欧洲的影响》、王宁的《中国文化对欧洲的影响》、王兆春等的《中国军事科学的西传及其影响》、韩琦的《中国科学技术的西传及其影响》、刘岩的《中国文化对美国文学的影响》、史彤彪的《中国法律文化对西方的影响》、孙津的《中国现代化对西方的影响》。从这套丛书中，可以清楚地看到，十六七世纪以前的欧洲，在文明的发展中与中国有多么大的差距。而他们向中国文明的学习，与后来中国人接受欧洲文明的顺序是相似的，即先从科学技术开始，这不仅包括造纸、印刷、火药、指南针四大发明，还包括陶瓷、冶金、纺织等技术，以及军事技术和兵法等。之后，又逐步深入到文化，即价值观、思想和道德，再就是哲学，进而是对中国社会制度的理性思考。有人发表评论说，这套丛书，可以增强我们变革和发展的信心。1995 年国家出版局组织大型丛书《大中华文库》，精选先秦到近代的中国典籍 100 种译为白话文和英文，出版中英对照文本，还要出中文与其他外文的对照本。这很对季羡林的心思。他给予大力支持并提出重要的指导意见。该书于 1999 年由多家出版社联合出版，是把中国传统文化"送出去"的重要举措。

季羡林主张，首先要送去的就是汉语。"射人先射马，擒贼先擒王。"汉语是中国文化之"王"。中华民族的优秀文化大部分保留在汉语言文字中，中华民族古代和现代的智慧也大部分保留在汉语言文字中。中国人要想弘扬中华民族的优秀文化，外国人要想学习中华民族的优秀文化，都必须首先抓汉语。作为语言学家的季羡林发现，汉语本身还具备一些其他语言所不具备的优点。这就是：汉语是世界上最简洁的语言。使用汉语，能花费最少的劳动，传递最多的信息。我们应该感谢我们的祖先，给我们留下了汉语言文字这一瑰宝。仅就目前大约十二三亿的使用汉语言文字的人来说，他们在交流思想、传递信息方面所省出来的时间可以天文数字来计算。汉语之功可谓大矣。

2008 年 8 月 8 日北京奥运会开幕式给观众留下了难忘的美好印象。导演张艺谋和他的团队采纳了顾问季羡林的建议，在开幕式"抬出"了孔子。同年 11 月 28 日季羡林与来访的客人谈到奥运会。他说：奥运会，我提出孔子，有两个考虑，一个是对中国来讲，我们现在弘扬中华文化，怎么弘扬？要弘扬中华文化必不能缺少孔子。另外从世界来讲，现在世界越来越小，问题越来越多。怎么挽救世界？我们中华民族的最大特点就是和，"礼之用，和为贵，先王之道，斯为美。"孔子是讲和的，所以有世界意义，不限于中国。现在成立了很多孔子学院，我就说，孔子学院不光学汉文，学汉文很重要，但要有内容，内容就是中国文化。中国文化最有代表性的就是孔子。和为贵，孔子就代表了和。

"礼之用，和为贵"

2006 年 11 月 29 日，《人民日报》刊登温家宝同文艺工作者的谈话。温家宝说："这两年，季羡林先生因病住在 301 医院，我每年都去看他。他非常博学，每次谈起来，对我都有很大教益。中国像他这样的大师，可谓人中麟凤，所以我非常尊重他。在今年的谈话中，他对我说，和谐社会除了讲社会的和谐、人与自然的和谐，还应该讲人的自我和谐。我说，先生，您讲得对。

人能够做到正确处理自我与社会的关系，正确对待荣誉、挫折和困难，这就是自我和谐。后来，我们谈话的大意，写进了十六届六中全会文件。"

这是季羡林咨政的一个例子，足见其大智慧对高层决策的影响。季羡林非常重视和谐社会建设，他提出，和谐有三个层次，要实现和谐，需要处理好三个关系：人与自然、人与人和个人的自我和谐。2001 年季羡林在《漫谈伦理道德》一文中写道："近若干年以来，我一直在考虑一个问题。人生一世，必须处理好三个关系：第一，人与大自然的关系，也就是天人关系；第二，人与人的关系，也就是社会关系；第三，个人身、口、意中正确与错误的关系，也就是修身问题。这三个关系紧密联系，互为因果，缺一不可。"关于人与大自然的关系，他的观点在前面的《"天人合一"新论》一节已有介绍，这里不再重复。

对于人与人的关系，乃至国与国的关系，季羡林主张全球一村，和平相处，和衷共济，反对称王称霸。1999 年 12 月他在为《世界遗产大典》写的序言中说：今天的地球已经小到成为一个"地球村"，村中住着将近 200 个国家，成千上万个民族。不管你想到没有，我们这一大批国家和民族，同处在地球这一艘诺亚方舟上，我们只能同呼吸，共命运；我们只能同舟共济，决不能鹬蚌相争；我们需要的是相互的理解和友谊，我们拒绝的是相互的仇恨和伤害。对待大自然，我们决不能像西方那样"征服自然"，对自然诛求无餍，以致受到了大自然的报复和惩罚。中国宋代大哲学家主张"天人合一"学说的张载说过几句话："民，吾同胞，物，吾与也"，这是至理名言，我们都要认真遵行，不允许丝毫阳奉阴违。能做到上面说的这一些事情，是万分困难的。我们应该从各个方面下手，分工合作，细大不捐。各个方面的组织和人物也应该通力合作，达到同一个目的。第二次世界大战后成立的联合国，就是在这方面的一个尝试。虽然在半个世纪以来，联合国确实做了不少的事情，但是，总的来看，它不能说是成功的。同居一厦之内，而各怀鬼胎，微笑握手，暗想拳经，这样的组织，焉能有成！联合国所属的教科文组织却做了不少好事情，比如通过了《保护世界文化和自然遗产公约》，又制定了《世界遗产名录》，就是其中最富有深远意义、有利于世界人民的盛举。《世界遗产大典》根据联合国科教文组织的《世界遗产名录》，对每一项已被批准的遗产做了科学性与可读性、知识性与趣味性相结合的叙述，实在是一件利国利民的好事。中国人读了这一部书，总会在不知不觉中感到世界是一家。比如说，长城和泰山等是在中国，它们是中国的，但同时它们又是世界的，世界各国的人民都能到中国来欣赏这些文化和自然遗产，得到美感享受，长城和泰山的恢宏和雄伟会震慑从而净化他们的心灵。金字塔在埃及，它是埃及的，但同时也是世界的。不管哪一个国家的人到了埃及，看到了金字塔，都会有同看长城和泰山一样的感受。其他所有的世界文化和自然遗产都会起同样的作用。这些遗产可以帮助世界人民增强相互了解和友谊，感到人人都是地球村里的人，只能团结友爱，不能互相仇视。当然，只靠几百个文化和自然遗产是绝不能完全达到上述目的的。我们还必须做很多的其他工作，才能有所成就。但是长江大河不遗涓涓细流。我们的文化和自然遗产，就算是细流吧，也自有它们的作用。联合国教科文组织的定名中用了"保护"二字，我认为，保护只是手段，而不是目的。真正的目的是达到我上面再三阐述的全世界人与人一体，人与大自然合一的认识。

2003 年 5 月，季羡林在为《中国少林寺碑刻卷》作序时一针见血地指出：

> 目前谈中国文化者侈谈弘扬者多，而具体指出哪一方面应首先弘扬者尚未之见。我个人的意见，首先应该弘扬的是中华精神的精髓"和为贵"。事实上许多哲学家的学说，比如什么天人合一、民胞物与等等，体现的都是"和为贵"精神。连人工修建的长城，体现的也是这种精神。一个侵略者决不会修筑长城的。这是我对修筑长城意义的新解，自谓已得其神髓，决无可疑。

还有一件事让季羡林忧心忡忡，这就是：中国公民中某一些人素质不高，道德滑坡的现象。1999 年 11 月季羡林在《千禧感言》中说：谁也无法否认，中华民族是一个伟大的民族。但是，在伟大的后面也确有不够伟大的地方，对此熟视无睹是有害无益的。只举一个随地吐痰的坏习惯为例，这样做是一切文明国家所没有的。然而在中国却是司空见惯，屡禁不止。在庆祝新中国成立 50 周年的时候，北京市政府和各界人士，费了九牛二虎之力，把北京打扮得花团锦簇，净无纤尘，谁看了谁爱。然而，国庆后不到一个月，许多地方又故态复萌，花坛和草地遭到破坏、践踏，烟头随处乱丢，随地吐痰也不稀见。还有一些破坏公共设施的现象，连风光旖旎的燕园内也不例外。这种破坏对肇事者本人一点好处也没有，但却给群众带来莫大的不方便。真不知道这些人是何居心。这样的人，如果只有几个，则世界任何文明国家都难以避免。可惜竟不是这样子，看来人数并不太少。这一批害群之马，实在配不上是伟大民族的一部分。救之方法何在？季羡林认为，过去主要靠说教，事实证明，用处不大。因而必须加以严惩。捉到你一次，罚得你长久不能翻身，只有这样才能奏效，新加坡就是一个例子。在此万象更新之际，希望在21世纪某一个时候，这种现象能够绝迹，至少是能够减少，伟大的中华民族方能真正显出伟大的本色。季羡林是一个言行一致的人，朗润园的老住户至今记得，这位耄耋老人在住院之前，经常在湖边佝偻着身子拣拾垃圾的情景。

季羡林主张靠道德更要靠法律维系人与人的关系，要靠自律和他律。他说：道德讲善恶，讲好坏，讲是非。那么，什么是善，是好，什么是恶呢？可以说：自己生存，也让别的人或动植物生存，这就是善。只考虑自己生存不考虑别人生存，这就是恶。《三国演义》中说曹操有言："只教我负天下人，不教天下人负我。"这是典型的恶。要一个人不为自己的生存考虑，是不可能的，是违反人性的。只要能做到既考虑自己也考虑别人，这一个人就算及格了，考虑别人的百分比越高，则这个人的道德水平也就越高。百分之百考虑别人，所谓"毫不利己，专门利人"，一般人是做不到的。只有人类这个"万物之灵"才能做到既为自己考虑，也能考虑到别人的利益。一切动植物是绝对做不到的，它们根本没有思维能力。它们没有自律，只有他律，而这他律就来自大自然或者造物主。人类能够自律，但也必须辅之以他律。康德所谓"消极义务"，多来自他律。他讲的"积极义务"，则多来自自律。他律的内容很多，比如社会舆论、道德教条等都是。而最明显的则是公安局、检察机构、法院。他还说：自从人成为人以后，就逐渐形成了一些群体，也就是我们现在称之为社会的组织。这些群体形形色色，组织形式不同，组织原则也不同。但其为群体则一也。人与人之间，有时候利益一致，有时候也难免产生矛盾。举一个极其简单的例子，比如，讲民主，讲自由，都不能说是坏东西；但又都必须加以限制。就拿大城市交通来说吧，绝对的自由是行不通的，必须有红绿灯，这就是限制。如果没有这个限制，大城市一天也存在不下去。这里撞车，那里撞人，弄得人人自危，不敢出门，社会活动会完全停止，这还能算是一个社会吗？这只是一个小例子，类似的大小例子还能举出一大堆来。因此，我们必须强调要处理好社会关系。

讲到个人的自我和谐，季羡林认为是人的修身问题。一个人，对大自然来讲，是它的对立面；对社会来讲，是它的最基本的组成部分，是它的细胞。因此，在宇宙间，在社会上，人所处的地位是十分关键的。一个人在思想、语言和行动方面的正确或错误是有重要意义的，修身的重要性也就昭然可见了。2007年7月季羡林在接受《人民日报》记者卞毓方采访时说："有个问题，我考虑很久，我们讲和谐，不仅要人与人和谐，人与自然和谐，还要人内心和谐。中国现在正大力提倡构建和谐社会，可以说是适逢其时。我活了将近100年了，从未看到过这么好的一个时代。要想达到个人和谐的境界，需要具备两个条件：良知和良能。知是认识，能是本领。良知是基础，良能是保障，两者缺一不可。知行合一，天人合一，方能和谐。良知是什么？概括起来就是八个字：爱国、孝亲、尊师、重友，这在中国传统文化中都有。一个人如果做到了这一点，那就可以说他是个人和谐了，而每一个人都和谐了，那整个社会也就和谐了。"季羡林曾多次强调这八个字，认为是"人之四要"，对人际关系囊括无遗。

季羡林认为："和"是中国优秀传统文化最重要的理念。自古以来中国就主张"和谐"，"礼之用，和为贵，先王之道，斯为美"。今天，我们提出"和谐"这一理念，是我们中华民族送给世界的一个伟大礼物。如果全世界能够接受我们这个"和谐"的理念，那么，我们这个地球村就可以安静许多。

古卷新辉

1991年季羡林担任《传世藏书》主编。这是国家"八五"计划出版重点项目，精选从先秦到清末的文化典籍1000种，3万卷约3亿字，编为123册，分为经、史、子、集四库，每库又分若干类，包括清代的《四库全书》和其他所有大型古籍中的一流经典和重要著作。这样大的一个工程要在几年时间内完成，其难度可想而知。北京大学、复旦大学、中国社会科学院等26所大学和科研单位的2700多位专家参加编纂和校点，靠全国协作，这项浩大的文化工程历时6年圆满完成。《传世藏书》出版以后主编季羡林来到济南，向山东大学等单位捐赠这套倾注了他大量心血的古籍。季羡林在捐赠仪式上讲话，对流行一时的"文化搭台，经济唱戏"的口号提出批评，指出这种提法不妥，应该是"经济搭台，文化唱戏"，"经济和文化最好是互相搭台，互相唱戏。否则，经济和文化单独发展都发展不起来"。

季羡林不仅为古籍的整理出版日夜操劳，他对古籍的流转和利用也十分热心，利用各种机会呼吁对古旧书行业予以支持。1992年1月是中国书店成立40周年。他写了一段相当长的题词，大声疾呼"要重视古旧书业"：

> 当今世界上各种科技文化繁荣的国家，古旧书业都是非常兴盛的。日本的东京和法国的巴黎是众所周知的。在我们中国，由于历史特别悠久，文化水平又高，古旧书业有悠久而光辉的历史。在清代的许多笔记中，我们常常能够读到当时的文坛祭酒同古旧书店亲密交往的佳话，王渔洋是其中最著名的一个。近代中国许多著名的学者往往也同琉璃厂的古旧书店有亲密的关系，鲁迅、郑振铎、向达都是如此。在最近几十年内，由于一些原因，古旧书业相当不振。这对弘扬中华文化是非常不利的。我现在借祝贺中国书店40岁生日的方便，呼吁有关人士：要重视古旧书业。我再说一句：要重视古旧书业。

1992年4月20日，国务院办公厅印发《关于调整国务院古籍整理出版规划小组成员的通知》，调整后的组长由匡亚明担任，副组长是周林、王子野、刘杲，秘书长是傅宗璇，成员有王元化等47人，季羡林等44人担任顾问，该小组1993年更名为国家古籍整理出版规划小组。

在《传世藏书》尚在紧张编纂的时候，季羡林的"战线"拉得更长了，1994年5月，又一项大型古籍整理工程上马，编纂《四库全书存目丛书》，胡绳担任总顾问，担任顾问的有任继愈、张岱年、周一良、杨向奎、胡道静、程千帆、饶宗颐等，总编纂仍然由季羡林挂帅，刘俊文具体负责编委会的工作。全国50多所大学和研究机构以及中国台湾、日本、美国的近百位古籍整理专家、版本学者参加了编纂工作。丛书历时3年，于1997年全部出齐，受到海内外学术界的热烈欢迎和广泛利用。

《四库全书存目丛书》是由《四库全书》派生出来的一套大型丛书。清乾隆年间编辑的《四库全书》，根据文渊阁藏书共收录历代典籍3761种，号称中国文化的渊薮。其实"全书"并不全，在当时"文字狱"盛行的政治氛围下，所收书籍有不少内容经过篡改和抽毁，还有大量典籍被摒弃在外，有的予以禁毁，有的列为存目。其中列为存目的有 6793 种。

为什么有些图书列为存目？根据乾隆三十八年（1773年）五月十七日上谕，这些图书"止存书名，汇为总目"，而不收其书。原因有以下 4 种：

其一，"有悖谬之言"，即有批评满清王朝统治的言论；

其二，"非圣无法"，即含有反礼教、反传统的倾向；

其三，著作时代切近者；

其四，"寻常""琐碎"之作。

这些存目的图书，数量比《四库全书》本身要大得多，内容异常丰富，有许多著作对研究古代哲学思想和政治思想文化很有价值。其中史类著述最为可观，对史学研究颇有裨益。有价值的文学类书籍更是不胜枚举，还有大量地理、文字学、医学、天文历算、农家、刑法、杂家、释家的珍贵典籍。编委会本着"尊重历史，保存文献"的总方针，第一步的工作就是普遍调查，尽数收集。从乾隆年间确定存目，时间已经过去了 220 年，中间经历了长期战乱和许多自然的、人为的灾害，这些书到哪里去找？经过在全世界 200 多家图书馆、博物馆和高等学校大规模查访，找到了存目所列的图书 4000 余种，6 万余卷，有许多珍贵稀见古籍，甚至被认为已经失传的古籍被找了出来。

《四库全书存目丛书》分为经、史、子、集 4 部，以及目录、索引共 1200 册，每册 800 页。所收书籍八成是宋、元、明、清历代善本，三成是孤本。1997年 11 月 2 日，《四库全书存目丛书》首发式及座谈会在北京人民大会堂举行。季羡林在会上发表了热情洋溢的讲话，他说：

> 这套丛书的编纂，经历了阳关大道，也经历过独木小桥。在开始的时候就碰到了很大的困难，反对的声势很大，黑云压城城欲摧。我们顶住了，结果呢，山重水复疑无路，柳暗花明又一村。终于编成了这一套书。这套书的价值我个人认为要超过《四库全书》。皇帝老子不喜欢的东西正是我们人民群众喜欢的东西。为什么存目呢？因为有忌讳。皇帝老子不满意。我们这个书就属于这一类。那价值呢？大家以后可以慢慢地评论。如果我们不编纂，好多书就收藏在个人手里。有的是这个图书馆有一半，那个图书馆有一半，如果我们不努力，一本书永远是分离的。我们把它拼凑起来。好多书如果我们现在不影印，再过十年二十年或者更多年头，好多书就丧失了。我们给我们中国人民、给全世界关心中国文化的学者们，

给我们的子孙后代做了一件非常有意义的事情。眼前它的价值还不容易看出来，将来大家用的时候，就可以看出来了。

1999 年 9 月，季羡林与任继愈、张岱年、启功、王世襄、周一良等 12 位学者联名呼吁收购《翁氏藏书》，以防止这批国宝级珍贵典籍的流失。

季羡林还担任东方学大型系列丛书《东方文化集成》和《百卷本中国历史》主编以及几个中小型丛书的主编。从 1991 年他不再担任北大校务委员会副主任，改任名誉副主任后，行政性工作减少了，他把主要精力投入对中国优秀传统文化的抢救和保护，为我们国家抢救出一大批老祖宗留下的文化珍宝。

提倡"大国学"

2002 年，季羡林写了一篇文章《辞"国学大师"》，他说自己连"国学小师"都不够，坚决要求摘掉"国学大师"的桂冠。这无疑是老先生的自谦之辞。可是，无论是他生前还是去世之后，各种媒体称他为"国学大师"仍不绝于耳。这可能是因为他从小学就读经书、古文、诗词，耄耋之年还能背诵几百首诗词和几十篇古文，经常从宏观上谈一些与国学有关的大而有当的问题，晚年又作为国故整理的领军人物，做出了杰出的贡献。总之。世人认定，季羡林是中国优秀传统文化的积极继承和提倡者。不仅民间如此，学界也是公认的。2009 年，香港的学界泰斗饶宗颐先生在悼念季羡林的诗中写道："遥睇燕云十六州，商量旧学几经秋。"旧学，就是国学。

人们对国学内涵的理解分歧很大。季羡林认为，国学应该是"大国学"的范围，不是狭义的国学。什么是"大国学"呢？中国境内各地域文化和 56 个民族的文化，都包括在"国学"的范围之内。地域文化和民族文化有各种不同的表现形式，但又共同构成中国文化这一文化共同体。季羡林举例子说，比如，齐文化和鲁文化，也不一样。"孝悌忠信"是鲁文化，"礼义廉耻"是齐文化。鲁文化着重讲内心，内在的；齐文化讲外在的，约束人的地方多。"孝悌忠信"是个人伦理的修养；"礼义廉耻"，就必须用法律来规定，用法律来约束了。鲁国农业发达，鲁国人就是很本分地务农。齐国商业化，因为它靠海，所以姜太公到齐国就是以商业治国。具体的例子，如刻舟求剑，这种提法就是沿海文化的。而"日出而作，日落而息"，就代表鲁文化了。齐鲁文化互补，是中国传统文化的重要组成部分。齐鲁文化以外，还有其他地域文化也很重要。过去讲黄河流域是中国文化的中心，季羡林是不同意的，他认为长江文化、其他地域文化都应该包括在国学里边。敦煌学也包括在国学里边。历史不断地发展，不断地融入，这是没有时间界限的。儒家、道家是传统文化，佛家也是，把佛家排除在外是不对的。

季羡林认为每一种文化都离不开文化交流，文化交流有两种形式，一种是输出，一种是输入。敦煌是输入的代表，很多文明程度很高的文化都到过敦煌。佛教从国外传入，经过很长时间的演变，形成了有中国特色的中国佛教。敦煌文化有很多内容是佛教的，也有其他文化的，是古代中国吸收外来文化的最后一站。吐火罗语是不是也算国学？当然算，因为吐火罗文是在中国新疆发现的。吐火罗文是中国古代的一种语言，别的地方没有。很多人以为国学就是汉族文化，这种理解是片面的。中国文化，中国所有的民族都有一份。中国文化是中国 56 个民族共同创造的，这 56 个民族创造的文化都属于国学的范围。后来融入中国文化的外来文化，也都属于国学的范围。所以，季羡林所说的国学是"大国学"，其内涵比"汉学"要大得多。

季羡林认为，我们现在的国学研究还很粗糙，很多应该包括的内容还没有挖掘出来。

季羡林十分重视陈寅恪对中国传统文化的研究，在《王观堂先生挽词序》中，陈寅恪写道："吾中国文化之定义，具于《白虎通》三纲六纪之说，其意义为抽象理想最高之境，犹希腊柏拉图所谓 Idea 者。"

《白虎通》的作者是汉代的班固。季羡林认为，陈寅恪的这个见解是非常精辟的。中国哲学同外国哲学不同之处极多，其中最主要的差别之一就是，中国哲学喜欢谈论知行问题。季羡林按照知和行两个范畴，把中国文化分成两部分：一部分是认识、理解、欣赏等，属于知的范畴；另一部分是纲纪伦常、社会道德等，属于行的范畴。这两部分合起来，形成了中国文化。在这两部分的后面还存在着一个最为本质，最具有特征的、深义的中华文化。陈寅恪论中国思想史时指出：

> 南北朝时，即有儒释道三教之目。故自晋至今，言中国之思想，可以儒释道三教代表之。此虽通俗之谈，然稽之旧史之事实，验以今世之

人情，则三教之说，要为不易之论。故两千年来华夏民族所受儒家学说之影响，最深最巨者，实在制度法律公私生活之方面，而关于学说思想之方面，或转有不如佛道二教者。

对中国思想史仔细分析，不难发现，在行的方面产生影响的主要是儒家，而在知的方面起决定作用的则是佛道二家。潜存于这二者背后那一个最具中国特色的深义文化，是"三纲六纪"等伦理道德方面的东西。

专就佛教而言，它的学说与实践也有知行两个方面。原始佛教最基本的教义，如无常、无我、苦，以及十二因缘等，都属于知的方面；八正道、四圣谛等，则介于知行之间，其中既有知的因素，也有行的成分。与知密切联系的行，比如修行、膜拜，以及涅槃、跳出轮回，则完全没有伦理的色彩。传到中国以后，它那种无父无君的主张，是与中国的"三纲六纪"等完全对立的东西。在与中国文化的剧烈碰撞中，佛教如果不能适应现实情况，则不能在中国立定脚跟，于是佛教只能做出一些伪装，以求得生存。早期佛典中有些地方特别强调"孝"字，就是歪曲原文含义以适应中国具有浓厚纲纪色彩文化的要求。可见中国深义文化力量之不可抗御了。

国外一些眼光敏锐的思想家也早已看到了这一点，德国最伟大的诗人歌德就是其中之一。1827 年 1 月 29 日歌德同埃克曼谈"中国的传奇"时说："中国人在思想、行为和情感方面几乎和我们一样，使我们很快就感到他们是我们的同类人，只是在他们那里一切都比我们这里更明朗、更纯洁，也更合乎道德。还有许多典故都涉及道德和礼仪。正是这种在一切方面保持严格的节制，使得中国维持到几千年之久，而且还会长存下去。"

连在审美心理方面，中国人、中国思想、中国文化都有其特点。正如日本学者岩山三郎所说：西方人看重美，中国人看重品。西方人喜欢玫瑰，因为它看起来美，中国人喜欢兰竹，并不是因为它们看起来美，而是因为它们有品。它们是人格的象征，是某种精神的表现。这种看重品的美学思想，是中国精神价值的表现，这样的精神价值是高贵的。

这些见解说明一点：中国文化同世界其他国家的文化，既然同为文化，必然有其共性。而季羡林强调的是它的特性。季羡林认为，中国文化的特性最明显地表现在或者可以称为深义的文化上，这就是它的伦理色彩，它所张扬的"三纲六纪"，以及解决人与人之间的关系的精神。

我们中华民族拥有五千年的光辉灿烂的文化，对人类做出了卓越的贡献。因此，弘扬中华优秀文化的号召一经提出，立即受到了国内外炎黄子孙的热烈拥护。弘扬什么呢？怎样来弘扬呢？季羡林认为需要认真地研究。我们的文化五色杂陈，头绪万端。我们要像韩愈说的那样："沉浸醲郁，含英咀华。"经过这样细细品味，认真分析，把其中的精华寻找出来，然后结合具体情况，发扬光大之，以期有利于中国人民和世界人民的前进与发展。"国学"就是专门做这件工作的一门学问。

国学研究的任务是为现实服务，为未来着想。国学绝不是"发思古之幽情"。表面上它是研究过去的文化的，过去有一些学者使用"国故"这个词儿。但是，实际上，它既与过去有密切联系，又与现在甚至将来有密切联系。现在我们不是建设有中国特色的社会主义吗？什么叫"特色"？特色表现在什么地方？季羡林经过反复思考得出的结论是：科技对我们国家建设来说，对发展生产力来说，是非常重要的，万万不能缺少的。但是，科技却很难表现出什么特色。你就是在原子能、电脑、宇宙飞船等尖端科技方面有突出的成就，超过了世界先进国家，同其他国家比较起来，也只能是程度的差别，是水平的差别，谈不到什么特色。季羡林称这些东西为"硬件"。硬件的本质都是一样的，没有什么特色可言。特色最容易表现在精神文化方面，季羡林称之为"软件"，哲学、宗教、文学、艺术、伦理、道德、经营、管理等都属于这个范畴。行文至此，笔者想到习近平总书记的话，他把我国优秀的传统文化称为"软实力"，这种说法绝非偶然的巧合。说明季羡林的观点已被决策者认同，成为指导思想的组成部分。特色的东西也是能够交流的，所谓"固有"并不排除交流。以上这些学问基本上都保留在"国学"中。其中有不少的东西是中华文化、中华智慧的结晶，直至今日，不但对中国人发挥影响，它的光辉也照到了国外。有一位国家教委的领导对季羡林说，他在新德里时亲耳听到印度总统引用中国《管子》关于"十年树木，百年树人"的话。在巴基斯坦他也听到巴基斯坦总理引用中国古书中的话，足以证明中华智慧已深入世界人民之心。这是我们中国人应该感到骄傲的。所有这些中国智慧都明白无误地表露了中国的特色。它产生于中国的过去，却影响了中国和世界的今天，将来无疑也会受到影响。连外国人都承认这一点。

国学的作用并不就到此为止，它还能激发我们整个中华民族的爱国热情。"爱国主义"是一个好词儿。但是，季羡林认为，爱国主义有真伪之分。被压迫被侵略的民族为了自己的生存与尊严，不惜洒热血、抛头颅，奋抗顽敌，伸张正义，这是真爱国主义。反之，压迫别人，侵略别人的民族，有时候也高喊爱国主义，然而却不惜灭绝别的民族，这样的"爱国主义"是欺骗自己人民的口号，是蒙蔽别国人民的幌子，它实际上是极端民族沙文主义的遮羞布，这是伪爱国主义。

中国的爱国主义怎样呢？它在主体上属于真爱国主义范畴。有历史为证。不管我们在漫长的封建时期内，"天朝大国"的口号喊得多么响，事实上我国始终有外来的侵略者，主要来自北方，先后有匈奴、突厥、辽、金、蒙、满等。今天，这些民族基本上都成了中华民族的组成部分；但在当时只能说是敌对者，我们不能否定历史的本来面目。在历史上，连一些雄才大略的开国君主也难以逃避耻辱。刘邦曾被困于平城，李渊曾秘密称臣于突厥，这是最明显的例子。我们也不能说，中国过去没有主动地侵略过别人，这情况也是有过的，但不是主流，主流是中国始终受到外来的威胁。正是由于这个原因，我们中国人民敬仰、歌颂许多爱国者，岳飞、文天祥、史可法、郑成功、林则徐、邓世昌等都是。一直到今天，爱国主义始终左右我们民族的心灵。探讨和分析中国爱国主义的来龙去脉，弘扬爱国主义思想，激发爱国主义热情，也是今天"国学"的重要任务。

自清末以来，中国学术界陆续出现了一些国学大师。最主要的原因是西方文化、西方学术思想和哲学思想以排山倒海之势涌入中国，中国学坛上少数先进人物接受了西方的影响，同时又忠诚地继承和发展了中国古代优秀的学术传统，于是就开出了与以前不同的鲜丽的花朵，出现了少数大师。不是说学术到了这些大师手里就达到了极巅，达到了终点，不能再发展下去了。学术会永远发展下去的，但是学术发展的道路不是平坦的，不是均衡的。在这一条大路上，不时会有崇山峻岭出现，这种情况往往出现在有新材料被发现，有新观点出现，少数奇才异能之士就会脱颖而出，这就是大师。大师也并不能一下子把所有的问题都能看到，又都能解决。大师解决的问题也不见得都能彻底。这就给后人留下了进一步探讨的余地。就这样，大师一代接一代地传下去。旧问题解决了，新问题又出现，永远有问题，永远有大师。每一个大师都是一座丰碑。

季羡林之所以坚辞"国学大师"称号，是认为自己无法同前辈大师相比。而学界和民间则有不少人坚持认为，季羡林就是当代的大师。

第十二章　高山仰止

第十二章　高山仰止

布衣本色

人民教育出版社编审、著名学者张中行先生是季羡林的好友，他写过一篇《季羡林先生》，写得十分传神：

> 结识之前，有关季先生的见闻，虽然不多，也有值得说说的，用评论性的话总而言之，不过两个字，是"朴厚"。在北京大学这个圈子里，他是名教授，还有几项煊赫的头衔：副校长，系主任，研究所所长，可是看装束，像是远远配不上，一身旧中山服，布鞋，如果是在路上走，手里提的经常是个圆筒形上端缀两条带的旧书包。青年时期，他是很长时期住在外国的，为什么不穿西服？也许没有西服。老北大，在外国得博士学位的胡适之也不穿西服，可是长袍的料子、样式以及颜色总是讲究的，能与人以潇洒、高逸的印象。季先生不然，是朴实之外，什么也没有。

张中行举了一个令他深受感动的例子：人民大学出版社印了几位学者的小品，其中有季羡林和张中行的。张中行一个学生的儿子开小书店，拿着书登门，求张先生签名，并请张先生代他登季先生之门求签。他们认为季先生名位太高，他们不敢。张先生拿着十来本书来到季宅，让来人在门外等。季先生边签名边对张先生说，"卖我们的书，这可得谢谢。"签完便跑出来，握住来人的手，连声道谢。来人念过师范大学历史系，见过一些教授，没有见过向求人的人致谢的教授，一时觉得莫名其妙，嘴里咕噜了两句什么，抱起书跑了。

其实，类似的例子不胜枚举。2006年笔者和老同学胡光利教授合作为季先生编了一套回忆文集。我们写了一篇简短的编者前言，里头讲到季羡林是国宝级学者，东方学大师，北大唯一的终身教授。我们认为是实事求是，并没有夸大。可是季先生看了不高兴，坚决要我们删掉这些字眼。书开始发行，出版社要开个新书发布会。季先生约法三章：一、不要请领导同志到会；二、不要摆放他和领导同志的合影；三、他不到会，也不派代表，不许播放有关他的录像片。他说："书好不好，读者说了算。季羡林就是一个普通的作者，不能借领导的光抬高自己的身价。"季先生的道德风范，让与会者深受感动。

东北大学文法学院院长彭定安教授在《依依春风忆师情》一文中，回忆了20世纪80年代在深圳召开中国比较文学学会成立大会的情景。与会者住在一艘海轮上，名曰"海上之家"。他说：

> 那次聚会，可以说是一次国际性的盛会，外国学者、海外学者、大陆学者，济济一堂，俊英云集，人文荟萃，颇有一些大人物，大学者，风流倜傥，领袖群伦之气概溢于言表，睥睨众生之气扑人而来，还有一些年轻气盛的新进才子，也是英气与傲气齐飞，学问与浅识同显，那气势也是使人觉得"近不得也"的。然而，真正是居其首者的季先生却绝对地没有一点点这种逼人之气，在此种氛围中，以他的学识地位，与众相相比相对，更突出地显示了他的发自内在世界的、自然而然的、惊人的朴实、谦和。

由于季羡林在学术上的杰出成就和多方面的贡献，他得到了许多名誉，这些名誉也给他带来不少麻烦。他没有被这些麻烦压倒，依旧搞他的学术，指导他的学生从事几项大的文化工程。他经常反躬自省，认为，每个人都有一个自我，自我当然离自己最近，应该最容易认识。事实正相反，自我最不容易认识。一般的情况是，人们往往把自己的才能、学问、道德、成就等评估过高，永远是自我感觉良好。这对自己是不利的，对社会也是有害的。他对自己进行客观的实事求是的分析，认为自己绝不是什么天才，绝不是什么奇才异能之士，自己只不过是个中不溜丢的人，但也不能说是蠢材。2002年10月，季羡林在医院写了一篇较长的文章《在病中》，郑重请辞三顶桂冠。他说："我在这里昭告天下：请从我头顶上把'国学大师'的桂冠摘下来，请从我头顶上把'学界（术）泰斗'的桂冠摘下来，请从我头顶上把'国宝'的桂冠摘下来。"人家孜孜以求的名誉，老先生坚决请辞。这当然不是作秀。他说："三顶桂冠一摘，还了我一个自由自在身。身上的泡沫洗掉了，露出了真面目，皆大欢喜。"

季羡林虽被温家宝誉为"人中麟凤"，可他一向认为自己是一个普通人，一个平凡的人。对成就、对名誉、对地位，他都有一颗平常心。一举一动透着淳朴和谦和，决不矫情，更不自吹自擂。他对学生的要求，是"志当存高远，心不外平常"。这就是季羡林。他的朴实，他的平凡，是他不同于许多名人的地方，也恰恰是他不平凡的感人至深的地方。

变故连连

从20世纪80年代末期到90年代中期，季羡林家连遭变故。

首先是老祖走了。婶母陈绍泽是季家的核心人物。她在季家辈分最高，被晚辈称为"老祖"，而作为家长的季羡林是不理"家政"的，夫人呢，有婆婆在，家里的事，都是婆婆做主。陈绍泽比季羡林大12岁，比彭德华大8岁。在1935年至1946年11年间，季羡林远在欧洲，数年音信断绝。是她苦苦支撑着这个家，度过了最艰难的战乱时光。1962年被季羡林接到北京之后，操持家务、接待客人、抚育重孙辈孩子，她是绝对主力，特别是"文化大革命"期间，季羡林运交华盖，幸有老祖作为中流砥柱，季家才幸免家破人亡。所以季羡林对这位婶母十分敬重，十分孝顺。笔者上学的时候，亲见季羡林步行三四里，去海淀西大街一家回民饭馆排队给老祖买炸鱼。1989年2月28日，陈绍泽老太太因肾功能衰竭，以90岁的高龄离开人世。

接下来是痛失爱女。女儿婉如生于1933年5月8日。小学和中学是在济南读的，1951年考入天津大学土木工程系。季婉如天资聪慧，学习成绩优异，季羡林十分疼爱。1955年季婉如大学毕业，分配到第二机械工业部第二建筑设计院工作。婉如的爱人何颐华是她的大学同班同学，毕业后曾留学苏联，在中国建筑科学研究院地基所供职。他们唯一的儿子何巍，小名二泓，在外公外婆身边长大，直到结婚成家。

尽管季婉如工作繁忙，但每个星期天，她几乎都要回到北大朗润园的家中，为三位老人带来他们喜欢吃的食物，为老人打扫房间、换衣物床单，把换下来的脏衣服和床单拿回自己家去洗，忙个不停。每逢阳光明媚的日子，总不忘用轮椅推着母亲晒一晒太阳。特别是"文化大革命"期间，季羡林成了"不可接触者"，季婉如回家就更勤了，经常约上弟弟回北大来，尽量让老人多享受一点亲情。季羡林对季婉如赞许有加，说"有女万事足啊！"由于父女之间沟通更容易些，季婉如在父母亲之间，发挥着不可或缺的纽带作用。

1991年接近年底的时候，季婉如正在父母家中操持家务，突然发现便血，去医院检查方知得了直肠癌，而且已到晚期，癌细胞已经扩散。1992年6月23日，季婉如去世了。这位聪明、勤奋、善良、孝顺的女性，只活了59岁。

如果不是女儿早逝，季羡林的晚年绝对会是另外一番景象。可惜，历史没有"如果"。

季婉如逝世不久，她的丈夫何颐华得了肺癌。和季婉如一样，发现时已经到了晚期。何颐华于1996年7月7日病逝。

女儿去世没有多久，夫人彭德华也走了。

都说婆媳是"天敌"，可是季家却不然。季羡林的老伴彭德华同他的婶母陈绍泽关系非常融洽。自从陈绍泽1935年嫁到季家，她们在半个多世纪里形影不离，风雨同舟，相依为命，胜似骨肉。1989年老祖病故之后，彭德华大哭了一场，从此，屡弱的身体越发一蹶不振。女儿婉如去世的消息

季羡林先生与夫人彭德华合影。

一直没有人告诉她。可是她看老伴、儿子和外孙的行动，从前老是跑医院，现在不去了，她不难猜出结果。

1993 年 12 月 2 日清晨，彭德华突然中风。经过一段时间的治疗，病情稍微稳定，院方动员出院。回家不久，病情出现反复，又送到北大校医院。季羡林工作虽然很忙，但生病的老伴是他放不下的牵挂。他时常去医院看望。彭德华病情日渐严重，于 1994 年 12 月 6 日去世，享年 88 岁。

家中连遭变故，亲人相继辞世，季羡林的悲痛不难想见。1995 年 2 月季羡林写了一篇杂文《1995 年元旦抒怀——求仁得仁，又何怨！》文章很短，却难以读懂。文章没有介绍背景情况，也没有起码的相关事实，只有气势磅礴的感情宣泄。读了只是知道，季羡林幻想自己成为一个悲剧式人物，而这个幻想在最近于无意中实现了。怎么实现的呢？因为"遗弃"。不是自己被别人遗弃，而是自己遗弃了别人。遗弃了谁呢？文中没有说。为什么遗弃？文章也没有说。总之，自己既然希望成为悲剧人物，这个愿望已经实现了。应该说是"求仁得仁"，没有什么可抱怨的，应该欢呼才是。"岂不快哉！岂不快哉！"可是，且慢！悲剧可以使人流泪，使人叹息，使人扼腕，还没有听说过悲剧使人欢呼的。老爷子说的莫非是反话？这里有三个问号。

首先，是谁被遗弃了？季羡林的亲人，老祖、女儿和夫人已经去世。孙子季泓去了美国，孙女季清去了澳大利亚，外孙何巍去了加拿大。这个家庭里只剩下两个成员：季羡林和儿子季承。非此即彼。文章说得明白，不是别人遗弃了自己，而是自己遗弃了别人。毫无疑义，这个被遗弃者不是别人，非季承莫属。在被老父亲"遗弃"的时候，季承已届花甲之年，曾任中国科学院高能物理所高级工程师，当时"下海"在中科院开办的辐射技术公司当总经理。他并不依赖自己的父亲生活。显然，这里说的遗弃，不是法律层面的遗弃，而是情感层面的。

第二个问题：为什么遗弃？过去没有听说父子之间有什么矛盾。更加难以想象会有什么深仇大恨。为琐事怄气？在任何家庭都难免发生，可能都在气头上，父子俩各不相让，于是关系闹僵了。俗话说，清官难断家务事。季羡林和季承之间的事是典型的家务事。既然在季老生前，父子二人已经和好。现在要弄清当初为何反目似乎已无必要。

第三个问题：季羡林的"又何怨"说的是不是反话？这个问题应当说不言自明。因为无论旧道德还是新道德，都不鼓励亲属间相互遗弃，不鼓励父

我的老师*季羡林*

子反目成仇。法律就更不允许了。季羡林一生提倡和谐，身体力行，大声疾呼。他写了那么多提倡家庭和睦、父慈子孝，主张以"真"和"忍"处理家庭内部关系的文章。请看，1999年10月23日，季羡林作《梦游21世纪》，他写道："我梦到，在每一个家庭里，父慈子孝，兄友弟恭，夫妻相敬相爱，相忍相让……在任何时代，人生都是一场搏斗，搏斗就难免惊涛骇浪。在这样的浪涛中，有胜利者，当然也有失败者。在整个社会中，家庭对这样的浪涛来说，就是一个安全的避风港。胜利者回到这避风港中，在温馨的气氛中，细细品味这胜利的甜蜜；失败者回到这个避风港中，追忆和分析失败的教训，家庭的温馨会增强他的斗志。回忆之余，愤然而起，他又有了足够的勇气和力量，再回到社会中，继续拼搏，勇往直前，必须胜利在握而后止。家庭的作用大矣哉！"10天之后，11月3日季羡林又作《希望二十一世纪家庭更美好》，文章说："家庭是组成社会的细胞，集无数细胞而成社会。家庭安则社会安；家庭不安，则社会必然动荡。"又说："一个人不可能没有一点缺点，也不可能不犯一点错误。只要到不了触犯刑律的程度……就应该互相理解，互相原谅。"他是个心口如一之人，而不是说一套做一套的两面派。那么，他为什么不主动与儿子和好呢？笔者的感觉是条件不具备。季羡林说自己是"大事清楚，小事糊涂"，这糊涂很容易被人利用。果然相当一段时间"鬼打墙"，季羡林无从了解儿子的态度，甚至不能同儿子有任何联系。他只能忍隐，等待时机。天意从来高难问，苍天不负苦心人，经过多年等待，时机终于来了。2008年11月7日，季羡林父子在人为地分离13年后重归于好，这本是合天理、顺人心的大好事。可是，偏偏有人不高兴。为什么呢？

助手李玉洁

自从老祖和老伴去世，季羡林成了孤家寡人，过了一段孤苦凄清的日子。这自然是"求仁得仁"的结果。后来，由于李玉洁的介入，家里渐渐恢复了生机。李玉洁在季羡林的晚年生活中扮演过重要角色。2000年11月5日季羡林写了一篇散文《我的家》。他首先回忆了老祖和彭德华生前自己那个温馨的三口之家，还有他那可爱的小猫。接着，他笔锋一转，写道：

季羡林晚年工作时的场景。

光阴如电光石火，转瞬即逝，到了今年，人猫俱亡，我们的家庭只剩下了我一个人，过了一段寂寞凄苦的生活。

然而，天无绝人之路，过了不久，我的同事，我的朋友，我的学生，了解到我的情况之后，立刻伸出了爱援之手，使我又萌生了活下去的勇气。其中有一位天天到我家来"打工"，为我操吃操穿，读信念报，招待来宾，处理杂务，不是亲属，胜似亲属。让我深深感觉到，人间毕竟是温暖的，生活毕竟是"美丽的"（我讨厌这个词儿，姑一用之）。如果没有这些

晚年的彭德华。

我的老师 季羡林

友爱和帮助，我恐怕早已登上了八宝山，与人世"拜拜"了。

　　知情人都知道，这位"不是亲属，胜似亲属"的"打工者"，不是别人，就是李玉洁。

　　李玉洁生于1928年8月，沈阳人，是北大东语系朝鲜语专业教师杨通方的妻子，从1952年到1962年，与季羡林做过10年邻居。20世纪五六十年代，杨通方因为莫须有的罪名经常当"运动员"，李玉洁的日子并不好过。季羡林当系主任，对杨通方夫妇有些力所能及的照顾，李玉洁认为季羡林对自己一家有恩。"文化大革命"结束，北大和社科院联合成立南亚研究所，李玉洁从外文印刷厂调入，从事事务性工作。在季羡林家连遭变故，艰难度日之际，已经退休的李玉洁，自愿担当季羡林的义务助理。

　　李玉洁先是指挥家政服务人员，整理季羡林那凌乱不堪的书房。逐渐地，李玉洁包揽了季羡林家所有的日常杂务。她天天到季羡林家处理杂务，照顾季老的生活，最重要的事情是读报，读信，还有就是同不断打电话来或者亲自登门的拜访者打交道。因为季羡林年事已高，学校害怕他过于劳累，就在他家门上贴了通告，想挡一下来访者的驾。但是许多客人视而不见，照样敲门不误。有的竟在门外荷塘边等上几个钟头。还有扛着沉重的摄像机来的电视台导演和记者。老先生实在应接不暇，李玉洁就充当了拦驾大使。想尽花样，费尽唇舌，说服那些想来采访、想来拍电视的好心和热心朋友们，请他们少安勿躁。她对众多来访者进行筛选和排队，只让老先生接见非见不可的客人，而且要限定时间和话题。这是一件费力不讨好的工作。李玉洁为了老先生的健康，付出了许多辛劳，也得罪了不少的人。

　　季先生去外地开会、考察和讲学，常带着李玉洁，就是回山东老家，应邀访问台湾，她也不离左右。从2001年底起，季羡林几次生病住院，李玉洁出了大力，天天陪侍在病房。她的两个儿子都在国外，老伴杨通方身体不好，她常常趁午饭后季先生休息时，回家安排一下，接着赶回医院。季老住院以后，大小事务名义上有个小组负责，实际上那里每天需要处理的事情，基本上是李玉洁在负责。

　　2006年8月初，李玉洁得知领导同志要来医院为季老祝贺生日，忙得脚不沾地做着各种准备。病室的布置，季先生届时的着装，以及每日常规会客等，她都安排得有条有理。5日，季羡林95岁生日前夕，李玉洁一夜无眠。

季羡林与儿子、孙子三代同堂的场景。

6日是个"正日子"，李玉洁忙活了一整天。晚上，也许是过于兴奋，也许在考虑接下来的活动，她又没有睡好。8月7日、8日，继续操劳不止。8日下午，她正在病房忙着，突然"咕咚"一声栽倒在地。李玉洁虽然能干，毕竟是近80岁的人了，血压又高。这次中风，瞬间进入深度昏迷，生命垂危。幸亏是在301医院，抢救及时，保住了一条老命。

李玉洁病倒之后，接替她的是杨锐。两年之后，发生了"字画风波"。在季羡林的坚持下，他身边的工作人员又换了一拨。也是在这段时间，老先生与儿子季承终于摒弃前嫌，重归于好。季羡林原先设计的人生悲剧结局变成了大团圆的喜剧结局。这究竟是偶然还是天意呢？

"三〇一编外"

2006年季老95大寿，笔者作为弟子，想送一点礼物。送什么呢？这不可以，那也不合适，我犯了愁。后来向季老身边的高人求教，到琉璃厂刻了两方闲章，一曰"四半老人"，一曰"三〇一编外"。先生果然喜欢。其实，此皆先生自嘲戏谑之语也。问"四半"何指？答曰：耳半聪、目半明、齿半脱、头半秃也。至于"三〇一"，即解放军总医院，季羡林已经是这里的常客了。第一次住院是 2001 年 12 月，治疗小便便血，12 月 31 日出院。第二次住院是 2002 年 8 月 15 日，治疗皮肤疱疹，病情凶险，经过一个多月治疗，9 月 30 日回家。不久便"三进宫"，2002 年 11 月 23 日晚上开始发烧，28 日高烧 39.4℃，被送进医院紧急抢救。这次又是年底出院，在北大过了一个春节，2003 年 2 月第四次住院。用季老自己的话说，是"一进羊年，运交华盖。"这次住院是因为心肌衰竭。入院不久，发现左腿患骨髓炎，由梁雨田教授主刀做了手术，病情有明显好转。再往后，血液感染，经过治疗得到控制。笔者 2007 年夏天去看望他，他说想要出院回家。2008 年春节去给他拜年，先生没有再提出院的事。看来他这个医院的"编外人员"还得继续当下去。学校和医院的领导组成了一个治疗领导小组，季羡林能不能会客，能不能出院，领导小组说了才算数。

季羡林有个习惯，就是从来不让脑子停止活动。初进医院的时候，忙于同病魔做斗争，没有想多少东西。病势稍一和缓，脑子又活跃起来了。他全身感到舒服的地方几乎没有，独独思维不糊涂。特别是在输液时，六七大瓶药水高高地挂在头顶上，四五个小时必须乖乖躺着，一动不能动。他身体在病床上，脑子里却在跑马。想到许许多多的事情，包括唐诗宋词，俄罗斯《伏尔加船夫曲》的旋律，京剧《空城计》的唱段，托尔斯泰的《战争与和平》和陀思妥耶夫斯基的几部长篇小说，小时候的经历，对社会对人生的看法，对医患关系的感悟，对师友亲人的忆念，回顾自己的治学之路，等等，五花八门，不一而足。经常是一篇文章，躺在病床上反复思考推敲，差不多已经成稿，液体输完，手脚能动弹了，他就赶紧拿起笔来，把自己的想法写成文章，一挥而就。"二进宫"期间一个月不到，他就写了 3 万多字的文章，有散文，也有学术论文。当然，医院有医院的规矩，不允许他像在家里一样早晨 4 点半起床，写东西也不许超过半小时。他不得不调整自己的作息时间：早晨 6 点起床，治疗而外，上午和下午各工作两个小时。规定的"工作时间"往往不够用，他的创作有时不得不偷偷摸摸地进行。

为了老先生的健康，工作人员不得不对他封锁一些"坏消息"，他的挚友臧克家、钟敬文，还有巴金去世，当时都没有告诉他，可是他还是知道了，而且写出了情真意切的悼念文章。2005 年 7 月 29 日，温家宝到医院看望季羡林，发现小桌上摊着稿纸，就问先生在写什么？季羡林随口答道："在写《泰山颂》。"此话被记者听到了，登在《人民日报》上。不少读者想先睹为快，当然还有别的稿子，几家出版社都来争抢，可是先生对稿子把得很严，只有极少数几篇见报。笔者也要过几次，季老坚决不给。他的《新纪元文存》中的大部分文章是在 301 医院写的。2007 年春节笔者和老伴去医院给老先生拜年，老先生拿出刚刚出版的散着墨香的《病榻杂记》，郑重地提签："建华、志刚：万福！季羡林丁亥春"递到我的手里。我的眼睛一下子充满了泪水。文集里近百篇文章，24 万字，都是他在 301 医院病房中的新作。一位可敬可爱的百岁老人，在数次病情危重，历经多次紧急抢救才转危为安的情况下，尚如此勤奋，拼搏不息，怎能不令我们晚辈汗颜？

2006 年初，301 医院的医护人员写了一篇文章《南楼里住着位国学大师》，记述了季羡林住院治疗和生活的情况，字里行间充满无限敬意和浓浓的亲情。季羡林以其特有的人格魅力，赢得了众多朋友。他同几位大夫的关系渐渐由医患关系变成了朋友关系，虽然还没有到无话不谈的程度，但是已经能谈得很深，能讲一些蕴藏在心灵深处的真话了。他同护士长、护士还有打扫卫生的外地来的小姑娘都逐渐熟悉了，连陪护首长的解放军战士都成了他的忘年交，其乐融融。这些新交的朋友中当然不乏季羡林的热心读者。他在《病榻杂记》中写道："前几天，护士告诉我，她在回家的路上一气读了我五篇散文，她觉得自己的思想感情有向上的感觉。这种天真无邪的评语是对我最高的鼓励。"老先生的《留德十年》重印，这些新交的朋友跑来要书，季老先后买了 600本相送。这要花不少钱呢！学生和工作人员试图劝阻，老先生笑一笑说："我上不养老，下不养小，钱不成问题。"

季羡林在家的时候，经常访客盈门。有来采访的新闻记者，有为数众多的学生、读者和崇拜者，有朋友同事，来约稿的、求字的、求教的、求学的、拿着书稿要求写序的，要求推荐的，摄影的，录像的，还有带着五花八门的问题来寻求帮助的，季羡林就是千手观音也难以招架。学校为了保证老先生有起码的休息和工作时间，贴出通知，谢绝来访。然而收效甚微。当然，有些比较通情达理的访客被挡了驾，他们有的留下一张便条或者干脆用树枝在门前的泥土上留下他们对老先生的问候和祝福，悄悄走了。可是不自觉的大有人在，有的人假装看不见通知，推门就往里闯，有的软磨硬泡，在大门前，荷塘边赖着不走。谁都没有法子。现在季羡林住院了，住的是301医院的高干病房，门禁非常严格，访客非经预约和特许不得入内。难怪就连北大东语系的一些老同事都抱怨，现在想看一看季先生可太难了。这下子季先生这里是清静了许多。可就是这样，先生这里的访客经常还要排队。来访的有来自党和国家高层的领导和来自季老家乡的旧交，有先生主持的几个大型科研项目的负责人，有文集的编辑，还有老朋友：清华的老同学、科学家王大珩，音乐家时乐濛，歌唱家李双江，摄影家韶华，画家范曾，还有远道而来的客人——兰州的报人流萤，香港的作家金庸，艺人林青霞，等等。

住院期间，季羡林不仅要接待各路访客，有时还要参加一些重要会议和活动。如2003年9月18日《胡适全集》出版暨胡适学术思想研讨会召开，季羡林从医院请假出席大会并讲了话。2004年9月26日，来自印度尼西亚、马来西亚、菲律宾、泰国、新加坡的华文作家齐聚301医院，举行授奖仪式，授予季羡林亚洲优秀作家奖。季羡林在致答词时表示："尽管现在力量微薄，但力争多写点人民大众所喜欢的作品。"

2006年9月26日，中国翻译协会召开表彰大会，授予季羡林"翻译文化终身成就奖"，季羡林在书面发言中说："2008年世界翻译大会将在中国召开，这是中国翻译界的光荣，我这样的老兵为你们感到鼓舞；我更希望年青一代能够后来居上，肩负起历史使命和社会责任。"2006年季羡林还担任了北京奥运会组委会顾问。他在病房写了一篇短文《座右铭（老年时期）》：

> 我现在在座右铭是："老骥伏枥，志在十里。烈士暮年，壮心不已。"读起来一副老调，了无新意。其实是有的。即以"志在十里"而论，为什么不写上百里、千里，甚至万里呢？那有多么威武雄壮呀！其实，如果我讲"志在半里"，也是瞎吹。我现在不能走路，活动全靠轮椅，是要别人推的。我说"十里"，是指一个棒小伙子一口气可以达到的长度。

可见，尽管季羡林年事已高，尽管他终日身在病房，尽管他一步都走不了，可他的心仍然年轻，他仍然是文化战线一位令人肃然起敬的老兵。

最高的老师

　　2008 年 10 月 28 日，香港著名学者饶宗颐到医院看望季羡林。下午 2 时 45 分，饶老通过安检来到季老的病房。媒体记者抢先走进季老的房间，只见季老身着浅灰色中装，满面红光，如孩童般期待的神情，双手合十，翘首盼望。饶老出现在门口，双手抱拳，兴高采烈地向季老走来。两位老先生紧紧握手，饶老对季老说："您是全中国最高的老师。"两位老人，一个合十，一个作揖，都是内心感情的自然流露，表现了既不同又相通的南北风范。20 世纪末 21 世纪初，学界流传"南饶北季"之说。二人学问互通，心有灵犀。季老曾说"在我季羡林心目中的大师就是饶宗颐。"今日双峰并峙，风景独特。数十年来，他们曾多次相见，亲切交谈，这是最后一次。"最高的老师"，多么亲切、多么确切的称呼啊！的确，季羡林终生以教育为业，他为教育事业奉献了自己的一切。笔者认为，饶先生称季先生为"最高的老师"，绝非一句客气话，

2008 年 10 月 28 日，91 岁的香港著名学者饶宗颐先生到医院看望季羡林先生。

其中自有深意。季羡林作为教育家，高屋建瓴，一向主张大学教育要"文理互补、文理渗透"，2002 年 5 月 26 日，他在出席中国高等教育学会的一个研讨会时曾经大声疾呼："现在我要说文理互补不够，应该是文理渗透……我们讲弘扬中国的优秀文化，但是文化究竟在什么地方？我们也讲建设有中国特色的社会主义，特色又在什么地方？很多人不大清楚。我想，中国的优秀文化和中国特色社会主义大部分体现在中国人文方面的科学上面。"可惜这石破天惊的呐喊，并未引起人们的重视。

2004 年 12 月 12 日上午，清华大学校长顾秉林院士、校务委员会副主任胡显章教授等到医院看望季羡林，接受季老向母校捐赠的文化促进基金 15 万美元，并为季老颁发捐赠证书。顾校长代表清华师生员工向季老表示问候，感谢季老长期以来对母校的关心和支持，尤其是对清华大学文化建设和人文学科发展方面给予的指导和帮助，祝季老早日康复、健康长寿。季羡林感谢顾校长在百忙中来医院看望，并对母校近年来取得的成就表示欣慰。他说："捐赠的事决定很长时间了，赶上'非典'，又住院，一拖就是一年，今天总算可以兑现了。钱不多，不过来路清楚，都是'爬格子'所得。希望能够抛砖引玉，为母校做贡献。"顾校长感谢季老的捐赠，他说："季老捐赠的不仅仅是钱，更是一笔宝贵的精神财富。清华要建设成世界一流大学，学校文化建设至关重要，季老等清华学长们的高尚人格、严谨的治学态度是清华文化的重要组成部分，值得我们认真继承和弘扬；季老强调要重视人文教育，要注重文理渗透的理念，我们要更好地理解和实践。"

2005 年 10 月 3 日，聊城大学派人到医院看望季羡林，向季老赠送以他的人生经历为素材、由该校学生创作的剪纸集。作为聊大名誉校长的季羡林以一个资深教育家的战略眼光就聊大的建设问题提出建议，重点强调了人才队伍建设、学科与学位点建设以及民间文化发掘研究。他说，要发展高等教育，创建高水平大学，在搞好校园硬件建设的同时，重要的是要做到广揽贤才，抓好人才队伍建设。一要注重学校内部人才队伍的培养；二要以五湖四海的战略眼光，加强国内外的校际合作与交流，注重人才选择，积极引进国外智力，大量聘任国内名校的名人名师，为我所用；三要营造一个有利于产生学术大师的良好的研究环境，纵观当今世界著名大学，哪里有好的研究传统，哪里有自由探索的学术氛围，那里就会吸引住人才。"善弈者谋势，不善弈者谋子"。学科与学位点建设是学校工作的龙头，学科建设的状况和学位点的多少从根本上反映和体现了学校的办学水平、学术地位和综合竞争力。因此，学科与学位点建设是学校发展的大势，必须谋好。聊大已有 45 个硕士学位点，基本具备了一个高起点的学科平台，2007 年博士学位点申报，要充分准备，进一步凝练学科方向，集中力量努力获得博士学位授权点，使学校发展再上一个新台阶。季老说，聊城是一座历史文化名城，民间文化资源丰富，种类繁多，很多民间文化已经在这块土地上生存发展了几百年、上千年，希望学校的师生注意发掘民间优秀文化资源，抢救、保护民间文化遗产，研究、探讨民间文化理论与规律，弘扬中华民族的优秀传统文化，为鲁西民间文化的发展与研究做出应有的贡献。

2007 年教师节，北京大学附中校长程翔带着两个学生到医院看望季羡林。季羡林看见孩子们，关切地询问："你们的英语课本是谁编的？"当得知是人民教育出版社之后，他又用英语问道："你们读过奥斯汀的《傲慢与偏见》吗？读过莎士比亚的四大悲剧吗？"学生们回答："读过。"季老听了很高兴，他说："要学好英语，英语实际上是世界语。会说英语，与国外人交流就很方便。要认真学，不要学成'洋泾浜'。"接着，季老又谈了英国英语与美国英语的不同。

季老又问起语文。"我是一个语文老师，"季老说，"你们的语文课本是哪里编的？"

"也是人民教育出版社。"程翔向季老汇报了语文教材的变化情况。告诉季老，课文分"必修"和"选修"，"选修"课文有 15 种之多，可供学生选择。季老听了很高兴，说："这样好。"

季老又问文言文在语文教材中的比例。回答说："总量占百分之四十。"

季老又问："《报任少卿书》《祭十二郎文》《陈情表》有没有？"
"有。"
"《进学解》有没有？"
"没有，很遗憾。"

季老："应该选进来，开头几句就很好。"接着，季老背诵起来："国子先生晨入太学，招诸生立馆下，诲之曰'业精于勤荒于嬉，行成于思毁于随。'做任何事情都要勤奋，努力实践。"季老又背起《陈情表》中的两句："臣之进退，实为狼狈。"然后对学生说："'狼狈'是什么意思？是狼狈为奸吗？

我的老师 *季羡林*

不是。这里是'窘迫'的意思。"

季老说："中学生要多背一些古文。中国的诗文有意境，背过之后会感到很美。"程翔向季老简单介绍了中学语文教学对背诵的基本要求，并告诉季老，高考也有背诵默写的考题。季老表示赞同。

程翔对一个学生说："背一篇古文给季爷爷听吧。"学生很愉快地答应了。

学生开始背诵韩愈的《师说》："古之学者必有师，师者，所以传道授业解惑者也。"

"没有'者'。"季老立即纠正道。大家都笑了。季老的记忆力如此之好，对学问一丝不苟，这种严谨治学的精神使人深受感动。季老说："背诵，还可以纠正错误。古人说'不尽如人意'，今天，有些人省掉了一个'如'字，成了'不尽人意'，意思就变了，讲不通了。"

谈着谈着，谈到季老的散文。程校长对季老说："您的《幽径悲剧》选进了中学课本，很感人。"学生说："我们学这篇课文时，老师组织全班同学到北大去找那条幽径。"季老说："写散文要有感情，没有感情写不出好散文。"

半个小时不知不觉过去了。来访者依依不舍，同季老告别。他们很想和季老继续谈下去。因为听季老谈话，实在是如坐春风，如沐春雨。

2007年12月，季羡林和许嘉璐、布赫等11位知名人士发起的旨在资助山区贫困学生就读职业学校和高等院校的公益活动——山花工程启动，大青山助学行动对呼和浩特市55名贫困学生进行资助。

2008年6月12日，北京大学校长许智宏院士和教育基金会秘书长邓娅博士来到医院，向季老颁发捐赠证书。为庆祝北大110周年校庆，季羡林先生将积攒多年的百万元稿费捐赠北大，设立"北京大学季羡林奖助学金"，希望用这笔基金的收益奖励优秀的学生取得更好的成绩，帮助贫困学生顺利完成学业。季羡林说，教育要靠大家来办，作为北大的教授，能够为国家贡献点力量，是一种光荣。同时，他也希望通过他的举动，带动更多校友和朋友来支持教育，支持北大。许智宏对季老在汶川地震后第一时间向灾区捐赠20万元表示敬意，并介绍了北大在赈灾方面的各项举措。他特别讲述了灾后学生们踊跃捐款献血的义举。季老听后欣慰地说：灾害有时候不完全是坏事，在一定程度上也能兴邦。我们不希望灾难发生，但既然发生了，就要让坏事变成好事。这次四川大地震，从主席、总理到基层都积极投入抗震救灾，大大提高了中国的国际形象。随后，许智宏和季羡林共同签署了"北京大学季羡林奖助学金"设立协议。许智宏表示，季老的高尚情操，严谨的治学态度，以及病卧在床还心系学校的精神值得我们认真学习、继承和弘扬，我们一定会把这笔基金用好，为北京大学创建世界一流大学做出贡献。

2009 年 7 月 9 日上午，北京首届"成人传统礼仪"在北京孔庙和国子监隆重举行。160 多名高中学生参加仪式。当年北京高考的文科状元和理科状元刘庭梅和宁少阳受到媒体高度关注，他们收到了一份意想不到的珍贵礼物——北大终身教授季羡林先生以"高考状元"为抬头，亲笔题写的两块匾额"天道酬勤"和"至德要道"。当时的人们谁都没有料到，两天后季老就离开了这个世界。

人中麟凤

"人中麟凤"4 个字是温家宝对季羡林先生的评价。2005 年 8 月 17 日温家宝给季羡林写了一封亲笔信，信中写道：

> 先生苦学不倦，笔耕不辍，著作丰厚，学问深刻，用力甚勤，掘发甚广，实为人中麟凤。先生待人真诚，行事正直，脚踏实地，实事求是，尤为人之楷模。先生的人品深为我所敬仰。

自 2003 年以来，温家宝几乎每年都去医院看望季羡林，第一次是 2003 年 9 月 9 日，第二次是 2005 年 7 月 29 日，第三次是 2006 年 8 月 6 日，第四次是 2008 年 8 月 2 日，他们在一起谈论了不少大事。请看新华社记者李斌关于温家宝第四次探望季羡林的报道：

> "季老，我提前给您祝寿了。"走进解放军总医院的病房，温家宝趋步向前，握住了季羡林先生的手。
> 落座后温家宝亲切地问季老："我记得您今年 97 岁了。思维还这么清楚，是不是和常用脑有关？"
> "对，大脑要不停地活动。秀才不出门，便知天下事。"

"今年灾害多，年初时冰雪灾害，'5·12'大地震也是多年没有的。"

"地震以后政府反应快，威信大大提高，对当地人民也是教育。"

"我常讲，几千年来我们国家都是灾难和文明进步伴随在一起的。有一句名言：没有哪一次巨大的历史灾难不是以历史的进步为补偿的。"

"是恩格斯说的。"看到季老反应这么敏捷，大家都笑了起来。

"我们的历史总是和洪水、干旱、地震等灾害联系在一起，但我们这个民族从没有溃散过，反而愈挫愈奋。"温家宝说。

季老表示同意："一个民族和一个人一样，灾难能锻炼一个人的意志，也能锻炼一个民族的意志。"

"我想起清华大学的校训——自强不息，厚德载物。这就是我们的民族精神。"温家宝望着季老说。

"是的。"季羡林肯定地回答。

聊起教育和学习的话题，一辈子从事教育工作的季羡林主动向总理提问："现在英语都普及了吧？"

"小学就开始学了，小学是记忆最好的时候。"温家宝告诉季老，"掌握一门语言，就掌握了一种工具。"

"对，语言是一种工具。"季羡林提议，"大学外语教育不但要加强，而且要鼓励学生多学几门外语。"

"奥运会快开了。"温家宝告诉季老。

"这是件大事，是世界对中国的肯定。"

"这是我们国家实力的表现。"温家宝和季羡林共同回忆起百年来中国参加奥运的历程，"体育的强盛代表一个民族的强大。"

"现在国家领导人不好当。治乱世易，治平世难，治理我们这样一个大国，更难。"季羡林说。

······

感动中国

2006年12月13日，北京大学授予季羡林、侯仁之、徐光宪、曲绵域、王燮、韩济生、厉以宁、王阳元、袁行霈、林毅夫等 10 名教授首届"蔡元培奖"，该奖项是北京大学教师最高荣誉，用以表彰获奖教师在教书育人、传承文化、知识创新和社会服务方面做出的杰出贡献。

2007 年 2 月 26 日 19 时 54 分，中央电视台一套节目隆重推出 2006 年度"感动中国"人物颁奖盛典。著名学者季羡林和独臂英雄丁晓兵、蓝领专家孔祥瑞、排爆专家王百姓、气象学家叶笃正、好军医华益慰、爱心大姐林秀贞、阳光少年黄舸、青岛爱心群体微尘、慈善家霍英东一道，被全国观众评选为 2006 年度"感动中国"十大人物。此外，颁奖盛典还特别向改变中国命运的英雄群体——中国工农红军致敬。颁奖典礼隆重、热烈，全国广大电视观众又一次深受感动。组委会给季羡林的评语是：

> 曾经的红衣少年，如今的白发先生，留德十年寒窗苦，牛棚杂忆密辛多。心有良知璞玉，笔下道德文章。

给他的颁奖词是：

> 智者乐，仁者寿，长者随心所欲。一介布衣，言有物，行有格，贫贱不移，宠辱不惊。学问铸成大地的风景，他把心汇入传统，把心留在东方。季羡林：最难时也不丢掉良知。

评委们对季羡林的评价是：

> 季羡林创建了东方语文系，开拓中国东方学术园地。是享誉海内外的东方学大师。季老不仅学贯中西，融会古今，而且在道德品格上同样融合了中外知识分子的优秀传统。中国传统士大夫的仁爱和恕道，强烈的忧患意识和责任感，坚毅的气节和情操；西方人文主义知识分子的自由独立精神，尊重个性和人格平等的观念，开发创新的意识；这些优秀传统都凝聚和融化在季老身上。所以，他能够做大学问，成大事业，有大贡献，他是中国现代知识分子的一面旗帜和榜样。

季羡林没有出席颁奖大会。大会现场播放了对他的采访录像。

画面上，当记者采访季老时，他说："我这一生没什么优点，如果非让我说一条那就是勤奋。"多么朴实的话语！当记者小心翼翼地给他颁发奖杯时，季老不断重复着 4 个字："受之有愧。"

令人稍感意外的是，季羡林的入选引发了一场争论。支持者认为，96 岁的季羡林先生长年任教北京大学，在语言学、文化学、历史学、佛学、印度学和比较文学等方面都有很深的造诣，研究、翻译了梵文著作和德、英等国的多部经典名著，其著作已汇编成 24 卷的《季羡林文集》，现在虽然身居病房，每天还坚持读书写作。季羡林先生为人所敬仰，不仅因为他的学识，还因为他的品格。他说，即使在最困难的时候，也没有丢掉自己的良知。他在"文革"期间偷偷地翻译印度史诗《罗摩衍那》，后又完成了《牛棚杂忆》一书，凝结了很多人性的思考。他的书，不仅是个人一生的写照，也是近百年来中国知识分子历程的反映。讲真话，是他信奉一生的原则，而讲真话的人在当今社会显得那么弥足珍贵，因此，季先生留给我们的不只是学术上的遗产，更重要的是怎样做人，怎样对人，怎样对自己，怎样对他人，这些在季先生的《牛棚杂记》《我的人生感悟》《病榻杂记》《季羡林谈人生》等作品中都有很好的诠释。一个人能够如此长时间的感动中国，世间尚存几人？他一直让我们每一个有良知的人心里流淌着一丝温存，而让这个物欲横流的世界也显现出一些明净，他的谦逊，博爱，让我们每一个人的心里颤动不已。季羡林入选 2006 年"感动中国"人物，实在是一种迟来的荣誉。而反对者则认为，社会给予季羡林的荣誉已经非常高了，并不需要所谓"感动中国"人物去给予他一生的肯定，这种评选应该更多地给予那些默默无闻的人。他不需要 2006 年感动中国，他在很多人没有出生的时候就已经感动了中国。季羡林的学者身份在一定程度上和评选感动中国人物是不搭调的。一时间，互联网上感动中国的贴吧里十分热闹，两种观点争论得不亦说乎。可是，即使反对者也不否认，季羡林的事迹和精神足以感动中国。

请听一听季羡林的直接领导对他的评价吧！2006 年 10 月 20 日，北京大学党委书记闵维方对国际合作部学生记者说："北大最受尊重的是季羡林、王选、厉以宁这些学者，而不是我们这些管理干部。"在另外的场合，他还说："季老心中装载的不仅仅是中国，而是整个东方，乃至整个世界。他是为传播整个人类的文化和精神毕生耕耘、无私奉献、闪闪发光。季老的人生原本就是一部书，一部启迪人智慧的书，一部净化人心灵的书，一部永远激励人奋进的书，一部令人回味无穷的书。"

华梵共尊

2008 年 1 月 15 日，印度总理莫曼汉·辛格在中国社会科学院发表演讲，题目是《21 世纪的印度与中国》，第一句话就说："中国伟大的学者、当代最著名的印度学家季羡林教授曾经精辟地指出，中国和印度两大文化圈，彼此互相学习，相互影响，极大地加速了中印两大文明的发展进程。这既是历史，也是现实。"他的这个评价，季羡林是当之无愧的。同年 6 月 6 日上午，印度外长普拉纳布·慕克吉专程到医院看望季羡林。他是受印度总统普拉蒂巴·德维辛格·帕蒂尔的委托，向中国的这位著名印度学家、古文字学家、学者、历史学家授予"莲花奖"（Padmaaward）奖章，以表彰他几十年为推动中印文化交流做出的杰出贡献。季羡林是第一个获得印度国家最高荣誉"莲花奖"的中国人。慕克吉大使说："您把杰出的一生都献给了印中文化交流和友好事业，一代又一代的后来人将会始终对您心怀感激，印度人民非常珍视您为中国的印度学研究做出的杰出贡献。在我们心里，您是一位特殊而尊贵的友人。"季羡林向印度外长表示诚挚的谢意。他说："只要我还有精力，就要致力于中印两国人民间的了解进一步加深。"

众所周知，人类几千年的文明史共创造了 4 个大的文化圈，每个文化圈都有一门对应的学问，西学、国学（国外称汉学）、印度学、伊斯兰学，每门都是一个庞大的学科体系。就印度学而言，包括历史、地理、宗教、哲学、语言、文字、民族、民俗、文学、艺术等，几乎涵盖了文化的方方面面。比起治西学和国学的人来，我国治印度学的学者少之又少。季羡林无疑是一位奠基人物。季羡林晚年在他的《夫子自道》中写道："我觉得有相当大意义的工作是我把印度学引进了中国，或者也可以说，在中国过去有光辉历史的、有上千年历史的印度研究又重新恢复起来。现在已经有了几代传人，方兴未艾。"

季羡林致力于印度学研究是在 20 世纪 30 年代，开始于德国，他在哥廷根留学时走上了主修印度学的道路，以后 70 多年，不管他的研究领域扩大得多么庞杂，他始终没有放弃对印度学的研究，且研究的兴趣从未稍减，可谓一以贯之。

1951 年，季羡林从德文翻译的卡尔·马克思的著作《论印度》，经中共中央编译局审定出版。马克思说过，印度无历史，是说印度人不重视历史记载，传世的史书为零。在这种情况下，治印度史之难可想而知。可是季羡林不畏繁难，潜心研究，1957 年，他的史学专著《印度简史》和《中印文化关系史论丛》出版，1958 年又出版了《1857—1959 年印度民族起义》。在印度人民反对英国殖民统治起义 100 周年之际，季羡林用辩证唯物主义和历史唯物主义观点对英国统治时期的史料进行分析，对这次起义提出了一些崭新的观点。1979 年季羡林的《〈罗摩衍那〉初探》出版，这部专著细致入微地介绍了这部史诗的历史背景和文学背景。在这些史学著作中，季羡林对一些前人没有注意或者没有解决的印度历史问题进行了科学的探讨，提出了独到的见解，他还从生产力与生产关系的矛盾入手，提出印度历史分期的主张，受到国内外学者的赞誉。

中印两大民族的文化交往源远流长，已有数千年的历史。这种交流从来就是相互的，而不是什么"单行道"。很难想象如果没有印度文化，今天的中国文化会是什么样子，反过来也是如此。可是自东汉佛教传入中国，译自印度的典籍几乎只限于佛经，其他内容绝少涉及。季羡林对印度文化的研究，冲破了这个局限，大大开阔了人们的视野。1957 年他从梵文翻译了迦梨陀娑的名剧《沙恭达罗》并出版，并与中国青年艺术剧院合作，给当年中国的戏剧舞台添了一笔靓丽的南亚色彩。1959 年出版了译自梵文的印度古代寓言故事集《五卷书》，广大中国读者终于可以一睹这部风靡世界的名著的真容。1962 年季羡林翻译出版了迦梨陀娑的另一部剧本《优哩婆湿》，"文革"结束后，他翻译的鸿篇巨制——印度伟大史诗《罗摩衍那》出版。季羡林的译著填补了我国梵文文学的空白，他还主持编纂了一部 80 万字的《印度文学史》。而季羡林的贡献绝不限于翻译，他做了大量的研究，有许多重要的发现。

季羡林发现，追本溯源，印度文学传入中国可以追溯到远古的时代，在先秦典籍中即可发现蛛丝马迹。屈原的《天问》里说："厥利惟何，而顾菟在腹？"月亮里有一只兔子的传说，恐怕有几千年的历史了。而在梵文词汇中，"月亮"这个词的一部分恰恰就是"兔子"。在《佛本生经》里面，还有大量月亮同兔子有关的故事，可以证明月兔传说的源头在印度。还有尽人皆知的曹冲称象的故事，虽然写入了中国的正史，可是据季羡林考证，也是产自印度的舶来品。六朝志怪小说受印度寓言故事的影响是明显的；唐朝的传奇和变文，从内容到题材，有许多来自印度；柳宗元的《黔之驴》，元代马致远的《黄粱梦》、尚仲贤的《柳毅传书》，无不受到印度文学的影响；而明代文学名著《西游记》中的孙悟空，其原型应该是《罗摩衍那》里的神猴哈努曼。至于到了现代，亚洲第一位诺贝尔文学奖得主——印度大文豪泰戈尔对中国文坛的影响，更不是短短几句话所能概括的。季羡林为中外许多著名人物写过传记或纪念文章，通常每人只有一两篇。不同寻常的是，他为泰戈尔写的文章多达 8 篇。

季羡林说，文化交流从来就不是"单行道"。文化交流本来就是光交互影的。他研究考据了中国的蚕丝传入印度、纸和造纸技术传入印度、钢和钢铁冶炼技术传入印度等课题，取得了令人信服的成果。而中印两国人民相互学习制糖技术的问题，则更为典型，相关内容在季羡林的《糖史》里有详尽的论述。

无论在中国还是在印度，唐代高僧玄奘都是一个家喻户晓的人物。他是两国人民友谊的象征。季羡林青年时代，就崇拜玄奘舍身求法的精神，见贤思齐，他为自己起了笔名"齐奘"。数十年来，他以勤奋的印度学研究获得累累硕果，培养了一批又一批从事印度学研究的专门人才，同时参加大量的中印友好文化交流活动，书写了当代玄奘的历史。季羡林的愿望实现了，他无愧中印两国人民的友好使者和彼此沟通的桥梁。1951 年，他参加中国文化代表团首次访问印度；1955 年，赴印度参加亚洲作家会议；1978 年，随对外友协代表团访问印度；1985 年，参加在新德里召开的印度与世界文学国际讨论会暨蚁垤诗歌节，被大会指定为印度和亚洲文学（中国和日本）分会主席；1992 年，印度瓦拉纳西大学授予季羡林教授最高荣誉奖"褒扬状"；1996 年 8 月，印度国大党领袖索尼娅·甘地访华并出席中印关系回顾与展望学术讨论会，季羡林在会上致辞，题目是《东方文化要重现辉煌》；1999 年印度文学院授予季羡林名誉院士学衔；2000 年印度总统纳拉亚南来华访问，并向北京大学赠送泰戈尔半身铜像，季羡林在仪式上发表热情洋溢的讲话，说这是中印友谊的象征……感兴趣的朋友不妨读一读季羡林先生记述出访印度的散文集《天竺心影》，季羡林写道："对我这样喜欢舞文弄墨的人来说，行动就是用文字写了下来，让广大的中国人民都能读到，他们虽然不能每个人都到印度去，可是他们能够在中国通过文字来分享我们的快乐，分享印度人民对中国人民的友情"。"我深深地感觉到：如果我不把我的经历写下来，那就好像是对印度人民犯了罪，也好像是对中国人民犯了罪；至少也是自私自利的行为"。这哪里是文字？我们手里捧着的分明就是一颗滚烫的心！读了你就会发现，季羡林本人就是中印两国人民友好的一个象征，一座桥梁。

著名印度学者班固志·莫汉曾撰文对季羡林和印度大文豪泰戈尔相比较。他说：尽管他们的出身和经历各不相同，可他们的思想和人格却惊人的相似。"季羡林不仅借鉴而且弘扬了泰戈尔的思想和理想，而且赋予它们新的境界与意义。""两位作家的著述均体现了深厚的人道主义这一特点，而且他们两人均保持了诗人霍普金斯所谓'洞察世界的最可贵的独到'目光。他们两人同时既有慈悲菩萨的一面，又有怒目金刚的一面。两位作家均为加强中印理解做出了巨大贡献。同样不同凡响的是，他们两人为了他们民族的福祉捐弃了他们拥有的一切。泰戈尔将自己的生命奉献给国际大学，季羡林则将自己的生命奉献给北京大学。此外，他们两人都根据自己对亚洲与西方的哲学和历史的深刻见解而提出了关于东方文化的优越性的学说，他们关于'人类大同'的理想比以往任何时候都更加关系重大。以西方为中心的所谓'文明冲突'论，造成了'自我'的二元架构，即以西方主流及'非自我'的文明为一元，而以伊斯兰和'儒家中华'为另一元，并使这种架构合法化。现在，需要以泰戈尔与季羡林的强调和谐与综合的'东化'学说克服'文明冲突'论。"这话是很有见地的。从一个印度学者的评论中，我们也可以看到季羡林作为伟大的印度学家与伟大的东方学家的统一。

不仅仅在中国和印度，季羡林在印度学研究方面，也是世界公认的顶尖人物。就在 2008 年 5 月 12 日，日本学士院正式聘任季羡林为客座院士，成为该院百年来第一位中国籍院士。

不仅在中国、印度和日本，在德国，季羡林的母校哥廷根大学，也为这位杰出的校友感到骄傲。2008 年 9 月 27 日哥廷根大学颁发证书，授予季羡林杰出校友荣誉称号。证书上写着：

值此 2008 年第一届国际校友返校之际，哥廷根大学授予季羡林教授、博士 2008 年"哥廷根校友"荣誉称号。

2000 年印度总统来华访问，季羡林与总统纳拉亚南 K.Narayan 亲切交谈。

　　季羡林生于中国，1935—1945 年间在哥廷根大学学习和研究，1941年获梵文博士学衔，上世纪 80 年代，他撰写《留德十年》，为哥廷根大学在中国塑造了形象，由他描述的德国学术生活对中国的影响更是一直延续至今。

　　哥廷根大学校长　库尔特·冯·费古拉教授、博士

　　于哥廷根

　　2008 年 9 月 27 日

"纵浪大化中"

2006 年，季羡林写了一篇《狗年元旦抒怀》。文中写道：

　　今天是狗年元旦。这个元旦同其他年的元旦是大同小异。但是，对我来说，却还有不同的意义。今年是我回国六十周年纪念，是我参加北京大学工作六十周年纪念，是我创办东方语言文学系六十周年纪念。虽然说了三项六十周年在时间上只有一个六十周年。这个六十周年一过，

我已经走到了九十五岁了，而且还要走上前去，一直走到不能再走的时候。

中国人庆祝新春有一副最有名的春联："天增岁月人增寿，春满乾坤福满门。"第一句话是没有错的。天和人确实都增了寿。第二句话表达了人们美好的祝愿。寿，在汉语中是一个非常吉祥的词儿，同时又是一个包含死亡意义的婉辞。一位95岁的老者，听到增寿这样的词句，自是别有一番滋味在心头。现在说增寿一年，就等于说，向生命的尽头走近了一年，这个道理是明摆着的。然而，季羡林并不悲观。有寿可增，总是好事，他现在最感到幸福、感到兴奋的是，有幸活在当今的中国。看到国家领导人脚踏实地为全国人民谋幸福，看到中华民族实现腾飞的百年梦想正在变成现实，看到东方文化逐渐重现辉煌，老人感到由衷的欣慰。在一次接受采访时，记者问："您对您的95岁高龄有什么想法？"季羡林的回答是："我既不高兴，也不厌恶。这本来是无意中得来的东西，应该让它发挥作用。比如说，我一辈子舞笔弄墨，现在为什么不能利用我这一支笔杆子来鼓吹升平，增强和谐呢？现在我们的国家是政通人和，海晏河清，可以歌颂的东西真是太多太多了。歌颂这些美好的事物，95年是不够的。因此，我希望活下去。岂止于此，相期以茶。"

2006年5月14日，北京大学举行"庆祝东方学学科建立六十周年、季羡林教授执教六十周年暨九十五华诞"盛会，时任全国政协副主席、致公党中央主席罗豪才，全国人大常委、民盟中央副主席、中央文史馆馆长、北大教授袁行霈，民盟中央副主席、清华大学教授卢强，中共中央统战部副部长楼志豪，印度驻华大使苏里宁，中国作家协会副主席、中国现代文学馆馆长陈建功，清华大学副校长谢维和教授，北京大学东方研究院名誉顾问林忠健，北京大学校长许智宏院士，北大党委常务副书记吴志攀，副校长张国有等参加了庆祝活动。时任国务委员陈至立发来贺信。贺信说，季先生60年来致力中外文化交流，为推动中华文化的传播，促进人类不同文明之间的和谐发展与共同繁荣做出了卓越贡献。大会开得隆重热烈。这一次寿星老没有出席，他在事前录制的一段录像中表达了上述的意思，令与会人员深受感动。第二天，有人向季老报告了集会的空前盛况，季老说："我就是一个普通的教授，搞这么大的场合干什么？还惊动了中央领导，小题大做，不值得。"

2006年8月8日，刚刚过完95岁生日的季羡林写了一篇《九十五岁初度》。他写道：

今年算是九十五岁了。在增寿的过程中，自己在领悟、理解等方面有没有进步呢？仔细算，还是有的。去年还有一点叹时光之流逝的哀感，今年则完全没有了。这种哀感在人们中是最常见的，然而也是最愚蠢的。人间正道是沧桑。时光流逝，是万古不易之理。人类，以及一切生物，是毫无办法的。夫天地者，万物之逆旅；光阴者，百代之过客。对于这种现象，最好的办法是听之任之，用不着什么哀叹。

90多岁高龄的季羡林清醒地看到，自己面临着一个无论如何也绕不过去的问题：死亡。中国是讲求实际的民族。人一生中，实际的问题是不少的，最突出的问题之一就是死亡。人都厌恶死亡，但是却无能为力。季羡林说，重要的事情，是怎样理解死亡。世界上，生物林林总总，包括人类在内，有千千万万。生物的关键就在于生，死是生的对立面，有生必有死，这是包括人类在内的一切生物的规律，是谁也违背不了的。

他认为，对死亡这样的谁也无法逃避的灾难，最有用的办法是先承认它，不去同它对着干，然后整理自己的思想感情，把死亡的损失降到最低。季羡林非常欣赏晋代大诗人陶渊明的一首诗，题目是《形影神》，是专门讲述对生死的看法的，饱含哲理。陶渊明在这首诗的序中写道："贵贱贤愚，莫不营营以惜生，斯甚惑焉，故极陈形影之苦，言神辨自然以释之。好事君子，共取其心焉。"诗的最后几行是：

三皇大圣人，今复在何处？
彭祖爱永年，欲留不得住。
老少同一死，贤愚无复数。
日醉或能忘，将非促龄具？
立善常所欣，谁当为汝誉？
甚念伤吾身，正宜委云去。
纵浪大化中，不喜亦不惧。
应尽便须尽，无复独多虑。

结尾 4 句精彩极了，季羡林把它奉为自己晚年的座右铭。他对待死亡的态度是：顺其自然，随遇而安。"应尽便须尽，无复独多虑。"季羡林的观点是：死是不可避免的。对待不可避免的事情，最聪明的办法是，以不可避免视之，然后随遇而安，使不可避免的危害性降至最低点。如果对生死之类的不可避免性进行挑战，则必然招致大灾祸。"服食求神仙，多为药所误"。嬴政、刘彻、李世民都是典型的例子。既然非走不行，哭又有什么意义呢？反不如笑着走更使自己洒脱、满意、愉快。

在这个问题上，季羡林也有一个知己，就是已故的佛学大师赵朴初居士。赵朴初老先生说："生老病死，自然规律，人人平等，要有思想准备。一旦阎王策小鬼来叫，无牵无挂无语，跟上走就是了。"对于季羡林，他说过预言式的话。1986 年季羡林和朴老陪班禅大师乘专机赴尼泊尔参加世界佛学大会。当季羡林走进候机大厅时，朴老对他的夫人陈邦织说："别人都是哭着走，独独季羡林是笑着走。"

君子安贫，达人知命。参透了生死的季羡林少了许多烦恼。对那些郁闷的人，忧郁的人，特别是老年人，季羡林以 4 句打油诗相劝："人生在世一百年，天天有些小麻烦。最好办法是不理，只等秋风过耳边。"季羡林虽然年事已高，但脑子很清楚，笔杆子宝刀不老。他用自己这一支笔杆，歌颂美好的生活，歌颂伟大的祖国，呼唤公德，呼唤人类的良知，为建设和谐中国、和谐世界奋斗不息。

笑着走

2009 年 7 月 11 日，北京天气闷热，一大早就热得人透不过气来。8 时许，笔者从电视新闻中得知任继愈先生走了，心里一惊。笔者认识任先生还是 1979 年他和季先生一道去新疆那次，知道他和季先生是山东同乡，又是多年好友。7 月初笔者去国家图书馆，听在那里工作的朋友说，任老病重，可没有想到走得这样快。更没有想到的是，10 时许，电话铃响，一位朋友打来电话，说"季老走了！"笔者心里又一惊，不相信，给季承打电话，不通。上网去查，北大在搭建灵堂，季老真的走了！

听知情人说，7 月 10 日上午，季老接待前来拜访的牟洁，下午为孔子卫视、臧克家故居、汶川地震灾区某学校、山东大厦题词，直至5点。平时季先生醒得很早，可是，11日早晨快八点了，还在睡，而且有鼾声。护工报告大夫，很快，大夫来了。说："老爷子，起来，该吃点东西了。"季老睁开眼睛说了句什么，大夫一摸脉搏，不好！马上抢救。到9时许，宣告不治。

季羡林的一生，恰如英国哲学家罗素所言：

> 一个人的一生应该像一条河——起初很小，它被两岸紧紧地约束着，猛烈地冲过岩石和瀑布，逐渐地变宽了，两岸后退了，河水较为安静地流着，到最后，不经过任何可以看得见的间隙，就和大海汇合在一起，毫无痛苦地失去了它单独的存在。

罗素本人也是如此，他离开这个世界的时候，99岁。

季承在《我和父亲季羡林》中记述了季老辞世的过程：

> 2009年7月11日清晨7时许，我突然接到小岳（护工岳爱英——笔者）的电话，说父亲今早起不了床，言语不清，陷入昏迷，现在正在抢救中，要我尽快去医院。我以最快的速度赶到医院的时候，医生正在极力抢救父亲。医生告诉我，情况很不好，父亲的心脏对于注射的药物已没有反应，监视屏上反映心脏跳动的荧光线一直是平的，这说明心脏已经不工作了。按通常的规定，病人心脏停止跳动之后的抢救工作，一般是进行30分钟，但对父亲，他们决定再延长30分钟。但是，任何延长的抢救已经无济于事，30分钟后，大夫们决定宣布父亲已经死亡，时间是上午9时整。

中国教育界、社会科学界的一颗巨星陨落了。最早赶来的是北京大学党委副书记杨河和校办副主任秦春华。匆匆吊唁之后，回学校去安排后事。

正在301医院接受体检的温家宝闻讯中断检查赶到病房，他伫立在季老床前，满含深情地说："季老，我本打算在8月6日来为您祝寿的，还准备和您讨论几个问题，没想到您竟突然离去了……"温家宝对季承说，季老一生勤奋好学，著作等身，谦和平易，为世人所敬仰。季老的离去使他失去一位挚友，为此他十分悲伤。他深切哀悼季老，并对季老家人表示慰问。

季羡林与季承摄于北大朗润园 13 号公寓门前

接着，北京大学党委书记闵维方、校长周其凤赶到医院吊唁季老，与家属商讨治丧事宜。11 时，刘延东同志赶到医院。她站在季老的遗体前，赞扬季老是造诣很高的语言学家、教育家、文学家，是真诚的爱国者，是受大众尊敬的学者。

季羡林走了，正如他本人所预言的那样，他是笑着走的。因为他有充分的理由笑到最后：

经历"文革"炼狱，他拣了一条命，改革开放 30 年，他用拣来的这条命创造了学术奇迹：翻译印度古代伟大史诗《罗摩衍那》，组织校注《大唐西域记》，撰写 80 万字的科学巨著《糖史》，解读世界上篇幅最长的吐火罗文献《弥勒会见记》剧本……一位学者穷毕生精力，能够完成其中的任何一项，就很了不起了。季羡林是当之无愧的学界泰斗。

他 1946 年从海外归来，创建了中国东方学科，数十年筚路蓝缕，终于渐入佳境，为国家培养了大批外事和研究人才。其中作为冷门的梵文、巴利文专业，新中国成立后培养了三批本科生，"文革"以后，季羡林亲自带出 9 名研究生。他的弟子挑起了教学和科研的重担。新华社驻德国记者采访了他的母校哥廷根大学校长菲古拉，菲古拉评价说："季羡林毫无疑问是一位杰出的学者。他在这里学习了梵学，在学术上他是德国最有名的梵学家之一，对后来的学者也有很大帮助。他后来回到中国，在北京大学成立了东方语言研究中心，将他的专业在中国发扬光大。在哥廷根大学的历史上，曾经产生过 45 位诺贝尔奖获得者，在我看来，季博士就是我们的第 46 位。他所做出的成绩，与哥廷根大学历来的许多诺贝尔奖获得者荣誉相当。"

季羡林著述等身，他的书很受欢迎，最近几年有七八十家出版社推出了 200 余种季羡林的著作，《季羡林全集》编纂已经启动，完成后，将成为收录最全的一套季羡林作品集。

季羡林一生孤独寂寞。小时候寄人篱下，青年时被迫接受包办婚姻，与生母 8 年未见而终身抱恨；海外 10 年苦读，在战乱和饥饿的煎熬中形单影只；只有当他刚刚从牛棚回家，头上还顶着一大摞"帽子"的时候，享受了些许家庭的温馨。后来婶母和老伴去世，父子失和，成了孤家寡人。所幸，天可怜见，在他生命的最后 8 个月，父子重归于好，他的亲人回到身边，弥补了人生的一大遗憾。

尾声：师恩如山

尾声：师恩如山

季羡林的挚友诗人臧克家写过一首诗《有的人》，诗中有一句："有的人死了，他还活着。"

季羡林就是这样的一个人。季羡林去世了，但人们并没有淡忘他。除了被炒得沸沸扬扬的遗产风波，更多的人怀念的是他高尚的人格和他对中国文化、东方文化做出的巨大贡献。

2010 年 4 月，广东教育出版社推出卞毓方主编的《华梵共尊：季羡林和他的家人弟子》，收录季羡林的亲属和学生的回忆文章 26 篇，从不同的侧面展现了一代宗师的风采。书中，弟子林江东写下了这样的诗句：

> 您的博学成为中国知识分子的楷模；
> 您的铮铮硬骨代表了一代知识分子的气概；
> 您对东方文化的预测正在 21 世纪得到历史的印证；
> 您的灵魂化作一朵最美最香的"季荷"；
> 您的精神将以荷相传，它被千万绿叶拥托着，
> 清香四溢，向远方悠悠飘去……

2010 年 7 月，在季羡林教授逝世一周年的时候，北京大学东方学研究院和东方文学研究中心合编了一本《永远的怀念——我们心中的季羡林先生》。

我的老师 季羡林

编者在该书代序中说："向季羡林先生学习是最好的缅怀。"该书将季羡林的优秀品格归纳为：高尚的人格魅力、拳拳的爱国之心和勤奋的治学之道。代序中说，季羡林从未对自己做过评价，但是他说过自己喜欢什么样的人："我喜欢的人约略是这样的：质朴、淳厚、诚恳、平易；骨头硬，心肠软；怀真情，讲真话；不阿谀奉承，不背后议论；不人前一面，人后一面；无哗众取宠之意，有实事求是之心；不是丝毫不考虑个人利益，而是多为别人考虑；最重要的是能分清是非，又敢于分清，因而敢于路见不平，拔刀相助，疾恶如仇；关键是一个'真'字，是性情中人。"他的弟子们一致认为，这是季先生的自况，也是对他的弟子如何做人方面的教诲。

季羡林把学成报国当做一个知识分子的基本操守。他从不把爱国或报国作为豪言壮语，而是默默地身体力行。2002年4月28日，他出席在清华大学举行的大型电视纪录片《我愿以身许国》《科学家的故事》首映式，他讲话说，"这两部片子体现了一代科学家爱国奉献的精神。以爱国主义的情操来推动奉献精神，以风险的实际行动来表达爱国主义的情操。二者紧密相连，否则爱国主义只是一句空话，而风险则成为无源之水、无本之木。"他是这样说的，更是这样做的。已经年过古稀的季羡林花费20年时间，历尽千辛万苦译出了存世篇幅最长的吐火罗文献，震惊世界学坛，为中国学术界争得了荣誉。他的爱国是实实在在的爱国。

季羡林先生一生治学勤勉，著作等身，研究领域涉及古今中外的语言、文学、艺术、宗教、文化交流乃至科学技术诸多方面，他还翻译了大量外国文学作品，写了几百篇优美的散文。他是一位百科全书式的学者，在他涉足的每一个领域都做出了杰出的贡献。对于众多弟子来说，这是先生最实际的身教。

如今，季羡林先生虽然离开了我们，但他的高尚品德、视学术为生命的精神，是留给后人的宝贵财富。在当前喧嚣和躁动的学术界、教育界，显得尤其难能可贵。

2011年8月，季羡林诞生100周年之际，新世界出版社推出纪念文集《想念季羡林》，季羡林的生前友好、弟子、学生撰文，深情回顾季先生在学术上的辉煌成就，又用具体生动的事例介绍了季先生学习、工作、生活和待人处世方面感人至深的点点滴滴。这表明，他仍然活在人们的心里。5年之后，这个出版社已经退休的老编辑张世林仍在与季老的弟子王树英等人合作，精心整理、编纂季老的学术文集。

2013 年 9 月，北大东语系 63 级的同学返回母校聚会纪念入学 50 周年，他们编印了一本纪念册。翻开纪念册，首页就是身着蓝色中山装的季羡林照片和一首题为《忆季羡林先生》的七言诗：

一代宗师集大成，
宣德弘道育精英。
弟子三千成梁栋，
仰沾时雨沐春风。

2014 年 5 月 13 日，在北京大学新建的外语学院大楼内，由山东校友会捐献的季羡林铜像落成，在他供职半个多世纪的校园，季羡林先生留下了永恒的微笑。

同年 7 月 11 日，季羡林铜像落成暨季羡林学院揭牌仪式在鲁西聊城大学校园风景如画的羡林湖畔隆重举行。季老生前是该校名誉校长，为聊大的建设倾注了大量心血并亲笔题写了"敬业博学，求实创新"的校训。

位于聊城大学校园内羡林湖畔的季羡林先生铜像。

我的老师 季羡林

与笔者同来参加铜像落成仪式的散文作家、中国通俗文艺研究会代理会长楚水写道：

先生的铜像揭幕了，慈祥巍峨，矍铄沉毅。在先生离开我们5周年之际，在这美丽的齐鲁大地，生机盎然的聊城大学校园，同时，季羡林学院也诞生了，就在您离开我们1862天后的今天。站在您的铜像前，我泪流满面，您若是仍然健在会有怎样的感慨呢？

站在季羡林先生铜像前，深深一躬。忽然想起卢森堡面积不足200平方米独立广场，纪念碑座前每天都有志愿者的鲜花。记得您跟我谈及北大风水最好的地方屹立着蔡元培的铜像。蔡公"兼容并包"思想已溶入北大的血液。而先生之风，山高水长又该怎样传承？

大国崛起，文化先行。您是那么坚定地相信21世纪中国必将处于地缘政治的中心，百年树人，尽管很茫然，但毕竟是和中华民族伟大复兴的中国梦同行，脚踏祖国坚实的土地，没有理由不自信。真的希望季羡林学院能够和美国肯尼迪学院同步，真的希望面积和卢森堡独立广场差不多的先生铜像前，人们走过时都怀一份崇敬，发自内心的敬意，胜过一簇簇鲜花。那就是未来的希望，更是文化的崛起与复兴的萌芽。

位于季羡林的家乡——山东省临清市康庄镇大官庄村的季羡林憩园。

座谈会上，聊城大学季羡林学院的青年学子，聚精会神地聆听季老的学生和朋友关于老先生生前为人为师为学情况的介绍。显然，季羡林的身教言传，不仅是如何做学问，更重要的是如何做事、做人，已经潜移默化，深入众多弟子和再传弟子的灵魂和血液中。有他们在，季先生的品格无疑能得到继承和发扬；季先生开创的事业自当薪火相传，生生不息。

　　据身边人回忆，在最后的日子里，季羡林经常考虑的是"士"与"侠"这两个中国传统文化中特有的概念，他最敬佩的人是梁漱溟和彭德怀，可惜没有来得及写成文章。有人说，季羡林本人就是有几分侠气的士。季羡林说，有4句话影响了他的一生。即陈寅恪所言："独立之精神，自由之思想"；胡适所言："大胆的假设，小心的求证"；梁漱溟所言："三军可夺帅也，匹夫不可夺志"；马寅初所言："宁为玉碎，不为瓦全；宁鸣而死，不默而生"。这4位先生都是季羡林崇敬的老师，季羡林以4位先生的言行为榜样，其行笃，其志专，其德高，终成一代宗师，学术巨匠，道德楷模。亲爱的读者朋友，您的老师对您的教诲，您还记得吗？还有，我们的传主季羡林的哪些话能够影响您的一生呢？

2014 年 12 月初稿

2016 年 7 月 11 日修改于北京西郊温泉

主要参考书目

1. 季羡林著：《学海泛槎——季羡林自述》，山西人民出版社，2000年版。

2. 季羡林著、王树英编：《季羡林序跋集》，新世界出版社，2008年版。

3. 季羡林著：《季羡林自述：我这一生》，中国青年出版社，2008年版。

4. 北京大学东方文学研究中心，北京大学东方学研究院编：《永远的怀念——我们心中的季羡林先生》，北京大学出版社，2010年版。

5. 卞毓方著：《寻找大师》，作家出版社，2013年版。

6. 季羡林著：《季羡林讲演录》，长春出版社，2010年版。

7. 季承著：《我和父亲季羡林》，新星出版社，2010年版。